U0336904

社会心理学家经典作品

我从何来
自我的心理学探问

The
Self Explained
Why and How
We Become Who We Are

Roy F. Baumeister
［美］罗伊·F. 鲍迈斯特 著

梅凌婕 译

机械工业出版社
CHINA MACHINE PRESS

Roy F. Baumeister. The Self Explained: Why and How We Become Who We Are.

Copyright © 2022 The Guilford Press, A Division of Guilford Publications, Inc..

Simplified Chinese Translation Copyright © 2024 by China Machine Press.

This edition arranged with The Guilford Press through BIG APPLE AGENCY. This edition is authorized for sale in the Chinese mainland (excluding Hong Kong SAR, Macao SAR and Taiwan).

No part of this book may be reproduced or transmitted in any form or by any means, electronic or mechanical, including photocopying, recording or any information storage and retrieval system, without permission, in writing, from the publisher.

All rights reserved.

本书中文简体字版由 The Guilford Press 通过 BIG APPLE AGENCY 授权机械工业出版社仅在中国大陆地区（不包括香港、澳门特别行政区及台湾地区）独家出版发行。未经出版者书面许可，不得以任何方式抄袭、复制或节录本书中的任何部分。

北京市版权局著作权合同登记　图字：01-2024-0074 号。

图书在版编目（CIP）数据

我从何来：自我的心理学探问 /（美）罗伊·F. 鲍迈斯特（Roy F. Baumeister）著；梅凌婕译. -- 北京：机械工业出版社，2024. 8. -- ISBN 978-7-111-76262-1

I. B017.9

中国国家版本馆 CIP 数据核字第 202499N8Q9 号

机械工业出版社（北京市百万庄大街 22 号　邮政编码 100037）
策划编辑：向睿洋　　　　　　　责任编辑：向睿洋
责任校对：张慧敏　李可意　景　飞　　责任印制：任维东
三河市骏杰印刷有限公司印刷
2024 年 11 月第 1 版第 1 次印刷
170mm×230mm · 30 印张 · 1 插页 · 435 千字
标准书号：ISBN 978-7-111-76262-1
定价：109.00 元

电话服务　　　　　　　　　　网络服务
客服电话：010-88361066　　机 工 官 网：www.cmpbook.com
　　　　　010-88379833　　机 工 官 博：weibo.com/cmp1952
　　　　　010-68326294　　金 书 网：www.golden-book.com
封底无防伪标均为盗版　　　　机工教育服务网：www.cmpedu.com

The
SELF
EXPLAINED

译者序

很荣幸担任鲍迈斯特教授《我从何来：自我的心理学探问》这本书的译者。我是梅凌婕，毕业于美国康奈尔大学心理学系，也是本书作者的学生。

这本书的成稿来自教授在昆士兰大学开设的一个自我主题的"4481"心理学研讨会。研讨会开始后不久就因为新冠疫情影响转为线上课。研讨会期间，他把自己撰写的材料陆续发给我阅读。从第 1 章开始，我就被深深吸引住了，极力劝说他应该把这些文字整理出版。毕竟，在讨论自我这个主题上，没有哪位心理学家比他更合适，这将会是自我心理学领域教科书一样的存在。他听取了我的建议，英文版得以在 2022 年年中出版。我毕业回到国内，又找到机械工业出版社的伙伴，几经周折拿到了版权，非常开心这本书将在 2024 年与大家见面。

"自我"，或者说"我是谁"一直是心理学研究者和大众非常关注的主题。在我毕业后从事心理服务工作的四年里，最常遇到的问题就是"梅老师，可不可以给我评估一下，我是什么样的人"。在愈加不确定的社会环境里，类似的需求也不断以"生涯规划师""婚恋咨询师"等名目繁多的头衔的形式反映出来。

似乎比起自我的判断，大家更相信一个第三方的专家比自己更了解自己喜欢什么专业、什么工作，以及想要和什么样的人在一起。

客观来说，第三方的专家如果有很好的洞察力和行业经验，确实能够给出一些有价值的反馈。但心理学的整合视角是不可或缺的，这就是这本书为什么值得我们每个人阅读。在这本书里，你可以了解到文化对自我的影响，被人喜爱与被人信任的差异，还有人类自我与动物自我的区别。就像书里提到的那样，我们的自我就像著名的忒修斯之船：这艘船由船板组成，随着时光流转，有的船板老去了，有的船板留下，最后，每一片船板都被替换过了，但所有人仍然叫它"忒修斯之船"。就像我们会在不同的阶段去不同的学校，从事不同的行业，和不同的人恋爱一样。我们的生活城市变化了，社交圈子变化了，但我们还是拥有同样的名字，拥有我们的自我。

在过去的几年，我们的自我也经历了一系列的发展变化。如果西方自我理论的发展过程，是从强调自我实现慢慢向现实主义靠近的话，那么我们恰恰相反，每个人都开始重新看到自己真实的需求、真实的关系，意识到自己对自己生活应尽的责任。这些变化体现在大众媒体的情绪变化上，大家越来越关注自己的情绪，反抗内卷。在父母的教育理念变化上，这体现为父母开始注重对孩子心理和个性的关注。

大家在阅读这本书时，可以着重留意以下几个关键认知。

（1）自我是灵活的，是不断变化发展的

我们在社会生活中会遇到各种各样的反馈，有的老板很认可你的工作能力，有的老板却对你冷眼相待。演员的职业生涯起伏不定，有可能十年八年都在演龙套角色，也有可能凭借一部剧就人尽皆知。这些不同的外界变化都在不断重塑我们的自我。

自我的灵活性视角会赋予我们很多新的力量与启发，我们常说的"明天又是新的一天"，其实也就是"明天，又是新的自我"。在阅读这本书时，你可以回忆你是如何从一个襁褓中的小孩，慢慢成长为今天的自己。以前我们只能依赖自己的父母，来喂养和照顾自己，慢慢地通过教育，通过工作，我们有了朋友，有了自己的社会支持系统，我们在经济和精神上独立，之后还会有婚姻、家庭和孩子。每一个我们独立创造的部分，都见证着自我的强大与神奇。

（2）自我是一种自然问题的文化解决方案

认为人生最重要的事情是寻找激情与天赋的读者，可能在阅读本书时会有些失望。和动物相比，人类自我所能实现的独特功能，如进行道德判断、自省等，其他所有物种都无法实现。为什么只有我们进化出了这样的自我呢？从生物学意义上来说，所有物种都背负了生存和繁衍的使命，人类也不例外。东亚国家从小教孩子有礼貌、守秩序，西方国家鼓励孩子勇敢做自己，这样培养出的孩子就具有了不同的特性，但都是为了解决共同的问题——生存和繁衍。

一个健康发展的自我，意味着可以处理好自己的工作与生活，与家人维持好的关系，并能够为社会创造价值。在德尔斐的神庙上，"认识你自己"不再意味着我们脱离现实来进行自我探索，而意味着寻找我们在社会上的位置，以及我们能为社会贡献的价值。

这个洞察是非常真实而本质的。年轻人往往不能意识到这一点，寄希望于旅行和享乐来寻找所谓的"人生意义"，然后不断地碰壁和失望。但所有成年人都知道，人生意义来自不断地创造，不断为社会创造价值，意义感会自然而然形成。社会给大家提供的选择就像是一个自助餐，菜品和种类已经呈现出来了，重要的是你的选择，而不是抱怨有某道菜但没有另一道，或者吃到某道菜需要付出过多的努力。从这个意义上来说，本书揭示了自我实现的深层含义——找到自我价值与社会价值重合的那部分，并不断重复与放大。

（3）自我的统一性

我们的自我从诞生开始，就不断为统一性和自洽而奋斗。虽然每个人的自我都只存在于自己身上，但是常常面对着内部或外部的冲突，绝大多数的情绪问题也由此产生。自我主要由三个部分组成，即自我知识、执行功能和关系自我。每一个领域都需要一个统一的自我。

我们用大家生活中常见的心理议题作例子，比如和原生家庭的关系。如果能顺利地达到统一，那么父母和儿女能够形成一致的力量，子女认可父母对自己的付出，能够看到父母给自己身上的优点与缺点带来的影响，甚至可以在父母年岁增长时反哺新的知识和技术发展。但一旦这样的统一没有达成，双方就会长期处于相互不满意的状态，或者为彼此的生活焦虑担心，反而对关系造成了压力。自我认知也是一样的道理，只有取得外界认知与自我认知的一致性，我们才能真正完成自我的统一，获得自洽与松弛的生活。

现在随着社会环境的变化，自我议题愈加重要。我们是否拥有真实的自我？如何面对自我与社会的融入冲突？我们对于自己的认识，在多大程度上有误解，又在多大程度上是准确的？这些话题你都可以在本书中找到答案，你还可以在本书中找到鲍迈斯特教授的很多人生智慧和研究结果。和以往与自我相关的心理学书相比，这本书提供了一个系统的框架，让你可以厘清在自我的领域里，什么是真实的，什么是虚幻的，什么理论是对你的生活有帮助的，而什么又是"无源之水"与"海市蜃楼"。我能担任这本书的译者，教授和我都非常高兴。我也希望这本书给对心理学、哲学和自我认知感兴趣的伙伴带来一些新的启发。

最后，感谢机械工业出版社的各位编辑，这本书的出版离不开他们的专业、坚持与付出，我作为心理学人致以深深的敬意。

The
SELF
EXPLAINED

目　录

译者序

第一部分　不可思议的人类自我

第1章　自我是什么　　　　　　　　　　　　　　　　2

第2章　社会语境中的自我　　　　　　　　　　　　　10

第3章　现代西方自我的形成　　　　　　　　　　　　23

第4章　不同社会中不同类型的自我　　　　　　　　　39

第5章　自我理论的4个陷阱：无我、多重自我、
　　　　"真我"，以及自我实现　　　　　　　　　　46

第二部分 为什么我们会拥有自我

第 6 章 自我的起源   72

第 7 章 儿童有效自我的发展   83

第 8 章 人类群体需要（并且塑造）自我   107

第 9 章 自我的基础：道德声誉   119

第 10 章 统一性事业：未完成的自我统一   131

第三部分 了解你自己

第 11 章 自我觉知   148

第 12 章 什么是自我知识   161

第 13 章 为什么要了解自我   176

第 14 章 构建自我知识：人们如何了解自我   192

第 15 章 自尊   204

第 16 章 自我信念的准确性和错觉   223

第四部分 作为行动主体的自我

第 17 章 行动中的自我   250

第 18 章 自我调节和自我控制   267

第 19 章 决策、自主和自由意志   290

第五部分　人际关系中的自我

第 20 章　关系自我　　　　　　　　　　　　312

第 21 章　作为群体成员的自我　　　　　　　322

第 22 章　自我呈现　　　　　　　　　　　　333

第 23 章　亲密关系中的自我　　　　　　　　351

第六部分　自我的问题

第 24 章　现代自我的问题　　　　　　　　　366

第 25 章　自我的压力和逃避方法　　　　　　377

第 26 章　自我和精神疾病　　　　　　　　　387

第 27 章　自我挫败行为的深奥难题　　　　　403

第 28 章　自我信念的组织方式　　　　　　　418

结　语　自我之概要　　　　　　　　　　　427

致　谢　　　　　　　　　　　　　　　　　436

关于资料来源的说明　　　　　　　　　　　438

参考文献　　　　　　　　　　　　　　　　440

The
SELF
EXPLAINED

第一部分

不可思议的人类自我

The
SELF
EXPLAINED

第 1 章

自我是什么

——

在自然界，没有任何事物比人类自我更特别，它是成为一个人意味着什么的关键。试想一下人类自我的一些特征。它能意识到自己，不只是简单地知道自己存在，而且既能批判自己，又爱着自己——尽管两者看起来截然不同。然而，在其他人表现出他们有多爱自己的时候，它又往往流露出否定甚至厌恶的情绪。它能够指导行为，并为其承担道德责任。它能够扮演特定的角色，同时又能够在不同角色之间自如切换，从而脱离原来的角色。它机敏地为自己的需求而战：如果说有一件事，人类自我清楚该怎么做，那么这件事就是"自私"。很多反社会、具有破坏性、令人厌恶的行为被描述为"自私的"（self-ish），这并非偶然。但是，人类自我也能做出惊人的自我牺牲。人类自我可以从过去延展到未来，并且能够讲述自己如何将各个时间点的行为联系起来，构成一个有意义的故事。它像是一台能自动编程的电脑，能够广泛地进行自我调节和管理，对内在需求和外部处境——包括复杂的规则——做出反应。

自我包含一个心理结构，这一结构根植于大脑，又在充满符号和信息的社会中运作。现代社会在你出生时给你一个特定的名字，你会拥有一生的职业履历，遇到法律问题，接受家庭教育，获得某种执照和证书，做出承诺，产生医疗记录和参与信用评级。这些构成了你在社会中的身份。

同时，你的脑海中产生了自我概念，如果它不是单个概念，就是一系列关于自己的信息的集合（虽然可能错误或带有偏见）。自我概念和自我不一样，就好像法国地图和法国不一样。自我概念所指代的是一个实体、一个重要事物。这正是我试图阐释的。这个实体（重要事物）并不只是你的身体、你的人格（虽然你的身体和人格都与自我相关）。同时，它也不只是自我概念。

自我是你社会身份和内在过程的综合，你的内在过程让你能够成功地在社会中操控你的身体，保证你的生存。自我存在于人类动物性的身体与被我们称为社群和文化的社会结构的交互中。这是本书希望阐释的内容。

系统，过程，演绎

无生命的物质是一种存在方式。亦有其他存在方式。过程和系统是真实存在的，演绎也是真实存在的。自我不是无生命的物质，我们最好把自我想成是一个系统、一个过程，或者一种演绎。一个系统把多个部分整合成一个完整的功能；一个过程是一系列变化的集合，这些变化在时间的维度上因果相连，一个接着一个；在演绎中，一个实体以有意义的方式作为整体的一部分发挥作用。无生命的物质则不然，它们在不同的时间点上大体相同。人类自我总在应对新的情景，学习与适应着，永远处在变化之中，还会结成有组织的系统来运作。我们的身体是物体，是一种特殊的物理实体。自我由身体产生，但又超越了身体。再者，甚至身体不只是一个物体，还包含正在进行的过程。身体日渐颓败，但它通常会持续存在（所以要下葬）。死亡仅仅意味着维持生命的系统终止运作。

同样，可以将自我概念视为一个实体，虽然不是物理意义上的实体。可能更精确的说法是，自我信念的集合是一个实体。自我不只是自我信念的集合，虽然这些信念非常重要。

身体和自我信念的集合，都不只是物质。身体是一个有组织的系统，其中的所有部分都是相互联系的。

不妨思考一下忒修斯之船的寓言。这艘船由船板制成，随着时间的推移，每一块船板都相继被替换，但所有人仍当它是同一艘船。这个寓言告诉我们，船的特性并不来自船板，而是来自船板所构成的系统。如果这些船板还只是堆放在造船厂的木材，它们根本不会被叫作船。只有当它们构成一个可以正常运转的整体的时候，它们才成为船。当这个有组织、正常运转的整体起航时，即使船板被替换，它依然可以维持其船的特性。可见，船的特性在系统中产生。这个系统以一种有效的方式把所有船板组合起来，从而漂浮在水上并持续航行。只要系统保持完整（即船仍在漂浮和航行），就可以不断替换船板。

自我的本质不在于构成身体的分子，自我更多地存在于身体的运转机制中。自我具备跨时间的统一性，但它也在不断变化。因此，这个运转机制也是一个过程，这个过程的重要基础是在社会系统内扮演一个特定的角色。

自我存在于身体与社会的互动中。身体是由分子（尽管也要由所有生物都需要的生化过程驱动）组成的物理实体，而社会包含其他人、大量信息、共享符号和一些非实体。参与社会生活是人类解决生存和繁衍问题的主要方式。

自我是什么，不是什么

自我始于我们的身体，但远不止于身体。孩子经常互换使用"自我"和"身体"这两个概念，说明拥有身体意识是拥有自我意识的重要前提。但是自我意识远远超出身体意识的范畴。自我可以购买房产，承诺忠贞，设法应对道德困境，我们很难将其解释为纯粹的物理实体。

显然，自我不是身体，或者说不只是身体。

自我也不是大脑的一部分。这个观点乍一看可能令人有些难以接受，因为很多专家曾断言，一定有一些关键的中心隐藏在大脑的某个地方，那就是我们的自我。然而几十年的研究搜索了大脑的角角落落，并没有发现这样一个地方。许多脑科学家为此沮丧，他们转而认定自我是一种假象（如 Hood，2012）。

我们要清楚，没有大脑，就没有人类自我。自我的所作所为都与特定的大脑活动有关，由相应的大脑活动支持。我们用计算机来打个比方。如果把大脑比作计算机，那么自我就相当于在计算机中运行的一个程序。这个程序不是计算机中的部件，但它存在于有组织的系统，该系统可以协调计算机中微小部件的运转。与之类似，自我与其说是大脑的一部分，不如说是一个程序，一套运转机制，它能够协调神经元的活动，以成为一个文明人和一个负责任的社会成员。当然，没有计算机（即一个纯粹的物理实体），程序就不能完成任何任务。自我是动物性的身体和程序的结合。更精确地说，自我是身体执行程序的过程。

在某种程度上，自我是人类基本的动物性的身体和更加广阔的社会之间的互动。社会包含语言、文化，以及一些完成任务的共享系统。

另一个关于自我的常见误区是认为它等同于自我概念。通常，你读到的关于自我的书中会谈到很多有关人类如何认识自己的研究：自尊、自我知识、自我错觉等。这本书也会讨论有关自我知识的话题，但是请不要把自我概念和自我混为一谈。从定义上看，自我知识就是关于自我的知识，而不是自我本身。再强调一次：法国地图不等同于法国本身。

另外，自我需要对自己有一些了解，才能够有效运作。也就是说，自我概念是自我的有益部分。但它仍然不是全部。自我通过收集大量关于自己的信息来了解如何完成它应当完成的事。因此自我经常使用自我概念。甚至可以认为，自我概念是自我运作中的一部分。但概念并不属于一个群体，而自我属于；概念不会做决定，也不会承担道德责任，但自我会。如果我们混淆了自我和自我概念，就会错失自我的很多重要部分。

定义自我的主要方面

自我有三个主要方面（Baumeister，1998）：自我知识、执行功能和关系自我。跨时间的统一性是自我的另一个核心特征。

（1）**自我知识**。它以对自我的意识为基础，包括自我概念、自我洞察和自尊。当人类意识转而去识别它的来源时，我们便意识到了自己的存在。我们甚至建立起了关于自身的信念和理论的复杂体系。

（2）**执行功能**。自我的这个方面承担执行功能。它能够做出选择，寻求控制，并进行自我调节。如果没有这个方面，自我完成不了任何事情。

（3）**关系自我**。自我的这个方面主要存在于社会关系网络中。它能根据社会压力和需求调节自己。它向他人寻求认可，或以某种方式同他人联系，而不是独立地存在。这在至少两个不同的层面上发生：基于与其他个体的关系，我们和他们保持关联；通过认同更大的群体，并作为其中的一员来行事，我们和更大的群体保持关联。在这两种情况下，自我的功能和目的都包含和其他人产生联系。

跨时间的统一性——自我具有整体性。将自己与他人区分开的特性具有跨时间的统一性。它可能会表现为我们在特定社会结构下进行对话、体验、行动的背景资料（例如，我们都心知肚明"这是乔的手套"）。自我有很多细小的部分，它们以某种方式整合在一个有组织的系统中，尽管这种整合和组织还不完美。

补充的重要概念

- **文化**。文化是一种社会系统。它能够共享信息，根据互补的社会角色生成资源，从交换中获益，在群体中积累知识，等等。
- **社会**。社会是文化背景与人的结合，它由生活在系统中并创建了系统的人组成。
- **信念**。这里指群体共享的信念，这种信念不言自明，是文化中的共有常识。
- **身份**。"身份"和"自我"这两个词有时会被人们互换使用，但在这里它们存在细微的差别，分别强调外部和内部。身份强调的是你在社会或更小的社会系统中的角色（比如父亲或销售员）。自我更强调内在过程，包括了解自己、处理信息、做出决定、指引行为。在某种意义上说，自我在身份中栖息，并维持着身份的作用。
- **道德**。道德是社会的规范系统，决定不同的行为是好是坏。通过社会声誉的约束，道德促进了人们的合作。

进化与文化

我不认为进化可以完整地解释自我这个概念，但确实它是一个扎实的起点。讨论文化也是必要的，文化远远超出自然的范畴，不过它依然建立在自然的基础上。

当我开始把文化看作一种生物学上的策略时，我的想法发生了很大的转变（Baumeister，2005）。每个物种都需要解决生存和繁衍问题，从而延续生命。人类用一种非常独特的方式解决了这些问题——创造文化。从纯粹生物学的意义上讲，人类文化是非常成功的。几十万年间，人类人口从第一个女性（或女性群体）发展到近 80 亿人；与此同时，其他大多数哺乳动物的数量却在减少，许多甚至已经灭绝。我能给出的最好的猜测是，所有让我们成为人类、使我们区别于其他动物的特性，都根植于那些让文化为我们服务的生物适应中。人类的自我就是这些特性之一。

这一点很关键。进化为人类自我奠定了基础，而自我的演化使文化成为可能。自我赋能了文化，而文化让我们的物种走向繁荣。

本书概要

本书的第一部分解答关于如何认识自我的基本问题。首先，个体是如何融入社会的？自我是更多地被社会塑造，还是更多地受个体选择和行为影响？双方争论不休，而且各自有合理的依据。第 2 章描述自我是如何在动物性个体和符号性社会活跃的相互作用中产生的，以及这和其他动物相比有何异同。接下来，我们会讨论不同类型的人类自我。第 3 章探讨现代西方自我如何随时间发展形成。第 4 章将目光投向自我的文化差异。在第 5 章，我会试着破除 4 种关于自我的重要误解。首先就是"自我是一种错觉"，事实并非如此。自我也并不是多重自我的集合，虽然这个理念在每个年代里不断复苏。那些提到多重自我的人确实贡献了一些值得研究的现象。但如果一个人有多个自我，他最终是不能正常行动的，并且会做出一些荒唐的行为。于是，我想到了"真我"这个极具吸引力的概念，但或许它更像是一种幻想或理想，而不是事实。接着我开始讨论自我实现。每个人都希望实现自我，但没有人知道那到底是什么。自我实现可能值得研究，但目前的研究还没有找到确切的证据来填补这个模糊的概念。

第二部分提出了这样的问题：我们为什么拥有自我，尤其是如此复杂的人类自我？很可能是为了让我们拥有生产性的社会系统。第 6 章和第 7 章探讨了自我的产生，包括儿童的发展，它揭示了自我形成的过程。第 8 章阐述为什么群体需要自我。第 9 章讲述为什么道德声誉是自我的基础。第 10 章讨论为什么跨时间的统一性是总处在未完成状态的自我的关键。

本书的第三到第五部分主要探讨自我的三个主要方面。第三部分探索自我知识：为什么人们需要积累自我知识，以及如何积累？为什么有时它不准确？人类的自我意识有何特别之处？自我意识有什么作用，服务于什么目的？第四部分谈论自我中比较活跃的部分，即执行功能：它如何做出决策、施加控制，以及自我调节？第五部分阐述关系自我。

第六部分的章节讨论自我产生的问题。当自我不能像我们期望的那样正常运作时，我们会产生压力、自我挫败行为，甚至患上心理疾病。

在本章，我论述了一些核心主题。第一，自我是关系型的，它的任务是与其他个体和群体产生关联。当大脑学会在社会群体中扮演特定角色时，自我就产生了。第二，自我的声誉——别人如何看你——是非常重要的。第三，人类自我拥有跨时间的统一性，因为这是我们的社会系统所需要的。第四，大脑通过有组织的系统来建立自我的完整性，这不是一件必然会发生的事情，而更像是一个持续进行的过程的结果。

人类比动物复杂得多，但人类实际上也是动物。下一章将对人类和其动物祖先的自我进行比较，同时也会探讨动物性人类生存的文化与社会环境。

本章要点

- 自我并不是一个物体。把它当作系统，当作过程，当作一种演绎。人类自我是不断变化的。
- 自我是你的社会身份和内在过程的整合，其中，你的内在过程让你成功地在社会中运行你的身体，保证你的生存。
- 自我存在于人类身体和社会文化结构的交互作用中。

第 2 章

社会语境中的自我

————

许多思想家认为自我是只存在于一个人的头脑中的某种东西，几乎不会陷入人际关系中。但是，自我所做的事情大多和人与人之间的互动及关系密切相关。让我们试想一下，如果你过着彻底的独居生活，哪些自我特征是你不需要的。

如果你从来没有和其他人互动过，你会有多少自我？你不会在社会系统中扮演任何角色，比如警察、助理经理、队友、员工。你不会拥有任何东西——如果你有一个杯子，它会是一个"杯子"，而不是"我的杯子"。只有当其他人存在，而你希望他们不要用你的杯子时，它才会变成"我的杯子"。独居的自我也不会拥有语言，因此所有能被语言捕捉到的自我信息都将不复存在。你不需要名字或地址，更不用说社会安全号码了。你不需要维护道德或任何形式的声誉，因为声誉存在于其他人的脑海中。更重要的是，许多自我知识来自与他人的互动，包括观察他如何对待你、你与他们相比怎么样，所以大多数自我知识将消失殆尽。

彻底独居的自我将一点儿也不像你。确实，从本质上说，它不是你，因为你是谁很大程度上取决于你与他人和社会的互动。

听起来很不可思议，但是生物学家注意到，大多数生物的确是独居的。身边有同物种的其他成员的好处是有限的，而且代价超过了好处。如果食物稀缺，那么附近有与你相像的其他生物，意味着它们会吃掉你想要且需要的食物。食草动物有时会形成大规模的种群，但这或许并不令人意外。通常情况下，草很充足，所以没有谁担心如果其他动物吃了，自己会得不到食物。其他动物也可能夺走你属意的伴侣。因此，独居有一些明显的好处。

只有较少的物种具备社会性。人类可能是唯一同时具有社会性和广泛文化性的物种。我们在几十个物种中发现了文化的微小起源，但没有一个像人类的那样（de Waal，2001）。人类自我存在的意义在于它不仅能够归属于一个社会群体，而且可以在一个复杂的群体中发挥作用，这个群体拥有共有的知识，并且会在理解和沟通的基础上进行合作。

如果你一个人生活，你仍然具备自我的一些部分。显然，你的身体还是完整的。一块石头掉落下来，可能会砸到你的脚趾或旁边的泥土。你的大脑虽然离脚趾很远，但它会尽量确保掉落的石头击中泥土而不是你的脚趾，可见它能意识到自我具有一定的整体性，这个整体包含你的脚趾。这一认识的产生并不需要社会群体或文化背景。但是除身体以外，许多自我认识都需要。

天性与文化

我们的自我是与生俱来，还是后天习得的？几十年来，"天性或教养"（nature versus nurture）一直是社会科学家们围绕大大小小的现象争吵和辩论的战场。然而，在这里，我倾向于用**文化**这个词来代替**教养**，因为它的含义更广泛；毕竟，后天教养只是孩子学习文化的一种方式。事实上，刚出生的婴儿没有多少自我，但这并不足以使答案向文化倾斜，因为先天的能力会随着时间的推移慢慢显露和发展。例如，出生时女孩没有月经，但是没有人会认为女孩是迫于文化的压力才来月经的。智力也随时间缓慢发展，但是大多数专家认为它受遗传和先天因素的影响很大。尽管如此，由于缺少刺激、营养不良、父母虐待和其他问题，智力可能无法完全发挥其先天潜能。婴儿的智力也是一种潜能。遗传因素决定了婴儿在理想的环境下能实现怎样的智力发展。

天性和文化的拥护者对于自我形成的看法都有价值。进一步的思考方向不是只支持某一方，而在于厘清它们是如何结合在一起的。通常，若争端持续几十年得不到解决，并不是因为一方是对的，另一方是错的，而是因为它们都有合理之处，但对问题的理解不同，从而只是各说各的。

人类自我主要是一种文化现象，但它牢牢植根于自然和进化之中。事实上，进化过程中必须发生一些不寻常的事情，才能使人类产生自我。**自然造就了我们的文化**：大多数界定了我们和其他灵长类动物的区别，使我们成为人类的特征，都是生物学上的适应性进化，它们使文化成为可能（Baumeister，2005）。

文化成了选择获胜者和失败者的环境的一部分。今天的人类是某些早期人类（而非另一些人）的后代，是因为在文化中蓬勃发展的能力是决定哪些人能成为我们祖先的重要因素。生物学用生存和繁衍来衡量成功。成功者是那些活得最久、后代最多的人，而后代也要长寿到可以生出孩子。从这个意义上说，孙辈的数量是自然界衡量成功的标准。

在人类历史上，在生物学意义上成功的人是那些对新兴的文化适应良好的人。那些能提高文化种群参与度的特质，对生存和繁衍都有好处。语言就是一个很好的例子。黑猩猩和其他猿类不会说话，只能使用有限的手语。相比之下，人类都会说话。比起同时期那些说话结结巴巴或者口齿不清的物种，我们说话更流利的祖先似乎更广泛地传播了他们的基因。在全世界范围内，当一群人聚在一起时，他们通常会说个不停，这与其他物种不同。人类的自然选择偏爱会说话的人。

从进化的角度来看：某无毛灵长类动物进化出了创造心理自我的能力，这样它就能更好地生存和繁衍。这是一个更广泛进程的一部分：这些灵长类动物（人类）进化出了创造文化的能力，文化使他们比任何其他灵长类动物更好地生存和繁衍，这主要是因为有了文化，他们能够创造更多的资源（首要的就是食物），并分享这些资源（Harris，1997；Henrich，2018）。

如今，世界范围内，大多数哺乳动物的数量正在减少，而人类的数量却在继续增加，这得益于生存和繁衍能力的改善。尤其是由于儿童死亡率降低，总人口急剧上升。的确，在大约 20 万年的时间里，我们的人口已经从仅一个（或一群）女人增加到将近 80 亿，人类的生存能力也突飞猛进。地球上没有其他物种能凭借积累的知识和集体的实践，将平均寿命提高两倍。如此罕见的进步表明了文化为生物性服务的力量。这对自我有什么影响呢？只要每个成员都有一个这样的基于生物学意义的自我，文化系统就能最大限度地发挥作用。

我们必须把自我理解为一种服务于自然目标的文化现象。文化是用来帮助身体生存和繁衍的。所有的文化都需要自我，并会利用自我使文化系统有效运转。一个明显的例子是，没有自我，市场经济不可能出现。如果没有自我，谁会买、卖、拥有东西，甚至花钱呢？

因此，自我是天性和文化的结合，实际上这是一种非常特殊的结合。它是一种有益于天性（生存和繁衍）的文化工具。自我是作为自然问题的一种文化解决方案出现的。自然问题是所有生物必须面对的基本挑战，即如何维持生命，通常以生存和繁衍来衡量。人类在生存和繁衍方面做得非常好。事实上，我们的物种繁荣发展，甚至挤占了其他大多数哺乳动物的生存空间。

在哺乳动物中，只有人类长于此道。事实上，其他哺乳动物数量的下降与我们的发展紧密相关，我们把它们挤出了它们的栖息地。自我是人类比其他哺乳动物更成功地生存和繁衍的秘诀之一。自我使我们的社会系统发挥出强大的魔力，使我们受益，但不幸的是，给许多其他物种带来了危害。

因此，重申一下：**人类自我是自然问题的一种文化解决方案。**

自我是如何形成的

自我是如何形成的？在过去的几十年里，神经科学家们确信大脑是解释一切的关键。我也相信对于任何答案，大脑都是关键，但我不明白的是，自我到底是从大脑的内部过程中产生的，还是大脑仅仅把形成自我作为应对所处社会环境的一种方式？

在这里，我把我研究过的三个领域放在一起考虑：心理学、社会学和哲学。心理学从个体内部出发，逐渐向外探索。社会学按相反的方向展开，从社会整体和它的结构出发，慢慢地朝个体探索。这两种视角对于理解自我都是有用的。哲学家，也就是思考的专家，也认可这两种方法。

社会学家拉尔夫·特纳（Ralph Turner；1976）发表的一篇经典文章对"自我从何而来"这一问题进行了新的探讨。与其他人不同的是，他并不认为某一方是正确的。相反，他提出在不同的文化和不同的历史时期里，重心会在内在自我和外在自我之间转移。

他对自我的定义是制度与冲动的对抗。这两者没有得到学术界的重视，但是它们之间的区别是深刻而重要的。冲动是你内心的感受。自我是不是每天你内心深处的隐秘想法？自我是否存在于每时每刻你对自己的想法和感受中？相比之下，制度是社会对你的定义。自我是你在公共场合的行为和参与社会的方式吗？自我是你的名字和工作、家庭成员、银行账户、警察局备案或学历证明吗？无论在你流动的意识中有什么叛逆、暴躁或不恰当的想法，这都不重要。相反，重要的是你在所有人面前做了什么、说了什么。

公开的自我和私密的自我都是真实的，而且都很重要。对于"哪一个是真实的""哪一个更强大""哪一个更重要"这些问题，没有唯一的答案。不同时期和不同地区的科学家对两者进行了权衡，他们有些强调公开的自我，有些强调私密的自我。

特纳说，与冲动自我相比，当制度自我处于主导位置时，仪式要重要得多。在那些认为个体自我主要表现在公共场合的社会中，仪式会更受重视。举例来说，婚礼和葬礼会被视为重要事件，而且流程比较固定。当内在的冲动自我占据上风时，你的内心感受才变得重要，并决定了你是谁。在这种情况下，婚礼或葬礼是一种有距离感的存在，一些参与者会抱有稍许冷漠甚至嘲讽的态度。婚姻在官方意义上不是一件确定身份的大事，而只是一张结婚证书，真实的是你们内心对彼此的感觉，而不是那个特别的下午你们在教堂里背诵的话语。但是对于那些制度自我占主导的人来说，在教堂里的所有人面前说的话当然是最重要的，每一天，你对你的配偶波动的情感最多只是一个小小的干扰，除了你自己，没有人会关心。

回到关键问题：是社会还是个人塑造了自我？我喜欢用自助餐打比方。个体不仅仅是强大社会力量的被动产物。相反，他们是独立的生物，有欲望和需求，并且能够做出选择。社会将自助餐摆在大家面前：它定义了可以选择的自我，并把它们展示出来，不过有些人比其他人拥有更多的选择机会。尽管如此，个体还是有在社会提供的选项中选择的余地。无论是个体还是社会，都在每一个特定自我的塑造中扮演着至关重要的角色。

名人模仿者是一个不错的例子。他们努力打造自我的另一个版本——作为别人而存在！有些人花费相当多的时间、精力和金钱，试图成为名人的复制品。他们模仿的对象基本来自文化领域，通常包括猫王普雷斯利、多莉·帕顿、雪儿这样的电影明星和音乐家。扮演者会选择其中一位，尽力使自己与其本人相像。从多莉·帕顿回忆录中的一则逸事上可以明显体会到他们做到了什么程度（见 Aman，2020）。这位歌手兼电影明星当时在洛杉矶，碰巧听说附近在举办一个名人模仿大赛，有几个人在模仿她。为了找乐子，多莉决定"打扮成自己的样子"偷偷参加比赛。她输了（并且输给了一个男人）！显然，评委们认为几个男性模仿者比她自己更像她的翻版。

让我们暂时拥抱这样一个观点：社会是主要力量和基础力量的集合，社会可以按照自己的意愿塑造个体。

虽然有时候社会并不能如愿以偿，但社会并不是毫无办法。这里也可以用自助餐来打比方。社会准备了桌子，供个体在此做出选择。自我就是这样产生的。一个拥有需求和欲望的自主动物会做出选择，但这些选择，甚至做出这些选择的价值基础，都来自社会。就像一个人从丰盛的自助餐中选出他的食物一样，最终的结果——特定的人所吃的食物——既是个体内部过程的产物，也是社会系统和集体的产物。

其他动物有自我吗

人类如何又为什么要发展出一种与其他所有生物如此不同的自我形式？其他动物相比于人类所缺乏的东西可能是答案的一条线索。

几年前，我读到一位狗主人写的一封信，他爱他的狗，但是讨厌它的名字。这只狗在成为他的狗之前就已经有了名字，他不想让这只狗经历改名字带来的情绪混乱和"痛苦"。他认为这只狗就像一个人，对特定的名字有特别的依恋。然而，狗一点儿也不介意改名字。我给狗改过几次名字，它们似乎一点儿也不介意；它们很容易适应新名字。不管你给它们喂食时发出什么样的声音都没关系。然而，一只狗可以分辨自己得到饼干和另一只狗得到饼干的情况。这就是行动中的自我。狗已经习惯了有自己的碗和睡觉的地方，一群狗会很快形成等级制度和其他基本关系。它们身上显示出了自我的一些端倪。尽管如此，它们似乎不能完全理解它们和你之间的区别。

想想人类自我中有哪些在其他动物身上几乎不存在的方面。

道德责任

人类自我能够认识到道德原则和义务，并且会相应地调整自己的行为，这样的调整有时会使自己处于相当不利的位置。即使你不想遵守承诺，你也会遵守。事实上，这正是承诺的意义所在。

对声誉的关注

人们能够敏锐地意识到别人是如何看待自己的，并调整自己的行为以影响别人对自己的看法。他们知道声誉可能与现实情况不同，并会时刻关注这两者。他们会根据别人对他们的错误或不公正的印象来调整自己的行为。

跨时间一致性

人们知道今天的他们、多年前的他们和多年后的他们是同一个人，尽管他们身上会发生各种各样的变化。他们会借钱来花，承诺未来偿还（例如抵押房子），并且成功还清。他们会争论要存多少钱以备不时之需，为孩子们读大学的开销做准备，积攒退休经费。他们会回忆自己的童年，为几十年后的事情做计划。

复杂且流动的自我概念

人们形成了对自我的复杂理解，其中有一些是正确的，且大部分在合理的范围内。自我概念也与他们的声誉和一系列自我评价有一定松散的联系，它们共同形成了每天都会有所波动的自尊。人们会保护自己的自尊，使其不受负面信息的影响，有时也会对其进行调整。

自省

人们关注他们内心的想法和感受，实际上，有时候他们会利用这些内在反应来评估可能的行动方案和其他计划。

这个清单上可能还有更多内容。不过，这足以说明一件事：尽管人类是动物，但人类是一个非常特殊的物种。人类大脑似乎有能力创造某种形式的自我，这种自我远远超越我们这个庞大而多样化的星球上的其他动物。大自然创造了各种古怪的生物：恐龙和病毒，虫子和大象，鸭嘴兽和企鹅。但是人类堪称大自然最非凡的实验和最成功的创新。

人类自我大概是进化的产物，但它远远超出了进化在其他地方造成的影响。我们确实需要借助一些生物学的观点来理解人类自我，但生物学使人类变得比其他动物更强大。当人类指责对方是"动物"时，就是在侮辱对方。人们认为彼此是比动物更优越的存在。

自我的主要功能

为了理解某样东西是什么，你要试着弄清楚它的作用，即它的功能或目的。人类自我的进化是为了解决什么问题？这个疑问能在多个层面上得到解答——生存和繁衍是基本问题，更高、更有趣的层面则都关乎融入社会。让我们从基本问题开始讲起。

生存和繁衍

生存和繁衍是自然界的基本问题，因为它们使生命得以延续。自我的最终功能是使动物之躯能够生存和繁衍下去。大脑会辅助容纳它的身体（也许还包括这个身体的后代）。在复杂的人类社会中，自我需要在社会规则允许的范围内照顾自己和孩子。它利用社会系统，如超市、医院、政府、学校和银行，来照顾自己和后代。

独立的有机体并不那么需要自我。它需要的也许只是一种基本的身体统一感。例如，手应该采取行动保护脚，因为如果脚受损伤，获取食物就会变得困难。

融入社会

随着社会生活的发展，自我的重要性有所提升，而随着文化的发展，提升的速度变得更快。在社会中，自我最基本的任务就是确保自己被群体接受。独自生活并不是一个可选项。苏格拉底的遭遇就是最著名的例子，他被迫在流亡和死亡之间做出选择，而后选择了死亡。自我必须了解社会的规则和价值标准，适应它们，找到某种方式来获得一个位置。自我的一项任务就是让身体融入一个社会群体。对于人类而言，生存和繁衍只能通过加入社会群体来实现。我们不像土狼、蛇或其他独居的动物那样，可以靠自己生存。

通过与他人建立关系来融入社会，是自我的一个中心任务，即使人们不一定能认识到他们正在这么做。在生命的早期，孩子的任务就是让其他人喜欢自己。随着孩子渐渐成熟，其他人是否接受他也开始取决于他是否尊重他们。

能力和道德

尊重包含两个方面：能力和道德。例如，作为一个受人尊敬的水管工，你必须始终如一地做两件事。首先，你必须修理人们的水槽和卫生间，使人们能正常使用它们（能力）。其次，你必须收费公正，遵守诺言，履行合同，为你的工作提供保障（如回来修正错误），并用其他方式证明你具备诚实和相关的美德（道德）。

融入社会同样需要人们建立和维持一些亲密关系。自我必须吸引那些愿意建立相互依赖关系的人。随后，它必须采取行动，使其他人愿意维持这种关系。

沟通与合作

是什么心理特征使人类社会繁荣发展？强调以下两件要事似乎已成为共识：沟通与合作。人类沟通与合作的频率和质量远远超过其他物种。人类社会的成功建立在沟通与合作，以及两者的结合（如讨论计划）的基础上。人类自我必须学会沟通与合作，以便融入社会并帮助创造更多资源。

共同行动、共享信息的群体收获的比每个个体单独行动所得的全部收获更多。自我需要参与这种合作，也需要吸引他人合作。

选择如何行动

为了融入社会，自我必须以特定的方式行事。选择如何行动是自我的重要功能，因此也是自我的另一项主要任务。它必须整合多个层面的信息，做出采用何种肌肉动作、发出何种声波（做什么和说什么）的决定，同时还要理解这些行动和声音所造成的社会影响会远超其物理层面。例如，站在教堂里背诵结婚誓言所产生的后果将持续数十年，包括种种机会和限制，以及其他人会如何对待你。

事实上，选择不仅是自我内在活动的产物，也有助于创造自我。存在主义哲学强调，自我和身份是一个人多年来所做大大小小的选择的结果。例如，人们选择结婚对象，这些选择决定了他们以后是谁，如"琼斯先生和琼斯太太"（"Mr. and Mrs. Jones"）。因此，自我会参与重新创造和重新定义自己的复杂过程。自我的内在过程意味着面对一系列选项，并在其中做出选择，从而使自我得到调整。

声誉

自我必须**在他人的脑海中**构建并维持一个自我概念（Goffman，1959；Schlenker，1980）。声誉管理至关重要，无论是为了被喜欢，还是在之后更先进的文化形式中获得尊重。尊重不是瞬时的现象，而是通过累积的行动获得的，这些行动会受到他人的观察和评判。

对拥有良好声誉的持续关注是很关键的。人类大脑很大程度上是为了树立和维持良好声誉而进化的。声誉管理需要人们从他人的角度来考虑自己，从而预测并在心理上模拟他们的想法，然后根据对他人反应和评估的设想来调整自己的行为。

一个参加社交聚会的白人记起来一个笑话，但因为有人可能会觉得这个笑话涉嫌种族歧视，而选择忍住不说出来。表面上他没有做任何事，但是他的心理活动十分复杂：倾听和理解对话，想起一个笑话，想讲出来逗乐，或者也许是为了给大家留下风趣的印象，在心理上为讲这个笑话做准备，把这个笑话和是否构成冒犯的标准进行比较，评估别人是否会感到冒犯，然后抑制冲动，什么都不说。

敏锐的读者们可能已经注意到，我强调的是在他人的而不是在自己的脑海中创造良好自我形象的过程。对自尊的渴望在社会心理学领域得到了广泛的讨论，事实上，一些关于自我的完整理论（例如社会认同理论，如 Hornsey，2008；Tajfel，1978；Tajfel & Turner，1979）就是从假设人们希望把自己看得很好这一点展开的。尽管我已经花了几十年的时间研究自尊（如 Baumeister，1993；Baumeister，Campbell，Krueger，& Vohs，2003），我还是不认可把对自尊的渴望作为理解自我的起点，或视其为一个既定的（先天的）心理事实。我将在第 15 章进一步讨论这个问题。人类大脑并不是为了得到最大限度的自尊而进化的。然而，它从根本上关注培养他人对它声誉的尊重——这样他人才会将其视为一个可以与之合作的人。

自我在现代文化中的作用

到目前为止，我已经概述了自我的基本功能，在大多数时间和地点，你都可以察觉到这些功能的存在。自我可能会以不同的方式完成这些任务，但被认可的需要和为吸引合作伙伴而赢得良好声誉的努力，无论在哪儿都适用。现代西方社会给自我增加了额外的工作。现代自我的自由性和现代社会的复杂性，为自我的选择和自我定义提供了前所未有的选项，也带来了各种新的危险（如网上身份盗窃）。在现代社会中，成年人会参与有陌生人合作互动的规模较大的活动，包括排队购买音乐会门票、缴税、在大型组织中工作、向慈善机构捐款，以及在选举中投票。

承担责任

一个现代成年人必须展示出承担责任的自主性。自主意味着有能力做出选择，决定自己的行为，在社会规则允许的范围内照顾自己。责任意味着理解个人行为的后果，包括从社会的角度去理解，并将这些知识融入个人的选择中。主动承担责任是现代自我在不同情境中的必要功能，如租房、约会、履行陪审员义务、理财，以及开车。即使在海滩上度过一天也需要承担责任：你需要遵守停车规则，不穿过度暴露的衣服，不干扰其他游泳者，并遵守有关水上安全行为的告示的要求。然后才可以尽情享受。

本章要点

- 自我的形成离不开社会群体或文化背景。
- 人类自我是自然问题的一个文化解决方案。它是一种工具，使人类身体通过参与有文化的社会，得以生存和繁衍。

The
SELF
EXPLAINED

第 3 章

现代西方自我的形成

————

正如第 2 章所讲的那样，自我需要文化背景。然而，大多数对自我的研究都是基于现代美国人展开的。出于这个原因，我们最好能考虑一下不同背景下的自我。有两种途径可以实现这一点：看看其他时期和其他地域的自我。本章探讨现代西方不同时期的自我。下一章探讨其他文化中的自我。

"尤其要紧的，你必须对你自己忠实。"波洛尼厄斯对他的儿子雷欧提斯说。雷欧提斯是莎士比亚剧作《哈姆雷特》中哈姆雷特的好友。这句经典台词跟在其他种种建议，如"倾听每一个人的意见，可是只对极少数人发表你的意见""三思而后行""不要过分狎昵"的后面。对自己忠实是一种新颖的建议：例如，"十诫"禁止人们对别人说谎，但没有说要对自己忠实。波洛尼厄斯解释说，这个新建议的价值在于，如果你对自己忠实，你就不会欺诈别人。

波洛尼厄斯的断言可能是错误的：在对别人撒谎时，我们仍然能对自己忠实。自恋者和精神病患者可能对自己非常忠实，但会轻率地误导、欺骗和利用别人。尽管如此，波洛尼厄斯的意见依然十分重要。莎士比亚时代的人们迷上了一个观点：人可以伪装自己。真诚成为一种重要的新美德（Trilling，1971）。波洛尼厄斯认为，对自己忠实能使你对他人真诚。这只是自我的众多问题之一。

　　我们已经从人们对自己是谁没有任何疑问的早期社会，进入自我问题普遍且多元的现代文化。其间发生了什么？自我这样简单的东西是怎么变成这样一个神秘的泥潭的？

　　自我作为一种将动物性的身体与以规则、符号、规范、所有权和名誉为标志的复杂社会系统联系起来的方式而存在。随着社会系统变得越来越复杂，对自我的需求也变得越来越大，这给人们造成了压力。对于现代人为什么比古代人更为某些自我和身份认同的问题苦苦挣扎这一问题，没有单一的解释。自我并没有一个放之四海而皆准的基础版本，能够让所有时代和不同文化的人们舒舒服服地做自己。但是我们可以描述出这些问题是如何发展和变化的。如果自我的出现使动物能够从属于一种文化，那么随着文化的变化，自我可能也会改变。让我们回顾一下这是如何发生的。

　　我将采用被研究得最多的文化和自我的版本，后者也就是西方文明史上的自我，从中世纪早期梳理到现在（更早的综述见 Baumeister，1986，1987）。下一章将探讨不同文化中其他形式的自我。在这里，我们则关注共性、主要趋势和广泛的变化。

中世纪早期的集体认同

　　十几个世纪以前，人被认为是一个"功能性"的概念（MacIntyre，1981）。也就是说，每个人都有一个内在的目的（功能）。了解自己是谁主要意味着在社会中做好自己的工作。生命的目标是获得救赎——死后上天堂。感受和人格特质是附带的或者会造成干扰的事，需要受到限制。人们被等同于他们在社会中的角色，大多数人生来就要扮演这些角色，选择余地很小。他们穿着得体，这样每个人都能立刻知道彼此在社会中的位置。

内在自我和外在自我最初的分离似乎是源自别人的自我，而并非源于自身内在自我的飘忽不定。简单设想一下中世纪欧洲的生活。人们不怎么旅行。大多数人都住在小村庄里。每个人都很了解身边的每一个人——甚至可以说了解对方从出生到死亡的一切。城市十分少见，许多人，也许是大多数人，从未涉足过一个大城市。欺诈非常罕见，也很难实现。许多社会都有法律要求人们根据自己的社会地位来着装，你一眼就能看出谁是公爵夫人，而谁是渔妇。她们知道自己是谁，其他人也知道。神职人员也会穿特殊的衣服。通过外表，身份一目了然，人们不怎么考虑可能被掩藏起来了的东西。

一个人被等同于其在社会中的角色，而社会角色很大程度上包括社会等级。如今，人们往往会谈到社会阶层而不是等级，但是在阶层意识出现之前，很久以来，社会等级才是最要紧的。

那时社会各个等级的区别比今天更为明显，也更加僵化。向上或向下移动通常是不可能的。中世纪的基督徒喜欢把社会看作一个身体，所以每个人都有自己的位置。圣奥古斯丁（St. Augustine）经常被引用的话恰如其分地体现了中世纪的自我理论：一个人不应该渴望改变社会地位，就像一根手指不应该希望变成一只眼睛一样。

不存在一种广泛流传的观念认为社会的结构是不合理的，因此社会应该为个体的不幸负责，而一个常见的观点——“存在的伟大链条”——清楚地认识到每个人都是相互联系的（Nisbet，1973）。个体不能真正离开上帝和命运给他安排的位置（按照现代的说法，就是他出生的环境）。个体作为伟大链条中一个特定的环节被置于地球上，而且他属于那里。被束缚于他在社会中的特殊位置，也意味着社会流动性很弱。农奴不能晋升为公爵。今天的学者们争论着不同社会的流动性如何，不过与僵化的中世纪社会结构相比，现在大多数社会都非常开放。

当时的人们认为，个体与社会的关系基于几个关键因素。第一，人们没有内在自我或潜能的概念，不会将自我界定为在其社会角色之外存在。你就是你的工作。[请注意，许多姓氏都是这样起源的：史密斯（Smith，铁匠）、泰勒（Taylor，裁缝）、库珀（Cooper，制桶匠），甚至鲍迈斯特（Baumeister，建筑师）。]第二，人们怀有一种强烈的信念，即生活是有意义的，而且会得到满足（在天堂中获得救赎），哪怕你只是履行你被分配的职责。支配中世纪早期的基督教信仰强调集体救赎（Aries，1981）。这就是为什么人们希望被埋葬在神圣的教堂墓地里。

亨里希（Henrich，2020）指出，中世纪早期，欧洲天主教会法规的广泛变化可能意味着教会逐渐接管了婚姻和家庭。婚礼在教堂举行和登记，婴儿被带到教堂接受洗礼，等等。作为其压抑性的计划的一部分[可能是罗马帝国早期基督教一个引人注目的特征，在罗马帝国，性许可（sexual license）被广泛接受，导致了疾病和其他问题的产生]，教会开始禁止表亲结婚及其他传统习俗。这些改革的累积效应将削弱曾是世界上几乎所有人类社会之基础的大家族。教会强调的是核心家庭，而不是大家庭。

大家庭的解体导致个人主义日益兴盛。传统上，一切都由家族决定，但现在人们学会了与非亲属合作。如果有生意，人们不再主要雇用来自本家族的人，而会雇用非亲属。至关重要的是，这使人们可以根据价值而非家庭关系来雇用他人，从而优化了商业运作。在其他方面，人们可以自己做决定，而不是服从家族的决策者，后者通常是家族中最年长的成员。人们慢慢变得能够基于自己的才能和雄心来塑造自己的生活，而不是让家族来决定自己的人生轨迹。

在12世纪，信仰也转向了对个人判断和救赎的关注。这使得人们更加关注个人如何生活。个体所做的每一件事都会被上帝用道德和宗教的标准来衡量，当个体的生命结束的时候，他一生累积的记录将会接受审判。

至关重要的是，对个人判断的新信仰使道德变得更加重要。你的行为是否道德被视为决定你能否上天堂的一个重要因素。道德被归结为个人选择和责任的问题，这推动了个人主义自我观点的发展。这一切昭示着一个巨大的变化：

文化开始赋予个体生活更大的重要性，而不是仅仅把个人看作一个群体的一部分。个体自我以一种新的方式变得重要起来。

在中世纪晚期的欧洲，资本主义和中央政府诞生，新的个人主义可能与之相关。一个表现是，过去的传统社会会因为一个人的过错而惩罚整个家庭，有时甚至可能处死整个家族的人。大多数现代社会只惩罚做错事的人，而不会惩罚其家人。这一重大变化以政府强制执行的法治为基础。

这种责任上的变化会产生什么样的影响是很明显的。如果你的堂表亲可能会做某些事情，导致你和其他家庭成员全部丧命，你对其采取的态度将不同于个人主义文化背景下的人会采取的态度。如果只有堂表亲会因为他的错误行为而受到惩罚，那么你们会互不干扰，彼此宽容以待。

近代早期：所见非所得

另一项重大进展发生在 16 世纪（Trilling，1971）。随着西方文明的演变，一种被广泛接受的新观念出现，即大部分的自我被隐藏起来了。今天，我们理所当然地认为，自我的许多方面可以隐藏，或者只有在信任的社会环境下才会被有意识地显露出来。现代社会喜欢假设每个人都有秘密、无意识的恐惧和欲望、未被发现的才能，以及其他私人的东西。不过事实并不总是如此。把自我的概念从外在表象中分离出来是一个漫长而渐进的过程。例如，你是谁与你的配偶和你从事的特定工作有关，但是如果你离婚了，换了工作，你仍然是你。社会花了很长时间才承认了这一点。

知识分子们着迷于外表和现实之间的差异，比如贝克莱主教从"日落时云彩真的是粉红色吗？"开始的著名的哲学分析。还有马基雅维利对有抱负的政治家的建议：你应该如何思考与你应该说什么和你应该如何行动是不同的。地理和社会流动性的提升，以及总体上城市人口的不断增长和城市生活的持续发展，逐渐破坏了"在 50 米外就能认识一个陌生人"的旧体系（Sennett，1974）。

在 16 世纪——莎士比亚、伊丽莎白一世和西班牙无敌舰队的时代,人们迷上了戏剧,也着迷于扮演戏剧角色。莱昂内尔·特里林(Lionel Trilling,1971)划时代的著作《诚与真》(*Sincerity and Authenticity*)记录了这种变化。戏剧不断改变和发展。在中世纪,如果一个角色被认为是邪恶的(evil),那么他可能会被命名为"邪恶者"(Evil),甚至可能会佩戴一个标志来表明他是邪恶的。但是后来出现了一种新角色,叫作"反派"(villain,这个词与农民身份相关,这一点并非偶然,表示不道德与下层阶级有关)。作为一个文学角色,反派代表着向成熟迈进了一步。观众很早就知道这个人是坏人,但是剧中的其他角色并不知道。通常,早期现代戏剧的悬念就是围绕着主要角色能否及时意识到反派的邪恶计划,以避免自己遭遇不幸而展开的。这使更基础的戏剧创新发生了道德方面的转向,即多角度的运用。它也表明人们对自我差异的敏感性在不断提高(Weintraub,1978)。

为什么真诚作为一种美德突然变得重要了?或许,人们已经开始意识到不真诚是一个普遍存在的问题。换句话说,社会正面临这样一个事实:许多人并不是他们表面上看起来的那样,他们表里不一。真诚的美德意味着你的内在自我与你的外在表现相匹配,包括衣着和行为。

理解人类自我时,一个长期存在的问题是,究竟什么才是我们应该知道的。"了解你自己"可能意味着很多不同的东西,事实也的确如此。就这一点而言,自我一直是一个移动的箭靶。

起初,其他人扮演别人,主要会假装自己所处的社会层级比实际更高。了解其他人的自我,亦即了解他们在社会中的地位和层级成了一种挑战。但这对现实有益的地方在于,我们不需要屈从于自命不凡的人。

两个关键的变化使这个问题变得相当复杂。一个是自我逐渐细化为包含个性、感觉和欲望、社会层级,另一个是人的概念逐渐从社会层级和角色中分离出来(MacIntyre,1981)。这些情况同时存在,意味着了解一个人的自我变成了与过去截然不同的一件事。之前,我们想了解一个人在社会等级中的位置,以及人们如何演绎他们被分配的角色;后来,我们想知道一个人各种各样的内在特征和模式。

可以肯定的是，了解人格特征和道德倾向在早期进化史中无疑是重要的。我说过，道德声誉是自我的基础之一。但是，在一小群狩猎者和采集者中，你可以用很长的一段时间来了解一个人。评估陌生个体没什么挑战，而随着社会从中世纪进入近代早期日益以城市为基础的社会，这种评估变得重要起来。

城市的一个定义是一个人经常遇到陌生人的地方。大多数城市比它们现在所属的国家要古老得多。城市改变了社会互动的形式，使人们聚集在一起，所以与陌生人的互动就变得很重要。

出于多种原因，个人与其角色需要分离开来。一个是人们可以而且确实会通过假装拥有比他们实际所拥有的更高的地位来寻求优势。另一个是社会流动性：实际上，社会阶层的上升或下降是有可能实现的。家庭甚至个人在社会中的地位的确起起落落。他们可以换房子甚至换工作。你不再是你的工作或角色——你是扮演那个角色的演员。在以后的某一天，即使你扮演了一个不同的角色，你仍然是你自己。

这一切都意味着自我不会像以前那样在表面上呈现出来。那它在哪里呢？西方文化逐渐开始认为，真实的自我隐藏在你内心的某个地方。在浪漫主义时期（18 世纪晚期和 19 世纪早期），人们对艺术家的兴趣越来越浓厚，因为据说后者的内心生活很丰富（Weintraub，1978）。读者想知道艺术家内心深处是什么样的人。如今，演员和运动员亦属于名人，公众希望在脱口秀节目中看到他们，希望找出他们内心的真实想法（见 Gabriel et al.，2016）。

自我知识的难题

在中世纪，人们不怎么相信内在自我，也不认为了解内在自我有多么重要。在某种程度上，人们确实探索过内在，也会进行自我审视——普鲁塔克（Plutarch）就是一个著名的例子（Weintraub，1978），其目的是评估一个人是否符合美德、责任和虔诚等宗教理想的要求。不是在问"我内心深处到底是什么样的",而是在问"我有多符合我们应该成为的样子"。这和我们看到的情况一致:自我出现在社会系统中扮演特定角色。自我与其说是内在财富的显现,不如说是大脑通过扮演这些角色来确认如何被接受的问题。

历史学家普遍认为,清教徒比他们的前辈更有自我意识,并在自我知识上下了更大的赌注(Greven,1977;Weintraub,1978)。与北美相比,清教主义在欧洲兴盛得更早,也更短暂,因此它对北美的影响更为持久。其中一个标志就是清教徒们留下的大量自我反省的日记和其他自传体作品。

这一切都有充分的缘由。加尔文(Calvin)指出了一个神学难题:上帝如果是全知的,就一定知道某人最终会上天堂还是下地狱。从某种意义上说,这个人的命运已经注定。加尔文补充说,迹象已经足够明显了。虽然加尔文说不要浪费时间和精力去确定你是不是上帝选中的少数人之一,但是一个人肯定很难不去思考注定的命运。

当清教徒仔细审视他们的思想和感受,以揭示罪恶或美德的痕迹时,他们逐渐意识到他们可能是在进行一厢情愿的思考。(也许第一次认识到这一点的是其他人——"她认为自己是注定要上天堂的选民之一,但显然她不是"。)你做那件好事是因为你真的很好,还是你只是想说服自己你是个好人(因此犯了骄傲的罪)?

加尔文的观点不再被广泛接受,甚至在新教徒中也是如此。但是人们对自我欺骗的认识带来了难以磨灭的后果。自此,自我知识始终在遭受怀疑。你总是有可能在自欺欺人。

举例来说,16世纪,法国思想家蒙田写了一些自传体散文,当时写关于自己的事还是很不寻常的。有一次,他半开玩笑地为此正名。他说,尽管他写作的主题本身并不像其他作家所写的那样重要,但他对主题的了解至少比其他作家对他们主题的了解更深刻,这可能部分抵消了这种缺乏深度的影响。这暗示自我知识是最直接、最完美的知识形式。几个世纪之后,人们不再这样断言,因为人们已经开始意识到,自我知识会被一厢情愿的想法系统地扭曲。在清教徒之后，自我知识的声望不断下降。

　　自我知识文化观的低谷可能出现于 20 世纪上半叶，源自弗洛伊德的精神分析学说。这种学说假定，即便多年来每周与一位收费昂贵且训练有素的专业人士共度数小时，一个人最多也只能在建立正确的自我知识方面取得一点儿进展。

复杂的现代身份

　　几个世纪以来，自我的形成和维持变得越来越复杂；自我的关键特征变得越来越不稳定，越来越取决于个人选择（Baumeister，1987）。现代西方社会正试图使性别不再成为生命历程的决定因素。数十条甚至数百条职业道路正在呼唤人们到来。幸运的年轻人进入大学，在那里，他们在许多专业中进行选择，每个专业都能为他们提供多种职业道路。有些职业的薪水比其他职业高，这是不平等和摩擦产生的一个原因。

　　你的身份不会在任何特定的时间点被注定。你可以选择一个职业，但这并不是你职业生涯的终点。大多数职业都会让人们遭遇多种变化并获得不同程度的成功。我们可以根据人们能赚或者拥有多少钱来评价他们。现代公民可以自由地搬到新家，甚至是新的国家。

　　人们有了更多选择，成功有了更多梯度，但所有这些都给自我创造和定义自己带来了更多紧张和压力。成为你自己需要经历一系列的选择，你的表现也会受到评估。你可以扮演的许多不同的社会角色会让你的自我形成截然不同的版本。然而，也有观点认为，不管你扮演什么角色，你仍然是你自己。

　　童年观念的历史性转变反映了不断加重的自我定义的负担。菲利浦·阿利埃斯（Philippe Aries；1962）的一部经典著作提出，直到现代早期（1500～1800 年），人们才发现了童年的存在。这里他指的是童年后期。到了 8 岁左右，孩子开始准备扮演成年人的角色。（当时的社会本身比现在年轻得多，因为人们的预期寿命比现在短得多。）阿利埃斯强调，这是一个历史性的变化——承认年轻人有潜力变好或变坏，并可以受到影响变得更好。这并不一定给年轻人本身带来了多大好处。该观点首先被用来进一步强调要通过体罚来进行道德训练。但是从长远来看，每个孩子都有可能成为各种各样的成年人，已经成为一个新的认识。

有关青春期的观念同样发生了改变。如果阿利埃斯没说错（毫不令人意外，历史学家已经就此进行了争论），那么中世纪的青少年几乎被当作成年人对待。青春期（adolescence）的一般概念直到 19 世纪后期才被接受（Mintz，2004），而青少年（teenager）的概念直到 20 世纪才被社会认可。

处在青春期的青少年一直被认为是一个容易惹麻烦的群体。弗洛伊德学派解释青少年问题的方式得到了后来许多研究的支持。年轻的青少年基本上仍然只具备孩子的自我控制能力，但是现在这些能力必须与成年人的性欲、攻击性、醉酒等相抗衡。自我控制力被压制了。

青少年时期的任务是使自我控制能力变得更强，从而控制成年人的冲动和欲望。自我控制部分必须赶上，以应对欲望的部分。

但是，青少年必须努力定义自己是谁这个观念，是将现代的解释加在了古老的发展斗争之上。20 世纪，青少年相当突然地成为一个独特的群体，他们有着特殊而麻烦的倾向，需要被引导走向体面的成年生活，需要在遥远的未来选择和扮演特定的角色。

由此，联系现在的自我与未来的自我——"一致性工程"的第二个，也是更难的部分，变得更加困难，也因此更需要付出关注和努力。

20 世纪中叶，埃里克·埃里克森（Erik Erikson；1950）提出了"身份危机"⊖这个术语，用来描述青春期青少年所经历的一切。这个词引起了轰动，并开始在社会上被广泛使用。正如埃里克森（1950，1968）解释的那样，你的父母会把你培养成特定类型的人。你可以选择走那条路，成为那个人，但是你也可以成为一个完全不同的人。如果你决定成为不同的人，就必须决定你将成为什么样的人。这就是身份危机。

　　⊖　也译作"同一性危机"。——译者注

在我 1987 年出版的书中，我提出了一个如今我仍然认为重要的观点：你必须找到一种方法来决定你想成为什么样的人。你需要一些标准来为众多的选择排序。事实证明，这样的标准有很多，比如金钱、工作与生活的平衡、对工作的享受程度，以及家庭生活的类型。（单身？有双份收入，没有孩子？同性婚姻，收养或不收养孩子？异性婚姻与两三个孩子？）这是一个历史性的新问题。你需要元标准，即更高层次的标准，来决定你要使用哪一套标准来成为自己想成为的人。

青少年仍然在努力提升足够的自我控制能力，来管理他们如成年人般强烈的愿望、感觉和冲动。最重要的是，他们需要在自己的内心深处寻找元标准，来决定如何为他们的余生设定方向，至少在理论上是这样。幸运的是，其中一些决定以后可以改变。但是在一条特定的道路上走得越久，改变的难度就越大。

此外，认为探索内心能够帮助你找到答案的观点是值得怀疑的。在某些情况下，这会合理化你做任何自己想做的事的想法（"我必须做我自己"）。如果答案不在你的内心，它是否在外部呢？除了极度虔诚的人相信他们的上帝已经决定了他们的使命，没有什么理由相信答案外在于自己。对于这个问题的一种回应是，没有客观的答案，人们只是做出选择，从而创造和定义他们自己。然而，他们是依据什么做出这些选择的呢？

个体与社会关系的日益破裂

本书的一个主题是，自我的存在是为了将个体、动物性身体与社会系统（社会和文化）联系起来。个体和社会的关系一直是自我存在的方式和原因，以及自我形成方式的重要驱动因素。正如本章试图表明的那样，这种关系的变化贯穿了整个西方历史。

社会流动显然使个体脱离了其在社会中的位置，这时需要用一个新的概念来表示脱离社会角色存在的人（MacIntyre, 1981）。社会流动不仅有垂直的流动，还有水平的流动，两者有着相似的结果。也就是说，即使你仍处于同一个行业或中产阶级，你在居住地和工作方面的选择也越来越多——因此，你必须做出比过去更可能界定自己身份的选择。个人和社会的逐渐解绑不仅仅是知识分子的抽象讨论。正如我们所看到的，社会被戏院和表演所吸引，这可能表明了人们对角色扮演的兴趣。

这种变化在建筑领域可见一斑（Moore，1984）。如果你参观18世纪以前的欧洲宫殿，你可能会注意到那里没有走廊。门连接着一个房间和另一个房间。要进入后方的卧室，就需要穿过其他几间卧室，这可能会助长夜间的性侵害事件，而且不利于保护居住者的隐私。随后，在近代早期（1500~1800年），建筑物开始设有走廊和门厅，这样人们从自己的私人房间进入主要区域时，就不必穿过其他人的房间。近几个世纪以来，人们对隐私的渴望不断增长和蔓延，现在，隐私已经成为一种令人垂涎的奢侈品。社会上层人士小心翼翼地用墙壁、摄像头、偏远的居住地，有时还通过武装警卫来保护他们的隐私。

私人生活的兴起是一个渐进的过程。拥有一间不让其他人通过的卧室正是诸多步骤和迹象之一。一些历史学家认为，公共生活和私人生活的相对价值在近代早期（1800；Sennett，1974）结束前后发生了变化。也就是说，在17世纪，人们高度重视外部的社会活动，包括工作、娱乐，以及在许多俱乐部、酒吧和咖啡馆与陌生人交谈，这些活动将人们聚集在了一起。参加这些活动比你在家里与你的配偶和孩子一起做的事更有价值。这种情况在19世纪发生了逆转——私人生活被赋予了更高的价值。今天，我们认为将家和家庭生活视为最重要的事是理所当然的，但其他时代和其他地区的人们或许有不同的看法。

与社会冲突的自我

如果我们能说几个世纪以来，自我和社会已经越来越和谐，那就太好了。但是我们很难得出这个结论，有些人可能还会说情况正相反。自我和社会是敌人的观念已经扩散开来，而不是消失了。

个体可能与社会冲突，这一观点被现代生活中的人们视为理所当然，然而它一度是一个新理念。中世纪时，这种想法不曾出现在任何人身上。但当中世纪的世界观崩溃时，这一观点逐渐传播开来，并且引发了各种各样的反应。让我简单地总结一下（完整论述见 Baumeister，1986，1987）。

在浪漫主义时期（约 1750~1850 年），人们认识到个体和社会之间存在冲突。个体与压抑的社会环境做斗争，试图成为自己。人们有一种感觉，那就是不知为何，社会已经出现了严重的问题，卢梭的主张就是一个缩影，他认为，很久以前，状况要好得多，每个人都应该回归自然。皇家宫廷里的公主们扮演着牧羊人和农场女仆的角色，尽管真正的牧羊人和农场工人正在搬往城市，在工业革命下的工厂里找工作。他们逃离了农村生活中的种种限制、贫困和苦差事。在文学作品中，当浪漫主义英雄们无法找到使社会容许他们做自己的方法时，他们往往会死去。歌德的《少年维特的烦恼》以主人公自杀为结局，这引发了一波模仿自杀的浪潮。

浪漫主义时期也利用了启蒙运动，一场质疑和重塑社会对待个体的应然方式的思想运动。当时的激进思想，如今人们已经司空见惯，因此很难理解它们有多么激进。那时，大英帝国正在接近其权力的顶峰。那些试图通过军事叛乱来实现自我统治的殖民地都被击败和镇压了，除了其中一个。这是一个特殊的例外：美国殖民地的居民建立了一个新的国家，并大量借鉴了启蒙思想。当他们宣布独立时，他们宣称："人人生而平等。"他们甚至宣称这是一个"不言而喻的真理"。但这种想法对中世纪的人们来说是完全陌生的。

启蒙运动和浪漫主义思想的一个关键方面是，宗教框架不再主宰生活的方方面面。宗教从社会的中心退到边缘。基督教成功地把人们的满足推迟到了在天堂的来世生活中实现，但这已经不够了。人们希望在今生得到满足。爱情和工作（特别是一些有创造性的工作）作为在今生寻求满足感的方式获得了声望。

用世俗的满足取代宗教显示出一种集体的急迫。人们不想等到他们死后才感到幸福，才获得他们努力的回报。这反映了人们对个体自我看法的转变。人们不再追求长远的满足，比如死后的满足，而是现在就想要得到满足。

浪漫主义"回归自然"的思想逐渐让位于 19 世纪的各种改良行动，后者包含大量旨在改变社会的作品和社会运动。视社会为恶的观点依然盛行，这反映在旨在推翻政府的无政府主义运动，包括恐怖主义的早期版本和对政治领导人的暗杀中。

19 世纪还出现了第一批乌托邦作品，包括小说和非小说。它们涉及对如何改变社会的思考，以使个体自我能够茁壮成长，而不是简单接受普遍存在的严酷、压迫性的现状。事实上，乌托邦的倡议并不局限于写作，各种各样的群体都致力于创造他们自己的完美社会。公社和其他乌托邦试验大量涌现，其中大多数只持续了很短的时间。个体与社会之间的冲突极其尖锐，一些人试图用新的社会形态来解决这个问题。

19 世纪中叶，超验主义在美国知识分子的生活中显得尤为重要。爱默生与惠特曼、梭罗等人是这场运动中最重要的思想家。爱默生认为完善社会是没有希望的。一个人必须在需要的时候做出让步，但是应该在私人生活中寻求满足，并且要通过与自然的交流来实现。

无论是逃避社会（超验主义）还是推翻政府（无政府主义），或是重新建立一个新的完美社会的想法（乌托邦主义），都没有真正奏效。到了 1900 年，人们感到个体无可救药地任由强大的社会力量摆布，这些社会力量不关心个体，个体也无力控制它们。一个人作为一个挣扎着的微小个体，被困在一个巨大的机器中，受到残酷压迫的形象十分常见。异化成为知识分子讨论的一大主题。考虑到 20 世纪早期的世界大战、流感大流行和经济萧条，难怪人们认为无助的个体被强大、冷漠，甚至恶意的力量钳制住了。

从根本上说，异化是小群体向大群体过渡的一个阶段。中世纪封闭、狭隘的乡村社会永远消失了。在现代社会，到处都是陌生人，提醒人们在这个巨大而危险的世界上，他们只占据了一个很小的位置。

20 世纪下半叶，人们决心和解，这也是一种妥协。一个人既不能逃避社会，也不能简单地默许社会。自我的工程包括接受大众社会的现实，但依然坚持培育个性并寻求个人满足。

思　考

两位群体研究巨擘，约翰·莱文和理查德·莫兰（John Levine & Richard Moreland；1990），对群体研究文献进行了具有权威性的概述。他们的其中一个观察结果让我印象深刻。他们从一个显而易见的观点，即人们喜欢归属于群体讲起，补充了一个令人不安的限定条件：随着群体的扩大，令人遗憾的是，我们喜欢的大部分群体特质很快就会消失。归属于一个小团体，如家庭、运动队伍、工作小组或业余摇滚乐队，可以使我们得到各种各样大大小小的满足（当然，也有烦人的地方）。一个人为所属的团体感到骄傲，与其他成员培养关系，通过与他们一起行动而得到认可，等等。但归属于一个庞大的集体，比如军队或者跨国公司，并不能提供同样的温暖。然而，这正是事物发展的方向——尤其是因为较大的群体往往能比较小的群体做到更多的事情，做得更好或更有效率。

现代自我面临的一个难题是调整自己的小团体心理，从而适应大群体生活。这可能是长期摩擦和压力的一个起因。人类自我是从几十个人的小团体中进化而来的，经过多次计算可知，一个人可以认识大约 150 个人。一个拥有 100 万人口的城市远远超出了这个限度，而如今这样的城市只是中等规模而已。大城市有着强大的系统优势，包括经济系统，所以任何回到小城镇和乡村生活的冲动都注定要失败。现代自我是新瓶装旧酒，并不十分适合。

本章要点

- 在中世纪的欧洲，人们被等同于他们出生时的社会角色。内在自我和外在自我没有分离。法律要求人们根据自己的社会地位来着装。

- 到了中世纪晚期，家族的影响力减弱了，个人判断使道德变得更加重要。

- 近代早期，随着城市的发展，不诚信成为一个普遍的问题。由于大部分的自我被隐藏起来，外表可能具有欺骗性。

- 当清教徒仔细审视他们的思想和感情，寻找美德或罪恶的标志时，社会开始认识到自我知识可能是一种自我欺骗。

- 在现代社会，人们越来越认为个体与社会相冲突。到了 20 世纪早期，人们感到个体无可救药地任由强大的社会力量摆布，这些社会力量不关心个体，个人也无力控制它们。

- 20 世纪下半叶，自我观念包括接受大众社会的现实，但仍然坚持培育个性和寻求个人满足。

第 4 章

不同社会中不同类型的自我

———

在过去一个世纪的大部分时间里，美国一直是世界心理学的引领者。正如第 3 章中提到的那样，大多数关于人类自我的数据来自在美国进行的、基于美国公民（多为大学生）的研究。这就增加了人们将特定美国人的特征和倾向误认为普遍现象的风险。在对美国学生的研究中表现出的乐观、自我欣赏的思维方式，在其他文化中可能不存在。一名优秀的学者，谢利·泰勒（Shelley Taylor）告诉我，她参加了一个国际会议，在会上，她讲解了她的发现，即正常、健康的人会产生积极幻觉，比如夸大他们的优点，高估他们对自己命运的掌控能力。一位上了年纪的欧洲学者有些困惑地摇摇头，说："你是说，正常、健康的人基本上是美国人？"

相互依存和独立的自我

1991 年，自我的文化性观点广为流传。那一年，黑兹尔·马库斯（Hazel Markus）和北山忍（Shinobu Kitayama）发表了一篇具有里程碑意义的论文，指出中国人和日本人对自己的看法与以美国人为研究对象的研究发现存在系统性差异。大量研究随之涌现，其中大部分都证实并扩展了他们的基本观点。

这种新观点强调，东亚人，如中国人和日本人，认为自我是相互依存的，主要由社会角色和与他人的关系来界定。他们对扮演这些角色的责任和义务高度敏感。相互依存的自我当然有自己的偏好和态度，但是这些东西被认为是次要的。它们不应该干涉一个人的社会责任，不能影响一个人成为对集体有价值的人。

相比之下，在北美和西欧发展起来的自我形式显得十分独立。这种自我是由其内在的属性，而不是它与其他人的关系定义的。能力、偏好、欲望、态度和特质是这种自我形式的核心要素。角色和关系，甚至义务和责任，自然也存在，但是个体自我会被优先考虑。

因此，当对美国人进行"20 句陈述测试"时，他们会用描述自己能力和性格特征的形容词来完成 20 句"我＿＿＿＿＿＿＿＿"的表达。亚洲人对同样的测试的反应则更多涉及人际关系和群体成员。可以肯定的是，差异是相对的，两种文化的成员都会给出这两种答案。尽管如此，与亚洲人相比，美国人似乎更爱用个人属性来描述自己，而非人际关系。

史蒂夫·海涅（Steve Heine）和他的同事（1999）对这一观点进行了有力的扩展，他们认为日本社会基本不存在自我增强（self-enhancement）的动机。美国人喜欢思考他们作为个体是多么优秀，他们强调自我表扬，以使自己感觉良好。然而日本人更注重自我提升（self-improvement），他们强调自我批评，从而着重于他们应该改变的地方。研究人员报告称，其他迹象显示，美国职业运动员会为他们的才能和天赋而欢欣鼓舞，因为这些才能和天赋使他们有资格获得丰厚的奖励；日本职业运动员则会保持谦逊，不断努力提高，即使他们已经拿到了最好的成绩。

自我增强动机具有文化相对性，在某些文化中存在，而在某些文化中的确不存在，这一观点引发了长期的争论。塞迪基德斯（Sedikides）和他的团队（如 2003，2005；O'Mara et al.，2012；比较 Heine，2005）认为，日本人也会试图为自己着想，只是找到了不同的方式和标准。如果你批评一个日本人的工作做得不好，他可能不会像美国人那样做出防御性的回应。但也许他的自尊心集中在成为一个好的团队成员和履行他的社会义务上。如果你批评他忽视家庭，或者不配做这份工作，甚至是一个不合格的公民，他可能确实会生气。

因此，亚洲人和西方人对自我的看法存在明显差异，争论的焦点是这种差异有多大。无论如何，在这里，我们需要提出一些观点。

第一，这两种自我，即独立和相互依存的自我，并不一定是仅有的可能的自我形式。对其他群体自我信念和相关动机的研究相对比较少，不过近来北山及其同事关于阿拉伯人自我信念的研究是个例外，吸引了人们的目光。阿拉伯人将独立自我典型的自信与相互依存的自我标志性的集体精神结合在了一起（Martin et al，2018）。为什么会这样？一个合理的答案是，恶劣的沙漠环境要求人们积极保护自己所属的群体，并成为可靠、值得信赖、受人尊敬的群体成员。西方人的自信与发展个体自我息息相关，而阿拉伯人的自信则与促进他们群体的发展息息相关。

第二，即使是同一个社会中的人也是不同的。在今天的北美，女性平均而言比男性更加偏向于集体主义，更加相互依存（Cross & Madson，1997）。现代社会的个人主义自我在现代西方社会的男性身上得到了最充分的体现。

第三，不同类型的自我并不是简单的替代选项。最合理的猜测是，西方风格的独立自我在历史上是最近才出现的。世界上大多数文化中的自我起先可能都是相互依存的。正如第 3 章中谈到的，由于一些与中世纪欧洲历史有关的特殊原因，社会以不寻常的方式发生了改变，并开始培育一种新的自我，这种自我被认为独立于其在社会中的地位和角色存在。

如果政治和社会学意义的变化有利于独立自我的发展，那么随着时间的推移，亚洲文化和其他文化可能会转向更加独立的自我。这似乎正在发生，正如世界范围内更加强劲的个人主义趋势所显示的那样（Santos et al., 2017）。

这两种自我暗示着大多数人如何安排自己的日常社会生活。就如你每天和谁在一起这件事，其中就存在权衡。有些人比其他人更适合你：他们是更好的伙伴和队友。实现完美组合的唯一方法就是挑选，包括拒绝和替换那些不合适的人。但相应的缺点是，他们也可以拒绝和替换你，所以我们普遍拥有关于维持人际关系的焦虑。相比之下，一个关系持久、很少改变的社会是很有吸引力的；但不好的一面是，你最终可能会和你不喜欢的人在一起。无论如何，社会生活必须解决权衡问题。要么允许人们做出选择和改变，接受关系对象不断变化带来的压力和焦虑；要么永久地锁定关系，接受人们将不得不与他们相处不好的人频繁互动的事实。这个问题的一个生动的例子就是"离婚应该有多容易"。在某些时代、某些地区，离婚实际上是不可能的，已婚夫妇一辈子都困在一起。另一个极端则是，人们可以轻而易举地离婚，只需要走到村庄的广场，在见证者面前说几次"我要和你离婚"。两个极端情况中的任意一个都体现了这种代价高昂的权衡，然而，在这一连续谱（continuum）上也没有完美的方案。尽管如此，世界范围内的趋势是更容易离婚，更注重个人主义。独立的自我似乎很好地适应了寻找匹配伴侣的社会生活，即使这意味着频繁的分离和对失去的焦虑。

同时，相互依存的自我更适合人际关系高度稳定的社会环境，在这样的社会环境下，你最好努力适应，以便与周围的人好好相处。要谦虚而不是武断。要认识到你自己是这个群体的一部分。毕竟，家族永远存在，而你只是在你短暂的生命中维持它。这就是你，而自我的统一性是通过唤起它与他人的联系而实现的（见第10章）。这与高流动性社会环境中的独立自我非常不同，因为对独立自我而言，与特定他人的联系并不一定是未来自我的一部分。

即使拥有西方社会的独立自我，当社会关系高度稳定时，人们也会认同这些关系。随着离婚的自由化，婚姻不再像过去那样稳固，哪怕婚姻是人们身份认同的一部分。最长久的关系依然是血缘关系。一个普通的美国中年妇女无法在不提及她孩子的情况下说明自己的身份。与此同时，年轻人也会将自己与父母的关系纳入自我认同，但随着他们逐渐成长，走上自己的路，父母与自我认同的相关性急剧下降。

因此，不同的社会环境决定了自我不同的运作方式。值得注意的是，这种差异甚至在现代年轻美国学生中也很明显。有证据表明，人们会积极地在初次见面的人面前展示自我，但在向朋友展示自我时会变得相当谦虚和低调（Tice et al.，1995）。要维持一段长期关系，谦逊和谦虚更管用，因为它们会把产生冲突的可能性降到最低。如果连美国学生也能在与熟人交往时变得谦逊，想象一下这样做对生活在集体主义文化中的人们来说有多么重要。不管他们是否喜欢对方，他们都必须和睦相处。

毫无疑问，个人主义和集体主义之间更大的区别有多种起因。学术研究指出了一些重要原因。一个令人惊讶的因素是细菌。在那些有许多病原体流行，疾病一直是人们生活的危险因素的地区，文化会朝强化服从性的方向进化，所以人们的行为方式不会传播疾病（Fincher et al.，2008；Park & Schaller，2009）。相比之下，如果环境中的病原体较少，那么社会就能容忍人们按照自己的方式做事，因此食品和卫生习惯可能会更加多样。显然，这些差异在人们了解细菌如何传播疾病之前就已经形成了。这种差异可能是通过群体选择实现的：那些要求每个人都符合清洁标准的群体，比那些规则松散，容许个人癖好的群体更加繁荣。

农业的兴起是人类社会的一大进步，新的定居社会取代了非定居的狩猎采集社会，不同种类的作物可能塑造了新社会中自我的形式。最近的研究发现，即使在亚洲，与种植水稻的地区相比，以小麦为主要作物的地区亦孕育了更加个人主义的自我和社会风格（Henrich，2020 综述）。原因在于一个农民可以自己种植小麦，但种植水稻本质上是更具集体性的行动。因此种植小麦的社会能让人们走各自的路，但种植水稻的社会强调群体合作、遵守规范。

面子和尊严文化

亚洲和西方文化的另一种差异是所谓的"面子"和"自尊"文化之间的差异。面子文化指的是一个人的价值很大程度上取决于他人的评价，而个人对自我的看法是次要的。相反，自尊文化假定每个人都有独立于他人的内在价值。面子和自尊不甚完美地相互依存、重叠，而不是彼此独立。例如，以色列就拥有集体主义的自尊文化。

不同种族的现代美国大学生在这方面持有不同的态度。一些不错的研究（Kim & Cohen，2010）比较了学生获得关于自己的信息时的反应，他们要么从自己的角度，要么从其他在他们的生活中十分重要的人的角度考虑问题。当亚洲背景的学生从第三人称的角度，即他们的社交圈会如何看待他们出发来考虑这些信息时，他们的反应非常强烈。但从他们自己的第一人称视角考虑，完全相同的信息基本上不会带来任何影响。这意味着对他们来说重要的是面子，也就是别人如何看待他们。

相较之下，欧洲背景的美国学生在考虑自己的个人观点，而不是考虑别人如何看待他们时反应更强烈。两种情况造成的影响性质相同，表明欧裔美国人仍然关心别人的想法，但他们更重视自己的观点。比起个人的想法，别人的想法可能更容易被合理化并排除。

奥尔波特（Allport，1958）提出的术语"机能自主性"显示了达成目的的手段本身是如何作为目的发挥作用的。一个人对自我的看法是一种追踪他人如何看待自己的手段。从长远来看，自我关注可以实现机能自主，因此，除了在某种程度上与他人想法的直接联系外，人们也关心自尊和自我关注。也许，机能自主的过程在欧洲的自尊文化中进行得比在东亚的面子文化中更深入。本质上，这两者没有哪一个更好，但在自我的日常体验方面有所不同。

本章要点

- 典型自我的特征取决于在一个人所属的社会系统中，什么因素运作得最好。

- 自我在不同的文化中可能会得到不同的发展。

- 独立的自我被认为是一个自主、自足的主体，独立运作，做出选择并追求自己选择的目标，拥有自己内在的价值观和偏好。

- 相互依存的自我被理解为牢固地嵌入一个社会关系网络中，需要履行义务并展开自我调整。

- 生活在面子文化中的人的价值，很大程度上取决于他人的评价，对自我的个人看法则不那么重要。

- 自尊文化认为每个人都有内在的价值，独立于他人。

The
SELF
EXPLAINED

第 5 章

自我理论的 4 个陷阱：
无我、多重自我、"真我"，以及自我实现

———

提出过自我理论的思想家之多，令人惊叹。本章介绍了一些观点，有些人认为这些观点很有吸引力且令人兴奋，但我觉得它们无法说明问题。我们应该一如既往地警惕那些最终被证明不正确的理论中那些看似正确的见解。

自我是一种幻觉吗

自我不是真实存在的，这种说法可信吗？一些严谨的思想家否认自我的存在。在我的印象中，这些怀疑论者主要是脑（神经科学）研究人员和认知心理

学家，以及一些宗教和哲学领域更激进的边缘思想家。大多数社会科学家如果不承认自我真实存在，就无法开展工作。例如，想象一个经济学家，试图描述一个买家和卖家都没有自我的市场是如何运作的。如果没有自我要来拥有或使用一样东西，那么买家购买这样东西的意义何在呢？买家花的又是谁的钱呢？

在我们深入探讨这些反对自我真实存在的论点之前，需要注意这一点：怀疑论者有一些好的观点。

宗教和哲学上的异议

印度佛教哲学深入探讨过反对自我存在的观点，这些观点十分有名。他们有一条教义 ——"无我"，有时，自我也被描述为"空"，正如龙树（Nagarjuna，印度佛教哲学家）的观点所言。打破了旧有观念的英国哲学家大卫·休谟（David Hume；1739）提出了西方思想中的类似观点，他发现自己无法觉察到任何被称为"自我"的特定事物。当他自省的时候，他能找到的只是"知觉的组合"。

这些反对意见是有道理的，即自我并不独立于其社会环境存在。但是坚持"无我"教义的禅宗大师们似乎仍然拥有正常运作的自我。他们不会因为区分不了自己和别人的脚而错把鞋子穿在别人的脚上（毕竟，只有当你和我有着不同的自我时，在区分"你的"脚和"我的"脚的基础上执行肌肉运动才是有意义的）。但是正如我们已经讨论过的那样，自我存在于与社会的关系中。孤独的生物对自我毫不在乎。除了要操控肢体最小部分的运作，比如协调各种腿部肌肉的运动，以便行走之外，它根本不在意自我。

休谟的观点或许更进了一步。如果你试图把注意力集中在自我身上，你不可能得到"我就在那里！"的纯粹体验。但这并不能证明自我不是真实存在的，只能说明我们没有直接体验它的能力。伊曼努尔·康德（Immanuel Kant）是 18 世纪最伟大的思想家之一，他在其划时代的《纯粹理性批判》（*Critique of Pure Reason*）（1797/1967）一书中用一段核心内容回应了休谟在这一点上的看法。正如康德所说，你不能像休谟说的那样把自我看作一个客体，但是你可以感知到它在感知其他物体。用一句现代美国俗话来说，你在做、看、想的过程中，"把自我逮了个正着"。换句话说，你感知自己的方式不同于你感知桌子的方式，但是你可以意识到自己正在组装、敲击或者摆放桌子。自我在行动中被感知，因为它是一个过程。头脑感知到自己的感知，这就是它发现自我的方式。如果"发现"这个词对你来说太绝对，也许你可以采用"构建"或"推断"的说法。

认为自我是虚幻的这一观点也是许多精神修行的基础，特别是在亚洲。人们认为瑜伽和冥想应该能够帮助他们平息自我，消除对获取物质和地位的自私的关注，并且帮助他们把自我看作一种不值得关注、微不足道、转瞬即逝的东西。许多人被这些修行所吸引，部分是因为他们希望通过消除自我来获得内心的平静。

然而最近的一些研究对这一过程提出了质疑。勇于探索的约亨·格鲍尔（Jochen Gebauer）及其团队（2018）对学习瑜伽的学生和冥想者进行了为期数周的研究，测量他们在瑜伽课或冥想前后对自我的关注情况。学习瑜伽的学生和冥想者非但没有向失去自我的方向发展，反而更加关注自我。他们转而寻求更大程度的自我增强：他们的自尊和自恋程度提高了，倾向于认为自己超出平均水平。事实上，瑜伽班上的普通学生认为自己比同一个班上的其他学生更擅长瑜伽！显然，自我并没有随着课程的继续而消失。一个学生越是认同瑜伽和冥想，这一效应就越强。这些影响不仅体现在初学者身上，也反映在高阶修行者身上，所以它们不只是代表了一些新手的失败。

为什么会这样？格鲍尔和他的同事认为，练习任何技能都能提升你的能力，当你因为练习某种技能而获得能力上的提升后，这种能力似乎会在你的自我概念中占据更重要的位置。因此，获得某种能使自己感觉不错的新事物，会让自我评价发生变化。毫无疑问，瑜伽和冥想似乎确实给这些人对自我的理解带来了重要的影响，使得他们对自身产生了更加积极的偏见。研究人员得出结论：长期以来的观点认为，这些精神修行能平息自我，对于这一点，我们需要进行"严肃的重新思考"（2018，p. 1306）。

格鲍尔的解释印证了本书的一个关键主题：自我会培养其不同寻常的才能和特点，因为群体基于自我的差异而蓬勃发展。文化群体的关键是能够将人们分配到他们擅长的领域，从而提高群体的整体表现。在此基础上，如果个体能专注于自己擅长的事情，并围绕自己如何能为群体（包括整个社会）实现最大的价值来建立自我概念，将有助于群体的发展。

不屈不挠的肖恩·尼科尔斯（Shaun Nichols）和他的同事（2018）进行的一项跨文化研究提供了更为显著的证据。他们比较了美国和亚洲公民及藏传佛教僧侣的选择和价值观。僧侣们信奉佛教哲学，他们不像其他群体那样，认为随着时间的推移，自我会维持原样（在研究的七个样本中，美国人最相信自我具有跨时间的连续性，而僧侣最不相信）。理论上，相信连续的自我不存在应该能减少对死亡的恐惧和自私。毕竟，"你"不会真的死去，因为无论心脏病发作与否，"你"未来都不会存在。

然而，实际结果令人震惊。僧侣们表现出的对死亡的恐惧最为强烈，甚至他们对死亡会毁灭自我这一点的恐惧也最强烈。这与"在时间的流逝中，自我不会永远存在"的理论很不一致。否认自我的专家表现得最自我中心。

在格鲍尔的研究中，研究人员向人们提出了一系列更进一步的问题，询问人们是否愿意放弃服用一些维持他们生存所需的药物，以让其他人生存下去。在某些情况下，这些药物或许能稍微延长你的生命，但是可以使其他人多活许多年，打个比方，药物可以让你多活 6 个月，让其他人多活 5 年。可是无论如何，僧侣们通常说他们不会给药，即使这些药会大大延长他人的生命，远远超过它们能为自己增加的寿命。从这个意义上说，僧侣们比其他群体更加关注自己。

因此，佛教的"无我"教义并不像普通的旁观者所认为的那样。尼科尔斯和他的同事注意到，佛教文学包含许多自传——但是"一个人怎么会在否定自我的同时肯定自传的意义呢"？佛教徒像休谟一样，断言自我并不作为一个完全与周围环境分离的独立事物存在。然而，在佛教徒自我所属的社会环境中，自我是相当真实和重要的。真正的佛教徒每天都在应用他们的自我。

神经科学和认知

不同专业领域的人研究不同的事物，其中只有一部分领域需要用到自我。一位匿名的评审曾经在回应我的文章初稿时提出了一个深刻的观点。他指出，有些领域质疑自我的存在，另一些领域则假定自我真实存在。那些探索个体心理功能的狭隘方面，关注特定思想和心理子程序的研究人员，就对自我的真实性提出了质疑。神经科学（研究大脑过程）和认知心理学（研究思维过程）表现出了明显的对自我的怀疑。相比之下，专注于社会系统的研究人员不能抛弃自我。这群人包括经济学家、社会学家，甚至研究人类关系的学者（想象一下，如果你试图分析一段婚姻，却没有特别提及婚姻中的两个不同的人）。

研究领域的差异影响巨大。如果你忙于研究一个人思维的某一部分在特定情况下如何处理特定问题的细节，那么自我总体的一致性就会是一个少见且通常可有可无的概念。但是任何有关人类关系和社会系统的事物都离不开自我——事实上，最好是长期存在的自我。

起初，我以为一些大脑研究人员认为只有发生在大脑里的过程是真实的。当他们找不到大脑中构成"自我"的特定部分时，他们就耸耸肩，假定"自我"一定不存在。毕竟正如前文已经指出的那样，拥有自我理论对他们的工作并不是那么重要。

话说回来，听闻最近神经科学家们对自我产生了新的兴趣。我认为，自我是大脑所做的事情，而不是存在于大脑内部的某样东西。它是一个过程，而不是一个事物，与生命本身也不同。在我看来，神经科学家是这样一群人，一旦他们无法精确定位大脑中构成自我的特定部分，他们就可能会否定"自我"的存在；但当他们的研究从绘制特定区域，转向分析不同部分如何协同工作，以控制复杂社会世界中的行为时，他们也会开始重视和使用"自我"这一概念。

让我们考虑一下"自我是一种幻觉"这个观点。

自我是幻觉的情况

自我仅仅是一种幻觉吗？人们听到许多所谓的专家，甚至一些关于自我的专家，给自我贴上了这样的标签。

布鲁斯·胡德的《自我错觉》（*The Self Illusion*；2012）试图讲清楚自我的虚幻本质。我发现胡德的书很有魅力，写得很好，并且有很好的科学文献基础。我从中学到了很多。尽管如此，它还是没能让我相信自我是不存在的，甚至，我不确定它是否真的尝试过说服读者这一点。

胡德似乎在他两个论点之间摇摆不定。有时他否认自我的存在。但是开篇定义术语时，他引用了苏珊·布莱克莫尔（Susan Blakemore）的话，称假定自我是一种幻觉并不意味着它不存在。也许，一个虚幻的自我可以是真实的，即使它在一定程度上是一种幻觉。他继续解释道，说自我是幻觉，只是为了说明它不是它看起来的那样。他并没有花时间解释为什么自我看起来是一样东西，但是实际上是另一样东西，除非它"真的"只是一堆运作中的脑细胞。不过，如果他的论断仅仅是人们对自我的某些信念存在错误，那么我们的看法是一致的，而且这一论断确实早就不是什么新闻了。

大量证据表明人们对自己的看法有误。他们没有意识到潜意识对他们行为的影响达到了什么程度。这并不让人意外。根据定义，你是意识不到你的潜意识过程的。同样，人们的记忆可以帮助他们认识自己，但是记忆有时候会出错。事实上，记忆研究表明，每段记忆每次被唤起时，其被重构的方式都略有不同。记忆并不是自我坚实且完全可靠的基础，尽管我认为一般情况下记忆是准确的。人们也低估了外部环境因素对他们的影响。因此，如果你相信自我是你所做的一切事情的唯一主宰，那是一种幻觉。真的只是幻觉！

但是，胡德想更为彻底地摧毁"自我"这一概念。他书中的许多段落将自我比作各种各样的视错觉，这些错觉确实包括看到不存在的东西。他列举了各种外部力量是如何影响一个人的行为的，并得出结论："一个在环境中随微小的变化而退缩和扭曲的自我，可能就是不存在的。"（2012，p. 396）他并没有明确表示自我不存在，而他的话透露出自我存在，或者"可能存在"的意味。这看起来不太站得住脚。上述结论的字面意思可以迁移到其他地方：如果一棵树或一朵花在风中退缩、扭曲，是否也意味着它可能不存在呢？我倾向于认为，适应和改变环境的能力是自我的重要特征之一，而不是否认自我存在的理由。

胡德很好地证明了人们在不同的情况下表现不同，甚至对自己的看法也不同。但这难道不是同一种自我适应环境的方式吗？他说不是，"那只是幻觉的核心"（2012，p. 474）。对我来说，这是自我现实性的一个重要方面。自我根据环境和角色进行调整，相应地改变自己的特征（仅行为模式）。比如，当你同你母亲在教堂里，或者与朋友在酒吧看比赛时，你的自我确实应当表现出不同的行为模式、不同的特征。然而，你仍然是同一个人，有着同一个自我。在任何一个地方，如果去年借给了你 100 美元的人出现，你都可以抓住这个机会还给他。如果你没有，那么第二天当你处于另一种情境下时，你仍然欠他100 美元。

这里有一个关键的问题：如果自我在某种意义上是一种幻觉，并不真正存在，那么什么是现实？胡德神秘地隐喻道：它就像一张没有蜘蛛的蜘蛛网。然而在现实世界中，总要有一只蜘蛛来编织一张蜘蛛网。他还说："某种意义上，我们真正是谁取决于我们周围的人。"（2012，p. 219）但是如果我的自我并不存在，那它怎么能用我周围的人的自我来解释呢？我读完了他的书，却没有理解他认为的现实是什么。如果没有自我，谁拥有那部智能手机？谁获得了驾照或硕士学位？都是有着特定名字的自我。

进一步的问题是，为什么会存在这种精妙的幻觉。胡德很清楚，一定存在一个很好的理由："为什么我们进化出了自我幻觉？就像我们的大脑产生的其他幻觉一样，它也有一个实用的目的。"（2012，p. 517）然而，当需要具体说明这个目的时，他就语焉不详了。胡德认为这样简略地讨论可以提高效率。他说："我们已经进化到把彼此当作独立的自我来对待了。"（p. 519）好吧，说得没错，但是这难道不正表明自我是真实存在的，而不是虚幻的吗？如果没有自我，我们就会"被复杂性压垮"——可动物只有最小的自我，因此不会被压垮。在我看来，更加合理的说法是，正是为了使复杂的社会系统成为可能，我们才进化出了精确地创造和维持自我的能力。

总而言之，恕我直言，认为自我不存在的观点不值得仔细探究。的确，自我不是特定的物质存在。它是环境的产物。我们往往很难理解自我行为的所有成因，特别是环境中微妙的线索，以及潜意识的过程。胡德那缺乏说服力的论断"你的自我并不完全是看上去的那样"没有错，但他所说的一切不能证明自我不存在。

公正地说，"没有自我这种东西"，因为自我不是物质意义上的某样东西。它没有特定的物质基础——不过下结论要小心，因为自我（至少）源自物质性的身体。

也就是说，某些最为简单的观点认为，存在作为物质存在的自我。但很明显，自我不只是身体，它也不等同于身体加上其他物质，而是身体赖以行动的系统。以死亡为例，身体死后仍然存在，但是自我却不存在了。

来自宗教和哲学观点的重要见解是，自我（不同于身体）并不作为独立的实体存在，而是存在于与他人的关系之中。自我在复杂的社会关系网络中蓬勃发展起来。自我来自一个复杂的概念系统，就像工厂里的装配线，它组织不同的个体采取不同的行动以实现互补，通过交流实现合作。

多重自我的案例

每隔 15 或 20 年，就会有这样一个观点浮现，就好像是第一次出现一样：每个人都有许多不同的自我，而不是只有一个自我。每当这个观点突然出现，其新颖性和创造性都会引起人们广泛的热情……之后销声匿迹。尽管如此，人们的热情还是表明，这一观点有其重要意义。沃尔特·惠特曼（Walt Whitman）在《草叶集》（*Leaves of Grass*）（1855/2013）中写道："我辽阔博大，我包罗万象。"或者引用具有开创性的心理学家威廉·詹姆斯（William James）的一句话："确切地说，一个人拥有的社会自我和那些认识他并将他的形象记在心里的人一样多。"（1892/1948，p. 179）耶鲁大学的思想家保罗·布卢姆（Paul Bloom；2008）提出，人们拥有多重自我。他认为，人们无法为退休存钱，是因为为退休存钱本质上就是把钱送给一个年老的陌生人。

惠特曼在一首诗中写下了上文那句话，但他给这首诗取的标题是《我自己的歌》（Song of Myself），而不是《我们自己的歌》（Songs of Ourselves）。詹姆斯写下上文那句话，但随后就在某种程度上反悔了。他说，也许更准确的说法是，自我的总和等于认识他的群体的数量，而不是个人的数量。詹姆斯继续说道，拥有不同的行为风格，甚至看起来不同的性格，"差不多"相当于由多个自我组成。差不多，并非确实如此。

我非常尊敬和钦佩保罗·布卢姆，有一天晚上在酒吧里，我问他如果他真的认为为退休储蓄就是把钱送给一个年老的陌生人，他会介意把他的退休储蓄存在我的名下吗？毕竟，这个年老的陌生人和那个一样，有什么区别呢？他笑了。我没有拿到钱，虽然我也没有真正期待过能拿到。

这些人都非常聪明，他们关于多重人格的主张值得深思。然而同样，其中的矛盾很快就会显露出来，就像惠特曼和布卢姆的例子那样。自我的单一性和一致性是某种基本的性质。从更广泛的意义上说，人们拥有多重自我这个想法往往很快就被舍弃了，而不是转化成持久的基础的或深刻的理念。这是一个信号，说明这个想法最终不具备足够的解释力，没有得到大家的拥护。尽管如此，也许我们可以探究一下导致聪明的思考者接受多重自我观念的关键见解和现象是什么。

卓越的心理学家大卫·莱斯特（David Lester）在其他背景下的工作影响且支持了我的研究，最近，他推出了一部有关多重自我的充满激情的作品。他的著作《论多重自我》（On Multiple Selves）（2015）引用了许多不同的思想家关于每个人如何由多重自我构成的论断。他呈现了他能找到的最好的数据来支持他的观点。（他还引用了其他许多他不太赞同的作者的话，包括我，这些作者一直对自我的多重性持怀疑态度。）让我们看看能从他的作品中了解到什么。

在这本书的大部分内容中，他都谈到了"潜在自我"（subselves），这个词从未被确切定义过，但大概指同一个自我的不同部分、不同方面或不同版本。与真正的多重自我相比，"潜在自我"这个概念显得不那么浮夸。莱斯特在两者之间摇摆不定，在讨论数据或严格的论点时，他倒向潜在自我，但当不受证据约束，感觉这样说没有风险时，他又会重申多重自我。这种摇摆加剧了我的怀疑，我认定很难以一种清晰且前后一致的方式将多重自我论述清楚。

一个基本共识是，人们在不同的情况下扮演不同的角色，并会改变他们的行为。也许他们甚至会因为从一个环境转移到另一个非常不同的环境，而改变他们占主导的人格特质。没有人会反对这一点。但是这些差异真的等同于彼此独立的自我吗？

即使莱斯特认为同一个人身上确实存在彼此独立的自我，他的观点也并非前后一致。例如，作为证据，莱斯特写道，"一个人（individual）可能会在某些早晨醒来时感到沮丧，但在某些早晨感到快乐"（2015，p. 166），并再次指出不同的（潜在）自我参与其中。然而，这个句子将这个人描述为同一个自我，特别是它使用了"individual"（其含义在词源上与 indivisible，即"不可分割的"有关）这个词。所以他说的是同一个人在不同的早晨醒来。如果真的有不同的自我，他会说不同的人在不同的日子醒来，其中一些感到沮丧，另一些感到快乐。在不同的时间做同一个自我，这与每个自我都确实不同的说法是矛盾的。

不过，问题总是反复出现。莱斯特提供了鲁道夫·霍斯（Rudolf Höss）——一个奥斯维辛集中营的指挥官这个生动的例子。在工作中，这名纳粹成员将成千上万无辜的人送上了死亡之路。但据报道，在家里，他是一个和蔼可亲、慈爱的父亲，对孩子们很温柔。

"这代表着不同的自我。"莱斯特说。但他真的是这么想的吗？假设你被指派因霍斯的战争罪行而逮捕他，但他并没有在办公室里签署死刑执行令，相反，你发现他正在家里和他的孩子们玩耍，你会拒绝逮捕他吗，毕竟那些罪行是**别人**犯下的？事实上，很难想象如果他真的有多重自我，并设法维持其中一个较好的自我，我们怎么能起诉这样一个邪恶的人。如果霍斯能够维持他作为慈爱父亲的自我，那么他就不会因为"他"的一切杀戮而受到谴责，因为毕竟那是另一个自我，而作为慈爱父亲的自我是无辜的。对我来说，这个论点最终是行不通的。

不过，让我们试着看看多重自我理论家试图捕捉的正确见解。最明显的一点也许是，人们确实会改变他们的行为方式，甚至可能会改变他们在不同情况下对自己的感觉，特别是在扮演不同角色的时候。

然而，这是人类自我最伟大的成就之一，而不是人们反对其单一性存在的理由。人类自我根据环境和角色需求调整其行为方式的能力很强。在这个环境中，它可以是有教养、性情温和的，但在另一个环境中，它可以始终如一地冷酷无情。

人们知道自己还是同一个人。即使鲁道夫·霍斯正在家里和他的孩子们玩耍，听着他们叫他"Vati"（爸爸），如果有人进来和他说话，叫他的名字"鲁道夫"，甚至他的头衔"司令官先生"，他几乎肯定会应声。在死亡集中营的办公室里，以及在家里和家人在一起的时候，他可能会有不同的感受和行为，但这并没有上升到真正不同的自我的水平。

也许更深刻的观点是，一致的自我通常是由这些部分的自我（或莱斯特所称的潜在自我）缝合在一起的。本书的一个主题即自我的一致性并非源于大脑的某种内在需求，或者甚至也不是源于某种持续的身体具有连续性的感觉（尽管这有所帮助），相反，自我是大脑为应对外部需求而学会创造和维持的东西。我发现，同一个人在不同的时间"是"不同的人这个说法，很难说得通。人类文化社会的优势取决于稳定的关系，因此它要求每个身体对其在其他时候所做的事情负责，自我的连续性被编织进社会结构中。但更有可能的是，孩子们学会了在不同的情况下如何行事，只是会逐渐将这些行动塑造成一个连贯、持续的自我，包括认识到我今天仍有义务偿还上个月借的钱，并且我仍须对上周的不当行为负责，即使不当行为和借钱的事发生在不同情况下。

戏剧是一个有效的比喻。同一个演员要扮演不同的角色。演员在扮演不同角色时，可能会有不同的感受、想法和说话方式。但演员的名字始终如一，不同的表演只是丰富了同一个演员的职业生涯。

因此，自我的一致性是一种成就，这种成就可高可低。有些人的自我或许不如其他人的那么一致。接下来的章节还会进行更多的讨论。

在呈现多重自我的证据时，莱斯特引用了一些研究，这些研究设计了量表来衡量人们**相信**自我一致性与多重性的程度。所有这些研究的主要发现是，相信多重自我的人通常有各种各样的心理问题。他们中的神经质者更多，童年时期遭遇的家庭问题更多，成年后更不快乐、更加焦虑、抑郁情绪更严重、适应能力更弱，且一般不太能应对不确定性。（请注意，这种应对能力应该是拥有多重自我的好处之一，因为一个人可以在不同的场合拥有不同的自我，所以应对起来应该更容易。）在极端情况下，拥有更多自我并且相信它们的存在，意味着你会听到头脑中暴力的声音、自我批评的声音、对别人的批评反应过于敏感的声音。这会导致精神分裂症和精神病，在这种情况下，自我真的会分裂成多个部分，但它们都不是什么好的状态。

可以肯定的是，很难说对多重自我的信念是所有问题的原因还是结果。但无论如何，对多重自我的信念与许多问题和整体适应能力不足有关。

我们能从"每个人都有多重自我"这一反复出现的主张中得到什么启发呢？首先，这在技术上是错误的。自我的一致性（包括跨越时间的连续性）是自我的本质的一部分（见 Gallagher，2000）。其次，令人惊讶和印象深刻的是，人类自我能够扮演完全不同的角色，并根据不同的角色调整自己的行为和反应。最后，自我最终的统一可能是通过融合不同角色而实现的成就。这表明单一的自我是以某种方式将不同部分缝合在一起而形成的。那些不能有效整合自我多个部分的人是不快乐的，并且会遇到许多问题。对他们来说，一些根本性的问题已经出现了。

莱斯特的"潜在自我"概念（尽管我不会在本书中使用这个术语）指向了某些真实而正确的东西。自我的不同部分并不是不同的性格特质。相反，它们几乎是一致的，是近乎完整地组织起来的。本书的下一部分会讲到这些部分是如何结合成一个具有一致性的自我的。人类思想显然能够构想出不同版本的自我，完成不同的行动过程，做出不同的情绪反应。在这些版本的自我中，有的已经被整合成为人的一部分，有的则没有。

最后一点是，人们可能对自己有多种看法，这些看法与不同的角色和习惯有关。它们并不真正独立，而是同一个自我的不同版本。尽管工作自我和家庭自我可能有一些不同的侧重点、习惯和风格，但它们在很大程度上是重叠的。下一部分我们将进一步明确这个观点——尽管是从一个非常不同的角度出发。

寻找"真我"

在中世纪，当欧洲的基督徒写到耶稣被钉在十字架上时，他们总会对这个概念的首字母作大写处理：真十字架（True Cross）。在欧洲，真十字架的碎片能卖钱或换得其他奖赏。事实上，一些历史学家已经计算出来，欧洲这些真十字架碎片的总重量远远超过了原本那个十字架的重量。这并不奇怪：大部分（如果不是全部的话）都是赝品。

因此，出于对我们文明史上最伟大的模因[○]之一的尊重，我也会将"真我"这个概念的首字母大写（即 True Self）。无论是尊重还是怀疑，都是有意为之的。那么，怎么会存在一个像真我这样的东西呢？

据卡尔·罗杰斯（Carl Rogers）、亚伯拉罕·马斯洛（Abraham Maslow）及其他主要思想家所说，好像真我被深深地埋藏在内心深处，只需要被挖掘出来。真我属于内在自我，会隐藏起来，与一个人公开的行为和外表相反。根据上文可知，从人类早期到文艺复兴时期，大多数人生活在一个小社会群体中，每个人都认识彼此。有些人可能与他们假装出来的样子不同，不过这种可能性

　　○　模因指文化的基本单位，通过非遗传的方式，特别是模仿而得到传递。——译者注

极小。但是随着城市的发展，社会生活使人们可以接触到陌生人；随着社会流动性的增加，人们越来越认识到，人并不总是表里如一。正如莱昂内尔·特里林（1971）在《诚与真》一书中所写的那样，16 世纪的世界里充满了欺骗、伪善、角色扮演及相关的现象。真诚作为一种有价值的美德开始崭露头角，意味着内在自我和外在自我的地位对等。可以肯定的是，了解他人的自我，而不是了解自我，成了难题。

真实，而不是真诚，似乎与真我联系更紧密。但是正如特里林解释的那样，真诚是假装成另一个人的反义词，而真实则是融入人群，顺应大众社会的反义词。

让我们思考一下支持和反对真我的不同情况。由于自我与自我概念经常被混淆，因此关于真实自我的问题实际上有两个版本。第一，真我的真正实体可能存在也可能不存在，真我可能部分隐藏在头脑中，与人表现出来的行为方式有所区别。第二，与第一个问题无关，"自我"真正的概念（true concept of self）可能存在也可能不存在。真我和"自我"真正的概念，哪一个存在？我认为都不存在。

关于真我的论述

关于真我的论述始于丽贝卡·施莱格尔（Rebecca Schlegel）及其同事（2013）对现代美国公民信念的一项引人入胜的研究。他们表示，人们很容易理解和使用内在真我的概念，当人们的决定与真我一致，而非不一致时，他们会对自己的决定更为满意。施莱格尔和她的朋友小心翼翼地将真我（True Self）与他们所谓的"实际自我"（actual self）区分开来，后者指你在现实中的行为方式，而真我则与此不同，尽管它可能与现实有一些重叠。

严格地说，没有证据表明人们真的相信真我存在。人们能够回答关于独角兽的问题，尽管他们知道独角兽并不存在。然而人们似乎还是很乐意并且充满热情地使用这一概念。这并不意味着真我真实存在，而意味着真我这一概念与人们所经历的事情有共通之处。

真我是不是不太像真十字架，而更像圣杯——一种对理想中的完美存在的追求，但是几乎总是以失败告终？它不一定要追求神一般的完美；更有可能的是，它是一种似乎合理的、最适合的自己的样子。它就是内心的向导，你渴望成为或你渴望为人所熟知的那个人，或者两者兼而有之。

理想自我的目标是担当向导。人们可能将它称为真我，但它并不真正配得上这个名字，特别是当它与现实自我，也就是你实际行动的方式不同的时候。

理查德·瑞安和埃德·德西（Richard Ryan & Ed Deci；2017）勇敢地提出了关于真我的一段论述。这两位思想家在其职业生涯中致力于构建自我决定理论（self-determination theory）。在其职业巅峰之作中，他们回顾了先前多个关于真我的理论，并强烈支持这些理论。他们并不认为自我是一个物体，而是坚持认为它是一个过程（我完全同意）。对他们来说，真我的概念是与自主性联系在一起的，自主性是他们理论中的核心概念，甚至真我就是以此为基础命名的。他们关于自主性的观点将在后面讨论，在我看来，这些观点确实相当正确。但是，他们关于真我的观点就不那么令人信服了。

瑞安和德西关于真我的论述首先指出，几个世纪以来，这个概念以许多不同的形式被人们提出，这表明它蕴含着重要的经验真理。然而，他们很快就会转向"'自我'并不具备永远存在的可能性"（2017，p. 348）。人们的行为方式确实会与他们的价值观相悖，但仅此而已。"人们可以不表现虚假的自我，这在某种程度上说明，一定存在真实的自我"——这一直是一个诱人的论点。思想家们推断，如果存在虚假的自我，那么一定存在真我。但这并不符合逻辑。至少有可能存在各种各样不同版本的自我，其中一些自我比另一些更符合人们的理想和渴望的声誉。

瑞安和德西回顾了多位谈论过真我的思想家，他们大多是精神分析学家（新弗洛伊德学派）和类似的理论家。他们的观点没有数据基础——不是说要谴责这一点，但总的来说，这是一个不好的迹象。不过，这些思想家有什么共同点呢？瑞安和德西（2017）列出了关于真我的各种理论的几个共同点。

- 第一，它是一种"自然禀赋"（p. 362），出生时就已经具备，至少已经潜在。换句话说，你生来就有一个真我。
- 第二，它不仅仅是一个概念，还有动机性力量，人总是想要忠于自己。
- 第三，它整合了自我的各个方面，因此它与部分自我（part-self）相对。这一观点后来成为作者自主性理论的关键，我认为它十分深刻。但我不确定它是否需要以真我的存在为基础。
- 第四，它是一种与其他力量，比如外部影响相竞争的力量。作者注意到这解释了"为什么人们很难听到并追随真我的声音"（p. 366）。

在我看来，这四个论点并不能有力地支持真实自我的存在。第一点似乎将它简化成了微不足道的存在。如果真我在出生时就已经具备，那么它一定是微小的。如果说它只是一种潜能，几乎也无助于支撑这一观点。我认为，婴儿有多种潜能。一个婴儿可能会走向不同的结果。声称其中一个是真我，而其他是虚假的，似乎是在表达某种天命观，好像每个婴儿都是由某种宇宙力量设计出来的，一定会走上特定的未来生命历程，做出任何其他选择都是错误的。有些婴儿天生就会成为宇航员吗？

第二点称，真我有动机性力量，这与第一点有相同的概念问题。这种观点设想婴儿渴望成长为一个特定的人，一个理想版本的自己。可婴儿天生渴望成为宇航员吗？天生的动机通常是基本且普遍存在的东西，如对坠落的恐惧，对食物、快乐、性和安全的渴望等。另外，一个人最终的结局往往是由大量的巧合和意想不到的变化造就的。1953 年出生在俄亥俄州克利夫兰的婴儿罗伊，是否已内含我现在作为一名澳大利亚教授和作者的成年自我版本？毕竟，在大学里，在我转到心理学专业之前，我已经坚定地选择了另外两个研究领域。如果现在的我不是真我会怎么样？甚至，我该如何得知这一点？

第三点——整合，与自主性高度相关，在我看来，这是瑞安和德西的理论的主要优势之一。当一个人仔细思考各种选项，并有意识地选择其中一个作为正确路线的时候，真实、自主的行动就产生了。冲动行为更有可能是错误的，因为它们只反映了众多欲望和冲动中的一种。尽管如此，这一观点还是有一些概念上的问题，正如第四点所显示的那样。一个人想成为真我，但是也想成为另一个虚假的自己。我们怎么可能知道一个人想上钢琴课，读杂志文章的愿望是出于真实的还是虚假的自我？

瑞安和德西观察到，人们很难听到和追随真我的声音。这显然削弱了真我拥有动机性力量这个说法。如果我们以某种方式被创造出来，生来就想成为我们的真我，但同时也想成为另一种自我，那么真我可能不具备什么特别的动机。它只是一群可能的自我中的其中一个声音。显然，我们往往听不到它的动机指令。如果真我是一个向导，它一定是一个力量微弱的向导。

但是没有什么是真实的吗

可以肯定的是，有些与自我有关的事物是真实存在的。其中一些就列在你的驾照上。你的驾照有可能是假的，事实上，一些青少年的驾照确实是假的，他们没有真驾照（即一个虚假的自我，但没有真实的自我）。不过大多数成年人都拥有有效驾照，上面呈现了一些重要事实，如出生日期、性别、身高和体重。

然而，身高、住址、出生日期和头发颜色，几乎不符合人们对"真实的自我"这个概念的理解。相反，这类定义所指的是某种内在本质，也许还有与这种本质相关的观念。此外，即使一系列事实全然真实，它们能否构成一个值得被称作"真我"的内在一致的实体，这一点依然存疑。例如，如果哈里买了一条对他来说太小的裤子，我们可以说他在放纵虚假的自我，没有忠实于他自己。他可能认为自己比实际上更苗条，但是他的真我比买裤子的那个自我腰围更大。

关键在于，这些关于自我的事实不能构成真我。真我通常被认为是一个不同于个人行为方式的实体，但是它支持一些行为，同时否定另一些行为。

真实性引发了有关真实自我的更加深入的问题

《普通心理学评论》(*Review of General Psychology*) 2019 年的一期特刊专注于真实性话题，从多个角度对真我的概念进行了带有怀疑态度的严肃讨论（综述见 Baumeister，2019）。这提供了一个难得的机会，使不同专家从各自的视角探讨了这个问题。这些专家大多认为，真实性与真我有很大关系，而且当人们的行为与他们认为的真我相符（或者至少是他们所希望的那样）时，他们可能会报告说感到"真实"。但是，除非他们正确地了解自己的真我，否则他们的这些评估毫无意义。人们可能会检验自己的行为是否与一个并不真实的真我相匹配。

因此，对真实的自我概念（true self-concepts）的第一个打击是，人们对自己的看法被扭曲了（通常是朝着有利的方向）。基本上没有人的自我概念是完全正确的（后面的章节试图坦率地评估人们对自己的看法有多准确）。换句话说，没有哪种自我概念真正、完全正确。在关于真实性的研究中，这个问题是毁灭性的：除了自我报告之外，没有其他的衡量方法。没有办法客观地确认某人是否真实。所有数据都在告诉我们，人们是否和何时感觉到他们是真实的，而这些感觉基于人们对自己部分错误的理解。当他们做好事，感觉良好，以及被别人认可或赞赏时，他们就会感到真实。

进一步分析研究真实性的文献，使更多有关真我的问题浮出水面。当人们做外部社会所看重的事情，而不是按照自己实际的个性行事时，他们所报告的真实性体验似乎最为强烈。例如，内向者报告说，当他们以外向的方式——他们客观个性的反面行事时，他们感到最真实（Fleeson & Wilt，2010）。五大人格特征者都是如此：高度神经质的人在以非神经质的方式行事时感觉更真实，等等。当你做社会所看重的事情，而不是追随你内心深处的内在自我时，你会感到真实。话又说回来，也许你内心深处的内在自我只是想弄清楚如何做社会所看重的事情，从而获得社会的回报。

然而，另一个问题在于，与坚持自己独特的信念相比，真我与符合社会期望和和谐互动关系更紧密。许多研究人员认为，真实意味着"不受外部影响"（Sedikides et al.，2019）。但是数据给出了相反的答案：人们在受到外界影响时会感到真实。

这一领域的几位主要思想家得出结论：真我并不真实存在，而是一种向导，一种自我的理想化的概念，可以帮助人们了解该如何行动（Rivera et al.，2019）。这就解释了为什么自我通常是正向的，而不是现实的。至于顺应社会的影响，好吧，毕竟这正是自我的目的：将动物性身体与社会群体和系统联系起来。

虚假的自我存在便意味着真实的自我存在吗

虚假的自我是经验中真实的一部分。（可以肯定，"虚假的自我是真实的"这个说法听起来很滑稽。）每个人都知道人会伪装，甚至几乎每个人都不得不在某些时候以不真诚的方式行事。这使得"真我"这个概念看上去更加合理。如果有虚假的一面，难道不应该也有真实的一面吗？事实上，我认为答案是否定的，不过你应该明白为什么这是一个诱人的假设。

的确，不真实（inauthenticity）这一概念饱受批判。是的，有时出于情境的需要，人们会摆出虚假的姿态，比如在面对未来的雇主或姻亲时，假装自己是一个稳重、节俭、雄心勃勃、自律的人。不过，欺骗行为本身是故意的，因此反映了一个人真实的内在过程，钟曼－塞雷诺和利里（Jongman-Sereno & Leary，2019）称之为"不可避免的真实性"。从某种意义上说，这个人所做的每一件事都是这个人的真实行为。甚至演员和骗子也是在真实、有意地从事欺骗的行为。

尽管如此，人们确实有一种清晰而强烈的感觉，即有时其他人的行为是虚伪的，他们隐藏了而不是表达他们的真我，而且人们自己也是这样做的。撇开不可避免的真实性不谈，让我们承认，人们会创造出自我的错误版本和错误观念。如果虚假的自我是真实的，那么真我一定存在吗？我的否定答案部分取决于自我数目的不对称性：有多个虚假的自我，那么为什么只有一个真我呢？某人拥有不止一个虚假自我，所以推断其有一个单一的真我是不合逻辑的。

图书的分类是一个有用的类比。有些书是故意公开写作虚构内容。小说和诗歌等虚构类书籍不会声称自己真实：事实上，它们常常自豪地宣称，它们的所有内容都是虚构的，若与真实的人或事件有任何相似之处，都是巧合。但是出版业需要发明**非虚构**这个术语，其本质上是对否定的否定，以涵盖其余的内容——因为很明显，并不是每一本非虚构类图书中的所有内容都是真实的。即使是以向下一代传授真理为主要目的的教科书，也很快就过时了，因为其中的一些主张随科学的进步而被推翻。同理，人们拥有非虚假的自我概念，甚至是多个这样的概念。所以也许存在虚假的自我，但这并不意味着存在单一的真我。可能存在多种自我的非虚假概念，可这些概念中没有一个是绝对、彻底真实的。

不，虚假的自我存在并不意味着真我存在。然而，人们确实拥有多种非虚假的自我概念。同样，它们在任何意义上都不是完全独立的自我。相反，它们是同一个自我的不同版本，就像不同的爵士乐艺术家演奏同一首曲子。

哪个非虚假的自我最重要

我花了一个月的时间，阅读了某期刊特别的一期上关于真实性的论文，并试图记下它们的结论（Baumeister，2019）。总而言之，若真我是一个与你实际做的、说的、思考的、感觉的不同的实体，那么它不存在。也没有单一的真实的自我概念——尽管有很多非虚构的自我概念。它们不是不同的自我，而是同一个自我的不同版本。

所以归根结底，在这些非虚假的自我概念中，哪一个最重要？从实用意义上说，哪一个重要？赢家无疑是人们渴望的声誉。实际的声誉决定了人们会如何对待你，因此你的行为必须受到引导，以便为你在社会中扮演的角色创造和维持最佳的声誉。

在实用意义上，重要的往往是我应该做些什么，才能争取到最好的资源。一个人的社会互动，一定程度上取决于维持足够好的声誉的需要。这正是自我在人类社会生活中扮演的主要角色。换句话说就是：在选择如何行动时，关于自我的信念有多重要？需要牢记于心的最重要的东西就是声誉。不要做任何会破坏声誉的事，抓住机会让别人相信你是一个正派的人。在你对自我的各种看法中，它应该对你的行为产生最大的影响。

当人们的行为符合他们想要的名声时，他们会感到最真实。他们会感到："那就是我！"因为他们希望别人就这样看待他们。

对真我的最终判断

真我（作为一种指导思想）和决策满意度互为线索：这是施莱格尔及其同伴研究的主要结论。这正是重点所在。理想的自我是一个人想成为的样子和希望别人看待自己的方式，是一个在现实中未能实现的理想。你的行为越接近你理想化的真我，你对行动的决策就越满意。

坚持认为自我是一个真实存在的实体，同时否认真我，这似乎是矛盾的。但真我是一种指导思想，而不是一个实体。构成自我的实际过程有理想和目标，它们努力使人的行为符合这些愿望。

自我实现：另一个圣杯？

在伟大思想家亚伯拉罕·马斯洛（1968）的倡导下，"自我实现"成为心理学界的一个流行词。在他早期的理论中，自我实现是最高境界，是最终的动力，是一个人在满足了所有更紧迫和世俗的需求，比如食物和住所、爱和自尊之后所追求的东西。其核心思想是，有些人通过成为比自己更好的人来发挥自己的潜力，而其他人则没有做到。马斯洛的理论引起了许多人的共鸣，这些人希望通过成为最好的自己来获得成就感。

马斯洛采访了各种各样的人，并以某种方式将其中一些人归类为自我实现者，另一些人则不然。通过访谈，他发现了一些模式，并得出了关于自我实现者是什么样子的结论。但是后续的研究没能更进一步。毕竟，这一实践虽然鼓舞人心，但在科学上存疑。由他决定用什么标准来识别自我实现者，然后他会用他们的共同特征（大概反映了这些标准）来说明他们是什么样的人——但这陷入了循环。如果我先把红色汽车归为自我实现型汽车，而绿色汽车不是，在此基础上对汽车进行分类，然后比较它们，我会发现自我实现型汽车多为红色，而不是绿色。

部分问题源自马斯洛自己对自我实现的想法仍然模糊不清。一项研究（Koltko-Rivera，2006）发现，马斯洛后期的写作（包括他的个人日记和私人作品）显示，他遇到了一些大的难题。他知道自己并没有准确地定义什么是自我实现。事实上，晚年时期，他认为自我实现并非最高层次的动机，而只是另一个中间层次的动机。他认为自我超越才应处在最高层次。自我实现是在某种程度上实现自我，但是得到满足后的人会继续努力超越自我，这就涉及帮助他人和放弃对自我利益的关注。他还承认，他的自我实现理论缺乏内部一致性（其他人也没有提出具备一致性的理论）。

然而，让我们认真思考一下自我实现这一概念。它似乎要求每个自我都拥有一种特定的内在潜能，类似于传统的命运概念——它可能会实现，也可能不会实现。没有人会说，由于我没有赢得女子花样滑冰的奥运奖牌，所以我没能达成自我实现，女子花样滑冰显然不是我最大的潜力所在（实际上这根本不是我的潜力所在，因为我不是女人，也不会滑冰）。在某种重要意义上，"自我实现"是"真我"概念层面上的表亲。它要求每个人不仅要具备真实的特征和行为结构，而且还要拥有一个特定的、可能的和最终的理想自我版本，伴随有不同的特征、行为和成就。

也许每个人都不是只有一种命运，而是拥有多种可能性和潜力的。自我实现可能存在于其中的多种可能性和潜力中。一个年轻女性可能有艺术天赋，所以她可以通过成为画家达成自我实现。但是，我们能否说，如果同一个有才华的女性不靠画画，而是靠经营自己的公司发财致富，那么她就不算达成了自我实现呢？如果她失业，还要抚养三个孩子呢？这也可以称为自我实现。但如果她偶尔会渴望有时间再次绘画，或者她已经花了几年时间把她的公司发展到了一个更高的水平，我们如何解释她的情况？她的满足感是唯一要紧的标准吗？

怎样才能确定一个人真正的最大潜力是什么？这一讨论回到了与真我相同的问题上，而且更令人混乱的是，人们甚至声称它并不真实存在，而只是可能存在。有没有一种客观的方法能定义和衡量独立于个人生活满意度的自我实现？

这些问题也许可以解释为什么马斯洛去世后，自我实现不再是一个热门的研究课题——人们很难清晰和客观地构建自我实现者和非自我实现者之间的界限。

比起达成自我实现，或许当人们未能达成自我实现时，反而更容易注意到它。这与我们关于真我的结论是一致的。虚假的自我存在于普遍的经验中，但是真我主要是这些虚假自我的对立面的概念隐喻。同样，当人们没能发挥他们的潜能时，他们或许就能知道并感觉到这种潜能。但概念上的对立面——自我实现，与其说是一种确定的状态，不如说是一种神话般的理想。

事实上，科学无法测量某样东西的事实并不能证明这样东西不存在。自我实现可能有什么特别之处。毕竟，很多人认为自我实现这个概念很重要，对他们而言，它也是一个有意义的标志。尽管如此，由于缺乏衡量自我实现的好方法，研究人员无法积累大量事实证据和发现，因此不能自信地支持相关观点。

近年来关于自我实现最重要和最具创新性的论述来自伊莱·芬克尔（Eli Finkel；2017）的《非成即败的婚姻》（*The All-or-Nothing Marriage*）一书。正如书名所显示的，他并不是在构建一种自我实现的新理论，而是用这个概念来剖析现代婚姻是如何变化的。他反对"现在人们对婚姻的要求比以往任何时候都多"的观点，但认为人们的要求的确与过去不同。殖民地时期的夫妇努力经营农场，养家糊口，而今天，家庭与其说是一个经济单元，不如说是一个人们寻求个人成长和满足的地方。配偶应该帮助彼此提升自己并实现满足感，芬克尔将这个过程迷人地描述为"攀登马斯洛山"。正如他解释的那样，那些以这种方式对待婚姻的人可以进入他们的祖先难以想象的满足和亲密的境界；或者感到不满，甚至因为会让祖先感到荒谬至极的原因而离婚。

然而，这种促进彼此的自我实现的婚姻究竟应该是什么样的呢？芬克尔对人际关系的研究覆盖面很广，但针对自我实现的研究本身较为薄弱，存在空白，这阻碍了他的分析。自我实现的婚姻与婚姻中的良好体验、多年婚姻中持续的爱和自我表达有关。就这些标准而论，良好体验总会伴随许多积极的事情。持续的爱也是一样好东西，但同样不限于自我实现的范畴。事业上的成功亦如此。

另一个标准——自我表达，听起来更有希望，可是它是什么呢？阿道夫·希特勒（Adolf Hitler）达到自我实现的顶峰了吗？尽管最终的结果未能如他所愿，但他能将自己的希望和梦想付诸实践。尽管如此，我们很难称在事情按他所想的方向发展的那几十年，他自我表达的机会受到了阻碍。自我表达不可能是一个完整的答案。自我必须被表达，但是我们不能赞美那些表达邪恶自我的人，比如希特勒。

自我实现引发的更大问题在于人类潜能的本质。我们可以客观地描述一个人目前的状况：他的身高和体重、公民身份、成功或失败的记录。这些都是真实的，唯一的问题是如何精确地测量它们。相比之下，从定义上来看，一个人的潜能并不真实。对它进行测量甚至定义是一件相当棘手的任务。它从何而来？一个人的潜能是自我的一个尚不真实的替代版本，它有可能比现在这个版本的自我更好。人们是如何获得这种特殊的潜能的？

这就引出了一个相关的问题：每个人的潜在自我是独一无二的，还是几乎相同的。在西方历史中，占据主导地位的有关潜能和满足感的理想是死后进入（基督教的）天堂。不同的是，每个艺术家都追求能为世界贡献一些独特的东西。客观地把握一个人独特的潜力是相当困难的。尤其是，假设一个人天生具有出色的篮球天赋，但是他出生于一个没有篮球运动的文化或历史时期，因此没有人知道他有这么大的潜力。有什么理由说这个人未达成自我实现？如果尽管这个人的天赋得不到认可，但过上了没有篮球的快乐而充实的生活呢？因此，我不会在自我实现上花太多篇幅，尽管我很喜欢这个概念。

本章要点

- 公正地说，"没有自我这种东西"，因为自我不是物质意义上的某样东西。虽然自我源自身体，但超出了身体的范畴。不如说，它是身体赖以行动的系统。
- "每个人都有多个自我"这一观点激发了正确见解的产生，即在不同的情况下或在不同的社会群体中，一个人可能会有不同的思考、感受、行为和反应。人们可能有不同的自我概念，但它们是同一个自我的不同版本，而不是完全独立的自我概念。
- "真我"这个概念引出了一个重要的观点：人们不仅在具体成就方面，而且对于他们想成为什么样的人，都有自己的目标。存在一个与个人实际行为方式不同的真我，这样的想法最终是行不通的。
- 自我实现建立在这样一种观念之上：自我拥有潜能，并会在收获理想结果时获得某种满足感。但是，心理学在明确它的意义及达成它的方式上，并没有取得很大进展。
- 最重要的非虚构版本的自我是人们所渴望的声誉。一个人的社会互动，一定程度上取决于维持足够好的声誉的需要。当人们做一些有助于实现他们渴望的声誉的事情时，他们似乎会感到真实。
- 自我实现建立在这样一种观念之上：自我拥有潜能，并会在收获理想结果时获得某种满足感。但几乎没有证据表明人们拥有真实的内在自我。

The
SELF
EXPLAINED

第二部分

为什么我们会拥有自我

The
SELF
EXPLAINED

第 6 章

自我的起源

———

　　自我源自身体。人类的孩子认为自我就是身体。一个人首先是一个身体、一个动物，就像无数其他物种一样。我们是动物，但我们不仅仅是动物。为什么这种特殊的无毛猿类会形成如此复杂的自我结构？自我不仅仅是身体，许多其他动物也能很好地适应身体，但是没有什么自我意识。

　　本书的第二部分提出了一个基本的问题：为什么人类有自我？正如我们所看到的，人类的自我远远超出了在自然界其他地方发现的自我。那么，为什么人类自我的存在、出现和进化要比它的前身复杂得多呢？人类也是动物，具有一系列完整的动物特征：我们需要食物和水，感受得到痛苦，会成长、学习、战斗、养育孩子等，就像其他所有的哺乳动物一样。

　　从进化的角度来看，人们认为，这个问题的答案与提高生存和繁衍的机会有关。但这个答案并不完整。如果拥有一个高级、复杂的自我可以提高人类的生存和繁衍能力，那么大概其他许多动物也会朝同样的方向进化。然而，事实并非如此。拥有一个会以某种方式实现优化的自我有什么特别的好处？

身体是"我"与"非我"的边界

自我并不是在一次巨大的飞跃式的进化中一下子出现的，就好像伴着一声雷鸣，第一个人类自我突然出现了。更可能的情况是，人类自我是一个包含许多小步骤的漫长渐进过程的顶点，这个过程中的一些步骤几乎与其他步骤毫无关系。它们很可能是对不断变化的社会环境进行的一系列适应性改变。自我逐渐进化出更为复杂的能力。为什么会这样？进化偏爱那些能使群体从越来越复杂的系统中获益的自我。实现更好的自我，就能拥有更好的系统，获得更多的食物，养育更多的婴儿。生物学用人口增长来衡量成功。从严肃的生物学角度来看，人类自我会进化，是因为它养育了更多生命力更强的婴儿。

第一步是划定一条界限，这条界限后来成为我和非我之物的界限。每一种生物，即使是最微小的单细胞生物，都在自身和周围环境之间维持着精确的界限（如 Gadamer，1975）。生命本质的一部分，就是在自我和非我（其他一切事物）之间建立这种界限。生物体所有不同的部分都是相互连接的，即使它们实际上相隔很远，例如在巨大的树木中，最顶端的叶子所处的位置远远高于地下的根部。界限内的一切至少在一个交互的系统中与其他部分松散地连接，而在某种程度上与外部世界没有连接。树的根部吸收土地中的水分，由此，树叶和树枝在它们的上方生长。这个系统能够区分什么东西是它的组成部分，什么不是。物质能穿过这一界限，因此营养物质被摄入，废物被排出，尽管如此，界限仍然是完整和精确的。

关键在于，树本身和宇宙其余部分之间的界限是确切的客观现实。自我可以基于这一现实建立起来。树不会费心创造自我，但是一个人类婴儿会花费大量精力创造自我，这个自我起源于他自己的身体和世界其余部分之间的差异。

粗略地把生命想象成一个完整的化学反应系统是有一定帮助的，这些化学反应相互联系，并且独立于周围的环境。如果反应停止，生物体就会死亡。生命的进化就是为了防止这种情况发生，从而尽可能地延续生命。生命不是一个事物，而是一个事物内部的过程。**这个过程包括维持事物的界限。**

死亡会使这一点变得更加清晰。有机体是作为一个整体死亡的。是的，在整个生命过程中，有些细胞确实会死亡，并被新的细胞所取代，这个过程在年轻生物的身体里进行得很快，而在年老生物的身体里进行得更慢。但是有机体作为一个整体要么是活的，要么是死的。就是这样。没有真正的僵尸、吸血鬼或科学怪人。每个人显然要么已经死亡，要么还活着，只有极少数介乎二者之间的案例（病毒）或其他例外情况。整个自我，包括思想、身体和其他任何东西，会作为一个整体完全死亡（或存活），而且至关重要的是，它会独立于其他任何东西而死亡或存活。

我们必须充分认识到这一点。生命本质的一个关键是划定界限，在界限内创造一个统一体。仅仅是活着，离拥有自我，特别是人类意义上的自我，还有很长的路要走，但是拥有界限是第一步。无生命的东西不会划定这一界限，它们不在乎，也没有真正的自我。对自我的在乎，源于生物通过生存和繁衍来延续生命的目标。

存在主义哲学家们以不同的方式采纳了这一思想（Heidegger，1927；Sartre，1943/1974）。他们注意到了死亡的个性化力量。一个生物要么作为整体活着，要么作为整体死去，所以其死亡重申了它的界限。当你死去之后，确切来说你就不复存在了，其他的一切都不复存在了。尽管在特定情况下，有人可能会在和你一样的位置上死去，但你还是会死去，你的死是独一无二的。因此，你的死亡明确了你自我的界限。

所以说，客观自我先于主观自我产生，甚至先于主观自我几百万年。这个系统将生命体中所有的分子结合在一起，并将它们与宇宙中所有其他分子分开，这是第一种自我，即最原始和最基本的自我。

生命是一个系统，它使一系列不同的分子结合在一起运作，在它和世界之间有一条精确的界限。在进化过程中，生命系统变得越来越复杂，人类有机体系统发展出一种自我，这种自我源于身体上"我"与"非我"（其他一切）相对的基本事实——系统理解了其中的差异，用它来指导行动，从而帮助自身延长生命。自我帮助生物活得更久，繁衍更多后代。

作为一个整体行动

植物和动物在策略上的差异体现了迈向自我的一大步。一个主要的区别在于，动物有中枢神经系统，其中包含大脑，也就是该系统的中心。神经系统主要做两件事：第一，它将动物所有部位的信息带到中心位置（大脑），在那里，信息被集中在一起，然后大脑会决定接下来要做什么；第二，神经系统将大脑的指令传递给肌肉或其他能够移动身体的部位。

动物的自我比植物更复杂。可以肯定的是，植物也是作为一个整体运转的。但动物不仅作为一个整体运转，还会作为一个整体行动，不过是以植物做不到的方式实现的。动物的运动就是一个重要的例子：整个有机体协调运动，所有的爪子在一个协调的系统中轮流向同一方向推动身体。但是植物不会这样做。这是迈向自我的一大步：大脑协调整个身体向一个特定的方向移动。

拥有大脑和中枢神经系统的动物还能体验到自己是一个整体。这也许就是为什么有的道德素食主义者拒绝吃动物，却不介意吃植物，尽管他们强调要珍惜所有的生命。动物有活着的主观体验，而植物大概没有。为了给你提供肉类而死去的动物已经失去了主观体验，并且很可能在死亡的过程中遭受了痛苦。相比之下，你盘子里的蔬菜并没有失去什么意识体验，也没有在死亡的过程中感到痛苦。食用水果不会损害提供它们的植物的生命（只要从树上摘一个苹果就好，树会保持完好）。

一些动物似乎能够认出镜子中自己的脸。这是一个简单的自我意识测试。为什么它们会开始发展自我意识？自我的深入发展可能取决于社会环境。比起独身生活，社会生活需要更多的自我。事实上，智力的进化可能主要由社会生活驱动。罗宾·邓巴（Robin Dunbar；1998，2009）比较了许多动物（尤其是我们这样的灵长类动物）的大脑尺寸（相对于体重）。他得出结论，大脑的大小与社会因素有关，而与生物或环境因素无关。大脑较大和较小的动物之间的实际区别源自它们各自社会世界的复杂性，而不是它们与食物或领地的关系。邓巴的结论是，更大的大脑与更大的社会网络有关。智力的进化是为了帮助生物相互理解和联系，而不是为了解决物质环境中的问题。

群体和自我

自我起初可能源自生物体的生物性整体，但它很快便大大扩展。自我的生物学进化主要是由成为一个社会群体的一部分的需要所驱动的。群体越复杂，自我就越复杂。

通过群体来理解人类自我的特殊之处似乎有些奇怪。群体和自我甚至连基本的生存与消亡的方式都不同。杉山（Sugiyama，2004）的研究就揭示了一个极其重要的区别。为了正确地看待这些发现，不妨思考一下我们的近亲——黑猩猩的情况。我们的基因有99%与它们相同。然而在野外，它们的预期寿命只有40年左右，而人类的寿命要长得多。为什么？

黑猩猩在生命早期就能够觅食和进食。在生命之后的日子里，每只黑猩猩都会自己照顾自己。它们生活在一个群体中，但每一只黑猩猩都对自己负责。有时候，某只猩猩可能会摔断一条腿，或者受到其他伤害而无法获得食物。然后这只可怜的黑猩猩就会饿死，甚至也许当它处于自己的族群中时也会这样。

研究人员采访了同样生活在野外，且生活在群体中的人类狩猎采集者。他们中超过一半的人报告说，自己过去曾受过严重的伤，或者得过重病，无法觅食。然而，与黑猩猩不同的是，人类在这种情况下会互相喂养。受伤或生病的人能康复，要归功于他人的喂养。不然，这些人中有一半可能已经死了——但他们幸存下来了，因为人类群体会共享食物。其他猿类则不然。实际上，分享食物的做法在一代人内使人口增加了一倍。黑猩猩的数量曾经比猴子还要多，但是现在它们却面临着灭绝的危险，如果可以的话，它们肯定希望能很好地复制人类的这种做法。

自我的社会起源

所有权的实现需要自我。如果没有自我经受住时间考验，保持自己的特点和差异，所有权就毫无意义。如果没有一个我或者你，有些东西就不能被称为"我的"。实际上，所有权在一个社会中将动物性身体（单一生命的统一体）与环境中的某个物体联系在一起。然而，正如我们将要看到的，所有权不仅是一个人和一个事物之间的联系，它还关系到其他人。

代词揭示了所有权的重要性。代词是所有语言中最常用的词汇类别之一，也是指称已经有自己名字的事物的第二个专有词。你有名字，但你也称自己为"我"，与你互动的伙伴不只用名字指称你，还会用"你"，更不用说"他"或"她"了。代词是一个奇特的创新，是常用概念方便的简称。因此，谈话中的代词很可能是谈话中需要经常提起的东西。

代词也与自我有关。它们指代各种各样的单数和复数实体：I、me、you、we、us、his、her、they（注意，它们的发音很快：其功能是使谈话变得更快，更容易进行。使用这些词可以节省时间，特别是对那些名字很长的人而言）。代词大多表示自我，这一事实反映了自我在社会生活中的根本重要性（特别是对于交际——人类社会生活的一个基本而普遍的特征来说）。许多互动都关乎你和我，关于我们如何对待彼此，以及我们能做哪些对我们双方都有好处的事。

在这一背景下，看到又一个与自我相关的术语——所有权，被人们用一组代词表示，会令人有点儿震惊：如 mine、your、yours、our、his、her、 their。它们出现在代词中，表明它们是非常基础和重要的概念，因此在对话中很常用。这正是惊人之处。大多数代词指称一个事物、一个实体、一个身份。物主代词则表示关系。自我是这种关系的其中一个侧面。由此，物主代词明确了自我的一个实际应用。所有权意味着这是你的，而不是其他任何人的。它唤起自我。

在人类文化中，所有权表现为对金钱、遗产税及其纠纷、财产权等共同的象征性理解。动物很少拥有这些东西，但是拥有它们的一些初步形态。其中最引人注目的是，有些动物具有领地意识，因为它们觉得自己与自己的领地有联系，它们会保护自己的领地，使其不被其他动物，哪怕是同物种的其他动物侵犯。它们可能使用尿液来标记自己的领地，并攻击靠近这里的其他动物。它们在对手标记过的地方撒尿，用自己的气味代替对手的气味。不过，它们会这样做，表明它们不像人类那样尊重其他个体的财产权。

人类的思维似乎天然能处理好所有权问题。它很早就学会了所有权的规则，积极主张自己的所有权，尽管在童年早期，有时使用得不太正确［"我的！"（"mine!"）］。所有权信息是额外的心理加工的一条内在路径。一项由多个实验室展开的不错的研究项目表明，比起记住其他东西，人们能更加清楚地记住自己的东西，即使他们所拥有的东西是刚刚才获得的，是被随机分配而不是个人选择的（如，Cunningham et al.，2008；Golubickis et al.，2018；Sparks et al.，2006）。例如，在一个实验中，人们把一大盘物品分别装进了两个篮子，一个篮子放他们的物品，另一个放不是他们的物品。这些物品都是随机分配的，而且他们是第一次见到这些物品。之后，研究人员测试他们是否认识这些物品。相比放进另一个篮子里的物品，他们对放进自己篮子里的物品记得更清楚。如果他们只是看着别人做分类，也有同样的效果：他们仍然会对自己的东西记得更清楚。某种程度上，这个发现更具启发性，因为它不涉及任何掌控性的身体运动。

我们很容易把所有权看作个人的事情：某样东西是我的，就是这样。乍看之下，它似乎指明了自我和事物之间一种简单的关系。但这是错误的。所有权是社会性的，而不是个体性的。正如第 2 章所说，如果你独自生活在一个岛上，从来没见过其他人，你就不会拥有任何东西。如果你碰巧有一把牙刷，你不会认为它是"你的"牙刷，它只会是"那把"牙刷。假设你拥有语言这种本身就需要社会和社会化的东西。在一个群体或社会中，"我的"意味着至少在没有我的允许的情况下，其他人不可以使用我的牙刷。如果我们每个人都有自己的牙刷，那就更好了。

　　所有权表明存在一个社会系统，实际上，这是一个由特定不同的自我所扮演的多种角色构成的社会系统。所有权将物品分配给一个自我，这个自我就有了使用它的特权。如果其他人想要使用它，就必须征得所有者的同意。所有权必须得到群体的认可，而不仅仅是个人的认可。经济历史学家指出，古代，在正式政府和官方记录还没有出现之前，土地出售是一种公开活动，必须有他人目睹——这样每个人都会知道土地的所有者已经变更（Bernstein，2004）。

　　实际上，经济史提出了对为什么我们拥有自主权的一个关键见解。伯恩斯坦（Bernstein）的著作《财富的诞生》(*The Birth of Plenty*)（2004）解释了为什么一些文化繁荣昌盛，而另一些文化却在落后与贫困中苦苦挣扎。他调查了各个类型的文化，找出了有利繁荣的社会结构的四个重要特征。第一个（也是唯一与这里所讲的内容相关的）特征是财产权。若一个社会承认个人对财产的所有权，并会保护个人，使其财产不遭受任意，哪怕是国王（或一群贵族）的扣押和没收，它就超越了其他社会。这符合本书的一个关键主题：自我能够进化，以在复杂的社会系统中扮演角色，从而使这些系统能够产生更多的资源，改善生存和繁衍情况。所有权优化了这些系统，所以所有权是自我的基础和功能之一。

　　没有所有权，就没有经济，没有市场，没有贸易。经济系统可以大大提高生命的质量和数量。自我可能会向利用市场好处的方向进化。尽管今天的学者将文化与农业联系在一起，但贸易比农业要古老得多，而且有证据表明，贸易是我们人类祖先相对于其他早期生物表亲的一个优势（如尼安德特人；见 Horan et al.，2005；Ridley，2020）。

所有权意识出现时，它与自我及其行为（Belk，1988）、与身体权利联系在一起。因此"我的"鞋子或汽车的概念类似于早期对"我的"手或脚的理解。此外，在世界上的许多不同社会，人们通常认为自我创造的东西属于自我，除非存在明确的替代性的协议。如果你建造了某座建筑，画了某幅作品，或者以其他方式创造了某物，它就是你的。同样，如果你把某样事物变成现实，比如种植植物，人们就会认为它是你的，除非有其他协议约束。

所有权的社会属性也反映在这样一个事实上，那就是只有当别人可能想要某样东西的时候，它才有意义。是的，大多数文化都认可你对自己创造的东西拥有所有权。但是正如拉塞尔·贝尔克（Russell Belk，1988）指出的那样，人们对自己的排泄物没有所有权。人们肯定创造了排泄物，但是因为没有其他人想要它，所以它的所有权是无关紧要的。所有权是指多个人想要同一样东西，而有一个人确立了决定其使用的权利和特权。

此外，所有权是跨时间的。如果我今天制作或购买一个杯子，那么它明天也是我的，这意味着没有我的允许，你不能使用它。相反，我可以在没有你允许的情况下使用它，因为它是我的。这个特权一直持续到我放弃杯子的所有权之时。所有权只有在一个由跨时间存在的自我组成的社会群体中才有意义。所有权也许是自我连续性的好处之一，它不仅有助于维护自我的整体性，而且是后者的一个激励因素。

因此，所有权至少唤起了人类自我的两个关键特征。首先，它植根于社会结构中，使其能够更有效地生产资源。其次，它延伸了自我的时间跨度。

文化的进化优势

托马斯·苏登多夫（Thomas Suddendorf）是一位学者，他在对种种证据进行长时间深入研究的基础上，仔细思考了人类和其他动物之间的差异。他于 2013 年出版的《空缺》（*The Gap*）（即人类和地球上其余生物的差距）一书中，以看起来不太吉利的标题"最后的人类"开启了第 1 章，但他并没有说我们面临灭绝。其传达的信息完全不同。进化促使各种原始人，或者可以说是人类的不同原型出现。它们有没有相互交媾，留下混种的后代？并没有。不知何故，其中一支原始人战胜了其他人，不仅超越了它们，而且抹杀了它们。"最后"的人类非但没有面临灭绝，其人口还在成倍增长，已将近 80 亿，并且正在不断增加。为什么这一支人类战胜了其他所有人？

尼安德特人就是一个很好的例子。如果一对一、男人对男人的话，尼安德特人对我们的克罗马农人（CroMagnon）祖先来说是相当可怕的对手：它们的肌肉量和脑都更大一点儿。但是它们无法创造出克罗马农人那样先进的社会系统。这些社会系统包括经济系统，如交易和劳动分工（Horan et al.，2005）。因此，克罗马农人迁移到尼安德特人的家园，并逐渐接管了这里，直到尼安德特人灭绝。直截了当地说，我们的祖先搬到它们附近，吃掉了它们的午餐。

社会系统的建立是我们成功的关键。动物有社会系统，但人类的社会系统起到了更多作用。这就将我们引向了文化。

在以前的作品中，我曾论证过文化是人类的生物学策略（Baumeister，2005）。文化是人类解决普遍存在的生存和繁衍问题的方式。正如第 1 章所定义的那样，文化是组织社会生活的一种先进方式，其基础是：共享的知识、通过沟通和共同计划达成的暂时合作，以及对有着互补且相互关联的角色的互动系统的参与。自然界所有的生物都面临着生存和繁衍的基本问题，这是生命继续存在的唯一途径。文化是解决这些基本、普遍的问题的一个很不寻常但是非常有效的方法。

文化起源于群体合作的方式。就群体狩猎和群体斗争（黑猩猩呈现出了这两种行为）的相对重要性，人们存在一些争议。两者可能都是影响因素，因为能够利用沟通和共同理解来指导群体狩猎和群体战斗的群体可能会战胜那些做不到这一点的竞争对手。

从这一思路得出的一个具有挑战性的结论是：人类自我的进化使群体得以繁荣发展。这不是一个群体选择论的论点，因为个体从成功的群体中获益了。

在过去的进化中，能够实现某种程度的文化的原始人比那些不能的原始人表现得更好。也许正是因为这些系统，人类自我才会出现并形成现在的样子，这意味着它的结构和功能是由文化背景下的社会生活所决定的。人类基因的选择并不是为了长寿，而是为了社会互动。社会互动延长了寿命。下一章将探讨社会互动为何对孩子如何开始发展合格的成年自我至关重要。

本章要点

- 自我起初可能源自生物体的生物性整体，但它很快便大大扩展。自我的生物学进化主要是由成为一个社会群体的一部分的需要所驱动的。
- 与大部分 DNA 和我们相同的黑猩猩不同，人类会与群体成员分享食物，并喂养受伤或生病的人。
- 所有权使社会系统能够更有效地生产资源，延伸了自我的时间跨度。

The
SELF
EXPLAINED

第 7 章

儿童有效自我的发展

新生儿有自我吗？当然还不太完备。新生儿的大脑还没有开始储存信息。某种程度上，它可能确实控制了手臂和腿的运动，但是还没有意识到这一点。

开端：大脑与身体相遇

就像所有生物一样，新生儿的身体在自我和世界之间有一条精确的界限。尽管大脑很快就意识到了这一点，但可能并不理解这条界限。我的孩子不太喜欢哭，所以一天早上我妻子听到她的哭声，感到很惊讶。她查看情况，发现宝宝的手指戳到了她自己的眼睛，而当妈妈轻柔地移开这条手臂后，她很快就安静下来了。婴儿显然没有意识到这根冒犯的手指就在她自己的手臂上，并且处在她自己的控制之下。大脑还没有对手臂施加系统的控制。

之后的各发展阶段反映了大脑对身体的理解和掌控程度的提高。学习爬行、走路、骑自行车，以及其他里程碑式的事件，显示了大脑是如何变得越来越擅长协调控制四肢，从而使整个身体能够有效行动的。这种协调是自我的开端，在这个意义上，大脑将整体性赋予了不同的部分。不久后，对手臂和腿的控制会扩展到言语，或者说发声器官。一般来说，手臂和腿负责应对物理环境，而语言器官负责应对社会环境。

自我通过系统来实现统一性。对我来说，最生动的例子就是婴儿学会爬行的过程。之前她有足够的能力控制手臂和腿，使自己翻过来，趴在地板上，但是她无法移动。在一个特殊的日子，她终于也做到了后者。想想为了让身体爬行，大脑必须做些什么。它必须明白它可以控制手臂和腿，而且有左右两条手臂和左右两条腿。至关重要的是，要爬行，必须由右手和左膝向前移动，左手和右膝牢牢支撑在地面上；然后重心转移到右手和左膝上，这时新获自由的左手和右膝即可向前移动；周而复始。早些时候，这个婴儿还不知道可以移开她的手臂，免得戳到自己的眼睛。现在她的大脑有了一个系统，可以有序、协调地移动她的四肢，使她能够从一个地方移动到另一个地方。我还记得当她意识到这一点时，脸上洋溢着的满足的微笑。

一个有启发性的观点是，与其他灵长类动物相比，人类婴儿都是早产儿。人类文化要求人们拥有较大的大脑，而大脑是在出生后才发育的。原因可能很简单：要生下有着更大大脑的孩子，母体可能就无法存活了。大多数类人猿比人类孩子更早开始照顾自己，包括四处走动和获取食物，人类孩子却会在很多年里处于无助、脆弱的状态，依赖父母。然而，这一情况的价值在于人类大脑能发育到什么程度。非常小的孩子看起来像动物，但第二年，他们似乎会突然发展出一定水平的自我意识和人际交往技巧，其他动物却做不到。研究显示，四五岁的人类孩子可以做的事情，超出了成年黑猩猩、大猩猩和猩猩的智力所能实现的程度（综述见 Tomasello，2014，2018）。

婴儿大脑的任务是理解人类社会是如何运作的，自己处在什么位置，以及如何扮演那些角色。如果我们把身份定义为社会地位，那么一个新生儿在其大脑能够理解这些之前就已经有了身份。我认识一对夫妇，他们成长于不同的社会阶层。当他们的孩子出生时，中上阶层的祖父母为这个小家伙开了一个银行账户，存了 5000 美元作为礼物。这个家庭另一边的蓝领亲戚听说一个一天大的婴儿拥有的财富比他们认识的几乎任何一个成年人都要多后，目瞪口呆。"一个婴儿有 5000 美元？"他们都很难以置信。这笔钱和孩子对这笔钱的所有权都是真实的，反映了他的身份。不过，当然，婴儿自己对这一切一无所知。

更加广泛流传的观点是：身份，比如社会地位，在大脑知道它之前就已经存在了。成长就是了解自己在社会中的位置。"了解你自己"对每个成长中的孩子来说都是必须的，这不是指自我发现，而是发现社会将你置于何处，以及它对你的期望。从这个极简的开端起，一个普通的人类孩子慢慢成长为一个拥有完整自我的成年人。

跨时间的自我

大多数动物只是活在当下，对时间和未来毫无概念。人类的社会系统跨越时间，需要人们扮演同样跨越时间的角色。为了实现这一目标，人类大脑必须理解时间，包括时间里的自己。

当下的自我首先被创造出来。像其他动物一样，人类的孩子需要学会在当下作为一个整体做出反应，从协调运动（爬行）开始。过去是无关紧要的，未来仍然是一片模糊、遥远的景象。然而现在是不可抗拒的，大脑慢慢学会如何作为一个整体做出反应。和其他动物一样，它也会吸取教训，所以，尽管缺乏时序推理能力，但基于昨天的行为带来的奖励或惩罚，今天的行为可能会变化。

孩子的成年监护者确实会思考未来，并和孩子谈论未来。一个成年人可能会谈论一次即将到来的旅行，这对孩子来说似乎很遥远，但是最终这一天到来，孩子就会开始理解其中的联系。

进步不仅是儿童发展的核心，而且是其随时间推移而发展的自我意识的核心。苏珊·哈特（Susan Harter；2012）曾撰写过一段关于儿童发展中的自我的权威性论述，她指出，早在社会比较开始之前，儿童的自我理解就引发了时间比较[○]。也就是说，要将自己的能力与他人的能力进行比较，需要等待。但是，即使年幼的孩子也会骄傲地宣告自己获得了新技能和新能力。哈特认为，幼年时期，进步之所以备受瞩目，是因为它们总是频繁发生，且十分重要。一个小孩子的技能和能力变化得相当快，所以很明显，他总能做一些新的事情。当一个人能越来越轻松和成功地完成那些不久前还令人沮丧或者需要努力才能完成的任务时，它们就变得不那么令人畏惧了。比起将自己与他人进行比较，头脑更容易发现这些变化，而要做到前者，需要采用一些换位思考的能力，以便从相似的角度来评估自己和他人。

自我的三个关键方面

自我有三个关键方面：由自我信念组成的自我知识、执行自我和人际关系中的自我。自我意识情绪（self-conscious emotions）的发展表明这三个方面的自我是如何交织在一起的。试想一下骄傲和羞耻这两种基本而强大的感觉。两者都依赖于对自我的理解：你刚才所做的是好是坏，能反映出你完整的自我，从而唤起这些情绪。它们通常也是人们在人际交往中学到的：照料者给予赞扬或反对，从而帮助孩子知道是该感到骄傲还是羞愧。不久后，这些感觉就会引导孩子头脑中的"执行系统"，让孩子有意识地采取行动，以避免羞耻感，赢得自豪感。

哈特描述了自我意识情绪出现的三个步骤（基于 Stipek et al.，1992）。

○　时间比较指一个人比较两个不同时间维度上的自我品质。——译者注

第一步也许是掌握新事物后的直接的快乐。我们会在年幼的孩子脸上看到自发的"掌握微笑"（mastery smile），它是自我意识出现的一个标志（Kagan，1981）：孩子尝试做某事，一开始不成功，后来成功了。微笑表明他意识到了改变：**现在我可以做到了**。这不需要社会互动、观点采择、成人表扬，或任何复杂的东西。相反，它指的是进步带来的直接的快乐，能够做新事情的快乐。也许这里并不涉及多少对作为整体的自我的看法。当下的自我享受着能够做一些事的感觉，或许它会微笑着向前迈出一步，因为它实现了之前难以企及的成功。但是，整体自我也许并没有以任何有意义的方式改变。

第二步与成年人的反应有关。从两岁生日开始，或者在那之前不久，孩子会开始期待在掌握新事物时得到表扬。这种快乐来自从成年人那里获得的认可，而不是来自掌握某件事的直接的快乐。第三步，也许是在一年后，孩子又不需要成年人的反应了。快乐不仅来自掌握新事物，就像在第一步中那样，而且来自对自我的意识，因为现在它获得了一个新的积极属性。当不能做某事时，处在第一步的孩子不会对自我不满，但大一点儿的孩子会，所以掌握意味着自我的积极改变。这不仅是在用满足感（"我能做到"）取代沮丧感（"我做不到"），还是自我意识的改变，确切地说，是对自我改变的意识（"我现在比以前更好了"）。

正如在许多事情上那样，孩子通过其他人的方式到达了终点。也就是说，他能够从别人的角度欣赏自己的掌控力，而不需要别人明确表达他们为他感到自豪。在心理上模拟他人积极反应的能力让孩子可以沉浸在他们想象的认可中。这也表明自我开始理解声誉的重要性。重要的是别人知道你能做什么。

羞耻，另一种自我意识情绪，也表现出同样的模式。学步的孩子可能不会像成年人那样感到羞耻——一种认为自己是一个有缺陷的坏人的整体感觉。相反，一些作者提到了"假性羞耻"，也就是害怕被惩罚，所以假装出羞愧的样子。动物也会有这种假性羞耻的反应，比如狗，它们大概在提高自我意识方面无能为力，但是它们足够聪明，能够根据熟悉的线索预测惩罚。哈特和其他研究人员得出的结论是，儿童要到 5 岁左右才会拥有真正的羞耻感，到那时，他们会有更广泛的自我意识，并具有从他人角度看问题的能力。孩子的假性羞耻可能并不包括对自我真正的消极态度——它只是反映了他们逐渐认识到大人可能会不赞成或者惩罚他们。一段时间后，孩子会内化这种外部观点，无论大人有什么直接的行为或言论，他都会为自己的不良行为感到难过。

自我信念

关于自我的积极信念

小孩子无法理解他想成为什么样的人和他实际上是怎样的人之间的差异。弗洛伊德和皮亚杰都观察到了这一点，而哈特（2012）在作品中重申了这一点。更宽泛地说，哈特指出，儿童通常具有不切实际的高自尊，但这不同于一些成年人身上膨胀的自尊。自恋的成年人知道渴望和现实的区别，他们相信自己是真正的优越者。孩子分辨不出两者的区别，他们对自己的高度评价反映了他们缺乏这一能力。换句话说，成年人的自恋通常是防御过程、动机性偏见、一厢情愿的想法和其他扭曲观念的产物。对于一个孩子来说，自恋完全不需要这些东西。孩子根本不知道他想成为什么样的人和他是怎样的人之间的区别。

这个发现具有深远的意义。有意识的思考可能更多是为了指导行动，而不是为了看清现实。我们关于成年人如何看待未来的研究也指向了一个类似的观点（Baumeister，Vohs，& Oettingen，2016）：首先，你头脑中形成了一个你希望未来什么样的想法；然后，头脑开始适应现实（如评估可行性、承认障碍，或许制订一个关于如何实现这个目标的计划）。

事实上，孩子对"我是谁"和"我想成为谁"的混淆，增添了看待生活中夸大的自我评价模式的新视角。人们有各种各样关于自我的非虚构观念，其中最重要的是大家所渴望的声誉：你希望被社会中的其他人称为什么样的人。有人可能会认为，这意味着成年人已经知道什么是重要的了，也就是他们希望被如何看待。然而，童年的模式表明，年轻大脑的发育开始于那个自己想成为什么人的观念。其中一部分可能源于对父母重视之事的了解，比如他们会表扬什么人。孩子可能无法完全理解自尊和声誉的区别，所以它们对孩子来说基本一样。无论如何，关键的一点是，**自我信念是从童年起就固有的渴望**。换句话说，自我对自己的看法是以它想成为的真实之物，特别是在它的社交圈里被普遍认可的东西为基础的。后来，人们才发展出区别于一个人的渴望的、客观上正确的自我概念。难怪自我知识缺乏准确性——对自我的准确理解是次要问题。知道自己想在社交世界中成为什么样的人是第一位的。

自尊很早就开始出现了。与社会上流行的新观点相反，孩子并不是从脆弱或低自尊的状态开始发展的。相反，孩子对自己的评价很高。他们知道自己不能做一些事，但是他们会渐渐掌握其做法，然后自信地期待着能多做这些事情。测量幼儿的自尊水平很困难，因为他们不能阅读、书写或使用数字，而且可能缺乏将他们的反应量化为一个连续谱的能力。尽管如此，研究人员还是通过观察表现出不同程度的自信的儿童行为，取得了一些进展。主动性、独立行动、好奇心和总体自信是自尊的一组标志。自信的孩子渴望尝试新事物，并且相信自己。相比之下，低自尊的孩子往往缺乏自信，对新体验也不够开放。另一组标志包括孩子对压力、问题和变化的反应。高自尊意味着能够很好地调整自己、接受批评、忍受挫折等。低自尊的孩子很容易放弃，不能很好地应对挫折。

哈特的研究团队惊讶地发现，年幼孩子的自尊似乎与客观能力无关。有些孩子比其他孩子更能胜任他们在这个年龄能做的各种事情，但他们的自尊和自信程度与客观能力无关。随着年龄的增长，这种联系才变得越来越强。

自我评价和实际能力之间的差距很大程度上解释了我们将要了解的自尊问题。自尊是一种感知，而不是现实［例如，研究发现，高自尊的人认为自己比低自尊的人更聪明，更有吸引力，更有社交技巧，但客观测试发现的差别很小或没有差别（综述来自 Baumeister et al.，2003）］。有些人对自己的评价高于其他人，但这些差异在生命早期就出现了，而且在很大程度上独立于客观现实。

　　我怀疑孩子是否真的对他们的客观能力漠不关心。更有可能的是，正如哈特和其他人强调的那样，年龄较小的孩子还不懂得社会比较。他们评估自己能力的方式只关乎自己，如果他们进行比较，他们会和自己以前的水平比较——这通常会得到有利的结果，因为随着时间的推移，孩子总会做得更好。客观能力则需要接受老师、家长和研究人员的评估，要与其他孩子的能力比较。如果有一个只能数到 5 的孩子，和他同龄的孩子都能数到 20 或 100，那么研究人员会给他的能力打低分。但是那些能数到 5 的孩子只知道他们以前根本不会数数，所以数到 5 看起来完全没问题。

　　随着孩子年龄的增长，他们会参与更多的社会比较，并且是越来越微妙的比较。这种比较不是一个人会不会游泳，而是一个人能否在 200 米仰泳比赛中游得和其他队员一样快，差异甚至可能小到几分之一秒。自我的属性会被仔细测量和排序。

　　自尊水平随着生命的延续而波动（Robins & Trzesniewski，2005）。其在童年早期是如何变化的很难评估，因为很难对孩子进行可靠的自我报告测量。然而，在青春期，自尊水平似乎会下降，然后慢慢恢复，并继续上升，直到中年。最终，到了老年时期，自尊水平下降（甚至急剧下降）。至关重要的是，尽管自尊水平普遍会上升和下降，但其等级次序似乎保持不变。也就是说，如果你认为自己比 80% 的同龄人优秀，那么当青春期，每个人的自尊水平都下降时，你仍然会这么认为；同样，在中老年时期，你仍然认为自己或多或少比 80% 的同龄人优秀。我们可以推测所有人随年龄增长的自尊水平变化情况。青少年的心智能力使其比儿童更善于接受别人的观点，所以他们或多或少能够像别人看待他们那样看待自己。意识到别人并不像他们（还是更小的孩子时）所认为的那样欣赏自己是令人沮丧的。这会导致青春期的尴尬、自我怀疑、痛苦的自我意识和其他消极情绪，最终导致自尊水平的下降。

　　当一个人从青春期进入成年期后，他就会从中恢复过来。当然，为了让自己感觉良好，大多数人开始积累一些合理的理由，使自己能摆脱最黑暗的自我怀疑。青春期的特征是工作的不确定性和爱情的混乱，但到 30 岁，大多数人已经找到了伴侣和工作，这些方面进展顺利，自尊水平就会上升。老年时期，自尊水平下降也是可以理解的，因为人们认识到他们没有达成某些人生目标，他们不再拥有全盛时期的精神和体力（更不用说好看的外表），他们在社会中发挥的作用越来越小。

执行自我

道德自我

道德是一套社会规则，它定义了各种行为的好坏。自我的道德方面非常重要，它需要具备一些重要的基础。

- 道德自我要求人们理解社会所重视的道德准则和原则。社会大概起源于父母或其他照料者。事实上，弗洛伊德非常重视如厕训练，视孩子努力掌握这一技能为其发展的一个重要步骤。弗洛伊德认为，学会控制膀胱和肠道对性心理发展很重要，不过现在的专家恐怕会对此表示怀疑。这一技能的重要性可能更多地与自我控制和早期的道德规则形式有关。甚至在孩子领会分享的道德重要性之前，就已经在学习感受有关这些社会规则的自豪和羞耻情绪了。

- 道德自我要求人们自我控制，也许还要求人们具备一种简单的自由意志，以拥有在同一情况下采取不同行动的能力。道德规则都基于这样一种假设，即在同一情况下，人们的行为可能会有所不同（例如，你既能说谎，又能说实话，说谎可能会给你带来好处，而道德敦促你说实话）。

- 道德行为通常需要某种动机来促使你符合道德地行事，而非自私自利。拥有美德是不够的。你必须**想要**做个好人。

- 成为一个好人的愿望可能来源于对品德高尚的声誉的渴望，它会引导人们产生以品德高尚的方式行事的具体愿望。这要求你对声誉和其他人的观点有所了解，对他人如何评价你也要有所了解。

- 道德声誉植根于时间。当下的自我并不完全是道德的。它最多可能已经知道存在道德规则，并能运用它们做出艰难的抉择。自发的道德反应似乎就具有这种特点。例如，人们对道德错误的自发反应是将这种行为排除在可能的行为范围之外（Phillips & Cushman，2017）。但正是出于对未来的考虑，自我最终决定遵守道德规则，甚至从自我的利益角度看，这么做也是恰当且合理的。今天的不道德行为会招致未来的惩罚——无论是社会隔离，还是地狱之火。

- 高级的道德行为要求人们进行道德推理，然而正如长期以来布拉西（Blasi，1980；Hardy & Carlo，2011）和其他学者论述的那样，道德推理能力对道德行为的预测作用令人失望。

道德发展很早就开始了，尽管之后人们才能充分理解抽象原则。哪怕非常年幼的孩子也更喜欢善良、爱帮助他人的人。伤害他人不好。这似乎是孩子天生就容易学会的道理。

此外，孩子们似乎很早就认识到，关键在于别人认为他们品德高尚。之后，他们才会把这些看法全部内化，这样一来，一个人总会表现得很讲道德，不管其他谁会知道他的所作所为。正如一些学者指出的那样，孩子在充分认识到树立声誉的战略优势之前，就已经明白了道德声誉的重要性。在雷姆格鲁伯（Leimgruber）和他的同事们（2012）的研究中，当其他人看着时，孩子是相当公正和慷慨的，其他人可以准确推知孩子们的决定；但是如果其他人不能真正看到孩子们做了什么，他们则"显然心胸狭窄"，也就是自私。在这一点上，我们看到，天性中的自私（大脑的首要任务是给自己栖身的身体带来好处）和一种日益觉醒的意识之间的关系越发紧张，这种意识认为，人们的开明的自我利益[⊖]，依赖于自己为他人所接受。

___

⊖ 开明的自我利益（enlightened self-interest）是一个哲学术语，用来描述人们为寻求长期利益而选择更曲折甚或是更痛苦的道路这一情形。——译者注

　　我认为，人们很早就认识到了道德声誉的重要性，这并不那么令人惊讶。关键在于：理解是非曲直始于学习何种行为会招致他人的惩罚。我怀疑孩子们学得很好，而且他们是后来才开始认为，即使没有人看着他们，他们也应该是好孩子。这样的认知可能是在一个中间环节获得的——他们逐渐意识到，即使有的不良行为没被看到，日后也有可能被发现。

　　换句话说，孩子寻求的是"公正的面纱"，也就是说，尽管他们私下的行为并不公正，但他们的外在表现要符合道德且公正（Shaw et al.，2014）。可以这么说，他们更关心自己在别人看来是否公正，而不是实际上是否公正，这再次表明了自我呈现和声誉的首要地位。当成人实验者知道孩子们如何把奖励分配给自己和另一个孩子时，孩子们是极度公正的。但是当他们可以分给自己更多奖励，而实验者还会错误地认为他们的做法很公正的时候，他们就会这么做。

　　在另一项对 6～11 岁孩子的研究中，孩子们会看到两个奖品，一个奖品是给自己的，另一个奖品要给另外一个孩子（Shaw et al.，2014）。其中一个奖品比另一个更令人满意：一支彩色荧光笔，而不是一支普通的铅笔。研究人员要求孩子们在决定谁获得哪个奖品的两种方式中做出选择：一种是选择他们想要的东西，另一种是私下抛硬币来决定。大一点儿的孩子似乎比小一点儿的孩子更能理解抛硬币是最公正的方式，所以他们更有可能选择抛硬币。但是他们报告说，他们赢得抛硬币游戏的概率远远高于平均值。因此，他们会偷偷作弊，以获得对他们有利的结果，同时使实验者觉得选择抛硬币是公正的。

　　这种模式——"道德的行动者，自私的主体"（Frimer et al.，2014），可能看起来甚至实际上就是虚伪的，在为私利偷偷作弊的同时，却给人以品德高尚的印象。不过，让我来提供一个比较温和的解释。每一种文化性动物的任务都是在遵守群体规则的同时照顾好自己。群体期望个体表现出更多美德，并会对此给予奖励，而照顾自己意味着为自己获取奖励和利益。这些研究表明，成年人，甚至大一点儿的孩子，都理解这两个目标。在作弊的同时假装品德高尚，可能是在社会规则和规范内追求自我利益的适应性行为中一个令人遗憾的极端案例。

　　道德和自我利益之间的冲突在其他一些研究中得到了阐明，这些研究探讨了在别人分配奖励时，6～8岁的儿童对公正和偏袒如何反应。无论你是喜欢公正对待所有人的人，还是喜欢偏袒某些人的人，这两种动机都有可能出现——特别是当你是被偏袒的人之一的时候！在这篇文章中，偏袒指的是某人给了别人优待（更多的奖励）（Shaw，DeScioli，& Olson，2012）。当孩子们只是看着另一个孩子给其他孩子奖励时，他们更希望得到公正；当孩子们自己受到优待时，他们会分为两派，一些孩子喜欢给他们额外奖励的人，另一些人仍然希望平等分配。这体现了道德观的冲突：公正是好事，但感恩也是一种道德义务，当然，获得额外的奖励也不错。后续的研究发现，孩子们更想得到更大的奖励，而不是小奖励（自我利益），但即使在这种情况下，他们也更希望另一个孩子得到和他们一样大的奖励（公正）。

　　可见，孩子喜欢被奖励、被特殊对待，而且有些孩子喜欢受优待，但他们也希望所有人都能获得大体上公正的奖励。有时他们会纠结于自己究竟更想怎么样。另一个使人们变得更偏向偏袒行为而非平等对待的因素是竞争。当实验者说这是比赛的一部分，并问孩子们是否想赢时，他们说"是的"，之后他们就会更喜欢那些给予他们更多奖励（从而帮助他们获胜）的孩子。

　　道德是奥尔波特（1954）所说的机能自主的一个典型的例子：最初作为达到其他目的的手段而做的事情，逐渐变成了目的本身。一开始，年幼的孩子学会遵守道德规则，是为了避免惩罚。正如我们所看到的，当孩子们认为没有人在看他们（没有受到惩罚的风险）时，他们很容易放下顾虑。但是内化这些规则意味着想为了善良而做好人。许多成年人都强烈渴望成为品德高尚的人，不管有谁在看着。一个人在孤独中也能感受到内疚、羞耻和自豪。

　　此外，幼儿拥有内在固有的道德倾向，可能是为了促使他们学习他们社会中的道德价值，而不是为了具备内在道德本身。也许上文提到的对伤害的厌恶是与生俱来的，但是公正有不同的表现形式。在题为《你认为的公正不一定是其他地方的公正》（"Fair Is Not Fair Everywhere"）的研究中，谢弗

（Schäfer）和他的同事们（2015）发现，来自不同社会的孩子都希望公正地分配奖励——但要使用不同的标准。现代西方文明下的孩子采用基于价值的公正：为获得奖励而做出最大贡献的孩子应得到最大份额。来自完全不同的社会，包括部分狩猎采集文化的孩子，忽视了价值因素，而是分给每个人相同的东西。因此，孩子确实有道德感，包括关乎道德的情感和判断，但这些总是适用于他们各自社会的道德理念。

自我控制

正如我们将要看到的，自我控制是组成自我的一个关键部分。大脑会根据社会环境的需求和回报来调整自己的行为，有时还会调整其思考和感受。成长是一个过程，孩子通过这个过程了解社会如何运作，了解自己在社会中的位置，并学会如何日复一日地行动，以便成为社会中有价值的一员。发展自我控制能力是至关重要的。

童年期的自我控制可以预测（也可能会导致）成年期所表现出的一系列结果，包括学业成就、事业成功、拥有的财富、犯罪和被捕的可能性、心理健康、身体健康、吸烟和酗酒等问题习惯、受欢迎程度、稳定的人际关系，甚至死亡（如 Moffitt et al., 2011）。对父母、老师和其他与年轻人打交道的人来说，这一点很重要：要帮助他们过上幸福和充实的生活，你能为他们做的最好的事情，就是提高他们的自我控制能力。

我们对儿童的自我控制有很多了解，最近的一项综合性研究还将所有的发现汇集在了一起（Robson, Allen, & Howard, 2020）。简单地说，在任何特定年龄段，儿童的自我控制能力越强，其以后的生活就越好。时间序列模式有力地表明，自我控制是一个影响因素，尽管它不能完全证明这个观点。自我控制的作用在生命早期就已开始显现，但是它的影响和价值会一直持续到老年。

那些自我控制能力较强的 4 岁左右的学龄前儿童，在学龄初期（8 岁左右）也会表现得更好。他们的社交能力更强，在学校参与度更高，成绩也更好。他们较少表现出与"内化"和"外化"障碍相关的行为问题。内化问题意味着打击自己。在实践中,这些问题通过焦虑、自杀念头、孤独、抑郁和退出社会生活来衡量。同时,外化则意味着发泄在别人身上,比如通过攻击、拒绝合作,或者在班级或其他社会环境中捣乱等方式表现。

具有良好自我控制能力的儿童也比其他儿童更不容易受到欺负和同龄人的伤害。自我控制能使一个人服从规范,有效与他人互动。缺乏这些技能的儿童会吸引负面的注意,包括校园霸凌者的注意。

随着时间的推移,学龄早期(8岁左右)良好的自我控制能力将使孩子在中学时期(13岁)获得好的结果。也就是说,自我控制能力较强的8岁儿童将继续在学校取得不错的学习成绩,且表现得更好,包括更擅长数学和阅读。他们也更少出现各种形式的问题,如吸烟、沮丧、肥胖、陷入法律纠纷(及校园斗殴)。

自我控制能力与变胖之间的联系特别有趣。对学龄早期的孩子而言,较弱的自我控制能力与肥胖没有关系。但是在那个年龄段自我控制能力低下,与日后青少年时期、成年后,甚至多年以后的发胖有关。也许孩子的体重取决于父母的喂养方式和其他一些因素。但8岁时缺乏自我控制能力是肥胖的早期征兆,也可能是后续肥胖的原因。这意味着,一些肥胖的孩子有很好的自我控制能力,随着他们的成长,他们能有效地控制自己的体重(因此不再肥胖)。但是那些自控能力差的孩子,不管是胖是瘦,长大后都会变胖。

自我控制的好处还会持续。如果13岁左右时拥有良好的自我控制能力,其益处会持续到成年期(接近40岁)。自我控制能力较强的青少年成年后更有可能找到工作(失业率更低),更不可能遭到逮捕或产生攻击性问题,更不容易焦虑和抑郁,也更不容易吸烟、酗酒和滥用药物。他们甚至拥有更加健康的身体(同时心理也更健康)。

从童年期起就具备良好自我控制能力的益处令人印象深刻。在每个艰难的发展阶段,自我控制能力强的孩子总能在下一阶段——从学龄前到中年都是这样——在多个方面表现得更好。

研究人员整理了所有的数据，还比较了评估儿童自我控制能力的不同方法（Robson et al.，2020）。结果发现行为测试的效果最好，不过教师的评价几乎同样准确，家长的评价则明显不够准确。11 或 12 岁以下的孩子往往认为他们的父母比他们更了解他们自己（Rosenberg，1979）。的确可能是这样的。但是用父母对孩子的评价预测实际结果，一向效果最差且最不准确。有人可能会认为，父母确实最了解自己的孩子，因为他们有多年的时间可以观察孩子——但父母不是客观的观察者。事实上，父母对孩子的评价可能会严重扭曲和受合理化作用影响，包括被某些一厢情愿的想法影响。一个陌生人在实验室里观察孩子一个小时后对其进行的评估，比父母根据对孩子一生的了解所能给出的评估更有效地反映孩子的自我控制能力。或许，与其说这是对这个实验室方法惊人准确性的证明，不如说显示了父母在谈论他们的孩子时偏见有多深。

发展自我控制有两个主要任务。一个是获得克制自己和改变自己反应的能力，另一个是学习如何明智而恰当地使用这些能力。前一个任务可能主要是一个内在的过程，虽然它当然需要家长和老师的引导和帮助。另一个则依赖于孩子对文化和社会如何运作，以及它们重视什么东西的学习。这种区别在有关精神疾病的那一章中很重要，因为有些人似乎只掌握了其中的一个，而没有掌握另一个，这就是出现问题的原因。

人际关系中的自我

自我不是孤立地出现，而是作为群体和关系中的成员而出现的。孩子的自我发展是为了协商社会关系。自我知识的发展主要是为了帮助改善社会环境。一项早期研究（Damon & Hart，1982，1988）要求孩子们描述自己，并阐述他们的答案，解释为什么他们说的这些很重要。孩子们的回答通常强调了人际环境，比如他们的朋友看重其棒球技巧。这些答案表明孩子们已经认识到声誉的核心重要性：重要的是别人如何看待你，因为这预示着他们会接受还是拒绝你。

可以肯定的是，随着孩子进入青春期，他们会越来越多地参考自己的标准和价值观。所以，他们开始根据自己的价值观，而不仅仅根据其他人的价值观来评价他们的自我信念（又是机能自主的体现）。尽管如此，我仍然怀疑这背后潜藏着他人评价的影子，而且他人评价在某种程度上是重要的。到了青春期，自我跨时间的统一性不断发展，年轻人试图建立起一个在各种各样的情况下都有用且有吸引力的自我。因此，感觉好像是一个人自己的价值观，而不是其他人的价值观，才是重要事情的基础，在道德问题上也是这样。然而，公共自我是在人类生活，也就是社会生活中蓬勃发展的关键。

学习如何互动

成长和儿童发展的很大一部分内容是学习如何与他人互动。文化使人们能一起工作，从而创造更多资源，其中首要的就是创造更多的食物。所以一个人必须恰当行事，以便与他人相处。一个人要了解自己当下所属的社会，它的地位等级和规则，它的风险和机遇。很多群居动物都要完成这个任务。对人类儿童来说，还有一项任务是掌握群体共享信息的主体——它的"信念"（doxa），其中包括对物质世界和社会世界如何运作的共同理解。

孩子有很多东西要学，而且在学习上受到了很好的引导。刚开始学习分享和轮流行动是很困难的，但是这些很快就变成了第二天性。在许多社会中，成年人几乎在任何环境下都会自发排队，轮流行动。也许最能说明问题的例子是英国的暴徒排队轮流抢劫商店，在20世纪80年代及以后，这类事件总是不时地得到报道（McArdle，2011）。

一种被称为过度模仿的行为模式透露了不少东西。这种做法看起来既不理性又浪费，但是比起猿类，人类孩子更常做这种事——所以，人类的进化似乎增加了一种不理性的愚蠢倾向。许多动物都具有社会学习能力，这意味着它们看到别的动物做某件事后，自己也会这么做。关键的区别在于与目标无关的步骤。假设你饿了，看到一个成年人走了进来，走近一个盒子，转身两次，拍拍自己的头顶，然后打开盒子，吃到了一些美味的食物。如果你是一只黑猩猩，你会知道盒子里装着食物，随后会去打开盒子。人类孩子会得出同样的结论，但是他们也会模仿转身两次和轻拍头顶的行为。事实上，即使那些已经接触过盒子并且知道如何打开盒子获取食物的孩子，在看过大人的行为后，也会融入这个仪式。人们在很多不同的文化中发现了这种行为模式，这表明其可能具备强大的进化或先天基础（McGuigan et al.，2007；Nagell et al.，1993；Nielsen et al.，2014；Nielsen & Tomaselli，2010）。

从某种意义上说，黑猩猩的行为更聪明。但这表明黑猩猩的思维本质上是独立的。它只是利用其他黑猩猩作为有用的信息来源。人类孩子则想要加入群体，所以为了和其他人一样而做其他人做的事情，本身就是目的。从某种意义上说，孩子不仅在学习如何做某件事，而且在学习我们如何做某件事。

过度模仿表明，人类孩子学到的不仅仅是如何与世界打交道。复制和掌握一个人所在的群体的做事方式，正是成为一个成年人的过程的一部分。人类孩子对文化的了解不亚于或超过对自然的了解。这就是为什么他会模仿这些仪式。

文化的学习也体现在戏弄行为中，戏弄对成年人来说似乎是小事，在孩子们的生活中却更为要紧。成年人的互相戏弄通常是打情骂俏或幽默互动的一部分。可对孩子们来说，被戏弄通常是极其不愉快的，尽管随着他们长大，这种伤害似乎会减小。成年人的戏弄通常无伤大雅，这意味着我们倾向于忘记小时候被戏弄是多么痛苦。多种心理学理论都试图解释为什么孩子会取笑别人。凯尔特纳（Keltner）及其同事（2001）对相关证据进行了一次重要回顾。没有一种理论能够解释戏弄的所有情况，从工作场所的调情，到导致帮派斗争爆发的数十次相互侮辱，再到孩子们取笑彼此的名字或穿着。

然而，戏弄行为显然有这样一个主题，即它经常聚焦于违反规范的行为。这就是为什么孩子做这种事时会有攻击性，而当他们被如此对待时，他们会感到痛苦（Shapiro et al.，1991）。孩子们正在学习规范，他们处在有关如何行动的隐含规则之下，这些规则构成了他们的社会中共享的知识。当一个人违反了一项规范时，其他儿童（或青少年）会指出这一点，有时是在帮助对方（在这种情况下，他们通常会私下讲），但更多时候是以"逮到你了！"的态度公开揭露（试想一下让一个年轻人知道他裤子拉链没拉上的各种方式）。许多学校已经推行反对戏弄行为的规定，因为戏弄可以是霸凌的一种形式。这种做法聚焦于感到不悦的目标对象（受害者），并把敌意（霸凌）单纯归咎于戏弄者。但我认为戏弄行为会经常发生，因为它是一种炫耀方式。戏弄者评点某人违反规范的行为，从而向在场的所有人表明，他很清楚规范是什么。当孩子们努力、竞争，以掌握规范的时候，戏弄他人就成了获胜的一种方式：**我知道什么是对的，而你们不知道**。这可能会进阶为残酷和霸凌，但是进阶为这两者的动机可能很微弱，或者根本就没有这样的动机。当有人反驳戏弄者时，对方通常会说："我只是在开玩笑！"有时这是为了掩饰自己的刻薄，但其他时候这话可能说得相当准确和真诚。

戏弄反映了遵守所有复杂而不明确的社会规则的困难性，以及表明自己比别人更好地掌握了某些规则的竞争欲。

信息主体

人类孩子成为一个信息主体，也就是一个交易信息的人。孩子知道有一套信念，也就是一套共享的知识。成长意味着可以接触到这套信念。这一过程不只是获取信息，而是找出其他每个人都应该知道的事情，以及理解每个人都应该知道这些。过度模仿反映了对掌握共享信息的渴望，信息内容包括一个人在群体中是如何做事的。

童年后期对性的发现不仅仅是孤独时的领悟。相反，它意味着逐渐理解其他许多人在谈论什么，这些笑话意味着什么，人们在争论什么，以及其他人可能如何误解了某人无辜的评论或行为。它使人们能够参与关于性的对话和辩论。这些都建立在对某种程度的共同理解的假定之上。

研究人员已经注意到成为信息主体的几个早期迹象（参见 Baumeister，Marange, & Vohs, 2018；Shteynberg, 2015）。首先是联合注意（joint attention），即把注意力集中在其他人正在关注的事物上。这一行为在生命极早期就已经出现了。"看！"是一个简单的指令，用来把注意力集中到别人正在看的地方。通常，孩子（即使很年幼）和那些与孩子交流的人会发出这种指令。婴儿似乎能感觉到其他人在注意同一事物。如果其他人也在看某样东西，他们的兴趣会更加高涨。非常年幼的大脑就已经记录了很多人正在看的东西，这些东西会得到更多的关注和处理，从而被优先记住。之后，共同注意某物会使人们更加努力，表现得更好，情绪反应也会加强。

联合注意比分享态度或价值观出现得更早。因此，社交大脑的首要要素之一就是学会注意到别人在关注什么，并将自己的注意力重新定向到同一个事物上。将注意力聚焦在相同的事物上可能有助于团队协调和共同活动。

叙事自我

正如我们所看到的，孩子们获得了多种形式的自我知识，这些信念在某种程度上彼此独立。自我逐渐认识到自己具有多种属性，比如特质和能力。同时，它也发展了对自身的叙述性理解。它的生命开始以故事的形式，实际上是以一组故事的形式被理解，其中一些只有几分钟，另一些则跨越多年，融合了多年发生的事。

叙事自我的发展一直是麦克亚当斯（McAdams, 2013, 2019）著作的焦点。叙事自我的出现与成为一名演员有关。孩子从别人那里学习在各种情况下如何表演。就像专业演员一样，孩子们学会正确地扮演他们的角色，完成分配给他们的任务。有时他们的演员训练包括背诵剧本台词。孩子们被教会了说"请"和"谢谢"，有时会被提示"你现在在说什么"。过度模仿模式是这种训练的一部分：孩子试图了解如何在这些社会环境中生存和行动。内在自我被赋予了充分的代理能力，而这只是为了无误地执行适当的行动。

年长的孩子从一个演员变成了一个行动主体。他们不仅仅按照剧本去做本应该做的事情。相反，他们做出的选择决定了事件的进程。选择要求自我具有内在一致性，除非它只是随机选择，或者只是依据当下自我最强烈的冲动来选择。选择由在时间上延续的自我，包括其目标和长期价值观来引导。除了纯粹当下的选择（比如吃什么）以外，要做出选择，都需要整合一些对未来（或许还有过去）的想法。

青少年时期，自我会扮演了第三种角色，即叙事的作者。这个人继续在故事中扮演主体角色，但是现在，有了更高的智慧、对社会更深刻的认识，以及对跨时间的自我更全面的理解，自我可以选择和改变故事线。这一点非常重要，因为青少年的任务是为成年生活打下基础。这涉及对职业和伴侣的选择，不同的选择往往会给一个人的生活带来迥异的故事，从而使自我在某种程度上扮演不同的角色。

学习如何演绎角色

身份通常意味着在一个群体或系统中扮演一个角色。当一个人问孩子"你长大后想做什么"时，他们的回答会指向那些与其他角色交织在一起的角色。一个角色并不存在于真空中，而是与其他角色有关。扮演一个角色（父亲、教师、警察……）意味着以一种特定的、规定的方式与他人互动。

孩子在某种程度上是通过学习扮演这些角色而实现发展的，这些角色通常与其他扮演互补角色的人相关。我们可以在儿童游戏中观察到这个过程中的某些环节。几乎所有的游戏都涉及多个角色。通过研究孩子玩的游戏如何随年龄的增长而变化，我们可以深入体会孩子们是如何获得角色扮演能力的。一位年轻的研究人员对此十分关注，她采访了数百个孩子，从2岁的孩童到青少年不等，询问他们最喜欢什么游戏，以及这个游戏怎么玩。她还采访了不同年龄组的老师，询问他们的学生最喜欢什么游戏（Baumeister & Senders，1989）。这些数据是在电子游戏成为童年的重要部分之前收集的。

对年幼的孩子来说，仅仅是不断接受和扮演角色就是一个挑战。他们可能会玩过家家，几个孩子分别扮演母亲、父亲和小孩的角色。游戏通常始于一场争论，因为有好几个孩子想当母亲，如果真正的母亲注意到这一点，她会感到受宠若惊——直到她意识到，对孩子而言，扮演母亲的主要意义在于有权指挥周围的其他孩子。尽管如此，这样的游戏在最年幼的孩子中很受欢迎，若能发现这些游戏与其他游戏相比有什么不足之处，将颇受启发。这些游戏通常没有规则，没有竞争，也没有成败（没有赢家和输家）。角色是稳定的，因为孩子们不交换角色（至少交换角色并不是游戏的一部分；他们可能会轮流扮演妈妈）。角色没有特定的目标，游戏也没有明确的终点。几个玩家在一定程度上互动，支持对方的角色扮演，相比之下，在成年人的游戏（如国际象棋）中，玩家总是试图阻挠对方实现其扮演目标。显然，第一步是简单地理解如何接受一个角色，并且持续扮演它。年幼的孩子喜欢非竞争性的游戏，比如过家家，大概是因为即便没有其他人试图阻挠他们，角色表演对他们来说也已经够难了。非竞争性游戏在 5 岁左右的孩子中最受欢迎。

几年后，基于角色转换或交换的游戏流行起来。这是一个过渡阶段，在这个阶段，游戏中的角色互相对立，但是游戏结果取决于运气（如掷骰子）。这些游戏从 7 岁开始就成为孩子们的最爱，它们让孩子们明白，不同的人有不同的目标，而这些目标相互冲突，所以不是每个人都能成功。但是只要结果纯粹取决于运气，自我的执行者就不必做出选择或追求成功的行动。自我的活动可能仅限于将标记沿棋盘移动随机确定的空格数。

这类游戏最常见的例子就是捉人游戏。游戏中有两个角色，玩家要从一个角色切换到另一个角色——实际上，切换角色正是这个游戏的关键。要玩捉人游戏，孩子必须已经掌握持续扮演一个角色和发挥其功能的方法（就像玩过家家那样），还需要一个额外的步骤，即理解一个人在游戏中的角色会改变。显然，当你是 "它"（It，该游戏中捉人的玩家）的时候，你还是同一个人，试图碰到其他玩家；就像当你不是 "它" 的时候，其他人试图碰到你一样，但是你在游戏中的身份已经改变了。形成 "持续自我能扮演不同角色并在角色间转换" 这一观念，是一个重要的进步，因为成年人的自我要求一个人能做到这两者。此外，捉人游戏有规则，不像过家家，所以这些游戏要求孩子的自我已经达到了能在受到约束的条件下扮演其角色的程度。

第二阶段的游戏按照固定的标准定义角色：如果前一个"它"给你贴上了标签，那么你就是"它"，并且你要一直扮演这个角色，直到你成功碰到其他人。游戏中的角色都有目标，而且关键的是，不同的目标相互对立。"它"的目标是给某个人贴上标签，而其他人的目标是避免被贴上标签。这能让孩子体验竞争和对立，不过是以一种简单而安全的方式进行的。依然不存在真正的失败，除非有人成为"它"，但始终无法给其他人贴上标签（这种情况可能会发生在群体中最年幼、行动最慢的孩子身上，特别是在存在年龄差异时）。

同样短暂流行的还有那些以努力遵守游戏规则为基础的游戏。"西蒙说"（Simon says）就是这样一个例子：参与者必须模仿带领者的动作，但只有当带领者先说了"西蒙说"时，才需要模仿，如果他没有说这句话还模仿他，参与者就输了。这些游戏体现了孩子的主体自我根据看似随意和棘手的规则来学习调整自己行为的过程。毫无疑问，很多时候生活都是这样展现在孩子面前的，即需要适应看似随机且异想天开的规则。

后来的游戏假定孩子们知道如何遵守规则，因此规则不再是游戏的重点，而只是使游戏能够进行下去。这些游戏就像基于角色转换的游戏那样，只在一定年龄段的孩子（在这个样本中，是8岁左右的孩子）中受欢迎，这表明这些挑战对于特定年龄段具有特别的意义。然而，如果假设这些游戏在孩子最为努力地试图掌握自我角色转换的时候很受欢迎，那就有点儿冒险了。这些游戏可能会在孩子即将结束这一艰难过程时变得流行。这可能是这些游戏最有趣的时候，因为它们能帮孩子练习新技能。在如厕训练后，"西蒙说"这种有着随意规则的游戏变得吸引人起来，长期以来人们认为它能帮孩子练习应对混乱的规则。

竞争使得角色扮演变得更加困难，因为其他玩家将试图阻止你成功扮演你的角色。竞争性游戏涉及对立的角色，结果取决于各自的选择和技能。这类游戏的玩家通常是年龄最大的孩子甚至成年人，它们往往会把稳定的主要角色和需要转换的次要角色结合在一起，因此需要玩家具备高能力水平，能进行复杂的角色扮演。在排球运动中，运动员始终属于同一支队伍，但是轮流发球或站在网前。棒球和板球也是如此，运动员被分到不同的防守位置，然后轮流击球。维持一个连续的自我，同时仍能转换角色，可能特别具有挑战性，因此以此为基础的游戏到后期才会受欢迎。

随着年龄增长，自我能够越来越精确地衡量自己。由此，游戏也表现出了这种模式。没有人会为简单的游戏记分，比如过家家或捉人游戏。但是很多游戏都需要计分（显然，数字计分法只适用于那些已经能理解数字的孩子）。就自我的发展而言，这意味着自我正在学习评估自己及其表现，不是简单地区分好坏，而是通过一个连续谱——通常，这个连续谱可用于精确的社会比较，能精确到几分之一秒。

从青春期到成年期

青春期阶段需要做出重要选择，这些选择将决定你成年后在社会中的位置——或者接受父母和社会已为你准备好的位置。青少年以反复无常的行为闻名。其中一些可能源于青少年强烈的情绪。他们还没有完全掌握如何抑制和控制自己的情绪，对新的发展反应强烈。但有些行为可能只是角色实验。青少年尝试用不同的方式与世界相连，并处理生活中的挑战。朋友圈子的变化可以使青少年接触不同的社会群体，这些社会群体可能具有不同的规范，或应对规范的不同方式。

青春期的另一个核心问题上文已经提及：一个人进入青春期时，只具备孩子的自我控制能力，但是已开始拥有成年人的冲动和感觉。除此之外，青少年更擅长从别人的角度看待自己，不过一开始这十分令人不安和畏惧。

然而，随着时间的推移，这个人的自我控制能力会增强，从而发挥控制作用，并调整自我的行为，以使自己为他人所接受。它至少暂时解决了婚姻和事业的重大问题。尝试不同生活方式的需要渐渐淡去，因为人们已经习惯于应对自己所选的生活中的需求和机会。

本章要点

- 人类婴儿首先拥有当下的自我。孩子需要从协调身体开始，学会作为一个整体对当下做出反应。

- 哈特提出的自我意识情绪出现的三个步骤：①自发的"掌控微笑"；②期待在掌握新事物时得到成年人的表扬；③意识到自己获得了一个新的积极属性。

- 儿童的自我信念是从一开始就固有的渴望，而且与客观能力大体无关。随着年龄的增长，他们会参与更多的社会比较。自我的属性被仔细地测量和排序。

- 儿童的道德是奥尔波特所说的机能自主的一个例子：最初作为达到其他目的的手段而做的事情，逐渐变成了目的本身。

- 培养自我控制能力有两个主要任务：①克制自己和改变自己的反应；②学习如何明智而恰当地使用这些能力。

- 童年期良好的自我控制能力能够预测成年期所表现出的一系列结果，包括学业成就和事业成功。

- 成长过程的大部分时间都是在了解自己当下所属的社会，它的地位等级和规则、它的风险和机遇。

第 8 章

人类群体需要（并且塑造）自我

———

　　为什么人类需要构建和保持一个完全独立（甚至独特）的身份？答案可能不在于个体，而在于群体。然而，要从群体中获益，并不必然要求存在个体自我。正如莫菲特（Moffett，2019）所记录的那样，蚂蚁的社会很高效，但是一只蚂蚁识别不出别的某只特定的蚂蚁，即使那只蚂蚁已经在它旁边辛勤工作了很长时间。蚂蚁只能区分自己的蚁群和其他蚁群。这就好像你分不清你的配偶或最好的朋友和地铁上的任何陌生人，但你总能立刻发现一个外国游客的不同之处。

　　我是在做其他工作时意外产生了对这个问题关键性的深刻理解的。在写一本社会心理学教科书时，我和与我合著这本书的布拉德·布什曼（Brad Bushman）把书稿划分成不同的章节，以确定每个人写哪些章节的初稿。我们俩都没怎么接触过群体研究。关于群体的章节落在了我头上，于是我开始阅读研究文献。在阅读的过程中，我不断寻找那些反复被研究的重大主题，这样我就可以用它们来组织章节内容了。我发现了两大主题。

贯穿研究文献的一个主题是群体的基本优点。人们喜欢群居。群体可以做到单个个体无法做到的事，比如包围敌人或猎物，或者举起重物。如果一个群体和单个个体想获得同样的资源，比如一棵果树，那么最后很可能是群体得到它。现代公司、大学、政府和其他团体能够完成单个个体不可能完成的事，而这些事大多会使社会变得更好。

第二个主题是群体生活破坏性的、严重的甚至邪恶的后果。人们形成群体时会变得格外敌视外界，不太可能妥协或找到互惠互利的解决方案。群体成员常常"甩锅"，把困难的任务留给其他人。有时，委员会做出的决定是愚蠢、非理性、破坏性的，可能会适得其反。在战争、种族灭绝、压迫，以及类似的情境中，群体造成的破坏远比个体要严重得多。

由此，我得到了两个重要主题，唯一的问题在于它们互相矛盾。群体怎么可能既美好又可怕呢？在群体中行事，人们能比他们独自一人时做得更好，然而，他们也会做一些可怕的事，这些事是他们独自一人时不会做，也做不了的。简而言之，有时候群体比其各部分的总和更强大、更优越，但有时候群体更弱小、更糟糕。是什么造成了这种差异？

为了解决这个问题，我和一些同事比较了群体好的方面和坏的方面，以寻找两者的关键区别。我们发现，决定性的因素是负责任的、与众不同的个体自我。

当个体的自我被淹没在群体中时，群体坏的一面通常就会显现。下一节将讨论一些研究发现，即群体的表现达不到预期，或群体确实具有破坏性的一些主要体现（相关综述和资料，见 Baumeister, Ainsworth, & Vohs, 2016）。

群体的负面表现

群体思维

当所有成员都接受群体的观点和价值观，特别是当一些群体成员会通过压制不同意见来维护主导性观点时，群体就容易犯大大小小的错误。每个人的想法都差不多，没有人质疑群体的计划和决定——即使明智且善意的群体也会因此陷入灾难。

群体暴力

人们聚集成一个愤怒、暴力的群体，这个群体很可能会违反法律，损坏他人财产，甚至杀害那些被其视为敌人或作恶者的人。比起大多数参与暴行的人作为独立、负责任的个体时的破坏性，这种暴民心态的破坏性更强。个体不再认为自己是自主的道德存在，而只是简单地与暴徒一起行动。

自私的行为

自私的行为会侵害公有财产。公地悲剧指的是牧民让牛羊吃掉了太多草，以至于没有足够的草再长出来，资源耗尽，无法继续自我补充，公共草场就这样被摧毁（Hardin，1968）。今天，这种情况在世界各地的许多海域中均有发生。个别渔民捕鱼，总是能捕多少就捕多少，因此没有足够的鱼繁殖，鱼类数量也就减少了。许多其他自然资源也表现出了类似的模式。公有的东西会被用尽，而个体拥有的东西有时会被精心保存。

社会懈怠

当人们全力以赴完成一项重大任务时会如何？答案是"社会懈怠"（如Karau & Williams，1995；Latané et al.，1995）。大量实验室实验表明，只要个体表现能够融入群体，成为群体的一部分，人们就会少努力一点儿。让个体承担责任可以消除这种影响。例如，游泳运动员参加接力比赛时游得比参加个人比赛时更慢。但是，如果把接力比赛中单个游泳运动员的用时公布出来，让每个人都知道每名运动员游得有多快，运动员就会突然停止"划水"，发挥出最佳水平。

信息丢失

由多人组成的委员会按理说应该比单个决策者更明智，因为不同成员可以贡献他们独有的知识和观点。然而不幸的是，委员会成员往往只是聚在一起，谈论他们都知道的东西。斯塔瑟（Stasser，1999；Stasser & Titus，1985）精心设计的实验表明，委员会不能使成员提供他们知道的所有信息，因此会做出糟糕的决定，因为成员们老是聚焦在他们都知道的内容上。如果能让他们贡献自己的个人知识，他们将更容易找出问题的最佳答案。

集体脑雾

所谓的"头脑风暴会议"就是把创意团队的成员聚集在一起，通过抛出想法来激发彼此的灵感。这种提高创造力的技术在问世时（20 世纪 50 年代出现于广告公司）受到了热烈的欢迎。然而，深入研究显示，头脑风暴小组产生的创造性想法比同样数量独自工作的人少得多（Mullen，Johnson，& Salas，1991）。

群体的正面表现

与上述情况相反，若充分利用个体之间的差异，群体则会获得强大的优势（再次参见 Baumeister，Ainsworth，& Vohs，2016）。以下案例会给你带来启发。

分工

早期的工厂被称为"手工工场"，工场中有多个专业手工艺人——他们在同一个地方工作，每个人独立制作一个完整的产品。随着时间的推移，人们发现，将生产过程分成几部分，让不同的人来执行不同部分的工作，可以大幅提高生产质量和数量。亚当·斯密（1776/1991）开创了现代经济社会科学，他关于大头针工厂的论述十分有名：每个人完成不同的任务，使生产更有效率，生产成本更低。这样做有一个巨大的好处，那就是每个工人需要具备的专业技能水平比以前低得多，节省了大量的劳动力成本。下面这个例子就很典型：1900 年，每辆汽车都是由一两个人制造而成的，他们必须了解几乎所有的汽车制造知识。结果，他们的劳动力极其昂贵，而且他们要花大半年时间才能生产一辆车。另外，即使他们在拧螺丝或打扫卫生，工厂也必须支付他们高额工资，所以整个过程就是一个金钱陷阱。只有非常有钱的人才买得起这些昂贵的汽车——他们每年需要花钱请两名高级技师修理汽车，还要准备所有相关材料。

但是到了 1915 年，福特公司的流水线彻底改变了这一过程。流水线上的每个人只需要完成一项任务，用到一个有限的技能，所以其劳动力比专业机械师便宜得多。就这个人负责的那一部分工作而言，他可以成为专家，从而使汽车的质量得到提升。另外，汽车生产速度也快了很多。因此，可以说劳动分工提高了汽车的产量和质量，提升了生产速度，而且降低了成本，要优于由一个专业机械师完成整个工作流程的旧体系。

一项研究比较了两家长笛工厂的情况（West，1999）。其中一家工厂只雇用专业工匠，每名工匠都要自己完成一整支长笛的制作。另一家工厂则采取劳动分工策略，每名工人只做一部分工作，并且只精通这部分工作。然而第二家工厂生产的笛子更多、更好、更便宜。利用彼此合作的自我之间的差异，得到最好的结果——这是人类自我进化的关键线索。

问责制

让人们为自己的行为负责，确认每个人的所作所为，要求人们解释并证明他们行为的合理性，这些都会使群体更好地运转（如 Lerner & Tetlock，1999，2003）。激励体系可以奖励好的行为，使好行为更常发生，也可以施加惩罚，减少坏行为的出现。我强烈怀疑所有人类社会都是这么做的。事实上，群体中的人能将彼此识别为不同的个体，这一点可以抵消上文提到的一些群体的负面影响。对其他群体成员负有个人责任的人，比那些不负责任的人表现得更好。

我们可以继续深入思考下去，不过上述内容已足以说明关键的一点。**当个体自我融入群体时，群体会变糟糕；但如果群体能利用好个体自我与其他人的不同之处，且他们都能负起个人责任，为自己着想，群体就会蓬勃发展。** 这一点至关重要，特别是在这一前提假设下：人类为了利用群体优势，进化出了包括自我意识在内的特定特征。

为了让最具怀疑和批判态度的读者也能感到满意，这里我们做一个技术上的限定。匿名并不等同于融入群体，事实上，有时匿名反而允许人们进行个体性的思考和选择。例如，无记名投票使选民得以自由表达他们的意见，而不用担心因为与别人意见不一致而受到惩罚。

匿名有时能保护个体性，有时则会干扰个体性。匿名使群体无法控制个体。如果群体的目标是让人们做出对他们而言是某种"牺牲"的事情，比如努力工作或为公共项目捐款，那么具名的效果会更好，因为谁是懒汉、谁在搭便车，都会被识破，而且这些人将受到惩罚；而那些品格高尚的人做出了贡献，会得到认可和奖励。相比之下，当需要从多条渠道获取信息时，匿名可以保护个体，使个体免于承受遵从规则的压力。匿名还使人们得以独立思考，而独立思考有助于群体发展。

在这两种情况下，这一点都很重要：一个人应是一个独特的个体。当不同个体基于自己拥有的不同知识、能力和其他资源，尽其所能做出贡献时，群体将达到最佳状态。独特、自主、负责的自我，对高效的社会系统来说是一个巨大的优势。

上述所有内容对理解人类自我都极其重要。人类发展出了利用群体优势的独特能力，这里所说的群体（究其本质）实际上是一种能共享信息、进行集体规划和协调不同个体的新型群体。人类能接管地球并不是因为他们是最凶猛的动物，拥有可怕的爪子或尖牙，而是因为他们能够在小群体中一起行动。例如，近几年的研究（见 Tomasello，2014；von Hippel，2018）表明，早期人类群体会收集石头，并发展出了集体投掷石头、赶走其他动物的技能。

许多群居动物会一起狩猎。关于这一点，研究与我们血缘关系最近的动物亲戚——黑猩猩的情况，颇有启发意义。黑猩猩群体狩猎，并且偶尔会进行类似分工的活动。但是正如托马塞洛（Tomasello，2014；Tomasello et al.，2012）解释的那样，每只黑猩猩外出狩猎其实都是为了自己（主要指雄性黑猩猩，雌性黑猩猩不像雄性黑猩猩那样长时间一起狩猎）。例如，一群黑猩猩发现了一只猴子，它们或许会杀死并吃掉这只猴子。但它们不会特地分享食物。抓住猴子的那只黑猩猩总是尽可能多吃一些，而其他黑猩猩会过来试图分一杯羹。

假设猴子爬上一棵树，离它最近的黑猩猩跟着它爬上了树。其他黑猩猩会聪明地意识到自己不可能抢在已经在爬树的同伴前面抓住猴子，所以一些黑猩猩可能会尝试预测如果猴子成功躲过它们这个同伴，会往哪里逃。它们可能会分散开来，阻断其可能的逃跑路线。这看起来像是群体协作，也确实是朝那个方向发展的其中一个步骤。不过，抓到猴子的那只黑猩猩会在其他黑猩猩聚集过来之前尽可能多吃一些。在群体协作和分享战利品方面，它们并没有达成共识。面对同样的情况，人类群体会分散开来，以确保有人能够捕捉到猎物——但是之后他们会分享猎物。

这个例子告诉我们的重点是什么？个体化人类自我的存在，不是出于个体大脑或身体的需要，而是出于群体的需要。人们唯有拥有自我，从而能在系统中扮演自己的角色，才能使复杂的系统运转起来。他们必须愿意、有能力，而且同意做那些对群体最有利的事情，即使这些事情无法立即给他们自己带来好处。个体化、差异化的人类自我之所以存在，是因为一个正常运转的社会需要它。如上所述，劳动分工提高了效率，扩大了资源总量，因此有更多的资源可供分享，许多人（进而整个群体也是如此）的生活也变得更加富裕。

社会是一个由小群体组成的大群体。如果个体成员被区分开来，作为独特的个体自我在群体中活动，那么群体会发展得更好。个体自我的差异化正是使人类社会系统优于所有其他动物的社会系统的原因。

正如第 3 章强调的那样，充分培育人们的个体性是现代生活中才出现的现象。在过去的大部分时间里，甚至在今天的许多文化中，社会生活都是围绕着大家庭和其他亲属群体组织起来的（见 Henrich，2020）。

不同的自我是如何在群体中起作用的

迄今为止，已有大量证据表明，当人类群体能够充分利用不同成员的不同身份时，群体就能处于最佳状态，并取得最大的成就。在某种程度上，这与许多传统观念相悖。毕竟，群体的概念本身就意味着"相同"：所有成员都具有相同的群体成员身份。一个意大利人、扶轮社⊖员或佛罗里达人必然具备其群体成员身份，而这个群体中的所有成员都认为自己具备这样的身份。大量关于所谓"社会认同理论"的理论和研究（如 Hornsey，2008）都以这一基本假设为基础：自我从群体中获得的东西是相同的。一个群体的决定性特征就是全体成员的相同之处。

相反，本书强调群体成员之间的差异。群体越能认识到并利用好这一点，就会发展得越好。理想情况下，自我会强调自己是多么特别、与众不同、独一

⊖　扶轮社指依循国际扶轮规章成立的地区性社会团体，以增进职业交流及提供社会服务为宗旨。其特色是每个扶轮社的成员须来自不同的职业，并且在固定的时间及地点召开例行聚会。——译者注

无二。每个自我都能找到一个适合自己的位置，在这个位置上，它可以像其他成员一样为群体努力，同时极大地发展自身。这两者通常相互关联，比如，人们在社会中从事有价值、有难度的工作，能取得较高的薪酬；他们的工作使群体得以兴旺发达，同时他们也得到了丰厚的回报，从而可以实现个体发展。

　　自我真的希望自己与众不同吗？当然，很多时候，人们会与他人保持一致。当一个人处于高度不确定的环境时，与他人保持一致也许是最简单的办法。或许，人们会在很多情况下谋求一致，但在特定的领域，他们仍然会让自己显得独特或特殊。仅仅以一种浪漫的方式被他人选择，就是对你独特性的巨大肯定：他选择了你，而不是另一个女人，因为他认为你很特别。**你就是他想要的那个人**（当然，也可以是"她"）。

　　早在 20 世纪 70 年代，两位心理学家就开发出了一种"独特性需求"量表，用来测量这种性格特质（Snyder & Fromkin，1977）。事实证明这一量表有用且有效。它是通过捕捉"使自己与众不同"的动机来展开测量的。由于人们创造出了衡量人与人之间差异的尺度，我们假设某些人会比其他人更强烈地想显得与众不同。人们确实有点儿渴望能够与众不同，但是其中一些人比别人更渴望。

　　如果自我天然能够利用其个人特质和天赋，那么人们应该会对这些特质和天赋格外感兴趣。可以肯定的是，有证据表明，人们更认同他们独特的（不寻常的）特质，而不是他们与其他许多人共有的那些特质（Miller，Turnbull，& McFarland，1988）。在这项研究中，研究对象做完测试后，研究者会告诉他们，他们有一个常见的特质和另一个不同寻常的特质。当研究者给他们机会获取更多关于自己特质的信息时，他们对自己不寻常的特质表现出了更大的兴趣。也就是说，他们想知道自己是如何从群体中脱颖而出的。在其他研究中，研究对象则试图了解与同组的其他成员相比，自己有什么特别之处，即使通过与组外的人比较，他们也能对自己有所了解。

　　想知道一个人的特别之处的渴望可能包含多种情况。理论上，它可能意味着人们想知道自己有什么不同之处，从而做出改变，变得更像其他人。但它更有可能反映了群体是如何利用个体的。运转得最为高效的群体总能妥善利用每个人独特的才华和能力。你对群体的价值可能在于你能做到别人做不到的事情。因此，你渴望知道是什么让你在群体中显得特别。

米勒（Miller）及其同事（1988）的发现，群体会利用成员之间的差异，这促使自我去寻找那些将自己与他人区别开的东西。你获得的机会，甚至你对群体的价值（实际上是对整个社会的价值），都取决于这些让你和他人略有不同的特质。你知道别人不知道的事情，你拥有别人没有的能力，以及使你与众不同的观点、魅力或其他特质，都是宝贵而重要的。

甚至关于刻板印象对自我概念的影响的研究也发现，自我概念的形成源于人们想要强调他们比自己所属群体的刻板印象更好（von Hippel，Hawkins，& Schooler，2001）。如果女性和非裔美国人表现出色，他们会形成"自己很聪明"的强烈印象，这种印象比同一情况下白人男性会产生的自我印象更强烈。同样，如果白人男性擅长运动，他们会认为自己运动技能超群。让你以好的方式与群体区别开来的事物，会成为你自我概念的核心，而且，并非巧合，这些事物中也蕴含着你对群体的价值。它们就是你能给群体带来的好处。

因此，我们可以得出一个关键信息：许多人确实试图通过强调自己与他人的不同来定义自己。现在，让我们回顾一下那些可以佐证群体从拥有大量个体认同的不同自我中获益的证据。我们还能发现什么模式？

自我必然想融入群体。它当然渴望融入。正如心理学研究者沃伦·琼斯（Warren Jones）在一次重要的研讨会上所说的那样："研究孤独这么多年来，我遇到过许多说自己没有朋友的人。但我从来没有见过任何人说他们不想拥有任何朋友。"

在阅览和分析所有关于群体和自我的研究文献时，我们努力想要阐明群体通过个人主义自我获益的方式（Baumeister，Ainsworth，& Vohs，2016）。有几个主题在不同的研究领域反复出现。它们是探索自我本质的关键线索，我们将在以后的章节中展开讲述。

- **做好你的那部分工作**。许多群体任务需要大家共同努力，如果个体能意识到自己需要承担一份压力或责任，为群体付出努力或提供资金等资源，大家的努力就会发挥最大效果。例如，在任何一个国家，如果公民愿意纳税，而不是逃税和少纳税，就是一个优势。社会可以将有罪的个体自我作为工具，用以增加和稳定社会的收入。

- **道德责任**。如果个体成员理解他们负有道德责任——以合理的方式行事，并且可以向群体证明这种行事方式是合理的，那么群体会运转得更好。如果人们会因为自己的亲社会行为而受到尊重，群体发展将达到巅峰。同样，当惩罚和排斥使个人不再做出反社会行为时，群体也会从中受益。人们必须知道，他们今天的所作所为，将影响未来或接下来的几年里他人对待他们的方式。所有这些都会促使人们建设性地参与社会系统的运转。当大多数人都这样做的时候，这个系统将有助于社会蓬勃发展，从而使整个群体变得更好。道德声誉是自我的重要基础，下一章将专门讨论道德声誉。道德声誉也能跨时间存在。道德责任与第一点有关，也就是做好你的那部分工作。群体可以在道德上谴责那些没有做出应有贡献的个人。

- **信息主体**。群体会建立信息的集体库存。群体成员有许多共同的观念——"信念"，其中很多是"不言而喻的"。个体必须根据库存的信息行事。研究发现，那些让人们自己思考和判断，从不同个体角度收集信息，然后汇集信息的群体，从长远来看表现得最好（如，Janis，1972；Surowiecki，2004）。理想情况下，每个个体都会收集信息，与他人分享信息，审慎批判新信息，并辅助构建群体知识。自我在一定程度上是一个信息主体。

- **专业化的表现**。将群体任务分解成不同的部分，分配给不同的人，他们就成了专家，能够创造巨大优势（我们在对长笛工厂的研究中和一般的流水线上观察到了这一点）。当自我能够在系统中扮演一个专业化的角色时，它对群体的帮助更大。因此，人们在群体中扮演独特甚至独一无二的角色，真的会起作用。每个人都可以专业化，从而成为自己负责的那部分群体工作的专家——因为每件事都是由专家完成的，所以整个群体的成就得到了提高。但是其缺点是，除非其他人也做好自己的工作，否则一个人什么也做不成。

总而言之，重要的是你的不同之处。群体通过让人们专注于不同的事情，充分利用人们与社会角色相匹配的不同才能，实现其自身运转，进而提高社会效率。个体运用自己不同寻常的积极能力为群体服务，并基于此来了解他们自己。

在更广泛的范围里看，人类大脑的进化是为了利用先进的社会系统。这些系统很适合个性化的自我。拥有这样的自我的社会，其社会系统会运转良好，能够消除自我之间的竞争。

本章要点

- 当个体自我融入群体，群体会变糟糕。
- 如果群体能利用好个体自我与其他人的不同之处，且他们都能负起个人责任，为自己着想，群体就会蓬勃发展。
- 群体需要个性化的自我。运转得最为高效的群体总能妥善利用每个人独特的才华和能力。
- 许多人试图通过强调自己与他人的不同来定义自己。
- 重要的是你的不同之处。群体通过让人们专注于不同的事情，充分利用人们与社会角色相匹配的不同才能，实现其自身运转，进而提高社会效率。

The
SELF
EXPLAINED

第 9 章

自我的基础：道德声誉

——

　　道德是自我一个极其重要的方面。心理学界花了很长时间才意识到这一点，但这一点千真万确。道德是一套用来定义各种行为是好是坏的规则和标准。从根本上说，自我是一个道德主体。自我的重要工作之一是做出行为选择，同时确保它们在道德上合乎情理。落得自私或不诚实的名声，对你未来的社会发展有害，所以你在选择要怎么做时，有必要遵守这些规则。当有什么东西诱惑你自私或冲动行事时，道德通常显得最为重要，一个人的声誉取决于他能否抵制这些诱惑。在这种情况下，重要的是在行动之前，让完整的自我审视可能发生的行为。因此，道德可以帮助自我实现跨时间的统一性。

道德与合作

关于什么是好或什么是坏的简单观念，可以追溯到进化过程的早期：动物在做对生命有益的事时感觉良好（比如进食和交配），而在生命受到危害时感觉糟糕（比如遭遇危险、严寒、饥饿、中毒）。但是道德界定好与坏的标准远不止自我得到的物质利益，有时甚至与直接物质利益背道而驰。

我们可以将社会看作庞大的合作系统。通过合作，人们能实现个体无法实现的目标。人类用道德来促进合作。事实上，道德自我始于合作，托马塞洛的《人类道德自然史》(*Natural History of Morality*)（2016）对此进行了详细的介绍。

我曾经像许多学者那样，随意地将宗教与道德联系在一起。许多宗教会强制执行道德准则。一天，我得到机会，与一群刚出版了关于道德的重要著作（Norenzayan et al，2016）的研究人员谈论道德的出现。我问了他们一个让我头疼的问题：宗教和道德，哪一个先出现？我想弄清楚其中谁派生于谁。

他们的回答令我吃惊。他们说，宗教和道德都存在于已知最早的社会中，但它们彼此独立。因此，历史上两者的变化并不是我想的那样——不是宗教衍生出了道德，也不是道德衍生出了宗教。相反，这两种力量不断结合：宗教为道德规则提供了背景和理论基础，道德则成为精神成长的重要手段。

这使我逐渐认识到，宗教和道德有截然不同的心理起源。具体来说，**人们发明了宗教，而发现了道德**（如果你相信存在一个真正的宗教，那么它可以被排除到这里的分析之外，但是我的观点仍然适用于所有其他宗教）。发明意味着创造新的东西，而发现意味着找到已经存在的东西。人们发明宗教观点是为了解释生命中的奥秘，比如宇宙是如何起源的，以及各种各样的事情为什么会发生。相比之下，当我们的祖先利用他们新进化出来的合作能力进入合作型社会时，道德原则就被发现了。

就目前而言，关键的一点是，道德源自那些能使社会系统蓬勃发展，使社会成员拥有的资源可以维持和增加人口的东西。犹太－基督教"十诫"中的大部分内容，都是帮助社会系统更好地运作的道德规则。想象一下一个奉行相反规则的社会，生活在这个社会中的人们觉得撒谎、欺骗、偷窃、谋杀等都是道德义务。这真是一场灾难。

事实上，近几年的研究已经发现，分散在世界各地的 60 个不同社会，其奉行的道德规则有大量相似之处（Curry et al.，2019）。互惠互利，服从上级的命令，照顾好自己的家庭，不偷窃他人的财产，支持团队，公平分配资源，以及类似的规则——基本上无处不在。为什么每个地方都有同样的规则？因为当人们遵循这些规则时，社会运转得更好。正如研究人员指出的那样，这些规则能促进合作，而社会本质上就是为实现集体利益而进行的大规模合作。

上述所有内容都非常符合上一章中提出的观点，即人类自我的进化是为了使群体运作得更好。人类自我的特性正是基于那些能使群体走向繁荣，使群体成员生存和繁衍的东西。道德就是一个突出的例子。当人们能做到互相支持、服从权威、互惠互利、照顾家人等时，群体运转得最好。人类自我的道德维度要以那些能使人类群体蓬勃发展的东西为基础。

竞争与合作有着截然不同的历史（Tomasello，2016，2018）。大多数动物都会参与某种形式的竞争，竞争可以追溯到进化过程早期。但是动物参与竞争不需要复杂的自我意识，当然也不需要什么道德。相比之下，合作要复杂得多，并给自我意识的进化带来了压力。换句话说，要进行合作，大脑的硬件必须比只参与竞争所需的更加复杂才行。几乎所有群居动物和许多独居动物都要竞争。但是人类可以合作，从而以其他动物无法想象的方式行动。自我意识是合作对人类而言可行的其中一个因素。

合作通常需要人们彼此信任：每个人都做出牺牲或努力，让自己易为他人所用。当合作成为生存的首选策略时，就有必要诱使他人与你合作。如果你背叛了他人，很快你就会找不到合作者，然后陷入困境，甚至有挨饿的危险。生活在合作性的社交网络中，你需要关注别人是如何看待你的。要充当一个可信且可靠的合作者，你需要维持良好的声誉。也就是说，当你很想独吞大家在合作采集行动中收获的所有水果时，你需要阻止自己这么做。仅仅知道有那么一条反对自私行事的道德准则，并不足以使你成功阻止自己。你能阻止自己，是因为你意识到自私、贪婪的行为从长远来看对你不利，尽管它能立即给你带来好处。

向合作迈出的这关键的一步，使自我的更多特征得以发挥作用。合作性的自我需要具备公我意识（即知道他人是如何看待自己的）和跨时间的延展性。它还必须能够改变自己的行为，做最符合长远利益的事情，而不是追求立即获得收益。可以肯定的是，这些进化尚不完善，即便人类也是如此。人们有时不理解或不关心别人是如何看待他们的，而且他们确实屈服于短期收益，付出了长期的代价。但他们远比与其他动物更善于进行符合道德的合作。

大多数猿类并不真正合作，所以它们几乎或完全没有道德意识。有的研究人员会强调某些案例，试图证明一些猴子具有基本的道德意识：当一只猴子的待遇比其他猴子更好时，其他猴子会表示抗议。但是，这些案例模棱两可，或许只能反映猴子们的期望受挫，继而感到沮丧，正如后续研究所表明的那样（Tomasello，2016）。即使它们能在情况对它们不利的时候从不公平这一角度思考问题，但道德意识的另一半依然是缺失的：它们不会为对自己有利的不公平现象而感到烦恼。人类则不同，当其他人理应得到同样的奖励或待遇，但自己得到的比他们更多时，许多人会感到内疚（如"幸存者内疚"；Brockner et al.，1985；Lifton，1967）。如果动物的确具备某种公平意识，这种意识应该只与它们如何能得到更多东西有关。这是一种自私的公平观念，而非道德观念。不过很可能连自私的公平观念也不是。

根据托马塞洛的说法，一些猿类的身上表现出了真正的道德意识的重要征兆。这与它们的另一项重要合作活动有关：战斗。他解释说，两只黑猩猩可以结成联盟一起战斗，打败体形更大的黑猩猩，如果一对一战斗，它们则必然不是其对手。如果形成了这样的战斗伙伴关系，那么每个伙伴都能从对方得到的好处中获得利益。这是向道德迈进的一大步，因为一只黑猩猩会关心另一只黑猩猩。黑猩猩甚至会给它的伙伴一些食物，特别是当伙伴受了伤，不能像平时一样照顾自己的时候。很少有动物会把食物分给与自己无关的其他成年动物，但是黑猩猩似乎明白，如果与它同盟的伙伴无法康复，它自己的情况也会变得更糟。

　　尽管如此，人类和其他猿类之间还有一个巨大的区别，那就是人类拥有共同工作和分享所得的能力。记住，人类进化出了小群体生活的模式。现代化大城市的居民可能会时不时地欺骗或背叛某人，尤其是陌生人。但是在一个小群体中，人们记得你做了什么。另外，至关重要的是，你需要与某人合作，而小群体能为你提供的选项很少。如果你的不道德行为导致几个人不愿意再和你合作，你可能很快就没有朋友了。更糟糕的是，人们会说闲话，所以一些自私行为甚至会让那些没有受到直接影响的人感到厌烦。他们知道你的名声如何。

　　因此，道德自我的构建从声誉开始。声誉不是一种私人的、内在的公平感或罪恶感，也不是"黄金法则"。务实的动物——人类意识到，他们的生存取决于别人如何看待他们，这包括基于他们过去的行为做出道德判断。你可能今天想吃东西，但你未来也需要吃东西；你今天自私行事，未来可能会付出沉重的代价。最重要的是，你需要和其他人产生关联，并使他们接受你。将道德作为行动的蓝图，他们才会接受你。

　　在现代社会，道德自我之所以重要，是因为它能使系统良好运行。当人们都做好各自的工作，并能诚实、公正地对待彼此时，这个系统就能很好地运转，从而创造丰沛的资源。每个人都会分到一份蛋糕。蛋糕越大，每个人分到的那份就越大。人类的进化使群体得以更好地运作，这表明存在一个群体系统。不道德的行为会破坏这个系统，阻止它创造更多资源。例如，假币会削弱买卖双方的互信能力，甚至可能扭曲货币的价值（假币投入市场意味着将有更多的钱追逐同样数量的货物）。如果没有信任，买家和卖家就无法达成对双方都有利的交易。

道德约束着自我

　　道德为你要感觉好还是糟糕提供了另一套理由——其中一些甚至与维持生命的基本动机相冲突。道德促使人们做出有利于群体而不是个体的行为。在任何一个社会，成员偷窃他人的财物都不符合积极的道德价值观，因为这会削弱拥有财产的好处。

至关重要的是，道德规则往往以牺牲自我为代价。要做到饥饿时不去偷食物，自我至少要在两个方面付出高昂代价。第一，他将无法得到他需要的食物。第二，他必须在饥饿时克服寻求食物的自然冲动——可见，为了做一个好人，他需要承担更多的心理劳作。

道德、声誉和自我

毫无疑问，道德是有代价的。你不能做所有你想做，或者能给你带来好处的事。打破"十诫"可能会给你带来快乐，因为你偷到了想要的东西，用谎言摆脱了麻烦。那么，为什么人们要依据道德行事呢？仅仅是因为害怕惩罚吗？

不是的。从长远来看，依据道德行事是一个很好的策略。它会吸引别人与你合作，帮你在群体中获得一定的地位。

道德高尚的行为可以提高你在社会群体中的地位。哈迪和范福特（Hardy & van Vugt，2006）做了一系列实验，让人们在自我利益和群体利益之间做出选择。这些选择都是道德选择：道德的主要社会目的可能是让人们行动起来，以造福群体，即使代价是牺牲短期自我利益。在实验室游戏中，人们会得到一笔钱，他们可以决定自己保留多少，为群体利益投资多少。不管他们投资多少，实验者都会拿出两倍的钱，然后平均分配给小组的三个成员。因此，对每个人来说，最好的策略就是把所有的钱都投资给小组，这样每个人都能得到双倍的回报。但如果其他人拒绝投资，你就成了一个傻瓜，让其他成员富裕了起来，自己却蒙受了损失。

研究发现，利他主义可以提高一个人在群体中的地位。也就是说，那些为群体做出了最大贡献（投入的钱最多）的人，最终得到了其他人的最高评价。当人们需要为后续的合作博弈选择合作伙伴时，也会优先选择他们。只要道德自我的目标是促使他人与你合作，它就会起作用。

声誉是关键的驱动因素。第一轮游戏结束后，实验者会告知人们小组中的每个人都做了什么。这向人们表明，他们的决定会被公开，而这可能会影响声誉。一旦人们意识到别人会知道他们做出了什么决定，他们就会变得更加善良和慷慨。

这一切都证实了这样一个观点：道德通过社会声誉来促成合作。人们知道，为了促使别人与他们合作，他们需要维持良好的声誉。以高尚的方式帮助群体是获得良好声誉的可靠途径。

因此，道德对个体自我很重要，因为社会会根据道德准则对一个人进行评判——这些评判可能会使他前途无量，也可能令他前途黯淡。许多研究探讨了人们如何进行道德判断，研究人员通常会向人们描述一些行为，并询问他们这些行为在道德上是正确的还是错误的。对大量类似研究的一个强有力的批评是，在实践中，道德是用来评判人的，而不是用来评判孤立的行为的。

的确，我们对具体的行为进行评判，有时还会依据这些评判来惩罚那些做出令人反感的错误行为的人。但是道德判断更基础、更重要的用途是评价人们是好是坏，而不只是评价他们的具体行为。这是因为实际上重要的是预测这个人将来会做什么。这个人值得信任吗？我应该和这个人结伴冒险吗？这个人会先和我合作，再坑我吗？几乎每个人都需要寻找伙伴共赴冒险。这就是我们这个物种的本质。因此每个人都必须为自己选择最好的潜在伙伴。道德声誉是做出选择的关键基础因素。

事实上，道德在人们形成对彼此的印象的过程中起核心作用（Goodwin，Piazza，& Rozin，2014）。人们理解和评价彼此的时候，是非常看重道德品质的。道德品质水平的任何明显迹象，都会引起人们的注意，并对整体印象产生巨大影响，其他类型信息的影响力则没有这么大。

重要的不是一个人如何看待自己，而是别人如何看待他。人首先需要知道别人是如何看待自己的，他们的精神力量也致力于持续关注这一点。这并不是一个被动的过程。人们意识到，他们希望别人以特殊的眼光看待他们（认为他们在道德上值得信赖、诚实、可靠、无私），并会调整自己的行动来提升自己的良好声誉。由于了解一个人的公共自我至关重要，理想自我和实际的自我概念开始发展。你可以随心所欲地思考你有哪些方面令自己满意，但重要的是别人怎么看你。如果你沉迷于欺骗自己，想让自己相信你是美德的典范，而别人却认为你邪恶、自私、不值得信任，那么你恐怕会挨饿。你光辉灿烂的自我概念对你毫无帮助。认识到这一点并相应地调整你的行为非常重要。如果别人怀疑你的品德，你需要格外小心。这些印证了之前说过的：自我最重要的内在概念是良好的声誉。

人们在多大程度上意识到了道德声誉的重要性？一项有趣的研究比较了成年猿和人类儿童的行为（Engelmann et al., 2012）。研究人员诱导他们做一件自私、不道德的事。他们中有的这么做了，有的没有。实验随机控制是否有（同物种）成年个体在场。5 岁的人类儿童会依据情况相应地调整他们的行为：别人看着的时候，他们表现得更为高尚；独处时，他们表现得更为自私。非人的猿类则没有做出任何调整。无论有没有其他同类在看，它们的自私程度都相同。

猿类和人类的差异显示，两者对道德声誉的重要性有着不同的认识。5 岁，人类儿童就知道别人认为他们是好是坏很重要，所以别人在场时，他们会表现得格外好，以此来维护自己的良好声誉。其他猿类要么不理解这一点，要么不在乎。它们不会为了拥有良好的道德声誉而改变自己的行为。至少在这个重要方面，人类的自我意识已经远超于我们的动物近亲。

可见，道德声誉整合了自我的三个主要方面（之后的章节会对它们进行具体讨论）：自我知识、执行功能和关系自我。声誉的重要性，也就是自我在别人心目中形象的重要性，与人际关系方面有关；持续地更新和维护自我观念（即便只关注别人对自己的看法）的心理记录，与自我知识方面有关；行为的周期性调整，包括决策和自我调节，与执行自我方面有关。

我最乐观的猜测是，人类拥有道德，是为了帮自己解决如何在基于合作的社会中行动的问题（毕竟，我们不仅要解释道德规则从何而来，而且要解释为什么人们一旦了解到这些规则，就会选择遵守）。试想一下早期人类遭遇的困境。每个人都开始意识到，自己的生存取决于自己能否吸引伙伴展开合作，而对合作伙伴的吸引力又取决于其他人如何评价自己过去的行为。有些人私下可能很自私，但在某种程度上，他们都认识到，维持积极的道德声誉很有必要。不过该怎么做呢？道德提供了为获得良好声誉（并在此基础上确保人们源源不断地成为自己潜在的合作伙伴）而行动的蓝图。进化使人类开始遵守规则，这些规则有时会要求他们违背自身的直接利益，比如不夺走弱者的食物，这看起来似乎有些自相矛盾。然而，这些规则指明了长远来看推进个人自利目标的方式。

道德与时间

尤金·卡鲁索（Eugene Caruso；2010）对道德和时间进行了开创性的研究。他首先指出人们通常认为道德规则是不变的。一个行为昨天被认为不道德，明天就同样是不道德的，同理，人们也假定环境没有改变。然而，他的研究发现，同样的错误行为发生在未来，会比发生在过去受到人们更多的谴责。

总的来说，人们似乎在"道德化"未来。也就是说，他们把比过去或现在更严格的道德规则应用于未来，而且更关注未来的道德。多个研究显示，对未来的思考会使人们更加激烈地谴责他人的错误行为，而不是思考现在。他们甚至呼吁未来要对自己的错误行为施加比过去更严厉的惩罚。因此，这不仅仅是自私地希望其他人遵守规则，唯独自己被豁免的问题。当人们关注未来而不是现在的时候，他们会为自己的声誉做出更大的牺牲（Vonasch & Sjåstad，2020），而当人们思考未来和现在时，针对自己的行为，他们会表现得更加高尚和慷慨，或者至少他们说自己会这样做。这是因为思考未来会使人们担心自己能否拥有良好的声誉。

道德是面向未来的，道德声誉是为未来构建的。

道德对自我至关重要

不仅在形成对他人的印象的过程中，道德通常是优先的因素。人们还普遍认为道德是自我的本质。尼娜·施特罗明格和肖恩·尼科尔斯（Nina Strohminger & Shaun Nichols；2014，2015）的独立研究团队在一个创造性的研究项目中展现了道德极高的重要性。他们指导人们进行了各种各样的思想实验，比如，想象一个叫吉姆的人接受了大脑移植。之后，这个人在某些方面与原来相同，在其他方面则不同，研究人员询问人们这个新的人"还是吉姆吗"。尽管这个人失去了认识事物的能力，失去了欲望，甚至失去了记忆，但人们愿意相信其自我保持不变。然而，如果丧失了道德良知，他就不再是吉姆了。许多类似的研究都表明，道德变化是最要紧的（个性排第二）。

记忆很重要，但只有一些记忆很重要——具体来讲，这些记忆关乎重要的关系，关乎其他与个人在世界中的位置高度相关的经历。人们不会认为忘记怎么做数学题、弹钢琴或骑自行车意味着自我的丧失或改变。这些发现佐证了这样一个观点，即自我与一个人如何与社会产生联系有关，而不只是在存储各种有用的信息。

这个研究团队开展的进一步的研究颇具争议。他们对诸如阿尔茨海默病和痴呆等脑部疾病患者的家庭进行了调查，询问了一些关键性的问题，如："你觉得你还认识这个病人吗？""你是否觉得这个病人很陌生？"这些人同样认为，病人道德上的变化最让他们感到病人本身已经改变。尽管病人失去记忆，性格改变，出现言语障碍，越来越难以移动身体，家人们还是倾向于认为病人仍是原来那个人。但是道德上的变化——不再诚实、正直、值得信赖、慷慨、忠诚等，会使家庭成员认为自己不再了解病人。事实上，随着病情慢慢恶化，病人与家人的关系也会恶化。正是道德上的变化决定了病人与家人关系恶化的程度和速度。

因此，道德是决定你本质的关键因素。哪怕你的性格、记忆、能力发生了各种变化，其他人，不管是偶然认识的人还是亲密关系伙伴，都会继续认为你还是你自己。但是，如果你的道德特质发生了变化，这些人就会开始认为你已经变成了另一个人。

在道德声誉以外

当人类社会进化为远超其他动物的社会系统时，自我的作用就扩展了。道德声誉是新扩展后的自我的一个重要方面。文化是一个有组织的大型合作系统，作为道德主体的自我就根植于文化的需求。道德声誉会让公平合作的人获得回馈，让逃避或背叛的人受到惩罚，而对良好声誉的需要促使人们以有利于社会系统繁荣发展的方式行事。

然而，道德声誉并不是自我唯一的元素。让我们简单关注一下其他一些元素。社会拥有完成工作的系统，所以有关能力的声誉很重要。自我希望能胜任工作任务，以吸引他人与自己合作。自身的能力将对你很有帮助，但其他人认为你有能力也非常重要。如果其他人能依靠你把事情做好，他们会更愿意和你合作。事实上，尊重通常由道德和能力组成。

许多社会都有经济交换系统。金钱只有大约 3000 年的历史（Weatherford，1997），但是物物交换和其他形式的交换要古老得多。现代的自我必须具备经济能力，至少要能理解金钱，知道如何得到钱，以及善于适当使用钱。

社会也构建起了共享的知识体系。这一体系包含对物理环境的共同理解和对社会关系的共同假设（例如，家庭如何形成，具有哪些特权）。这一体系还包括道德原则和价值观，它们通常是某种历史感、宗教感和做事的方式。自我必然与这些信息相关（Baumeister et al.，2018）。

简而言之，参与人类社会要求自我以多种方式发挥功能。它必须是一个道德主体，能维护好自己的良好声誉。它必须能胜任某些工作（其他人也认同它能胜任）。它必须是一个信息主体和经济主体。人类大脑的进化使其能管理好所有任务，而自我是这些功能的结合体。

没有自我，你就无法从人类社会中获益。这就是"我们为什么会有自我"这个问题的简短答案。

本章要点

- 道德是一套用来定义各种行为是好是坏的规则和标准。
- 人类自我的道德维度要以那些能使人类群体蓬勃发展的东西为基础。
- 生活在一个合作性的社交网络中，你需要关注别人是如何看待你的。要充当一个可信且可靠的合作者，你需要维持良好的声誉。
- 道德通过社会声誉来促成合作。道德声誉是为未来构建的。
- 道德的主要社会目的可能是让人们行动起来，以造福群体，即使代价是牺牲短期的自我利益。

The
S<small>ELF</small>
E<small>XPLAINED</small>

第 10 章

统一性事业：未完成的自我统一

———

　　新生儿身体里有多少分子能保留到他 70 岁以后？当然不多，而且很可能没有，就像第 1 章中提到的忒修斯之船，船的每一块木板都被替换了。在物理现实中，似乎没有一条合理的依据能够有力地说明，这个 7 磅[⊖]重的婴儿和那个 200 磅重的老人是同一个人。然而，从社会和文化的角度看，这一点却毋庸置疑。每当这个 70 岁的老人填写包含身份信息的表格时，他都会写下他（那个婴儿）的出生地。社会也承认他们是同一个人，尽管其身体里的所有分子都逐步被替换过了，新的分子出现，旧的分子消失。但即使物质被取代，有意义的组织形式仍然存在。新的分子只是继续在系统中做与旧的（消失了的）分子相同的工作。

　　⊖　1 磅≈0.454 千克。

古希腊的寓言——忒修斯之船，是一个有效的隐喻，有助于理解自我的核心问题之一：自我的统一性问题。自我意味着成为单个实体，一个统一体。第4章讨论过，多重自我的概念本身与自我的本质相矛盾。事实上，生命维持着自我和世界之间的严格界限。生物统一性是自我的先导和基础。

自我的两种统一性

自我主要有两种统一性，它们的基础和过程相当不一样（Gallagher，2000）。第一种统一性更简单，是当下的统一性。我们可以称之为"此时此刻自我的此时此刻的统一"。这种统一性根植于生命的本质。在某种程度上，活着意味着界定自我和环境之间的界限。当正在经历这一切的大脑开始处理某一事实时，它会作为一个整体来构建经验并引导行动。不是只有某一部分会体验到痛苦，相反，是整个自我意识到痛苦，并对其做出反应。是的，只有膝盖或后背感到疼痛，但整个自我都意识到了疼痛，并做出了反应。如果你赤脚踩在滚烫的煤炭或火蚁堆上，疼的是你的脚，但是你的整个身体都会采取行动。自我当下的统一性出现在进化早期，这可能就是我们首先发展出了中枢神经系统的原因。神经系统将信息传递给大脑，并将大脑的命令传递给运动的器官。在进化的早期，生物就适应了在当下作为一个整体运作的有效性。

让我们回到忒修斯之船上来。在它的整个航程中，它显然始终具备当下的统一性。一艘船是作为单个事物、单个系统在海上航行的。当船移动时，它是作为一个整体移动的。尽管船体可能会分崩离析，那时不是所有部件都会沉没，但是船沉了，就意味着整艘船都毁了。整艘船都完蛋了。

第二种统一性是跨时间的统一性，这正是忒修斯之船面临的挑战。你不仅仅是现在的这个人，你明天和30年后还是同一个人，而且多年前你也是这个人，尽管你的一些属性、成就和声誉会发生变化。起码到死亡为止，社会身份都还在构建当中。甚至在那之后，它也永远不会完整。

大多数动物都拥有某种程度上的"此时此刻的自我"。不过，其他动物不太需要自我具备跨时间的统一性。那么为什么人类需要这种统一性呢？因为它会使文化系统更加有效地运行。你今天表现出的道德品质和取得的成就，会影响人们（以及整个社会）明天甚至未来几年对你的态度。你 22 岁时获得的大学学位在你 50 岁时仍然在你的简历上，还可能出现在你的讣告中。如果人们所做的好事和坏事都会导致长期的后果，社会系统会运转得更好。当人们明白今天为了逃避惩罚或得到奖励而说谎，可能导致长期的问题时，比如 20 年后仍然被视为说谎者，他们就会避免说谎，而且，在诚信而不是充满谎言的环境中，社会会运作得更好。

不同于当下的统一性，自我跨时间的统一性必须由人们努力去构建。后者对于人类文化来说至关重要，但正是这个事实意味着实现它需要超越本能。进化为这种统一性的实现提供了硬件条件，但其内容很大程度上（软件条件）来源于文化。自我贯穿一生的统一性不是本能范畴内的问题。如果你今天说的话与你十年前说的相矛盾，本能只会耸耸肩。很难想象哪只大猩猩、鬣狗或昆虫会在意自己十年前甚至一周前的行为或表达是否与现在相符。当下的生存和繁衍是多方交涉的结果，舒适也是如此。如果改变你的抽象观点符合你的利益，那么本能不会觉得有任何问题。这显然是一个适应过程：现在就做最有利的事情。**反对前后不一致是一种文化行为，而不是出自本能的行为。**

自我跨时间的统一性不是与生俱来的。是人们创造了它，并使它持续存在。为了好好了解它，让我们退后一步，再次思考一下更为简单的"此时此刻的自我"。

当下的统一性

自我的统一始于当下的统一。自我作为单个实体，也就是一个个体行事，它也倾向于感觉自己是一个整体。正如我们所看到的，当下的统一是生命本质的一部分，从还是最简单的单细胞生物时起，生命就会维持自我与环境之间的界限。

　　支持多重自我观点的人们谈起跨时间的统一性时总是比较笼统。正如莱斯特（Lester，2015）所说，人们在不同的日子里会有不同的感受，在不同的情况下会做出不同的行为。这可能意味着，每一个时刻，人们都感觉自己是一个整体，并作为一个整体行动，尽管在不同的场合是不同的整体。然而这些不同的自我的心理成分大概一直都存在于这个人的内心中。因此，当下的统一性恐怕也成问题。身体如何确定，在不同版本的自我中，哪一个可以决定它如何行动？

　　这正是大脑和中枢神经系统发挥作用，甚至形成意识之处。我不接受多重自我观点，但是内心冲突的确存在，这一事实不容置疑。不同的冲动和输入的信息会竞争优先权。人们可能会在回家还是去商店之间左右为难，这时是没有折中方案的，不可能一只脚步行回家，而另一只脚去商店。内心的冲突在内心得到解决，一方胜出，然后双脚会走向同一个地方。

　　自主意味着自治。生物在某种程度上都是自主的，但是人类会依赖父母很多年，直到青春期或成年期才能实现完全自主。正如瑞安和德西在他们的巨著《自我决定》（*Self-Determination*）（2017）中强调的那样，自主意味着作为一个完整的人来行动，而不是仅仅为了一个冲动而行动。事实上，一个有影响力的意识理论认为，意识的主要功能就是让整个自我参与进来（如 Baars，1997；Humphrey，1986）。也就是说，思维中包含许多信息和许多欲望，它们分散在许多不同的地方。有意识的思考相当于把想法打在大屏幕上，公布在所有思维和记忆面前，这样它就能激活与所有这些不同的想法之间的联系。一个人看到精美的甜点，可能会有吃掉它的冲动。遇到类似的情况，许多动物会直接吃掉食物。但是，人类的思维可以在意识中将想法暂时搁置一段时间，随后，其他的想法会被激活，例如某人决心节食减肥，或者健康状况不允许，或者这份食物是别人的，甚至只是他现在不应该吃东西，免得晚餐时就没胃口了。内心冲突的解决方法并不是一部分自我进食，另一部分自我节制。相反，处理好相互竞争的冲动后，自我会作为一个整体展开行动。这一过程有助于维持当下的统一。自我要么进食，要么不进食，不过人类的思维也可能选择只吃几口，来将这两种冲动整合起来（我们都知道这么做的结果会是什么）。

记住，在文明的外表下，人类也是动物。动物学习时不怎么需要自我的参与。它们会学习刺激和反应之间的简单联系。动物的思维，以及人类的思维中，已经记录了许多这样的联系：当 x 发生时，y 也会发生。斯金纳箱里的老鼠学会了：灯亮时，按下把手，看着食物掉下来；灯灭了，就不用费劲了。但是，老鼠做决定时并不需要考虑大量社会因素，比如道德规则、经济核算、长期计划、承诺、象征意义等。所有这些都是人类自我的一部分，要作为一个整体来行动，人类自我需要将它们通通考虑进去。

跨时间的统一性

"自由意志" 这个术语饱受争议，主要是因为人们对它的定义不同，引发了种种争论。不过，这个概念往往与一些真实而重要的现象有关。整个自我充分投入，从而有意识地做出选择，就是其中一个重要的方面。在这里，我们不要把自由意志理解为随机的行动，而要将它理解为**负责任的自主行为**：基于允许完整的自我参与的内在过程来选择如何行动（Baumeister & Monroe，2014）。一个人作为一个整体，也就是一个自我，来做出决定并展开行动。

为了说明这一点，让我们思考一下冲动犯罪和精心策划的犯罪之间有什么区别。冲动型犯罪者的确犯了法，但他们是在一时冲动之下犯法的，他们被愤怒征服，没能停下来考虑后果和影响。很多谋杀案都是这样发生的。思考未来的那部分自我没有参与行动。"此时此刻的自我"很愤怒，大发雷霆，事情就是这样。虽然他绝对犯了罪，应该受到惩罚，但许多法官和陪审团对这种冲动谋杀的判定，要比对那些事先精心策划的谋杀轻。有预谋的犯罪者已经考虑了未来，并且有足够的机会考虑他未来的生活会受到怎样的影响，但他还是没有回头，并实施了谋杀。因此，比起自发性（spontaneous）的犯罪，自由意志在预谋犯罪中起到的作用更大。

当前，社会心理学界围绕"是否每个人都有偏见"争论不休。在过去的半个世纪里，人们表达种族（及其他）偏见的情况已经急剧减少。然而，一些研究人员怀疑，人们私底下仍怀有偏见，并且干脆不承认自己有偏见。一些心理学家开发了内隐态度测验（IAT），在这种测验中，人们很难伪装，因为它只关注人们将"好"或"坏"与不同种族匹配时的反应时（Greenwald & Banaji，1995；Greenwald et al., 1998）。通过这种方法，心理学家发现，来自各种族的绝大多数美国人都表现出了偏见，这表示他们对黑人抱有消极的无意识态度。不过，IAT 在预测歧视的实际表现时用处不大，对预测不良行为几乎没什么帮助。

自我的统一性解释了为什么 IAT 显示出的无意识偏见与实际表现之间存在差异。人们会联想，但他们不会付诸行动。（事实上一些学者已得出结论：IAT 测量的是媒体描绘的内容，而不是个人的敌对情绪。）迪瓦恩（Devine，1989）研究了有偏见的人和没有偏见的人的区别，发现几乎每个人都熟知那些刻板印象，并会在相关的情况下想到它们。区别在于一个人会将这些观点付诸实践，还是会拒绝这样做。生活在今天的美国，看电视，以及做其他一些事情的时候，很难不把黑人与犯罪和危险联系起来。这种联系存在于每个人的脑海中。但是，现代公民是作为一个整体行动的，人们不必然基于这种联系，在工作和社会生活中歧视特定的黑人。

一个人脑海中存在刻板印象或偏见，与他接受这些想法，完全是两码事，更不用说根据这些想法采取行动了。大脑的一部分产生了一些想法，并将它们推入意识的洪流中。大脑的另一部分在构建统一性，它考虑了这些想法，但是拒绝接受。统一性这项"事业"是在复杂的大脑和思维中运作的，大脑和思维中充斥着各种各样的想法和感受，其中的一些想法和感受相互矛盾。人们需要在社会中维持一致性身份，这促使大脑去关注一致性，好作为一个整体行动，或者说，在一个正在上演的连贯的人生故事中，扮演一个独立的角色。

大概 70 年前，哲学家让－保罗·萨特（1953）在他的存在主义精神分析理论中使用了整合的观点。他举了一个例子，不过比起现在，这个例子可能更适用于他那个时代：当一个女人试图表现得是被他人引诱而发生性行为时，她不会将特定的意义与她的体验整合起来。当一个男人称赞一个女人的裙子时，他并不认为那条裙子和他在商店看到的挂在架子上的裙子是一回事。他关注的可能是她的身体穿着裙子的样子。但是女人可能会略过这一点，好像对方只是在赞扬她在面料和设计上的品位，并据此做出反应。通过不承认性暗示，并且好像他的赞美与她的身体没有任何关系那样做出回应，她就不必承认自己也参与促成了这段性经历。

因此，即使自我当下的统一性也可能不完全——尤其是对人类而言，他们"此时此刻的自我"必须处理多层次的意义。当下的统一性可能是一种成就，而不是与生俱来的特性，至少对于复杂的人类来说是这样。

戒瘾：对自我统一性的挑战

我们能在那些努力戒除毒瘾的人们身上观察到自我的统一性"事业"是如何开展的。成瘾者的身体发现了快乐的一个重要来源（毒品），而且需要频繁使用毒品。哈里·法兰克福（Harry Frankfurt；1971）在有关二级欲望的著名论述中讲到，瘾君子既想要毒品，又不想要它。或者，换一种稍微不同一点儿的说法，成瘾者想要毒品，但是过一会儿就不想要它了。现在享受快乐，之后则会感到悔恨。因此，其当下的统一性和跨时间的统一性都因相互冲突的欲望而受到了挑战。

一个流行的理论认为，成瘾是一种与自由意志有关的疾病（Volkow，2015）。许多人和少数专家觉得成瘾与自由意志的丧失有关。然而，我们缺少能证明这一点的证据。几乎没有人质疑大多数每天要抽很多支烟的人是成瘾者，可社会仍然认为他们有自由意志。正如一位同事所说，许多标语上写着"禁止吸烟"，而没有写"除非是成瘾者，否则禁止吸烟"。毕竟，如果一个人缺乏自由意志，他就无法抵御吸烟的欲望。在这种情况下，因他们吸烟而惩罚他们是不公平的，因为他们无法控制自己。显然，吸烟者完全有能力抵御吸烟的冲动。即使只是看到墙上的标语，也能使他们控制住自己。

我围绕这项研究阅读了一些相关文献，得出的结论是，香烟成瘾者完全可以控制自己的行为，比如移动他们的手和脚，但他们失去了对自己欲望的控制（Baumeister，2017）。他们情不自禁地渴望着吸烟，虽然他们能抵御这种渴望，但是抵御渴望要付出代价。正在戒烟的人每天会有几十次产生想要抽烟的念头，并不得不抵御这些诱惑。一次又一次抵御诱惑会逐渐耗尽他们的意志力，从这个意义上说，他们自由行动的能力会被削弱。因此，某一时刻，他们的防线会失守，随后故态复萌。

失去自由意志与当下的统一性无关，而与跨时间的统一性有关（如Ainslie，2001）。许多吸烟者决心戒烟，但失败了。更准确地说，他们中的大多数人确实戒了一段时间的烟，可后来又开始吸烟。但是，这是否与自由意志相悖呢？如果自由意志确实意味着什么的话，它一定意味着你可以改变你的想法。吸烟者决定戒烟，决定再次吸烟，然后又为之后悔。一个有着完全的自由意志的人当然可以这样做。

想戒烟的成瘾者的问题在于跨时间的统一性。通常，戒烟时，成瘾者会下定决心："我再也不吸烟了！"但是在其他情况下，这个人会产生不同的感受，感觉自己错失了快乐，有时也感觉自己错过了畅快吸入的活动。即使只是决定戒烟，也可能会引发跨时间的统一性问题。正如安斯利（Ainslie，2001）指出的那样，哪怕那些非常忧心长期健康风险的吸烟者也会觉得多抽一支烟很合理。再来一支烟不会要你的命，反而会给你带来你熟悉而且期盼的快乐。再抽一支烟意味着冒微小的风险，得到明确且明显的收获。可正是随着时间的推移累积起来的众多微小的理性决定，导致了破坏性的结果：癌症、肺气肿、阳痿，等等。

其他很多现象都体现出了同样的自我统一性。正在节食的人想吃掉那份诱人的食物，但是之后会希望自己根本没吃到。许多人想把钱花在当下的快乐上，可之后又希望他们曾把钱存起来。赌徒们喜欢赌博的刺激，但会因为自己的经济损失而感到后悔。正如一对夫妇向他们的治疗师解释的那样："问题不在于赌博。我们喜欢赌博，我们俩都喜欢。我们的问题在于这 10 万美元的债务。"(《当心，拉斯维加斯》，2000，p.31）

要戒瘾，往往需要更加努力，以便形成自我跨时间的统一性。吸烟者（或者正在节食的人、想节约开支的人）必须重视当下，就好像无论事情发生多少次，他每次都会做出同样的选择一样。是的，多抽一支烟不会要了你的命，一小盘冰激凌也不会让你变胖。但你必须做出每一个决定，就好像这是在为未来的所有选项设定一个模式。

本质上说，这是伊曼努尔·康德（Immanuel Kant；1797/1967）提出的道德行为"绝对律令"的心理学版本。他说，要知道哪些做法符合道德要求，要看你的行为能否成为普遍原则——在类似的情况下，每个人总会这样做。为了戒瘾，或者成功节食或完成锻炼计划，每一次你实施的行动，都应该成为你一以贯之的行动的基础。当下的行动应该体现出今后的自我。这是自我构建跨时间的统一性最有效的方式。

为了实现自我的统一性，思维会将当下与过去和未来的许多其他时刻联系起来。身体当下所做的事被纳入一个有意义、有目的的模式中，这个模式能连通发生在不同时间的事。即使出发点很好，少抽一支烟对你也没有任何好处。但要想成功构建起统一性，你需要在很多情况下做出同样的决定，而且每当这时候，你都必须承认自己的决定与其他情况有关，并始终保持节制。这就是跨时间的统一性。

社会需要具有连续性的自我

跨时间的统一性是来自文化的，而不是出自本能的。正如第 8 章所强调的那样，它是来自文化的，因为人类自我的形成是为了适应有效的社会系统。

如果自我能随时间的推移保持一致性和连续性，社会系统将更加有效地运转。这体现在很多方面。道德和（后来出现的）法律责任意味着人们会因为他们过去的所作所为而受到惩罚。因此，他们现在必须表现得更好，以避免将来受到惩罚。若每个人都能表现得更好，社会将更加蓬勃地发展。经济系统的良好运行同样依赖自我的连续性。贸易和经济活动使财富急剧增加。这意味着个体拥有的资源更多了，生活质量也有所提升。但是这一切取决于具有连续性的自我。另外，由于所有权这个概念的存在，个人可以储备工具和其他资源，在现代生活中，它为人们持有金钱和住房，保障自己未来的生活提供了依据。

自我跨时间的连续性还能帮助人们在一个社会群体中扮演好一个角色。正是一遍又一遍地扮演同样的角色，使得人们精于此道。社会中许多不同的角色都是如此，很多任务都要由专家和行家完成。即使是现在，分工也有一定的优势。这些优势会随着时间的流逝而成倍增长。

许多动物都要交配并抚养后代，但是人类自我跨时间的连续性甚至改进了这个基本的自然过程。雄性类人猿几乎从不为它们的后代或后代的母亲提供食物，而人类通过形成长期的依附关系——其中男性扮演供养者的角色，已经能够抚养多个孩子，比起其他年轻猿类，这些孩子要依赖父母更长的时间。长期依赖似乎是一种劣势，但它为大脑的发育留出了更多时间，也为年轻人通过社会化学习群体的知识和实践留出了更多时间。

既具备责任心又拥有自主性的自我很强大，对社会系统也最为有益。自我必须有意识地在社会中扮演自己的角色，而不是被他人强迫（自主性），这样系统才能发挥作用，创造更多的资源。同时，人们必须理解并接受他们的行为未来会引起怎样的后果。社会要求人们为自己的行为负责，无论它是好是坏，人们也理解这一点，正是因为人们理解，所以人们做出了更多的善举，他们的行为有助于社会的蓬勃发展（责任心）。

我的朋友比尔·冯·希伯（Bill von Hippel）[⊖]用一个震撼人心的故事迷住了许多听众，这个故事是他在伟大的珍·古道尔（Jane Goodall）对非洲野生黑猩猩的观察结果中读到的。［他在2018年出版的《当我们一起向狮子扔

　　⊖　比尔·冯·希伯是威廉·冯·希伯（William von Hippel）的昵称。——编辑注

石头》（*The Social Leap*）中提到了这个故事。] 这个故事体现了最早的社会合作形式，尤其是雌性之间社会合作的一个例子。一个年轻的黑猩猩妈妈，古道尔叫它"梅丽莎"，和它的小宝宝坐在一起。种群中的另外两个成年雌性——一对母女，走近了梅丽莎和它的孩子。大的那个把梅丽莎扯倒在地，狠狠地咬它的脸和手，而小的那个试图把孩子抢走。梅丽莎努力反抗，但以一对二，而且只有一只手可以用来战斗，它得胜的机会很渺茫。最后，它被打得鼻青脸肿，身上多处伤口流血不止，只得放手。另外两个黑猩猩把孩子带走吃掉了，梅丽莎只能眼睁睁地看着。

出乎意料的是，梅丽莎很快就和另外两只雌性黑猩猩和解了。不到一个小时，它就和其中一只黑猩猩牵起了手，而另一只黑猩猩还在狼吞虎咽幼崽的残骸，梅丽莎在打斗中留下的伤口也还在流血。很快，这群黑猩猩的日常生活又恢复了正常（除了那只小猩猩）。

我们可能会为梅丽莎的宽恕而惊讶，不过我一个有着反传统思想的同事吉姆·麦克纳尔蒂（Jim McNulty；2011）认为，宽待那些为人刻薄或虐待他人的同伴，往往会助长他们的不良行为。正如他所言，这对雌性黑猩猩在几个月内又做了同样的事，导致这个种群新一代的黑猩猩数量很少。这一发展模式并非这个种群所独有。迈克尔·托马塞洛（2016）在他所写的关于道德演变的著作中指出，成年雌性猿类之间的社会联系大多仅限于这种暂时的联系，其目的是杀死另一只雌性的孩子。如果人类族群中的女性像它们这样残杀对方的孩子，其族群将很难与其他族群竞争。古道尔意识到，她所观察的这个黑猩猩种群是没有未来的。那对母女会吃掉所有的幼崽。

梅丽莎的反应似乎反映了一种完全以当下为导向的模式。那个幼崽不再是种群的一分子，但是杀死它的两只雌性黑猩猩还是，它必须和它们相处。它没有想过将来为它们过去犯下的罪行而报复它们，甚至没有想过与其他母亲结盟，以防止将来发生类似的暴行。

是什么让人类摆脱了这种似乎是出自本能的雌性攻击模式？黑猩猩梅丽莎似乎并没有怀恨在心。根据定义，怨恨会随着时间的推移形成跨时间的统一性，将现在的愤怒与未来的报复和过去的冒犯联系起来。与猿类不同，人类拥有怨恨的情绪。在某种程度上，失去孩子的母亲会联合起来为她们死去的孩子报仇，并防止类似的事件再次发生。杀害别人的独生子女是一种犯罪行为，会摧毁凶手的声誉，很久以后都难以恢复，还会为他树立长期的敌人。时光流逝，但人类依然要负责任。此外，与人类大不相同的是，合作策划未来的复仇似乎超出了黑猩猩的心理能力。

与其他动物相比，人类自我以更为复杂的方式将过去、现在和未来联系起来，而且有充分的理由这么做。怨恨和宽恕为人类所独有，正是因为人类自我会跨时间而延续。选择怨恨还是原谅，取决于是否拥有一个连续的自我——无论是过去还是现在，而且通常也包括未来。动物的自我没有这个维度。

自我的统一性仍不完全

当大脑学会在社会系统中扮演一个角色时，自我就出现了。在这个过程中，它认识到今天的行为会给不久甚至遥远的将来造成影响。因此，它在选择当下如何行动时，应该考虑一下自己的行动会给未来的自己带来什么后果和影响。我今天的所作所为对我 3 年后的生活有影响吗？30 年后呢？

人们有着不同程度的未来导向思维。举个很好理解的例子，有些人花钱的速度和他们挣钱的速度一样快，但其他人会存钱。存钱相当于为未来牺牲现在的自我。请注意，在我们进化的历史上，我们几乎没有储蓄的机会。狩猎采集者几乎没有什么物品，比如衣服和工具，他们的主要资源——通过狩猎和采集获得的食物，是无法保存的。当金钱在人类文化中有了用武之地时，自我就延伸到了未来（也或多或少地延伸到了过去），因为未来人们可以用今天赚到的钱买到自己想要的东西，无论这些东西会在什么时候变得很重要。现代公民为退休储蓄，这将他们跨越几十年的自我联系了起来。

然而关键在于，自我整合为跨时间的统一体，这纯粹是一个概念上的事实，而不是物质上的事实，而且它仍不完全。没有任何生命能够完美整合，具备完美的一致性。

事实上，20 世纪中期，社会心理学正在形成，学者们投入了相当多的精力，试图理解人们为维持自身的一致性而付出的努力（如 Festinger，1957）。跨时间的统一性没有得到非常明确的讨论，但它确实是主要理论的基础。其假设是，人在不同的时间会持有相同的价值观、态度和信仰。如果一个人在某个时间点做了一些不符合自己价值观的事情，之后可能会出问题。

在社会心理学发展的头几十年里，人们认为对一致性的渴望完全来自人的内心。理论家简单地假设人类思维中有一种趋向一致性的冲动。当人们发现自己前后矛盾时，他们会心烦意乱，于是会去寻求解决之法。如果他们做了一些违背他们信念的事，比如表明某个实验的过程很有趣，而实际上觉得这个实验很无聊，他们解决问题的方式是修正自己的看法。他们会告诉自己，也许这个实验并没有那么无聊（Festinger & Carlsmith，1959）。

但是为什么人们会关心一致性呢？毕竟，我们的动物亲戚似乎并不会因为缺乏一致性而良心不安。为什么我们这个奇怪的物种——几乎没有毛发的猿类，突然开始关注跨时间的一致性？

社会从一致性中获益，所以社会鼓励一致性。如果人们始终如一，那么社会会得到更好的发展。实验室研究发现，当有别人在看的时候，人们会比独自一人时更在意一致性。如果自己前后不一致的行为为其他人所知，人们就会改变自己的态度，让态度符合他们的所作所为，从而保持一致；如果他们是私底下做出了前后不一致的行为，那他们是不会费心调整自己的观点，以提升一致性的（Baumeister & Tice，1984；Schlenker，1980；Tedeschi et al.，1971；综述见 Baumeister，1982）。此外，如果行为不一致是外部环境所迫，人们不会感到困扰；然而，如果这样的行为被视为他们个人的自由选择，那么它确实会促使人们做出改变（Linder，Cooper， & Jones，1967）。

这些发现高度相关。**社会需要的是跨时间的一致性**，而不是独立于任何旁观者的个体心灵的内在渴望。人们总在努力构建一个具有一致性的公众身份。

一个生物有机体没有理由在乎一个逻辑上或哲学上高雅的问题，例如抽象的一致性——除非文化社会中的其他成员在乎。一个好人应该遵守自己的诺言——即使有什么东西诱使他违背诺言，但是没有一只狗、一头熊或者一只虫子能够做出这样有原则的牺牲。人类之所以会拥有种种期望，主要是因为当个体维持自身的一致性时，社会系统就能更好地运作，并给予其成员更多回报，使成员受益。

此外，创造跨时间一致的自我仍然是一项不完整的事业。跨时间的统一性是一个概念上的成就，而不是物质上的事实。它是由意义，而不是作用于无生命的事物的物质力量所构成的。这就是忒修斯的故事中船的意义所在。

只有当行动的种种冲动符合人们试图构建的跨时间一致的身份时，人们才会将其释放出来。有的行为可能看起来很有吸引力，但从长远来看，想获得最好的结果，你必须抵御它们的诱惑。构建具有一致性（跨时间的统一性）的自我这项事业，决定了这些冲动中只有一部分能得到释放。其他冲动与单个、统一的自我不一致，自我不应该接受。

关于这一点，没有比道德更贴切的例子了。道德声誉会跨越时间，存在很久很久，而且其长久存在有着充分的理由。道德上前后不一致会给个体带来严重的问题，这种情况可以追溯到我们的进化史。

当人们必须隐藏自己的某些方面时，不完全的统一性会以另一种形式展现出来。塞德洛夫斯卡亚（Sedlovskaya）和同事（2013）称这种现象为“内化壁橱”，这里他们采用了与那些不敢透露自己性取向的同性恋者有关的“壁橱”一词，这些同性恋者之所以如此，是因为害怕遭到高度不容忍的社会的激烈报复。这些研究者写道，“双重生活可能导致自我分裂”（p. 695）。各种各样的人都可能需要隐藏自我的某些重要方面，包括那些性欲望偏离社会所认可的形式的人，那些宗教或政治信仰与社会要求冲突的人，以及那些必须隐藏自己的社会或法律地位的人（例如有犯罪史的人、非法移民、曾患精神病的人）。塞德洛夫斯卡亚的研究表明，那些隐藏自己身上某些东西的人，其身份分裂感会更加清晰。比如，男同性恋者能快速区分自己的特质，判断这些特质适合在他们的工作环境中，还是在他们的家里展现——他们会在工作中隐瞒自己的同性恋者身份，在家里则不会，因此他们维持着两种不同的自我概念。

自我分裂并不是一件好事，尽管这样可以防止更糟糕的事发生，比如被发现、被迫害、被起诉。那些隐藏自己"耻辱"的人，始终将其公众自我和私人自我严格区分开，他们容易患抑郁症，也可能遭受其他形式的痛苦。维持分裂的自我向来要付出高昂的代价，而且令人高度紧张。分裂的自我不快乐，其功能也会失调。统一性更有益。然而不可避免的是，统一性并不完全，它是一个连续谱。随着时间的推移，你的大脑将你的自我整合得越好，你就越快乐，适应得越好。

这里还要提示一点。第 5 章中将多重自我信念与痛苦联系起来的证据（如Lester，2015）彼此相关，所以很难厘清是什么导致了什么。其相关性如此复杂，患有精神机能障碍和精神疾病的人可能脱不了干系——这些人容易感到不快乐，其自我也很容易分裂。相比之下，塞德洛夫斯卡亚研究的"耻辱"问题与其说源于内部的病理因素，不如说源于生活在一个不认可他们的社会。这意味着分裂的自我不仅是问题的症状，还是问题的原因。

本章要点

- 自我有两种统一性：当下的统一性和跨时间的统一性。
- 社会角色不仅需要具备当下的统一性，还需要具备跨时间的统一性，比如道德责任。
- 是社会需要跨时间的一致性，大脑进化对其并不关心。不具备跨时间的统一性的人，会在社会中承受相应的后果。
- 行动前的思考赋予了整体自我决定要不要这样行动的能力。大脑知道自己今天的所作所为会对明天甚至数年后产生影响。
- 自我跨时间的统一性通常并不完全。人类自我是由许多部分组成的，它们并不总是很好或很容易地整合在一起。

The
SELF
EXPLAINED

第三部分

了解你自己

The
SELF
EXPLAINED

第 11 章

自我觉知

———

本书的第三部分聚焦于自我的三个主要方面。这三个方面的基础正是自我的三种基本经验。自我的第一个方面是自我知识。它表明，人类的意识可以转向它的源头，意识到并构建关于自身的详尽信息库。本书的第四部分讲解执行功能（自我的第二个方面）的特点：起控制作用，能改变自身，能指导行动。第五部分关注关系自我（自我的第三个方面）。

许多年前，我读到过一个故事。一家公司为应对员工的不满而焦头烂额。这家公司的电梯似乎很慢，楼层较高的人总是因为要等太长时间的电梯而怒气冲冲。公司高层希望员工工作得更愉快，但这个问题很难解决。他们既没有办法让电梯运行得更快，也不能用较少的成本在这栋大楼里安装新的电梯。但有人提出了一个创造性的解决方案，大大缓解了员工的不满情绪：在大家等电梯的地方安装落地镜。人们可以在这里照照镜子，检查检查自己的衣着和仪容，稍微收拾收拾自己，甚至只是欣赏自己的样子，而不是站着生气。显然，对令人难耐的无聊而言，专注于自我是一剂有效的解药。

自我必须意识到它自己吗？或许不是这样。但是具备自我觉知的自我能比缺乏自我觉知的自我更好地发挥作用。要了解自我，重要的是要了解自我觉知的优势和作用机制。

人们能够意识到自己的存在。但是人类的自我觉知和其他生物的自我觉知明显不同。有关动物自我觉知问题的争论已经持续了多年。大多数情况下，答案似乎是"动物几乎没有自我觉知"。很少的一部分动物确实通过了一些简单的测试，这说明动物中零星可见初步自我觉知的迹象，不过大多数动物甚至连初步的自我觉知都还没发展出来。

所谓的胭脂实验贡献了绝佳的数据。这个实验可以用来评估动物是否知道镜子中的正是它自己的影像。实验室实验的过程如下。研究人员偷偷在动物的前额上涂上一点红色的化妆品，再让实验对象四处走动，来到一面镜子前。动物是否会伸手摸自己的前额？如果会，说明它知道镜子里这个前额被染上红色的动物就是它自己。一个非常年幼的人类婴儿能看出镜中人不太对劲，但他通常会朝镜子伸出手。然而，两岁时，面对镜中人，人类的孩子会表现出明显的惊讶和恐惧，并伸手触摸自己的前额（Amsterdam，1972；Bard et al.，2006）。

研究人员戈登·盖洛普（Gordon Gallup；1970，1982）称，一些类人猿是能通过这个测试的，他的观点引起了轰动：一些类人猿会触摸自己的前额，而不是镜子中的那个影像的前额。但只有一部分类人猿可以：只有最聪明的类人猿，比如黑猩猩和猩猩，才能通过这个测试。即使是这群类人猿，也并不都能通过测试，只有这些物种中更聪明的个体才做得到（Suddendorf & Collier-Baker，2009；Swartz et al.，1999）。大多数大猩猩做不到，尽管可可（Koko，在心理学界很出名）可以。黑猩猩和猩猩要用很长时间来习惯镜子的存在，并弄清楚它能映照出自己。相比之下，这对所有人类来说都不是难事，而且人类很小的时候就能办到了。因此，即使在这个简单的自我觉知测试中，人类也远比其他灵长类动物做得好。5 岁的人类似乎比完全成年的猿类有更稳定的自我觉知。

波维内利和坎特（Povinelli & Cant，1995）提出了一个关于动物自我觉知起源的有趣理论。他们指出，经过进化，类人猿（包括人类）可以生活在树上，但是它们的个头相对大了一些。这必然会引发一些实际问题：个头大、身体沉的动物，竟然想生活在离地面很高的地方，往纤细、脆弱的树枝上站。当类人猿看到一根触手可及的树枝时，假使它抓住了树枝，结果树枝断了，害它受伤或丢了性命可怎么办？由此，波维内利和坎特想到，自我觉知的出现必然意味着对自己的身体及身体有多重有一定了解和自我概念——这一切都是为了判断自己会不会太重，荡不到那根树枝上。

我和很多心理学家说起过这个理论，他们大多立刻否定了它。他们确信自我觉知起源于社会生活。波维内利和坎特肯定也遇到过这种反对意见，他们欣然承认，社会生活为自我觉知创造了更多需求和机会。但正如他们指出的那样，社会性动物种类繁多，但大多数社会性动物都没有显露出自我觉知的迹象，仅有社会生活是不够的。自我觉知之所以进化出来，最初很可能是为了解决体重过重，不确定能否攀上树枝的问题。随后，自我觉知开始在社会生活中发挥作用，并因此与其他因素一起，服务于复杂的社会需求。基于已知信息，我认为这是目前能得出的最合理的推测。

镜子的影响

社会心理学家利用镜子来研究自我觉知，远不止是确认人们能否认出镜子中的自己。镜子能刺激自我觉知。在谢利·杜瓦尔和罗伯特·维克隆德（Shelley Duval & Robert Wicklund，1972；Wicklund，1975；Wicklund & Duval，1971）早期的实验中，他们要求大学生执行一项标准任务，每个人的任务内容都一样。通过抛硬币的方式，其中一半的学生抽到在镜子前完成任务

（研究人员简单地向他们解释，镜子是另一个实验用的，遗留在了实验室，从而假装它无关紧要），另一半学生则在没有镜子的情况下完成了任务。要设计一个好实验，抛硬币是不可或缺的环节。每个人都是独一无二的，所以人们永远不可能仅根据单个人的行为得出有力的结论。然而如果研究人员将人们随机分成两组，对他们进行不同的实验操作，在平均意义上说，两组的差异很快会消失，因此，即使每个人都不同且独特，但总体上两组人在关键方面是相似的。

当周围有镜子或者没有镜子时，学生的行为会有所不同。关于坐在镜子前会给人们带来什么影响，研究人员主要有以下发现（见 Carver & Scheier, 1981）：

- **努力程度**。他们会更加努力，做成更多事。
- **美德**。他们的行为会更符合道德要求。也就是说，他们的行为变得更加符合他们的价值观或任何重要的道德观念。骗人或偷窃行为减少了。简而言之，当周围有镜子时，他们会表现得更好。镜子抑制了不道德的行为。
- **（非）侵略性**。除了以积极的方式呈现的攻击性外（例如，当研究助理穿着空手道俱乐部夹克时他们的反应），他们的攻击性减小了。相应地，他们的行为也更符合道德要求。镜子使人们想做好人，这包括不人身攻击他人——人身攻击行为通常应该受到谴责，除非这么做有正当理由，比如保护儿童。
- **一致性**。他们跨时间的一致性有所提升。他们对自己的描述更加符合他们的客观行为了。也就是说，他们回答问题的方式变得更加符合他们实际的行为，而不是他们一厢情愿的想法（Pryor et al., 1977）。如果别人发现那些周围有镜子的学生前后不一致，他们更有可能会改变自己的态度，好与实际行为保持一致。
- **情绪**。他们感觉自己的情绪变得更加强烈。

自我评估

　　早期的研究人员提出，对自己的意识本质上和对外部世界的意识一样，可以说只不过指向了不同的方向，是向内而不是向外。但是，许多研究结果表明，自我觉知是不同的、特别的，而且更具评价性。我可以意识到一株植物或一张桌子，而不会立即将它们与某种理想型比较。然而，要意识到自己，几乎总要思考我是否达到了某些标准。人们照镜子的时候不仅会想"哦，这就是我"，还会想：我的头发是不是一团糟？我今天的穿着好看吗？这件衬衫穿在我身上合适吗？别人看到我会怎么想？

　　总而言之，自我觉知几乎总与标准有关。标准是关于一个人应该如何或不应该如何的观点，例如道德规则、目标、角色或工作要求、规范、时尚（即暂时的规范）、体育纪录或资格限制、法律等。标准可能是个人、社会或道德上的理想，也可能是其他人的期望。它可能是我过去的行为模式，也可能我盼望未来自己会这样行动。无论如何，自我觉知更多的是在说"我达到标准了吗"，而不是"哦，这就是我"。它会拿你现在的状态和你应该或可能的状态做比较。

　　人们在觉知自我时表现得更好，部分原因就在于，这时人们会拿自己与标准做比较。这个观点仍然很有市场。人们用它来解释为什么宗教信徒的行为往往比其他人更符合道德要求。正如诺伦扎扬（Norenzayan，2013）所说："被注视着的人都是好人。"宗教信徒往往认为他们的神成天看着他们、评判他们，所以他们最好做个好人。

　　有的人可能不认同宗教自我觉知能促使人们做出良好行为。毕竟，如果它真有这样的奇效，那为什么会有相关的争端？但是，"道德就是要善待全人类"这个观点是近些年才出现的，而且并没有被普遍接受。道德似乎只演变到能使人们善待自己群体中的成员的程度。我们以狩猎和采集为生的祖先能够通过不同的方式分享、合作、互相帮助，但同时对族群以外的人依然残酷无情。实际上，诺伦扎扬的著作《伟大的神》（*Big Gods*）（2013）强调，从早期的宗教（有许多不同的神共存）向更现代的一神论模式（所有人共同拥有一个神）的转变，使人们变得能够信任除自己直系亲属以外的人，并与他们合作。这在一定程度上是因为，人们普遍认为"神是父亲"（有时是母亲），而这意味着你我在某种意义上是家人，即使我们的父母非常不同，我们也应该将彼此当作家人来对待。

自我觉知或许能解释为什么人们穿着戏服的时候更容易行为不端。一个令人记忆深刻的案例证明了这一点（Beaman et al., 1979；也见 Diener et al., 1976）。研究人员告诉万圣节上门来"不给糖就捣蛋"的孩子，他们每人只能拿走一颗糖，但并未真的约束他们，所以孩子们其实有机会拿走更多的糖。他们都穿着戏服，戴着面具。这户人家的"主人"会询问其中一半的孩子他们叫什么、住在哪里。那些表明了自己身份和拿糖果时看到了镜子里自己的身影的孩子，都按要求只拿了一颗糖。相比之下，如果孩子要糖时周围没有镜子，或者还没说出自己的名字，他们就会想办法多拿一点儿。事实上，当周围没有镜子时，那群最大的孩子（13 岁以上）中大多数都多拿了糖；相反，有镜子时，他们就不会这么干。孩子年幼时，自我觉知还没有得到很好的发展，也难以评估，所以镜子对孩子的影响很小，或者根本没有影响。其他研究发现，遇到以下情况时，孩子更可能偷窃：匿名，其他人被指定为负责人，他是一个群体的一部分而不是孤身一人。成年人在场能减少他们的偷窃行为：至少有成年人看着，被看者表现得都不错！

同样，自我觉知和标准之间的联系能解释酒精的许多作用。正如杰伊·赫尔（Jay Hull）和同事（1981）的一项研究所显示的那样，即使小剂量的酒精，也会降低自我觉知。微醺的人比其他人更缺乏自我觉知，这一点是有迹可循的，比如他们谈话时使用第一人称代词"I"和"me"的频率。当然，酒精会引发各种各样的不良行为。醉酒的人比其他人更具攻击性，容易打架、争吵，说话做事也不假思索。众所周知，酒精还可能导致人们发生不良性行为，或不采取避孕和预防疾病的措施。

事实上，一项研究表明，提高一个区域的酒水税可以降低性传播疾病的发病率（Staras et al., 2016）。当酒价上涨时，人们会少喝点儿酒，他们在没有保护措施的条件下和不熟悉的人发生性行为的可能性会随之降低，这些人恰恰有可能携带这类疾病。

将自己与理想和目标相比也会令人沮丧。毕竟，几乎没有人能实现自己的每个理想。最早的自我觉知理论得出了一个合理的结论：自我觉知本质上是不愉快的。如果自我觉知意味着将你现在的样子与你理想中的样子进行比较，那么你总会有所缺失。但这与观察结果不怎么吻合：人们似乎喜欢看自己、琢磨自己（那个有关运行得很慢的电梯的案例就显示了这一点）。

有人注意到，人们有时会将自己与较低的标准比较，这个发现解决了上面的问题。比方说，人们可能不会拿自己和完美的情况相比，而会与普通人相比（Carver & Scheier, 1981；Taylor Brown, 1988）。正如我们接下来会看到的，普通人倾向于认为自己高于平均水平。在这种情况下，自我觉知令人愉快：思考自己有多好自然会令人满意。

我们中的许多人很少或无法从反思中得到快乐，但仍然会照镜子，确保自己能见人。在演讲、约会或参加聚会之前检查一下自己的仪容很有用，免得给他人留下不好的印象。梳理头发，拉直领带，调整妆容或珠宝，这些看起来很小的动作，却是构成一个更大的行为模式的要素；自我觉知对改变自我来说十分有益。人类自我调节的能力远超其他任何生物，而自我觉知是其中至关重要的一部分（Carver & Scheier, 1981, 1982, 1998）。

近十多年来，人们注意到大家可以用不同的方式反思自己和自己的经验，从而使自我觉知概念沿着一个创造性的方向扩展下去（Kross, 2009；Kross & Ayduk, 2011）。其中一种方法是从内部出发：你从你自己的角度回忆某段经历，就像它发生时那样。这样做能让你回想起当时的感受和担忧，有效地重现并重温那段经历。相反，一些人设法从外部角度反思这段经历。这就是所谓的"自我疏远"，它有助于重新解读这段经历。人们建议你"换个角度想想"自己遇到的麻烦，其实就是建议你以一种自我疏远的方式来反思这些问题。这个建议还是比较靠谱的，这样做可以避免唤起太多情绪。相反，你可以假装事情发生在别人身上。像这样拉开与这件事的距离是有好处的，你会找到理解发生在你身上的事情的其他方式。值得注意的是，在一项为期两年的研究中，研究人员教会了人们对婚姻中的冲突进行一定程度的自我疏远，这提高了人们的婚姻满意度（Finkel et al.，2013）。

人们的直接体验中往往充斥着偏见、妄想和扭曲的情感，自我疏远能有效地帮助人们放下这些东西。人们常常觉得他们遭受的一切在世界历史上必定独一无二，但当他们试着将其视为发生在别人身上的事时，这些事就开始变得熟悉，甚至无关紧要。

有意识或无意识的自我

社会科学领域中的另一个问题也引起了无休止的争论，那就是有意识或无意识过程是否会驱动人类行为。在这里，我也认为，将两者视为竞争性的解释，并对立起来，只会让我们走得太远，最终错过许多真正重要的东西。

在自我究竟是有意识的还是无意识的这个问题上，很多人陷入了误区。自我既有意识，又无意识。两种性质共同起作用，通常相辅相成，不过有时也会发生冲突。这一点不仅与自我的情况相符，也适用于大多数有意识和无意识的过程。对人类行为有意识和无意识原因的研究，得出了一个重要结论：几乎所有的人类行为都是有意识和无意识过程的产物（综述见 Baumeister，Masicampo，& Vohs，2011）。几乎没有任何行为是在无意识的情况下进行的，但是有意识过程本身就依赖于无意识过程。

无意识自我概念的观点通过与自尊研究相结合，彻底发展起来。通过测量无意识过程来评估自尊的可能性十分有吸引力，尤其是因为常用的测量方法无法排除作假的情况。具体来说，自尊的测量方式通常是要求人们评价他们的各个属性（比如能力和惹人喜爱的程度）有多优秀。总是试图给人留下好印象的人给自己的评价可能比他们的真实想法要好。其他人也可能会自欺欺人地认为自己很棒，即使在潜意识深处，他们知道事实并非如此。一个诱人的新测量方法吸引了研究人员：如果他们能测量无意识的态度，从而绕开人们的伪装、印象管理和自我欺骗，就会离了解一个人真正的自尊更近一步。

但是，通过这些方法测量无意识或"内隐"的自尊，从而探索真相，进展只能说令人喜忧参半。博松、斯旺和彭尼贝克（Bosson，Swann，&Pennebaker，2000）进行了一系列艰难的研究，比较了7个不同的测量方法。这些测量方法的结果完全不同，甚至可能相反，也就是说，总体上看，用这个测量方法测得自尊水平较高的人，用那个测量方法测量，自尊水平可能就没那么高了。对测量工作来说，这可不是什么好消息：用不同方式测量同一事物，结果应该近似，差距不应过大。令人沮丧的是，7个方法彼此间的正相关系数最高只达到了0.23，这个数字就相当于这两个指标的相关系数：一个是"你有多喜欢你名字的首字母"，另一个是"你有多喜欢你生日里的数字"。作者认为这一情况就像盲人摸象的寓言：盲人们摸到了大象身体的不同部位，由此，对于大象长什么样子，他们得出了完全不同的结论。相反，作者比较了测量自尊的几份标准问卷，这些问卷之间有着很强的相关关系。

另一个打击是，内隐测量不能有效预测各种行为，比如大学成绩，以及情绪整体上是积极还是消极。然而老套的问卷测试在行为预测上表现得更为出色。人们希望内隐测量法得到的分数不因被测者试图让自己看起来不错或类似的动机而扭曲，从而比问卷调查法更好地预测实际行动。但事实并非如此——如果说有什么不同的话，那就是内隐测量法的表现反而更差。

一些理论家认为，人们可能对自我持有多种不同态度。不少人认同，在其他情况下，人们会对某些事物抱有双重态度，那么自我当然也可能是这样的。如果有意识和无意识的自我概念真的不同，那么其相应的自尊水平也可能不同。不过，这一观点也遇到了麻烦。隐性测量和显性测量测到的似乎是同样的东西。研究人员自然很重视那些在外显测量的问卷中得分较高（"是的，我很棒"），但在内隐测量中得分较低（如不喜欢自己生日里的数字）的人。研究人员发现，这些人很清楚，自己在问卷上填写含有夸大成分的答案，是为了让自己看起来更好。如果研究人员告知他们不要这样做，他们在两项测量中取得的分数就会相近（Olson，Fazio，& Hermann，2007）。

因此，让我们抛开这样一种观念，即人们对自我抱有许多连他们自己都没有意识到的态度，这些态度不同于他们有意识的思考。人们可能不会在别人面前表现出沾沾自喜或自我厌弃，但他们不会对自己隐藏这些感觉。

潜意识中可能潜藏着多组关于自我的信息，这些信息存在一定矛盾。在潜意识中，它们很少发生冲突，因此我们注意不到这些矛盾。只有当多组信息都与某事有关，并将特定信息输入正在做决定的意识中以后，不同信息网络间的矛盾才会以相应的明确方式显示出来。

此外，做选择时，有意识的自我会起到决定性的作用。自发的无意识过程当然会影响许多决定，而且有时会主导决策，尽管我们很难想象在一场心灵的角力中，自发的冲动可以压倒意识层面的坚决对抗。从较长的时间跨度看，可以肯定的是，自发的冲动有时能趁意识控制薄弱，占据主导地位。但是我很确定，经过进化，意识能在那一刻超越自发的冲动。不然的话，意识到底又有什么意义？如果你能找出最该做的事，却无法做到，那么除了目睹自己的蠢样，你什么都得不到。

有意识的自我压倒一切

让我们暂且假设有意识的自我会努力将混杂在一起的冲动、感觉、价值观等统一起来。另外，假设这个过程仍然不完全且尚未完成。接下来，思想、冲动、情绪、欲望，以及无意识过程为自我创造的更多东西将会涌现，但自我将拒绝把它们整合进自身。人们会产生某种想法、感觉或冲动，但他们可能会说："我不会这么想。"

一篇经典心理学论文通过对偏见的研究证明了这一点。现代美国公民大多有偏见，这些偏见中有的是本能，或者是在进化中形成的，有的是从经验中学到的，还有的与这两者都有关系。然而，现代主流价值观谴责偏见，因此人们希望能克服偏见。帕特里夏·迪瓦恩（Patricia Devine；1989）做了一系列实验，探索有偏见的人和没有偏见的人之间的区别。她的第一个猜想是，有偏见的人知道刻板印象说的是什么，而没有偏见的人并不知道。她试图验证这个理论，结果彻底失败了：每个人都对刻板印象有所了解。她的第二个猜想是，没有偏见的人或许知道这些刻板印象说的是什么，但刻板印象对他们而言只是一种抽象的知识，当他们遇到某人时，这些刻板印象不会跳入他们的脑海，像有偏见的人那样。这个猜想也不准确。没有偏见的人遇到这些人时，也会像有偏见的人那样，想起这些刻板印象。

关键在于，没有偏见的人会压抑这些想法。他们遇到一个黑人，可能会想，这个人恐怕又懒、又凶，还愚蠢，诸如此类，但是他们会舍弃这些想法："我不相信这些刻板印象。"这就是为什么他们与那些有偏见的人不一样——那些人不会压抑和舍弃刻板印象。

当前的重点是，无意识引发了人们的反应，因此这些想法确实存在于心中——但由于它们与人们试图构建的统一的自我概念相冲突，它们被否认了。**我有这些想法，但我不认可它们。这些想法不属于我。**

有意识的自我可以拒不接受无意识思维的产物，这是自我运作的一个关键。后文的内容会反复印证这一点。某社会运动主张人们应该对他们的无意识反应负责。但正像迪瓦恩的实验所显示的那样，每个人都难免会想到刻板印象。宽容的人和偏执的人的区别就在于，这个人能否"击败"潜意识思维造就的这种自发反应。没有偏见的人之所以没有偏见，不是因为他们没有无意识的反应，而是因为他们的意识占了上风。自我对整合和统一而言作用重大。自我的作用是，你可能产生某些想法、欲望、感觉和冲动，而你会拒绝接受它们，不愿它们成为你的一部分——尽管关于它们应不应该算作你的一部分，还有很大的讨论空间。当然，如果你出于这些想法、欲望、感觉和冲动采取了行动，再来后悔或道歉，你就不完全是一个没有偏见的人。一旦你这么做了，意味着至少有那么一刻，你的整个自我确实接纳并认可了它们。

一段特殊的经历让我深刻地体验了为统一自我而拒斥自己的某些心理活动是怎样的一种感觉。大多数时候，我是一个随和、快乐的人。然而有时，令我惊讶的是，不幸的感觉极其强烈，自杀的念头时不时不请自来，出现在我的脑海中。我从未因此采取过什么行动，甚至从不认为它们反映了"我"的思想。这些想法很陌生，当我在各种各样的倒霉事中继续我的日常生活时，它们就会入侵我的思维流。我的思想并不保守，事实上，我很重视对其他选择的考虑，所以我确实理性地思考过自杀的可能性，但自杀的想法从来没有得胜过。一个听起来挺合理的说法是，自杀将使之后的体验归零，这总比生活中净是坏事好。我也意识到，人们安慰自杀者"一切都会好起来的"，可他们没有抓住重点。我知道事情最终会好起来。但是问题在于，我是否愿意在情况转好之前忍受所有的不愉快。忘却，意味着在我的生命中，我将不再有意识地体验到任何事物，理性上说，这比饱尝消极体验要好，即使我能想象在遥远的未来，一切都会变好。另一点是，仅仅忍受未来还不够，还需要积极应对问题，与许多人见面，做决定，主动出击，这些全都令人不快和紧张，它们使我生命中仅存的几件好事，比如智力工作，也黯然失色。

显然，自杀的念头源自我的内心。然而，我拒绝将它们融入我对自己统一的看法中，甚至还有点儿看不上这些念头。我喜欢上好的香槟，过去我有一个小酒窖，在酒窖里收藏了好几十瓶。我会开玩笑似的回应自杀这种侵入性的想法，告诉自己，当然不能在还有好香槟喝的时候自杀啦。毕竟，自杀吸引人，是因为它能帮你逃避痛苦，而它的缺点恰恰在于，它也会使你失去快乐——因此，在我还能立刻从那些酒瓶中获得快乐的时候自杀是愚蠢的。这种嘲弄的态度显示，我从未真正拥有过这些自杀的念头——尽管我常常这样想。

重点是，潜意识中含有大量的材料、信息、冲动等，但是意识思维可以否认它们。要完全融入自我，需要自我有意识部分的首肯，正是后者构建起了自我的统一性。

本章要点

- 具备自我觉知的自我能比缺乏自我觉知的自我更好地发挥作用。

- 大多数心理学家认为，自我觉知起源于社会生活。

- 自我觉知是评价性的，而且几乎总与标准有关。我如何达到标准？

- 自我觉知鼓励人们做出更好的行为；当人们知道有人在看自己时，他们会表现得更好。

- 人们可以从内部出发回顾自己的经历，也可以通过自我疏远来换个角度思考。后者能有效帮助人们放下偏见和扭曲的情感。

- 自我既有意识，又无意识，但是为了实现自我的统一，有意识的自我可以战胜和拒绝从无意识中涌现出来的冲动。

The
S ELF
EXPLAINED

第 12 章

什么是自我知识

———

　　人们普遍渴望了解自己。多年来，人们采用了多种方式来构建自我知识。人们在星座学中寻找答案，希望能了解自己、自己的感受和未来。有时，学生们报名参加心理学课程，也是为了了解自己。人们常常很想知道别人对自己的看法。我们可以通过网络信息追溯几个世纪以前的先辈的故事。基因检测可以阐明过去和未来。

　　古希腊的德尔斐神谕是早期知识的重要来源，而德尔斐神庙的石头上，刻着"认识你自己"。至少有六位古希腊哲学家曾劝诫人们"认识你自己"。这个短语的广泛使用表明，古希腊人已经开始关心对自己的了解。

　　然而，许多学者认为，对于古希腊人来说，"认识你自己"的含义更接近"认识你所处的位置"，这一点符合当时的社会现实。"认识你自己"可能是用来警告那些自吹自擂、过于自信之人的，提醒他们认识自己的极限，免得承诺自己做不到的事情，因为当时的社会安全网远不如现在完备。这句话的意思可能是了解自己的能力所在，以便履行自己的社会职责。几乎可以肯定的是，它不是要你努力获得高自尊，或者沉浸于对自我的反复思考，以发现某种隐藏的真实的自我。

"认识你自己"即"认识你所处的位置"这一观点，与"自我进化是为了通过扮演不同的角色来适应群体"的观点非常契合。如今，每个人都相信内在自我是广阔而复杂的，其中可能含有与表现给其他人看的行为和公众印象完全不同的东西。但是过去人们并没有发展出如此丰富的关于"隐藏的自我"的神话。也许"认识你自己"并不是说动物性身体应该学会反省，动物性身体应该做的是理解并掌控自己在大型社会系统中的位置。

自我能够形成，是因为大脑学会了在社会系统中扮演一系列角色，维持一个身份。"认识你自己"正是大脑需要听到的话，它能刺激大脑去了解自己所处的适当位置，处在这样的位置需要履行的职责，以及履行职责的能力。认识你自己能为你的选择和行动提供现实有效的帮助，因为你的动物性身体总是通过这个方法来开始普通的一天。

充斥着陌生人的城市的崛起，是人类生活的一个重大转变。学会适应更大的、非个人化的社会系统是一项巨大的进步（Moffett，2019）。"认识你自己"可能意味着认识你在这个更大的新系统中的位置，了解你的所作所为对整个社会的运作有何贡献。如前所述，人类自我进化，某种程度上是为了使更大的社会系统成为可能。当个人理解自己的角色并相应地履行自己的职责时，这些系统才能运转得最好。从这个意义上说，"认识你自己"对人类社会的成功运行至关重要。但是，这与现代意义上的"认识你自己"是截然不同的，后者能触碰到你内心最深处的感觉，能发现那些令你与众不同的内在特质。

那么，我们需要了解的"自我"是什么呢？过去，它指的是认识你的角色和职责，这使得"裸猿"（naked ape，人类学家莫里斯自创的词，指人类）专注于参与社会，而不是沉溺于其更自然、更低级的冲动。但在现代生活中，自我知识意味着发现所有使你与众不同的内在的事物——小怪癖、好恶、隐藏的天赋、局限和弱点，也许，最重要的是你的感觉、希望、恐惧和梦想。

毫无疑问，你掌握着大量关于自己的信息。这些信息十分庞杂：你的名字，你对金钱的态度及你有多少钱，你对高中时恋人的记忆，你疼痛的脚踝，别人对你说的不公平的话，你担心的事情，你不喜欢什么食物，等等。为了开始解决自我知识的问题，我们必须首先决定如何对这些信息进行分类，以及应该强调哪些信息。

想法、感受与行动

研究人员苏珊·安德森（Susan Andersen）试图梳理清楚自我知识的种种类别。她的结论是，内在的生活比行动更重要。人们常说，比起知道自己是如何行动的，了解自己内心深处的想法和感受为理解自我奠定了更好的基础（Andersen & Ross，1984）。安德森提供了一些客观证据，以证明这个假设是正确的。在她的一个实验中，她要求人们听采访录音，这些录音或谈论内心的想法和感受，或谈论过去的行为，又或者两者皆有，然后人们会评价他们对受访者的印象。当听录音的人听到想法和感受部分时，他们的评价与录音中受访者的自我评价最为吻合。可以肯定的是，我们很快会充分认识到，人们的自我评价远称不上自我知识的黄金标准。与其说了解他人的感受是准确了解他人的最佳方式，不如说这样做能让你像他们看待自己一样地看待他们。实验参与者甚至认为，其他人用不到一天的时间了解他们内心的想法和感受，就能更加理解他们，而不必花几个月观察他们的行为。这属实令人吃惊。作为一个社会科学家，如果我想了解一个人，我会希望得到对方几个月的行为数据，而不是他一天之内的想法和感受。

此外，安德森找到了重要的证据，证明了不同类型的自我知识对自己很重要，对他人来说则没那么要紧。她指导实验对象讨论关于自己的积极的事，要求他们强调自己私人、内在的反应，如感受或公开的行为反应（对照组则没有获得这样的指示）。其中一半的人被告知这样做是为了个人反思，而另一半人被告知他们的回答会被录音，并播放给其他人进行评判。这一切都是为了提升人们的自尊，后来，它的确促成了一些变化，但对不同的人影响的程度不同。当人们私下反思自己时，讨论内心的反应和感受最有助于提升自尊，而在公开的情况下，当人们需要听取他人观点时，讨论内心的反应和感受对自尊的影响最小（Andersen & Williams，1985）。其他人关心的是你的行为，而不仅仅是你的感受。

不过，这是在预测别人，而不是你自己的情况。形成自我知识的目的并不相同，因此自我知识可能会遵循不同的规则。

为什么人们觉得他们内心的想法和感受比他们的行为更能体现他们的自我？几乎可以肯定，他们认为一个人的行为会被外部因素影响，甚至强迫。当然，他们应该也知道，外部因素同样会影响内心的想法和感受。但他们仍然产生了那样的观点，有两种可能的解释。一种是他们认为目标是了解内在自我，而他们内在的想法和感受比他们的行为更直接地与之相关。行动往往是含义不明的，很容易被误解，而想法和感受则不那么容易受到这种影响。毕竟，人们通过行动来推断想法和感受，首先要考虑的问题便是，当行动发生时，人们是否有意采取行动（以及有意取得行动所达成的结果）（Malle，2006）。如果你知道某人的想法和感受，那么你就已经知道他的意图。我们经常听到人们用"我不是这个意思"之类的话来解释自己的行为，如果有人理解你内心的想法和感受，他们就清楚地知道你的意思。

另一种解释是，他们的想法可以构建起一个他们更喜欢的自己，即使它与现实不符。例如，一个认为自己慷慨但实际上吝啬的人，他的想法和感受可能不会给人吝啬的感觉，但是他的行为会揭示真相。

自我信念：命题、叙事和价值观

没有人会严肃质疑人们拥有自我知识这个观点。但若使用这个术语时不够严谨，就会把一些错误信念、夸大的信息、遗漏的内容和一厢情愿的想法也包括在内。如果我们想将自我知识讲清楚，我们首先要问，我们要讲清楚的是什么？自我知识有着怎样的形式？

让我们从叙事性知识和命题性知识这两种知识讲起。它们大致相当于故事和事实。水在 100 摄氏度（212 华氏度）沸腾，这是一个命题，一个事实。"水在 36 摄氏度时沸腾"也是一个命题，不过这是一个错误的命题，因此不是事实。大多数人确实对自己抱有错误的看法。因此称这种自我知识为事实是不合适的。命题有真有假。故事是另一类的知识，涉及一系列意义相互关联的事件，人们通常会围绕某些目的把这些事件组织起来，不同事件之间存在因果关系。故事可以包含事实，但这并不意味着事实是更为基础性的东西。就自我知识而言，情况恰恰相反：先有故事，随后出现的是关于自我的概括（或真或假的命题），后者是从故事或推论中衍生而来的。

我刚完成博士学业那会儿，心理学家谈起自我知识时，一般会用"**自我概念**"（self-concept）这个说法。但它逐渐被时代抛弃了。自我概念这个术语某种程度上意味着存在单个前后一致的对自我的看法，而随着研究的进展，这个观点不再站得住脚。人们掌握着大量关于自己的具体信息，这些信息包括事实和故事，但是并不一定能构成一个连贯的整体。一个人对自己的信念甚至有可能相互矛盾。在这种情况下，由于内在不一致，对自我的看法不可能是一个连贯的整体。

记住，自我的统一永远是一项未竟的事业。人们会抛弃自我概念这个术语就体现了这一点。如果自我彻底统一，那么人们只会有一个前后一致的自我概念。但是关于自我的所有信息从未完全组合成一个连贯一致的整体过。

黑兹尔·马库斯（1977）开拓性地提出了一个完全相反的观点——"自我图式"，他认为每个图式都是一段关于自我的信息。从根本上说，他说得没错，因为人们确实对自己抱有一个又一个特定的信念："我很高""我的生日在 4 月""我不擅长统计"。但不只如此。自我知识不仅仅是一系列不相关的信念的集合，彼此间没有系统性的关联。相反，它力求使这些信念结成一个内部相互联系的组织，整合为同一个对自我的看法，即使这番努力仍然实现不了这一点。自我总想把各种各样的自我图式整合成一个前后一致的整体。每个个体自我统一的任务永远不会完成，但它确实朝整合的方向前进了很久。

使用"知识"一词能避免人们以为自我知识是单个独立的观点。但是，这会引发不同的问题。称之为"知识"似乎在暗示人们自我知识是正确的。知识和信念的区分方式由来已久。信念可能是错误的，但正如哲学家喜欢说的，"你无法得知什么不对"。我会使用"自我知识"这个术语，但会经常告诫自己，这并不表明自我知识就是正确的。正如我们所见，很多人对自己的信念明显不正确。"自我信念"这个说法其实更确切。

自我图式理论有一个优势，那就是它适用于一些心理学家研究自我知识的手段——像一张罗列了诸多特质和属性的列表。所谓的"20句测验"就是一个经典的研究方法（Kuhn & McPartland，1954）：研究对象会拿到一份问卷，上面写有20行"我＿＿＿＿＿＿＿"，然后研究对象会填满这20个空格。

的确，人们可以通过列举特质来回答关于自己的问题。你的脑海里是否有一张特质列表？也许你可以列出自己的一些特质，但是我发现我必须停下来思考，才能想到这些特质。关于自我的信息不是这样储存的。相比之下，讲述生活中的故事对人们而言更容易些。

传统观点认为，自我知识有两种形式，一种是属性的列表（或者说有条理的集合），另一种是故事的集合。第一种自我知识还可以细分为几种属性。心理学家研究得最多的一种属性是人格特质。还有人强调社会角色：女儿、丈夫、警察、冲浪者、会计、巨人队球迷。最后一种社会角色（特定体育项目的粉丝）与兴趣和偏好有关，它们不同于社会角色和人格特质。兴趣、偏好和价值观确实会构成有用且常见的自我知识，尽管长期以来研究人员对其不够重视。让我们思考一下这些类型的自我信念。

作为人格特质集合的自我知识

露西问皮特："乔治是什么样的人？"皮特一口气回答了一长串乔治的人格

特质。这可能就是人们看待他人的方式。但他们是这样看待自己的吗？人们主要就是这样思考自己的吗？

如果关于自我和关于他人的知识形式相同，事情就简单、好办多了。但是我们不能假设这两者相同，事实上，倒是有一些有力的理由能说明它们不同。自我知识会受到各种各样愿望和需求的影响，但人们总能冷酷地评估他人，以便决定如何与他们互动。一个关于规划谬误的研究就是一个例子（Buehler et al.，1994，2010）。这种谬误是指，人们往往对自己的规划和前景持不切实际的乐观态度。研究人员询问学生他们什么时候能完成论文，结果他们估计的时间与实际完成时间大相径庭（猜猜他们是在估计时间之前还是之后完成的）。研究人员还要求每个实验对象的室友预测实验对象什么时候能完成论文，室友们的预测则非常准确。可见，准确预测有意义的人类行为完全有可能实现，人们只是不能准确预测自己的行为！

我们能够准确地预测他人的行为，是因为我们掌握的有关他人的信息足以支持我们做出预测，而且我们没有强烈的偏见，不至于接受那些错误的假设。事实上，准确预测他人的行为很重要，我们不能出太大错儿。但自我知识不一样。你不需要预测自己未来的行为，因为很大程度上你可以决定自己未来要怎么做。因此，你不需要在心里列出自己的人格特质。

所以也许只有其他人才"拥有"特质。琼斯和尼斯贝特（Jones & Nisbett，1971）的一篇经典论文提出，人们从人格特质的角度看待彼此，而从价值观的角度看待自己。人们更容易视特质为行为的原因，人格研究往往就这样展开——测量特质，然后提供一个情境，在情境中观察人们的行为。然而即使研究人员发现人格特质测量准确地预测了人们的行为，也不能证明人体内部存在某种特质，引发了这种行为。

特质就是模式。模式能帮助人们预测未来，使人们能为此做好准备。这就是为什么用特质来描述他人，比用来描述自己更有用。每个人都需要预测其他人将来会怎么做，所以每个人都想了解其他人现在和过去的行为模式。你可以利用这些模式来推演，从而预测下一次会发生什么。心理学中有一条广为流传的真理："过去的行为是对未来行为最好的预测。"不过对你自己来说，两者并无关联。你可以决定未来如何行动，试图基于你过去的所作所为预测你将如何行动，并没有什么好处。其他人你则无法控制，所以你需要预测他们的行为。拥有一套关于自己人格特质的信念，实用价值不大。

举个例子：想象你自己正手持长矛，就要投入战斗。你想知道站在你身边的人会战斗还是会逃跑。如果他跑了，你自己的安全就会受到威胁。因为当你在和你前面的敌人战斗的时候，另一个人可以从侧面刺你，而你的同伴本该在那里做好防御。预测他会做什么是非常重要的。但是你不需要预测你自己的行为，因为你可以当场决定是前进还是逃跑。

前面提到的琼斯和尼斯贝特的论文极大地挑战了"自我概念由特质组成"的观点。他们说，人们基本上只会注意到他人而不是自己的人格特质。人们觉得自己的行为能灵活地随环境而变，而特质在某种意义上是限制性的，因为它意味着这个人会持续以这种方式而不是那种方式行事。人们对自己的过去了如指掌，知道自己在不同时期有着怎样的行为方式。他们也希望这样一种信念不被打破，即他们可以自由地以不同的方式行事。

琼斯和尼斯贝特认为，人们借由特质来考量他人，而不是考量自己。然而当研究人员开始计算特质的多少时，这一观点受到了沉重打击（Monson，Tanke，& Lund，1980）。研究发现，人们认为自己比他人具备更多的特质，"自我概念很少由特质构成"的观点被相反的观点取代。不过这也许并不是一个截然相反的观点。这个观点与琼斯和尼斯贝特的洞见存在一致之处，都主张"人们认为自己能以不同的方式行事"。描述自己时，人们既会考虑用"安静"又会考虑用"健谈"，这并不是因为他们自相矛盾，而是因为他们知道，有时他们乐于保持沉默，其他时候他们则充满活力、叽叽喳喳，两种情况都可能发生（在后来的一项研究中，人们在评价自己时明确选择了"两者都是"；Sande，Goethals，& Radloff，1988）。

这里存在一个陷阱。谈到优秀的特质时，人们通常会用更多这样的特质来描述自己；对于相反的特质，如"挑起争斗"和"懦弱"，则往往不会采用其中任何一个。难道这一切只是在拔高自己，也就是说，尽可能多地为自己争取一个人有幸能拥有的所有优秀特质吗？张（Cheung）和同事于 2014 年进行的详细研究表明，并不是这样：人们确实感觉自己具备更多特质，即使是不好的特质。人们可以借这些特质来维护自尊，避免负面标签的影响。他们会说："我偶尔会这么干。"这么说着，他们就会再次感到自己具备的特质要比其他人多。即使被要求随便描述自己，人们也会提到负面特质，但也会频频使用"有时""一点点"或"可能"等限定词。

张和同事们准备了多对相反的人格特质，每对特质要么都是正面的，要么都是负面的，并将它们呈现给研究对象。研究对象中的一半人需要用这些特质来评判自己，另一半则要评判自己的一个熟人。至关重要的是，他们要分别对每个特质进行判定，看自己或他人是否具备，而不是在两个特质之间的连续谱上确定一个点。当两个特质都是正面特质时（如严肃和有趣、活力满满和松弛），声称两个特质自己都具备的人比声称他人都具备的人更多。因此，自己具备的正面特质总数会比他人多：我既严肃又有趣，而乔治大多数时候很严肃，不那么有趣。然而，当两个特质都是负面特质时（如容易受骗和多疑、吝啬和浪费、顺从和霸道），对自己和他人的评价没有什么区别。

但是研究人员随后又进行了下一步研究，他们观察了研究对象对相反人格特质的评分有何差异。如果你给自己评分，"专横"打 4 分，"顺从"打 3 分，那么这对特质得分的差值记为 1 分。给自己评分时得到的差值比给其他人评分时小。原则上，这种结果是可能出现的，因为人们也许会认为自己这两种特质都没有。但我们知道，实际上大多数人给自己评分时，会在两个特质上都打更高的分数，尤其是那些正面的特质。

我们怎样才能把这一切联系起来呢？如果特质是对某人会这样行事而不是以相反的方式行事的判断，那么没错，特质是我们对他人的概括。预测他人的行为对我们有帮助，因为我们无法控制他人的行为，必须预测其行为才能决定如何与其相处：是信任他们、与他们结盟，还是远离他们，又或者是与之同行，但保持警惕？但我们没有必要确定自己的特质，因为谁都想抱有任意行动的自由。

　　如果我们把特质视为限制，认为它指的是"我通常以这种方式而不是那种方式行事"，那么这就是我们能得到的结论。但如果我们把特质看作一种行为，那么我们会觉得自我中充满了特质。你会认为你比其他人拥有更大的潜能和更丰富多彩的过去。几乎可以肯定，你比任何人都更了解自己的行为。

　　任何人都只拥有其中一个（特质），但我两者都有。

　　另一种看法是，人们非常在意别人如何看待他们，因此如果每个人都认为其他人拥有特质，那么其他人就会认为你有特质，而你也想知道你有哪些特质，并尽善尽美地管理好你的特质列表。这意味着你得对自己的特质有一定想法。你必须知道别人是如何看待你的，知道在他们眼里，你具备什么特质。只要有可能，你就想让他们认定你有这些特质，而不是那些特质。人们之所以对自身特质感兴趣，最有可能是因为关注他人是如何看待自己的，而不是为了能预测自己的行为。

　　当人们向彼此透露自己的事时会发生什么？很难想象第一次约会的人会交换记录有他们认为自己具备的特质的清单。的确，可能时不时地会有人提到一个有关特质的词。但是当两个人刚开始了解对方的时候，大部分信息交换不是以这个形式展开的。其中两个形式特别值得记住：故事和兴趣／价值观。

作为叙事的自我知识

　　关于自我和他人的许多信息都留存在故事中（McAdams，2001，2019）。如果有人让你讲一讲你朋友的事，比如问你："他是什么样的人？"不管这个人是好人还是聪明人，你可能都会列出一些突出的特质，但你很快就会讲起这个人的故事。对此，研究人员有些困惑：如果讲这个故事只是为了说明某个可以通过命名一个特质来概括的观点，那何必讲故事呢？你可以说"他很诚实"，而不是讲一个故事，讲述这个家伙为了退还多付给他的钱而花了多长时间。这个困惑不只存在于有关自我知识的心理学范畴。如果可以阅读一小段剧情摘要，甚至是只有一句话的信息（如"犯罪不会让你得到想要的东西""种族主义是邪恶的""爱能克服障碍并带来幸福"），为什么还要坐着看完一部两小时的电影呢？有这样几个可能的答案。

- **故事能提供证据**。要声称自己诚实或者说别人诚实是很容易的。一个讲述诚实守信的非凡壮举的故事会更有说服力，令人印象深刻。特质是结论，但故事是证据，人们更容易被证据说服。当然，关于某人不诚实行为的故事会给人留下深刻的负面印象。
- **故事能进行连贯的叙事**。故事比特质列表更能反映人们的想法。事实上，生活是以故事的形式展开的。特质是描述某种模式的抽象术语，因此必须从故事中推断出来。这个人可能会这么做，也可能不会。事件作为一个故事存在于记忆中。

毕竟，你觉得谁会真正了解你呢？是那个阅读了你精心准备的、精准的人格特质清单（而不关注其他东西）的人，还是那个会听你讲一长串关于你生活的（真实）故事的人？对神经外科患者的研究证明了故事的重要性。杰克尔和高（Jecker & Ko，2017）发表了关于几个此类病例的报告，报告中，他们提出了以下问题：神经外科手术后的病人在何种意义上与以前那个人是同一个人？他们的结论是，故事的连续性是最重要的因素。其实，在某些情况下，连续性强调的是与更早期的自我，而不是与手术前的自我的联系。这听起来可能很奇怪，但通常这就是治疗的目标。毕竟如果没点儿什么毛病，人们一般不会接受脑部手术。

例如，在第一个病例中，一个男人患上了癫痫，而癫痫还引起了强烈的动机反应。他会陷入难以抑制的愤怒，例如，如果另一辆车突然从他前面超车，他会变得非常沮丧，于是他会加速赶上，咒骂那个司机，把自己的咖啡杯扔向对方的车。他胃口很好，但凡他看到什么能吃的东西，就会将其吃掉（他甚至扩大了对"可食用"的定义：他说，如果有人把汽车放在餐桌上，他会把它吃掉）。最糟糕的是，他还有强烈的性冲动，总想和妻子发生性关系，并且痴迷于儿童色情作品，以致被捕入狱。然而脑部手术过后，他"改写了自己的故事"，成了一个与早年的他相比，相对温和、克制的人。身体的继续存在并不足以说明一个人还是原来的那个人。

在前一章中，我提到道德自我被视为自我统一性的必要条件，而现在我强调的是叙事的连续性。道德叙事是核心。脑瘤导致患者产生破坏性的愤怒情绪和恋童癖的性欲望，这是一个很好的例子，说明道德和故事都是自我统一性的核心。

叙事自我

叙事自我的重要性是丹·麦克亚当斯（Dan McAdams）在其职业生涯中诸多研究的一大主题。他没有简单地认为自我是一系列特质，而是提供了一个令人耳目一新的解释。麦克亚当斯将自我描述为"一个内化而成的、不断发展的生活故事"（2001，p. 117）。这个故事直到青春期才完全成形。随着故事不断地发展，它永远不会定型，至少在死亡前不会。正如关于儿童自我发展的章节所说，儿童正朝着这个方向迈出初步的步伐，而青少年和成年人把自己理解为一系列正在上演的事件的参与者，这些事件很适合拿来当故事讲。他们的行为和抉择决定了故事展开的方式。事实上，世界上大多数伟大的文学作品讲的都是个人的行为和选择如何影响了一连串的事件，从而导致了某些结果而不是其他结果的故事。这就是自我所做的事：它在这些正在上演的故事中起着作用。

很明显，要理解自己是一个故事中的角色，离不开跨时间的自我。我不认为非人类的动物拥有叙事性的自我理解。但几乎所有人类都有。

把自我知识看作故事的集合而非特质的集合的问题在于，故事是过去的事，但人们之所以想了解对方，是为了了解他们将来会做什么，以决定要不要信任他们、跟随他们、避开他们、与他们结婚等。一个人过去的故事有趣，主要是因为它们会指导此人未来的行为。特质是一种模式，很容易延续到未来，所以了解某人的特质，人们就能预测其未来的行为。只有在过去的故事有助于人们预测未来行为的时候，了解这些故事才有用——对未来行为的预测通常涉及推断一个人身上某种稳定的特质，这正是此人在故事中如此行动的原因。

　　然而麦克亚当斯（2013）的分析忽略了一个问题，即一个人的故事是回顾过去的。生活以故事的形式存在，对大多数人来说，当下的时刻就在故事中间部分的某处（实际上可能是几个相互独立又彼此重叠的故事）。故事自我有几个层次，人类每次只能掌握一个层次。第一个层次是扮演一个角色：人们需要了解自己被赋予了什么样的角色，然后去扮演它。年幼的儿童更关注这一点。接下来，人们要学习扮演一个更积极的角色（或者说成为一个积极的主体），做决定，表现得或好或糟，并迎接挑战。人们不只是扮演某个角色的演员。

　　随着人们步入青春期和成年期，他们会开启另一个任务，成为这个故事的作者。人们要选择主题，确定故事情节：选择配偶或工作就是在进入一个新的故事，而且通常是一个重要的故事。这个故事里包含其他人，因为人们仍然在自己协助编写的故事中扮演着角色，他们可以好好表现，也可以应付了事，可以做出有益或不当的选择。成熟的自我则结合了以下三个角色：它要撰写故事大纲，扮演好自己的角色，还要做出选择，以在这个故事的背景下获得它想要的东西。

　　叙事自我（narrative self）和命题自我（propositional self）都具有实用效用，只不过会在不同的领域发挥作用。叙事自我能帮你度过这一天，做出选择，执行任务。日常生活充满了有意义的事件序列，这就是故事。与此同时，声誉需要人们创造和维持，声誉大多是命题性的。你希望别人认为你具备某些稳定的特质，特别是道德特质和能力。甚至若故事成为你声誉的一部分，也主要是因为故事体现了你的特质，所以人们可以预测你未来的行为。

作为兴趣和价值观的自我知识

　　第三种形式的自我知识与兴趣和价值观有关。让我们回顾一下第一次约会场景下的自我知识：人们在第一次约会时是如何交流自己的事的？他们会交换特质列表吗？实际上，他们可能会告诉对方他们对什么感兴趣，以及他们有哪些重要的价值观。

　　心理学家在兴趣研究上的投入远不及特质研究。但是，对兴趣的研究往往会令他们感到惊讶，印象深刻。朗兹和苏（Rounds & Su，2014；Su，Rounds，& Armstrong，2009）对相关研究文献进行了一次全面的考察，为兴趣的重要性提供了强有力的论据。兴趣比人格特质更稳定。用兴趣来预测职业成就，其效果远胜个性。能力当然也很重要，能很好地预测职业成就，但兴趣的预测效果与其不相上下。如果成就是用职业声望和大学成绩来衡量的，那么能力是最有力的预测指标，兴趣排在第二位，遥遥领先于人格特质。如果仅根据一个人赚了多少钱来衡量其成就，那么兴趣是最有力的预测指标，它对成就的影响甚至大于能力（这一差异令人印象深刻，因为有能力的人比没有能力的人挣得更多）。朗兹和苏得出结论，"兴趣影响方向、活力和目标导向行为的持久性"，因此可以用兴趣来预测人们能否达成目标。

每种自我知识都有一点儿？

人们确实有多种自我知识。我们可以讨论其中哪一种最重要，但是一个人身上不可能完全没有某种自我知识。不过，在我看来，许多自我概念研究过分强调关于人格特质的自我信念，低估了兴趣和价值观的重要性（能力大概已经得到了其应得的重视）。

一些证据表明，不同种类的自我信念是分散存储在大脑中的，虽然我们不知道为什么会这样。彻底失忆者的情况或许能为我们提供一些有趣的线索。这些人记不起自己生活的任何细节，包括所有造就了他们的事件和故事（McAdams，2013）。他们甚至不记得他们曾经做过的任何一件事。然而，尽管记不起他们过去的经历，他们仍然可以为自己的人格特质及其程度评分，而且，他们的自我评价似乎出人意料地准确。在一个实验中，受试者在恢复记忆后进行了相同的测试，测试结果与失忆期间相同。另一些实验显示，人们在失忆期间对自己人格的评分，和熟悉他们的人（包括在他们失忆之前就认识他们的人）对他们的评价一致。显然，有关一个人个性的（命题性）知识与对特定经历和事件的（叙述性）记忆是分开存储的。你可能会失去你生命中的所有记忆，直到这一刻，之前的一切都化作空白——然而你仍然可以和某个拥有正常记忆的人一样评价自己的人格特质。

自我有其重要任务，它会利用有关它自己的知识来帮助自己完成这些任务。自我必须持续关注他人对自己的看法，这样才能维持良好的声誉。它还必须做出决定，以在其持续的叙事式生活中发挥作用。就后者而言，自我的兴趣和价值观至高无上，再加上关于其能力和局限性的知识，这一切都与目标有关，而前者是一个永无止境的过程，即持续创造以正面特质为标志的稳定形象，以吸引他人。声誉是命题性的。

这些引出了为什么人们要寻求自我知识的问题。在下一章中，我将梳理这方面的数据和争论内容。

本章要点

- 性格特质是社会世界的模式和重要事实。推断其他人的特质可以帮助你预测他人的行为，并相应地调整你的行为。
- 除非想知道他人是如何看待你的，你不需要在心里列出你的特质列表。
- 特质主要用于预测他人的行为。人们不必预测自己的行为，因为他们可以选择如何行动。
- 期望的声誉在各种有关自我的观念中是最重要的。期望的声誉可能包含人格和道德品质，当然主要是好的那部分。
- 除了特质（包括能力）以外，自我知识还有两种形式：①故事；②兴趣和价值观，它们能够指导行为选择。
- 许多自我知识都包含在故事而不是命题里。人们以故事的形式体验生活。

The
SELF
EXPLAINED

第 13 章

为什么要了解自我

————

关于自我的科学理论必须解释为什么了解自我有好处。鉴于人们常常听到"认识自我"的建议，人们可能想了解这为什么重要。知道自己的位置、自己的能力、自己的义务，这些都能帮你在社会系统中发挥自己的作用。关于这一问题的假设是，发展自我知识，能使自我更好地实现其功能，也就是在社会系统中发挥其作用。如果这就是古希腊人所说的"认识你自己"的含义，那么，要在系统中发挥自身作用而不制造麻烦，这个建议还挺可靠的。

从实用的角度看，了解自我也有助于管理自我，从而最大限度地发挥生命的效用。这符合"自我意识的出现是为了自我调节"的观点（Carver & Scheier，1981）。自我意识还有什么用吗？通过自然选择，具备高度自我意识的生物诞生了，这是进化中跨度极大且非同凡响的一步，远远超出了大多数生物力之所及。这样的进化有什么益处？它的选择优势是什么？最合理的解释是，这种生物具备了调整和改变自己，以更好地融入群体的能力。对于一个正在试验将先进、复杂的新社会系统作为其生物学策略的物种来说，社会自我调节大有裨益。因此，争论的焦点在于，个体建立自我知识的能力之所以进化，是不是为了加入社会系统。

在本章中，我们来思考人们形成自我知识的动机是什么。这些动机意义深远，因为它们不仅能激励人们认识自我，而且能引导人们寻求特定类型的自我知识。使自我知识偏离残酷真相的偏见，根植于人们认识自我的动机中。

理解是什么促使人们寻求自我知识，将有助于我们了解自我知识是如何形成的——它强调什么，淡化什么，扭曲或系统地忽略什么。人类自我对自己的好奇心，比对其他许多（尽管不是全部）事物更加强烈。

多个原因决定了自我知识具备实际效用。如果我报了名，我能完成这门课程吗？我能独立完成工作任务吗？如果我好好请求的话，对方会同意和我约会或结婚吗？我买得起那辆车吗？简言之，自我知识具有相当高的实用价值，因此人们寻求自我知识也就不足为奇了。但这里存在一个问题：自我知识有实际价值的前提假设是信息准确。你想知道你能否搞定那门课程、那辆车、那根树枝。但心理学家很早就发现，人们对自己的看法往往是不准确的。人们寻求自我知识的方式往往不利于获得准确的信息。之后，我们很快会讲到自我知识准确程度的问题，不过现在，让我们继续关注动机（即人们想要什么）。

自我提升动机

如果人们寻求的自我知识，有时并不准确，那么我们需要重新思考为什么要寻求自我知识。不准确的自我知识实用与否，值得怀疑。可以肯定的是，真实情况还要更加复杂。人们不可能有意识地培养虚假的自我知识。如果你想相信自己是一个音乐天才或者即将成为一个电影明星，这客观上是错误的，但你不会说"我选择相信关于自己的错误信息"，相反，在你的脑海中，你的自我知识是真实而准确的。

扭曲的自我知识往往不是随机形成的，也不会平均地出现在不同的方面。它们绝大多数出现在积极和有利的那一面。因此，公平来讲，有时，自我知识的形成是由人们的愿望驱动的，人们希望能认为自己很好，希望获得一些能提升自我形象的信息。这通常被称为"自我提升⊖动机"（如 Sedikides & Gregg，2008）。

人们希望对自己抱有积极的看法，渴望高自尊，这的确是许多心理学理论的一个基本假设。它是认知经验自我理论（cognitive-experiential self-theory，CEST）所说的 4 个基本需求之一（Epstein，1998），是社会认同理论的核心基础（如 Hornsey，2008）。自我决定理论并未将这一点纳入 3 个基本动机之列（Ryan & Deci，2017），但它常被用来解释人们为什么要以这样或那样的方式寻求需求的满足。很难找到任何关于人类自我的理论可以质疑或驳斥这种观点。我也偶然看到过其他领域的论文引用这种观点。

可见，人们渴望自尊。然而有人恐怕会问：为什么人类会进化出对高自尊的渴望呢？正如我们将在后文中看到的那样，自尊几乎没有直接的实际价值。毕竟，进化使动物逐步拥有了良好的感觉，鼓励它们去做能带来实际利益的事，比如提高生存率和繁殖率。认为自己很好，尤其是在没法拿客观品质来佐证的情况下，这些判断标准也就起不到什么作用。

作为动机的自我一致性

第二个动机是一致性。其假设是，人们希望获得能证实他们对自我的看法的信息。这就是最广为人知的一种自我确证（self-verification），小威廉·B.斯旺（William B. Swann Jr.）为这一观点的提出做出了巨大的贡献。

由于人们通常对自己持有正面的看法，所以自我提升和自我确证往往是

⊖　自我提升（self-enhancement）指人们采用某种行为策略以提升自尊的过程。——译者注

重叠的，至少在实验室研究中，我们很难区分它们。尽管如此，斯旺（1985，1987）还是研究了那迷人的"少数派"——对自己持强烈负面看法的人。有时，他们会明显地表现出对负面反馈的偏好。

偏好是一个模糊的词。斯旺的研究阐明了人们在何种意义上"偏好"负面的反馈。如果一个人将他的情绪和认知反应区分开来，那么自我提升往往在情绪上占上风，而自我确证和一致性则在认知反应方面占优势（Shrauger，1975）。当有人告诉你，你比你想象的要好得多时，你的情绪会说"对对对"，而你精于计算的清醒头脑会持怀疑态度。斯旺及其同事在一篇经典的论文中将这种现象称为"认知 - 情感的交火"（cognitive-affective crossfire；Swann et al.，1987）。同样是太过奉承的反馈，人们更想听到的是他们更相信的，而不是他们更喜欢的。

区分自发和受控的心理过程是另一种有用的方式。自我提升似乎是自发的。拒绝正面反馈，以维持对自我的消极观点，则离不开受控的加工过程——一种缓慢而费力的思维方式（Kahneman，2011；关于受控的加工过程中的自我确证，如 Swann et al.，1990）。因此，人们很容易自发产生自我提升的反应（"是的，我确实很棒、很有天赋"），而要做出自我确证的反应（"啊，等一下，大量客观迹象表明，我并不真的那么了不起"），往往需要长时间努力，以借助更清醒、明智的评估，来克服自发的反应。

快速、自发的反应偏向自我提升，这一事实符合本书的另一个主题：人们所渴望的声誉在有关自我的各种观念中最为重要，占据主导地位。你的大脑会自动接受任何证据，证明你确实是你想让别人认为的那种人——通常来说，比真实的你更积极，或者至少是那个最好的你。

因此，对一致信息的偏好并非深深植根于基本的欲望和情感，而是与更高级的心理过程结合在一起的。一致性毕竟是统一性这个"工程"的一部分，是后期才被添加到自我系统中的。简单的自我想保持自由，去做当下最吸引人的事情，而不是被一致性的压力所束缚。它希望拥抱最积极的自我，因为它能带来最美好的未来。

斯旺认为，对自我概念一致性的渴望植根于对所处环境形成稳定理解的普遍渴望。他提出，人们希望自己所处的世界是稳定和可预测的，因为这样的世界更舒适，也更好适应，这一观点是正确的。然而，这些原因并不完全适用于自我。人们希望环境稳定，这样他们就能知道如何应对环境，但是他们不必以同样的方式要求自我。事实上，那些佐证了"人们会将矛盾（但积极）的特质归因于自己"的证据表明，人们更愿意保有自由，从而能以不同的方式行事。大多数时候，你没有必要预测自己将如何行动。所以没有实际的理由让你为了自己而保持前后一致。

相反，对自我概念一致性的渴望植根于他人的期望。人们渴望生活在稳定的环境中。对其他人来说，你是他们所处环境的一部分，所以他们更希望你稳定且可预测。人们给彼此施加压力，使彼此保持一致性。道德就是这种压力的一部分：信守诺言从根本上讲是一种一致性的体现。除了要求人们做出确切的承诺，道德还谴责虚伪。虚伪表现为在一个场合表达某种价值理念，却在另一个场合违背这种价值理念。但即使撇开道德不谈，人们也期望一致性，而且当你改变的时候，他人往往会要求你给出解释。

由此，我们对获得自我知识的其中一个动机有了初步的理解。人们努力保持一致性，并不是因为大脑中某种与生俱来的动机，而是因为其他人希望彼此保持一致性。其他人想了解你、预测你，除非你始终如一，否则他们无法很好地实现这个目的。一致性同样会在社会中起作用。当群体的表现和合作取决于人们能否可靠地扮演他们的角色时，一致性便十分重要了。在道德领域，人们也期望彼此具备一致性，比如信守承诺、保持公正。

如果保持一致的动机是基于他人的期望和社会的压力，那么有他人在场时，人们的言行应该会比独自一人时更具一致性。确实是这样吗？这个问题是十多年来研究者争论的主要战场，答案绝对是肯定的。特别是研究态度和认知失调的研究者，他们观察人们如何调整自己的态度，使之与自己的一些被操纵（有人会说几乎是被欺骗而产生）的行为保持一致。显然，有他人在场看着时，人们更有可能这么做。例如，认知失调研究中的一个标准模式是诱导参与者录制一段简短的演讲，这段演讲的立场是他们个人所反对的。之后，他们会改变自己的观点，使之更符合他们录制演讲时所说的话，从而偏离了他们最初的态度。当这段演讲来自一盘暴露了演讲者姓名和面孔的录像带，而不是一盘匿名的录音带时，这种情况更常出现。仅仅让人们签上自己的名字，就足以促使其态度转变（综述见 Baumeister，1982；Schlenker，1980；Tedeschi et al.，1971）。

渴望拥有关于自我的积极看法（自我提升），也可能植根于他人的观点。他人并不会像期望你前后一致那样期望你具有积极的品质，但是他们会如何对待你，取决于他们有多喜欢和尊重你。记住，自我的核心功能之一就是从他人那里获得认可和接受。你的自我天然希望别人对你有好感。

作为动机的准确性

相反，对准确信息的渴望与他人对你的看法关系相对不大。但是，准确的信息对你自己做决定很有用。人们可以从准确的信息中获得明确的实际利益，而为了利益或一致性扭曲信息，则会带来风险。无论是挑起争端、约某人出去，还是借一大笔贷款，都是艰难而重要的决定，要做这种决定，得由高度准确的信息来引导，保障安全性。

三个动机背后

让我们回顾一下上述三个主要动机的基础，来回答"为什么人们要寻求自我知识"这个问题。

对准确信息的渴望以其实际效用为基础。了解你的长处和短处、你的魅力和缺点，将帮助你做出更好的决定，从而过上更好的生活。这些信息是未来最清晰有力的影响因素，这应该就是渴望这些信息最重要的动机。

另外两个动机——一致性和积极性，对自我没有什么明确、直接的实际作用。然而，它们对人们希望他人如何看待自己至关重要。这使得这两个动机对自我产生了间接的用处：如果你希望他人接受你并与你合作——社会交往的一个中心目标——你就会希望他人认为你具有积极的品质，并且始终如一。你会希望人们信任你、喜欢你、尊重你，在你身边感到舒适，等等。做一个好人、一个前后一致的人能帮助你实现这个梦想。一致性和积极性是人们所渴望的声誉具备的特征。

人们想了解自己有以下三个理由，分别是对准确知识的追求、对积极知识的追求，以及对一致的、确定性的知识的追求。康斯坦丁·塞迪基德斯（Constantine Sedikides；1993）发表的一篇经典论文中讲到，研究者让人们在各种实验测试中处于对立的立场。我们可以把他许多研究中令人痛苦的细节留给热心的学者来探索。在这里，我会主要介绍他的结论。

首先，也是最重要的一点，他的结论是，这三个动机都是真实的。他不能将其中任何一个理由并入其他理由中，也不能断定其中任何一个理由是无足轻重的。这三个理由都指引着人们对自我知识的探索。这一点非常重要：对自我知识的追求不是基于单一的动机，而是由三个不同的动机驱动和引导的。

其次，就相对权力（relative power）而言，三者的运作顺序似乎恰恰与基于实际效用假设的顺序相反。人们可能天然会认为准确的信息最有用，一致或自我确证性的信息有一定用处，而带奉承意味的信息可能会使人感觉很好，但是信息价值最小。然而，塞迪基德斯发现，人们总是最为坚定、诚挚地寻求关于自己的正面信息。排在第二位的是确认他们已经相信的事情。对准确信息的渴望真实存在，但它仅排在第三位。

也许，在另一种情况下，人们会把务实的考虑摆在最要紧的位置上，从而认为准确性更关键。不过，一般而言，人们主要还是希望听到关于自己的积极信息。

因此，在这场关于人们为什么寻求自我知识的理论竞赛中，一位赢家诞生了。或者更确切地说，有三位赢家，但其中一位是最大的赢家，即自我提升。人们喜欢并且会寻求关于自己的积极信息。

　　准确性动机为何相对薄弱，令人费解。准确的信息显然是最有用的信息，尤其是在做决定的时候。为什么准确性动机只排在第三位呢？

　　答案可能在于社会关系，而不是务实的决策。一致性和积极性植根于人们希望他人如何看待自己。给自己的长处和短处列一张精确的清单可能有点儿用处，但这并不是自我知识的主要目标。人类了解自己，是为了帮助自己与所属的社会群体建立联系。

自我提升健康吗

　　寻求自我知识的最强烈的动机是获得关于自己的积极看法。这是健康的吗？鉴于进化往往会形成有利于改善生命的模式，人们倾向于"自我提升必须具备适应性"的结论。另外，没有人喜欢那些自吹自擂或不断证明自己优越的人，而且，认为自己比实际更优秀，当然也有风险。

　　就这个问题持不同意见的双方都掌握着有力的论据，且这些论据都有大量数据支撑。因此，我不认为我们可以达成一致，找到一个简单的答案，即自我吹捧是好还是坏。相反，答案可能取决于一个人是如何满足其自我提升动机的。

负面情况

　　珍妮弗·克罗克（Jennifer Crocker）和洛拉·帕克（Lora Park）在2004 年发表的一篇经典论文中最为有力地阐述了负面的情况。她们总结的大量证据表明，那些主要关心自尊（和他们公众形象的良好性）最大化的人，因痛苦、对学习的忽视和人际关系的损害而付出了代价。当自尊受到威胁时，人们会产生机能失调的反应。他们会专注于合理化或避免威胁，以至于无法学习，无法思考，也做不了其他有建设性的事。例如，一头扑在取得好成绩上的学生有时会忽视真正的学习。有人致力于淡化低分的意义，这么做问题更大，比如，当学生学习不够到位，拿了低分时，人们可能不会很重视，只觉得他是没好好准备，不认为这可能反映出学生存在更为严重的智力上的缺陷。

正面情况

自我提升动机的正面意义一直是塞迪基德斯进一步研究的一大主题。特别是一项大型元分析研究（Dufner et al., 2019），综合了近 300 项研究和 130 000 名参与者的结果，发现尤其对个人而言，自我提升动机的收益远大于成本。一般来说，成功的自我提升与适应良好的许多积极迹象有关，包括好情绪更多、坏情绪更少，抑郁程度更轻，以及整体生活满意度更高。事实上，随着时间的推移，研究者对人们进行追踪后发现，自我提升首先会使人幸福感更强，适应性更好。这表明自我提升是好事情的因，而不仅仅是果。

人际效应

自我提升的人际效应更加复杂。在"零熟人"（zero acquaintance）阶段，自我提升者给他人的第一印象比其他人更好，他们会更受他人欢迎。但随着时间的推移，这种情况会完全消失，甚至可能逆转。在一项著名的研究（Paulhus，1998）中，研究者花了几个月的时间对持续开展的讨论小组展开了追踪。第一次见面时，自恋者和其他自我提升者在小组中得到了最高的评价，这表明表现自己最好的一面有助于给他人留下好印象。然而几个月后，相对于其他人，这群人却显然更不受待见。这符合后面的章节会反复提到的一些主题。比如，认为自己优于他人会给一段关系造成阻碍，和一个"自我狂热者"保持合作伙伴关系很难。

　　另一个主题是，通常来说，自我评价良好的确对你有好处，但它的代价是由你周围的人承担的。如果你曾经和一个自尊心极强的人一起生活或工作过，你可能会明白我的意思。为了避免冲突，你不得不小心翼翼地尊重他的自我主义，这会使日常生活变得更加艰难。

　　我们能调和克罗克和塞迪基德斯的观点吗？追求自尊肯定会引发一些问题，特别是人际关系问题，甚至会给自我带来麻烦。或许，当除了这个目标别无其他目标想追求时，当过度追求自尊时，当环境恶劣或充满危险时，这些问题就会出现。

　　不过，大多数情况下，认为自己比真实情况稍微好一点儿的倾向是健康和正常的。坚定地给予自己准确的评价有好处，尤其是在决定是否接受挑战的时候。但其他时候，积极地评价自己总归令人愉快，甚至是有益的。

自我完善是第四个动机吗

　　在塞迪基德斯发表关于寻求自我知识的三个动机的权威著作后不久，我得以与他共进午餐，我问他这三个动机中哪一个对有效度过人生最有帮助。他立刻回答，没有一个有用。他说，能带来最好结果的是自我完善（self-improvement）。总的来说，那些一生都在努力提高自己的人，最终会比那些最优先考虑其他三个动机中任何一个的人过得更好——努力把自己想得很好，努力认清自己的真实情况，或者努力证实他们已经相信的东西（Taylor et al., 1995）。

　　人们对自我完善的研究没有对其他动机的研究那么充分，也许是因为关于自我的看法并不是目标或终点。相反，它是一种手段。对人们会拿自己和谁比较的观察，似乎透露了一个有用的信号（Buunk, Kuyper, & van der Zee, 2005；Taylor et al., 1995）。当你想得到那种"自己还不错"的感觉（自我提升）时，你会向下比较。也就是说，你会把你的注意力集中在那些比你做得差的人身上，思绪沉浸在你优于他们的地方。相比之下，关注自我完善会促使你向上比较：你会注意到那些比你优秀的人和你有提升空间的地方。

向上的比较能够提供有用的信息。向下的比较则会让你自我感觉良好。自我完善者喜欢向上的比较。

自我提升往往强调过去，而自我完善是面向未来的。完善的意思是改变现状，创造更美好的未来。其他动机则建立在现在的自我，或者至少是你现在对自我的看法之上。自我完善认为现在的自我与未来它应该和可能的样子有所关联。比起其他动机，自我完善还会使人们更注重客观信息，当然，自我评估（self-assessment）也会促使人们寻求客观信息。

自我完善拥有诚实和准确的优势，它接受当前的不完美，从而设想更美好的未来，在未来，这些不完美都会得到修复。抱有自我完善动机的研究对象不会表现出某些自我欺骗的心理模式，如忽略或排斥负面反馈。当你专注于自我完善时，你会大方承认自己的缺点，因为这些是你想要改善的地方（Green，Sedikides，Pinter，& Van Tongeren，2009）。

自我完善往往是自我调节的目的所在。后续有关自我执行功能的章节，即做出选择和完成事情的部分，会深入讨论这一点。

有关自我知识和自尊的更多信息

当你需要观察和评估他人时，你通常希望能准确地观察（可能有一些例外情况，如对象是爱人、偶像化的领导者，或讨厌的敌人）。高估或低估他人会导致你在是否与他们合作的问题上做出糟糕的决定，这也是人们要给他人留下某种印象的一个主要原因。不过，你希望自己被他人看好，因为这样最有利于创造好机会。准确的自我知识只能说有利有弊。当你思考自我的时候，可能主要会把焦点放在你希望给他人留下的印象上。

可见，自我知识不仅是事实和故事的集合，它还与评价密切相关。你不但想知道自己的特质是什么，而且想知道这些特质是好是坏。

因此，我们要探究自我知识，也必须解决追求自尊的问题。自尊是自我知识的好－坏维度。实际上，自尊在自我理论中主要以两种角色出现。一种是对高自尊的追求，即渴望有关自我的积极看法。我们已经在某种程度上厘清了这个问题，因为自我提升动机包含对高自尊的追求。另一种涉及人与人之间的差异：有些人的自尊水平高于其他人，这种差异表现在各种各样的行为、反应和情绪上。后文有一章会介绍人格差异，包括如何理解自尊水平高和自尊水平低的人之间的关键差异。在这里，我们把它作为自我知识的一个动机维度来关注。

对自我有一定了解能帮助你应对周围环境。你应不应该尝试加入那边那个小团体？你会被接受还是被拒绝？你能帮忙把事情朝好的结果引导吗？这种自我知识是很重要的。

在人类社会生活中，你会构建起一个大体上命题性（propositional）的公共自我，尽管它需要从各种叙述中获得信息。它会被重大事件改变，比如取得了不起的成就，获得重要奖项，或者做了什么不光彩的事情。私下的自我本质上可能是叙述性的，尽管它需要从命题性知识中获得信息。

自尊：整体的还是特定的

到目前为止，我们已经认识到，人们会受到驱动去建立和保持关于自我的积极看法。最有可能的原因是，经过进化，人类已生活在合作性的社会，所以他们的声誉很重要。自我概念是人们持续了解自己声誉的方式，起到了很大的作用。自我概念可能具有一定的功能自主性，也就是说，人们一开始表现得好像自我概念本身就是目的，与声誉无关。可见，有时人们会欺骗自己。尽管现实和声誉并不能证明自己拥有积极的品质，但这个结论让人感觉好极了。

几十年来，人们就此激辩不休：把自己想得很好是一个整体性问题，还是主要关乎特定细节的问题？针对"是你对自我的整体看法（例如'我是个好人'）更重要，还是特定领域内的评价（例如'我擅长弹奏钢琴奏鸣曲'）更重要"这一问题，研究者们产生了分歧。赫伯特·马什（Herbert Marsh）的研究表明（如 Marsh，2006；Marsh & Craven，2006），整体自尊与学生在校表现的关系相当小，而特定领域的自尊往往与表现有关：认为自己擅长数学的孩子的确更擅长数学（也见 Marsh et al.，2006）。不过可以肯定，研究者很难区分"擅长数学"和"认为自己擅长数学"的影响。在马什提供的最有说服力的证据中，有一些出自基于社会比较的研究。对具备相同数学能力的孩子而言，当他们是小池塘里的大鱼（即他们身边都是能力不如他们的孩子）时，他们的表现要比作为大池塘里的小鱼时好。这说明在偶然的比较的基础上，有关自我的正面看法有助于促成更好的表现。

显然，明明不擅长数学，却认为自己擅长数学，与其说是一个优势，不如说更可能是一个问题。但是不擅长数学，同时认为自己确实不擅长数学，也成问题，而且或许是一个更常见、更严重的问题。如果班上其他人马上能理解的新概念，你却需要讲第二遍，你可能会灰心丧气，放弃尝试。

整体自尊和特定领域的自尊并非完全无关。人们是通过在某些关键方面发挥作用来融入社会的，为此，他们也许需要磨炼一项优秀的技能。在进化史上，那些善于在狩猎中追踪动物，或者善于发现和挖掘可食用植物根茎的人，会受到群体的重视。特殊的技能使他们被群体接受。因此，只要把一件事做得足够好，自我在整体上就足够优秀了。

自我肯定的神秘效果

1988 年，克劳德·斯蒂尔（Claude Steele）提出了自我肯定（self-affirmation）理论。他的观点是，人们希望建立起一个关于自我的整体性的积极看法。追求恒星般的完美没有必要，总的来说，首要和关键的目标是"足够好"。斯蒂尔认为，仅仅思考自己的优秀品质，就会带来显而易见的结果。

以建立起一个关于自我的整体性积极看法为目标，与树立多个一般重要的目标一样有效吗？已知存在这种构建整体积极自我的驱动力，人们可以探索两种具有多种动机的模式，即满足（satiation）和替代（substitution）。满足的意思是，当你得到想要的东西后，一段时间内，你会感到满意，因此不再想要这样东西——就像吃了一顿大餐后不再感到饥饿一样。打个比方，平时你喜欢吃牛排和薯条，但是吃完一大堆这样的美食后，你就不想再吃了。替代则意味着你会从不同的、可选的满足感来源中获得满足。如果你午餐通常吃一个三明治，但有一天你发现你最喜欢的三明治店关门了，你可以通过不同的东西获得满足，比如比萨。

建立关于自我的整体性积极看法的渴望会像这样起作用吗？斯蒂尔认为会。他说，如果人们体验过自我肯定的过程，比如思考自己的优点，他们会感到足够满足，在其他领域就不会再捍卫自尊了。

多年来，一系列研究取得了令人印象深刻的成果，为斯蒂尔的理论提供了支持。一个有趣的问题在于，研究中涉及的自我肯定过程并不局限于对自我的积极看法。在许多研究中，人们只是简单地思考了他们最重要的价值观，或者写下一段简短的文字，说明为什么这些价值观对他们很重要。目前还不完全清楚这样做是如何构成"自我肯定"的，不过它确实允许个人将重要的、可能指导其行为的价值观表达了出来。

绝佳组合戴夫·谢尔曼和杰夫·科恩（Dave Sherman & Geoff Cohen；2006，2014；也见 Moss，2016；Sherman，2013）发表了一系列综述，记录了这种简单的肯定过程带来的许多好处。例如，当人们没能完成某项任务时，他们通常会感觉很糟糕，可能会反复思考哪里出了问题，但如果他们进行了自我肯定，就不会有这样的负面反应。同样，人际拒绝（interpersonal rejection）有时会使人们对其他群体的成员产生偏见，但自我肯定能消除这种反应。甚至有证据表明，自我肯定能让少数族裔的学生的学业更加出色。

一般性结论如下。自我肯定减少了所有形式的防御反应，例如消极的、充满敌意的，或任何碰巧出现的不利于（甚至只是可能不利于）自我的扭曲的反应。这符合动机"满足"的一面：自我肯定使希望认为自己很好的驱动力得到了满足，因此在一段时间内，这个人会更容易接受批评、承受挫折。自我肯定提升了某种韧性，之后我们会了解到这种韧性与高自尊有关："这次失败不会毁掉我，因为我知道我有很多优秀的特质，所以我能重新振作起来。"

科恩和谢尔曼在 2014 年的综述中强调了三个一般性结论。第一，基本关注点是整体自我，而不是其特定方面。也就是说，我们的目标是把自己塑造成一个道德高尚、富有能力的好人（可见，"替代"起了作用）。

第二，驱动力要充分，但不需要追求优越性。一个人想变得足够好，不需要比其他任何一个人更好。这也很符合人类进化的历史，历史上，人们总在尽力削弱等级制度，人们不应该把自我凌驾于他人之上。相反，如果你足够优秀，群体就会接受你。正如谢尔曼和科恩所说，自我肯定是"一种证明自己能力的行为"。

第三，关键不在于赞扬自己，而在于以值得赞扬或尊重的方式行事。这再度表明，融入群体才是最重要的，而不只是暗自在心里说自己很不错。认为自己很好并不是最终目标，倒很可能是因为自爱还不足以维持你在社会群体中的接受度。要得到接纳，真正做一些积极的事（并且让别人认可并尊重你做的事）至关重要。

许多人把自我肯定与简单的自我赞扬习惯联系在了一起。在 20 世纪初的几十年里，埃米尔·库埃（Emil Coué；1922）掀起了一股时尚浪潮，他建议人们经常背诵（至少每天 20 遍）"每一天，我在各个方面都变得越来越好"。人们认为这能使无意识过程良好运转，并带来积极的变化。

实验室实验中关于自我肯定的发现不完全符合这个简化版本，但是两者的相似性显而易见。强调"足够好"（而不是"更优越"）和整体自我是没有问题的，这类似于库埃的观点与真正无意识过程的关系（研究发现，自我肯定可以促进无意识／自发的自尊反应，但不是有意识的自尊）。然而，仅仅称赞自己是不够的。不如说，反思自己的核心价值理念能帮它做好准备，在时机合适时以值得尊敬的方式行动。

本章要点

- 人们寻求自我知识的动机包含自我提升，以及获得一致性、准确的信息，甚至可能是为了自我完善。自我提升动机是最强烈的，至少在美国样本中是这样，但所有动机都是真实存在的。
- 自我试图构建起积极的、前后一致的声誉。
- 自我知识与评价密切相关。你不仅想知道自己有什么特质，还想知道这些特质是好是坏。自尊是自我知识的好 – 坏维度。
- 自我肯定能减少各种各样的防御反应，所以，在一段时间内，这个人更容易接受批评，承受挫折。

第 14 章

构建自我知识：人们如何了解自我

———

人们创造并再造了自我。一个人的身份必然涉及一些确定的事实，如名字和出生地。但是一般来说，自我知识是有关一个不断变化的实体的信息，是逐渐建立和完善起来的。

人们渴望构建自我知识，他们希望自我知识在某种程度上是准确的，正如我们所见，他们也希望它是正面的。人们会通过多种方式获得自我知识，这本身就表明了他们有多么渴望它。本章讨论自我信念是如何形成和积累起来的。

内　　省

有些自我知识来自内心的审视。自我意识指对自己的觉察，从中很可能产生一些有用的信息。人们了解自己的想法和感受，他们无疑是自己生活和经历至关重要的见证者，所以他们确实拥有大量关于自己的可用信息。

对内省之可靠性的争论几乎贯穿了整个心理学史。第一个心理学实验室的领导人是德国的威廉·冯特（Wilhelm Wundt），该实验室十分依赖内省，内省是其主要数据来源。更多人对心理学的看法长期受弗洛伊德的研究取向支配。弗洛伊德的研究方法当然包括内省，但他认为内省有重大缺陷，始终对其抱有怀疑态度。在弗洛伊德看来，很多重要的东西都是无意识的，根据定义可知，内省无法触及无意识。几十年后，美国的行为主义实验室强烈抵制内省方法，这些实验室将自己的主要精力集中在研究白鼠（它们不太喜欢自我反省）和测量客观动作上，还视大脑为一个无法通过适当的科学方法展开探索的"黑匣子"，舍弃了对它的研究。后来，社会心理学开始研究人们的态度，内省和自我报告是其核心——了解一个人态度的最好方法是提问。近几十年来，靠人们报告自己的想法和感受来进行心理学研究已很常见，这一定程度上是因为这样做比观察和测量真实人类行为要容易得多（Baumeister，Vohs，& Funder，2007）。

然而，现代心理学家仍然对内省持怀疑态度。20 世纪 70 年代，密歇根大学两位善于思考的心理学家——理查德·尼斯贝特（Richard Nisbett）和蒂姆·威尔逊（Tim Wilson）的观点（1977），对内省理论的地位造成了巨大的冲击。他们指出，人们总是花费大量时间向他人解释自己的行为和感受，但是通常他们无法知道这些行为和感受的真正原因。尼斯贝特和威尔逊得出结论：内省很大程度上是一种伪装。人们为自己的行动准备了一大堆标准的解释，用它们解释自己的行动，却并不真正理解自己脑子里在想什么。

历史不断重演，这次也是如此：早期的文章产生巨大的影响，提出了一个深刻而重要的观点，但也把观点引向了极端。至少，威尔逊一直相信，有意识的思考相对容易被误导，没什么用。他的创新研究表明，当人们试图分析他们做某事的理由时，往往会误导自己。他们的直觉反应反而比他们经过一段时间的内省分析后所表达的内容更接近真实情况。威尔逊在自己的一本书

（Wilson，2002）中建议读者不要内省。他说，如果人们想构建自我知识，应该上一些心理学课程，课程内容应该包含对人类行为的一般模式的研究。在威尔逊看来，试图通过内省来了解自我注定是徒劳的。

其他人则表示反对。内省在心理学中仍然是一种流行的方法，我在前文中也说过，最近几十年，它得到了广泛的应用。随着心理学家逐渐放弃观察实际行为的方法，他们越来越依赖于让人们报告自己的想法和感受。心理学家不能在丝毫不相信自我报告有效的同时，靠询问人们的想法和感受来做研究。

我还是选择这么做：尝试确定双方各有哪些真知灼见，并对其进行整合。人确实知道自己在想什么，又有怎样的感受，所以内省在这方面非常奏效。与此同时，部分想法和感受是无意识、自发过程的结果，内省无法得到这些结果。从定义中就能看出，一个人意识不到无意识中发生了什么！当意识思维试图对它自己做出解释时，它必须推断甚至猜测潜意识过程贡献了什么。它或许会得出一些正确的结论，但不是全部。

换句话说，内省更适合用来描述一些东西，而不是做解释。我们能准确地观察和报告意识的内容，但其背后的原因和过程有时会被意识屏蔽，因此内省无法揭示它们。此外，意识思维似乎不知道它不知道这些事情，所以它会猜测，并误以为它的猜测是确凿的真理——提出这一点是尼斯贝特和威尔逊的重大贡献。

因此，基于内省的自我知识部分有效，部分有误。不过这些错误不太可能与事实截然相反。更确切地说，无意识的偏见会系统性地扭曲自我知识，而你并不知道扭曲已经发生。这最终会成为自欺（self-deception）过程的关键。

自我参照效应：黄金文件夹

现在，我想说说一个以简单甚至极简的方法来构建自我知识的想法。让我们尝试用一个通俗、简单的比喻来理解这个想法。自我就像一个文件夹，人们可以把东西放进去，存储起来，也可以从中取出某些东西，以供日后使用。这个文件夹还有其他重要作用，所以无论将什么东西放进去，这些东西都自然会受影响，被赋予价值。

其核心思想如下。与自我相关的信息得到额外关注后，经过心理加工，被储存在记忆之中，对这些信息的记忆要比对其他信息的记忆更加牢固。这一现象被称为"自我参照效应"（self-reference effect），它表明，比起其他信息，任何与自我相关的信息都更容易被注意和记忆。

罗杰斯、凯珀（Kuiper）和柯克（Kirker）于 1977 年发表的论文中写到了开创这一思想的经典研究。实验程序看上去很简单：研究对象会看到屏幕上闪过一个词，随后他必须回答一个与之相关的问题。看到的词不同，要回答的问题就不一样。最为关键的问题是"这个词是对你的恰当描述吗"。其他问题包括这个单词的字号大不大，这个词与另一个词是否押韵，以及这个词的意思是否与另一个词相同。这些问题被随机混合在一起，然后打乱。不同的人就算看到了同一个词，也会回答不同的问题。

实验后期，在所有词都被研究对象看到过，并且所有问题都得到过回答之后，实验人员开展了一项令人惊讶的"测试"：要求人们写下他们记住的所有词。然后，研究人员就可以统计人们都记住了哪些词，以及看到这些词后，他们都被问到了什么问题。一个极其重要的发现是，如果看到一个词后，人们被问到"这个词是对你的恰当描述吗"，那么他们往往对这个词记忆最为深刻。与其他问题相比，这个问题在某种程度上能强化人们的记忆。这就是自我参照效应。

自我参照效应可能会给人这样的印象：人们记住的主要是符合他们自我概念的东西。事实上，连罗杰斯和他的同事也不得不纠正过他们作品中的这个观点。第一次试图发表研究结果时，他们的结论是，人们记住的词和其随后被问到的"描述自己"的问题有关，主要是人们回答了"是"的那些词。他们较少记得他们给出了否定答案的那些词。然而，期刊编辑注意到一个统计学问题：对于"描述自己"的问题，人们回答"是"的频率远高于回答"不是"的频率（这一点符合我们已经讨论过的一种普遍的思维模式，即人们认为他们具备很多特质，甚至那些看起来相互矛盾的特质，只要它们不是负面的）。因此，即使在实验最后的"测试"中，人们回忆起他们之前看到的词，更可能说"是的，说的就是我"，而不是"不，我不是那样的人"，也并不意味着回答了"是"就会记得更清楚。研究者纠正统计学问题时，发现"不，我不是那样的人"对应的词也被记住了。

重要的是，短暂地思考一个词与自己的关系，会让这个词变得特别好记。起作用的是问题，而不是答案。只是思考一个词是否适用于你，即使你最终认为它不适用于你，也会让它比其他词更加牢固地留在记忆中。把这个词和自我联系在一起的这种简单的联想，能加深记忆。

如果我们把记忆过程看作把东西放进文件夹，自我就是一个特别重要的文件夹，因此本节副标题为"黄金文件夹"。人类思维对与自我相关的事物保持着警觉。哪怕是否认某个词适合用来描述你，也足以让它沉浸其中。

自我不是唯一的"黄金文件夹"。后来的一篇文章（Greenwald & Banaji，1989）认为，自我"强大而平凡"。的确，自我能使其他事物变得重要，从而使人们更容易记住它，但其他重要线索也能强化记忆。其他文件夹——也许包括性和金钱，也会强化人们的记忆。

不是每个人都会产生自我参照效应，一个原因可能是自我这个"文件夹"对有的人来说并不是"黄金的"。遭受过童年创伤的人就是一个重要例证，显然，他们容易精神分裂，无法将不同的想法联系起来。早期的创伤会使自我产生消极的感受，自我统一性"工程"将与之反复碰撞。当大脑引入与自我相关的新信息时，这些人通常不会仔细思考这些词有没有额外的关联和意义（Chiu et al.，2019），但这么做恰恰能够强化心理上的联系。

自我也会对自己的活动印象深刻，做选择尤其能强化记忆。布兰登·施迈歇尔（Brandon Schmeichel）及其同事通过一系列研究发现，当人们做出大量心理上的努力，选择了某些事物后，他们会牢牢记住这些事物。这超出了自我参照效应的范畴，因为当别人为你选择东西时，你不会像自己为自己选择东西时那样，对那些东西记忆深刻。

另一个相关的心理模式是禀赋效应（endowment effect），即拥有某样东西会使人们更珍惜它（Kahneman et al., 1990）。在最早的实验中，研究者向一部分人展示了一个咖啡杯，并询问他们愿意花多少钱买它，同时把同样的咖啡杯给另一部分人保管，然后询问他们愿意卖多少钱。杯子都一样，几分钟前，这些人还从未见过它，也没有选择它，但拥有它促使他们赋予了它更高的价格。过去人们通常是从经济理性和财务决策的角度讨论这个现象的，这没什么问题，但这一现象也与自我有关。就像我们已经了解到的，所有权是自我的重要社会基础之一。

所有权将物品与自我联系起来。这意味着价值从自我流向物品。仅仅"某样东西是我的"这个事实，就能使我更加珍视这样东西。这是更为广泛意义上的自我提升效应的一部分：人们高估了自我的积极价值，因此也高估了属于自己的事物的积极价值（Beggan, 1992）。"黄金文件夹"为里面装的东西镀上了一抹金色。

额外信息的加工是构建自我知识的一个途径。自我会额外关注并反复思考与自己相关的信息，这会在记忆中留下深刻的痕迹。自我的思考和选择活动会在记忆中留下格外深刻的痕迹。自我也会给予其拥有的东西额外的关注，赋予其额外的价值。这些基本的信息加工的模式为自我知识的形成做出了贡献。

镜中我

毫无疑问，人们会从别人那里了解到很多关于自己的信息。与他人互动能让你充分了解自己是什么样的人，什么事做得好、什么事做得不好。即使你可以直接观察自己，你仍然不得不依靠别人来了解自己，这似乎有点儿好笑。但尽管你可以观察自己的身体状况，却不知道社会会如何衡量其价值。你自己就能跑一英里[⊖]，直接体验这有多难、要花多长时间，但是要判断你是有参加奥运

⊖　1 英里≈1.609 千米。

会的潜质，还是根本够不上奥运会的边，就离不开其他人的参与。

因此，"你的自我知识是从别人那里获得的"这个激进的观点似乎能取代"你是从直接经验中认识自我的"这个简单的看法。你的自我概念是别人反馈的产物。你对自己的认识来源于别人对你的看法，而且，记住，别人对你的看法具有重大的实用价值。你对自己的看法则没有那么重要，至少就对生活中成败的影响而言，的确是这样。

自我知识依赖于社会互动，包括他人反馈和社会比较。自我知识来源于社会互动这个观点，是20世纪中期的一场重大知识运动——符号互动论（symbolic interactionism）的核心。乔治·赫伯特·米德（George Herbert Mead；1934）和其他一些人关于"泛化他人"（generalized other）的作品，概要介绍了那些了解你并教会你了解自己的互动伙伴。这一取向走向了另一个极端，不再承认过度内省和其他类型的内在体验是自我知识的基础。人们与彼此互动，通过互动获得关于自己的信息，其中部分信息来自与你有关的明确陈述，也来自他人对待你的方式。认识他人先于认识自己。

库利（Cooley，1902）的"镜中我"（looking-glass self）是这类观点中最早被提出的观点之一。他认为，他人就像一面镜子（一面"观察镜"），使你从中看到自己。没有他人，你就无法构建起自我意象（self-image）。

因此，自我知识是通过向外看，而不是向内看获得的。有一个流行的小组练习，是给每个人一个数字，并让他们去找尽可能大的数字配对。问题是人们并不知道自己得到的数字是什么，这个数字写在一张卡片上，而卡片固定在每个人的额头上。尽管人们看不到自己拿到的数字，但他们很快就能算出来。如果每个人都向你靠近，那么你拿到的数字一定很大。相反，如果每个人都避开你，你的数字很可能很小。

这个练习背后隐藏着一些正确且重要的东西。关于自我的信息，只有在与他人相关时才有意义。即使有的测量是客观的，比如测量你跑一英里有多快，但是只有在比较中，这个数字才有意义。许多特质直接关系到你如何与他人互动。在大五（Big Five）人格模型所说的五个人格维度中，至少有两个（外倾性和宜人性）指的完全是对待他人的方式，可见，从社会输入的信息是决定性的（如果没有人认为你讨人喜欢，你就不可能是这样的人）。甚至更重要的是，他人会告诉你他们是如何看待你的，而自我知识很大程度上就是从这些信息中提炼出来的。

施洛格和舍尼曼（Shrauger & Schoeneman，1979）一篇涵盖面极广的综述给这些似乎很有说服力的想法浇了一桶冷水。两位学者梳理了数十项研究，这些研究为符号互动论的关键推论提供了数据支持。如果你对自己的看法基于他人对你的看法，那么你的看法应该和他人对你的评价相当吻合。然而，这篇文章收集的大量数据却导向了令人十分沮丧的结论——人们的自我概念与他人的看法并不一致。镜中我似乎没有很好地发挥作用。

深入研究后，施洛格和舍尼曼认真审视了"照镜子"过程中一个假托的中介物。在贝琪对自己的看法和她的熟人对她的看法之间，有一个混沌地带：贝琪是如何理解她的熟人对她的看法的。通常情况下，贝琪的理解与她对自己的看法非常相似，而与其他人对她的看法不太一样。

这能帮助我们找到问题所在。从贝琪的角度看，"照镜子"的过程进行得很顺利。也就是说，她的自我概念非常接近她认为他人看待她的方式。在她认为的他人对她的看法和他们实际的看法之间，存在一个神秘的鸿沟。

镜中我的两个问题

有两个问题会妨碍人们对他人看待自己的方式形成准确印象（Felson，1981，1989）。一个是，人们不会直率地告诉你他们对你的全部看法，尤其会避免指出你的错误和失败。即使在适合说这个话题的场合，他们也会找借口或者搪塞过去。在 1987 年的一次采访中，女演员贝蒂·戴维斯（Bette Davis）回顾了自己的电影事业，她说，在她出演过的所有电影中，她最喜欢的台词是"我想吻你，但我刚洗过头发"。显然，对那个没有得到对方亲吻的求婚者来说，这样一句话比"我觉得你很丑"之类的说法更难理解。这甚至可能会给他希望，让他以为，如果他设法在另一个更合适的时机再求一次婚，比如当她的头发没那么干净，或至少是干的时，她就会吻他。

另一个阻碍人们了解他人对他们看法的问题是他们自己的防御。当他人说出在他们看来你存在什么问题的时候，你很可能会忽略或合理化他们说的话，而这些心理防御出现过的痕迹很快就会被掩盖。不过，现在的重点是，镜中我不能告诉人们他人对他们的真实看法，并不完全是因为人们不愿意接受批评。相反，互动的整个过程是一个沉默的阴谋。当要说的话不是什么好话时，一个人不想说，另一个人也不想听。全面有效沟通的可能性微乎其微。

另外，防御性的自欺是一方面，但另一方面，对他人的反馈保持一定怀疑可能是一件好事。如果每次别人称赞或批评你，你都会改变对自己的看法，那么你将很难维持任何对自己的稳定认识，自我统一性"工程"也几乎不可能实现。许多批评是原因不明的：有时，别的司机对你按喇叭是因为你的做法不对，但有时他们按喇叭，只是因为他们脾气暴躁或正在赶时间，而你恰好挡了他们的道。本书第1章讨论了人是环境的产物还是可以通过自己的选择和努力构建自我的问题，并不可避免地得出了两者辩证结合的答案。这里，我们再次看到，人们会受他人的反馈影响，但是人们并不只是被动地为其所塑造。他们主动、有选择地从社会世界中获取反馈，以建立对自我的稳定理解。

行为的推论

关于自我知识的另一个理论是，一部分自我知识是通过与我们了解他人的过程大体相似的过程获得的。你观察他人的行为，记下他们的行为模式，然后据此对他们是什么样的人进行推论，并得出结论。

这个看起来并不复杂的理论是由达里尔·拜姆（Daryl Bem；1965，1972）提出的。多年来，它不断与认知失调理论交锋，因为两者都试图解释为什么人们会改变态度，以适应他们最近偶尔会做出的怪异行为。失调理论的信奉者提出，人们希望自己能前后一致，因此他们通过肯定自己的行为确实传达出了他们的态度，来合理化自己的行为。拜姆猜想是否一个简单的解释就已足够说明这一切：就像观察他人时那样，人们会观察自己在干什么，从而推断出自己潜在的动机。许多研究设法对这两种理论相互矛盾的推论进行验证。大多数时候是认知失调理论取得了胜利，但自我知觉（self-perception）理论也赢过。

从表面上看，拜姆的理论似乎是对人们通过内省直接获得自我知识这一观点的又一次否定，不免让人联想起行为主义者拒绝研究心理过程，或者尼斯贝特和威尔逊对自我报告的轻视。但是拜姆并不傻。在陈述自己的理论时，他并没有宣称内省总体上无用或无效。他只是说有时它不起作用，但在某些情况下，人们会回到这些自我知觉过程中。

假设我喜欢好吃的健康食品。酸奶就是其中之一，我喜欢水果口味，所以我应该会喜欢桃子酸奶。因此，我买了好多次桃子酸奶，把它放到了冰箱里。然而我从来没喝过这些桃子酸奶，每次都会把它们扔掉（尽管在那之后我又会买新的）。某个时刻，我可能会得出与我经过内省而得出的假设相反的结论：我不是真的喜欢桃子酸奶。我不能再买桃子酸奶了，这样我就不必一次又一次地扔掉它。

此外，正如我们已经了解到的，认识他人的目的不同于构建自我知识的目的。构建自我知识时，无疑偶尔可以借鉴一下人们认识他人的方法，但是考虑到目的上的差异，我们心里要清楚两者的区别很大。

有足够的证据表明，一些自我知识是通过这些自我知觉过程获得的。但这可能只是一个相当次要的来源。

思考自我知识的增长

一旦自我知识有了一致性的基础，关于自我的新信息就会源源不断地涌入。随后，大脑会根据已有对自我的理解的组织方式和新信息的意义，将新信息植入现有的信息体系。

一个主要的规律是，虽然人们往往渴望了解自我，并经常将新的信息添加到对自我的认识中，但是一旦自我知识形成，就会开始抗拒变化。一旦人们决定采取某种思维方式，就不愿意改变了。他们尤其不愿意变得消极，所以更易接受朝更好的方向调整。毕竟，这是自我确证（一致性）模式的基础：人们更愿意肯定那些他们已经相信的关于自己的事。当然，他们还想把消极的东西变成积极的东西，而不是相反。当一个人听别人说他比自己以前想象的更聪明、更好看或更有魅力时，起初他可能会怀疑，但他愿意被说服。要说服他们相信自己比想象的更愚蠢、更丑陋、更令人讨厌，则会更难。

针对人们接受有关自己的新信息这一点，我们还知道些什么？至少从20世纪60年代开始，研究人员便已经认识到，人们往往出乎意料地愿意接受关于自己的信息，尽管这可能只意味着自我知识足够灵活和多样，符合那些模糊的、一般性的特征。我的研究生涯始于对"P. T. 巴纳姆效应"（Meehl，1956）的研究，这个效应是以一位著名艺人的名字命名的。它指的是普通人乐于将各种各样的特征视为对自己准确且极有意义的个人描述，包括一些随机分派的、概括性的特征。一个著名的例子（Aronson & Mettee，1968）是，研究人员随机给人们反馈，称他们可靠或不可靠，有或没有"强迫倾向"，自私或无私，善于保持冷静或在压力下容易兴奋，等等，结果发现，人们倾向于相信他们得到的任何一个反馈。

巴纳姆效应可以解释为什么占星术、算命等类似事物都一直对人们那么有吸引力。如果我们给你一些随机生成的性格描述，你可能会想到你做过的一些事，感觉每一种性格描述你都符合。以下是我最近乘坐公共交通工具时看到的一些星座运势："你可能需要付出很多努力才能把事情做对""你会感觉自己好像有一百万件事情要处理，列个清单吧""你可能不得不接受某人与众不同或有提出不同意见的权利""想办法绕过目前强加在你身上的限制"。

看到这种信息，你有没有想过"我好像就是这样的"？人们能从不同的角度看待自己。正如我们已经了解到的，人们倾向于认为自己拥有所有（正面的和中性的）特质，甚至那些看起来矛盾的特质。但是，如果他们确信自己是这样的人，而不是那样的人，这一观点就不容易改变了。

本章要点

- 自我知识很重要，你可以通过多种途径和过程，包括内省、自我参照、观察别人对你的反应、根据你自己的行为推断等，来获得自我知识。
- 基于内省的自我知识部分有效，部分有误。
- 与自我相关的信息得到额外关注，经过心理加工，被储存在记忆中，对这些信息的记忆要比对其他信息的记忆更加牢固。这一现象被称为"自我参照效应"。
- 你对自我的一部分认识来源于别人对你的看法，但这很可能是扭曲的。
- 人们了解自我的方式中，没有一种完全可靠，这就引发了人们如何准确地了解自我的问题。

The
S ELF
EXPLAINED

第 15 章

自　　尊

———

　　自尊是自我信念的好 - 坏维度。自尊心强的人对自己抱有正面的信念和积极的感觉（"我喜欢我自己"）。低自尊相当难判定，但在某种程度上，它与那些正面的信念与积极的感觉相反。

　　自尊是受到最为广泛研究的人格特质之一。自尊得分高和得分低的人确实存在差异。在心理学发展相对较早的时期，就已经存在较为有效的自尊衡量标准，因此，20 世纪中叶之前已开始积累相关数据。20 世纪末，（美国）心理科学协会（Association for Psychological Science）委托包括我在内的一些研究者查阅相关文献并归纳高自尊的益处（或不足之处），我们第一次在计算机上搜索就查到了约 18 000 个出版物。现在这个数字可能会达到其两倍多。

拥有高自尊更好吗

假设一个年轻人的智商是 115，高于平均水平，但是没有达到天才的程度。在理想情况下，他应该认为自己的智商是多少比较好？认为自己的智商有 130，毫无疑问是高自尊的表现，因为 130 很高，而且本来就比其真实智商高。然而，促使人们相信自己比真实情况更聪明，是否明智，是否有益呢？关于提升自尊有何价值的争论极大地吸引了科学家和社会的目光。这甚至是心理科学协会指派的一组研究人员评估的焦点所在，他们的报告为本章前半部分内容提供了大部分依据（Baumeister et al., 2003；Baumeister, Campbell, Krueger, & Vohs, 2005）。

可以肯定的是，提高人们对自己天赋和能力的评价并不是获得更高自尊的唯一途径。也许高自尊的年轻人知道自己的智商是 115，但他们认为 115 很好。这种想法可能会被称为"自我接纳"：他知道自己的局限性，但也欣赏自己的优秀品质。如果一个人的智商是 85，低于平均水平，要自我接纳就更难一些。也许他可以满足于自己的低智能，更看重自己的其他特质。

低自尊是种流行病吗

所谓的自尊运动引起了国际公众对自尊的关注。1970 年左右，一些领导人开始在他们的写作和演讲中谈论自尊的重要性、低自尊的危险，以及提升全体民众的自尊的必要性（如 Branden, 1969）。人们普遍认为，低自尊的流行病正在肆虐。尤其是青春期少女和少数族裔等群体，人们觉得他们很容易陷入低自尊（Kling et al., 1999；讨论和驳斥了这个观点）。出于提升自尊的目的，相关项目被开发出来。学校有专门的自尊课程，例如，老师可能会要求学生制作一幅拼贴画，来呈现他们的优秀特质。市面上还出现了自尊填色书、自尊毯子、自尊汽车座椅。企业家也推出一些项目，到学校进行为期几天的培训，为的是帮助学生建立起高自尊。

社会科学家将低自尊作为对种种社会弊病的一个有力解释。也许女性之所以没能在社会上获得成功，是因为她们缺乏自尊，一本畅销书甚至认为，当一个女孩进入青春期后，她的自尊水平会急剧下降（Pipher，1994）。同样，许多作者分析了低自尊如何抑制了非裔美国人的发展，更广阔的社会对他们的偏见既缺乏理性又有失公平，正是这种低自尊的根源，而他们的高犯罪率和暴力率、糟糕的学习成绩、不稳定的家庭关系等都可以解释为因为他们的低自尊。如果能够提高自尊，这些问题可能会急剧减少，甚至消失。

加利福尼亚州任命了一个特别工作组，以提升全州居民的自尊，希望这个工作组能够减少诸如犯罪、暴力、药物滥用、精神疾病、意外怀孕和失业等社会问题（见 California Task Force，1990）。州议员约翰·瓦斯康塞洛斯（John Vasconcellos）是这项倡议的先锋人物，他乐观地认为提高自尊将有助于解决国家的财政问题（Winegar，1990）。他解释说，高自尊的人工作能力更强，薪水更高，因此缴的税也会比低自尊的人更多。几年后，特别工作组解散了，它的目标没有实现。国家预算问题仍然存在。

一些关键问题被忽略了。第一，是否真的存在低自尊这种流行病？第二，把自尊提升到更高水平是改善生活和使整个社会更美好的有效方法吗？第三，也是最根本的一点，高自尊真的有好处吗？

研究人员审视人们在自尊测量中的得分时，发现从未出现过大量的低分。相反，大多数人的得分处在中等到高水平范围，真正低自尊的人很少（见 Baumeister，Tice，& Hutton，1989）。不同研究人员开发的所有自尊测量方法都是如此。

也许最令人惊讶的是，非裔美国人在自尊方面的得分普遍要高于白人（Crocker & Major，1989）。有关低自尊是非裔美国公民问题根源的所有理论突然变得无关紧要。

至于女性在自尊方面的劣势，克林（Kling）及其同事（1999）对相关证据进行了详尽的回顾，得出结论：男性和女性在自尊上的差异持续存在，但相当小，这种差异会在青春期前后达到顶峰——约为标准差的 1/4。克林和同事明确否定了皮弗（Pipher）等人危言耸听的论点——青少年时期，女孩的自尊水平会"直线下降"。不仅如此，女孩的自尊水平似乎并没有下降，反倒是青少年时期男孩的自我狂妄达到了顶峰。一些作者推测，这种现象能在进化过程中找到根源。年轻的雄性猿类需要具备挑战雄性首领的自信，这决定了它未来能不能拥有足够数量的后代。

在我的印象里，自尊的性别差异主要由身体意象造成。我并没有注意到有年轻女性认为她们不如年轻男性聪明，不像男性那么精通社交技巧，或者没有他们道德高尚。但是许多年轻女性认为她们的身体有缺陷，而年轻男性无论如何一般认为他们的身体很好。那 1/4 标准差的差异很可能主要与有关身体的这种区别有关。

回顾过去，心理学对自尊运动的支持是一个无心之过。低自尊与各种各样的个人问题有关，包括学习成绩差、失业和意外怀孕。所以低自尊的人越少，这些不幸就越少。但是正如研究人员在研究方法课上学到的那样，相关性并不意味着存在因果关系。从长远来看，自尊支持者夸大的承诺并没有兑现。自尊与其说是原因，不如说是结果。的确，失业者的自尊水平低于那些拥有高收入工作的人。但是低自尊并不是他们失业的原因。相反，是失业导致了低自尊。

学校表现对很多人来说很重要。大量的研究发现，自尊水平和学校表现的相关性尽管不那么强，但统计上很显著，比如，自尊得分越高的孩子，成绩就越好。其中一些研究的开展依赖于让孩子报告他们的成绩，这给研究人员的工作行了方便，但是引入了一个重大问题，即也许高自尊的孩子夸大了他们的好成绩，他们真实的成绩并没有那么好。之后我们很快会回过头来讨论这个问题。不过，其他研究人员尽职地拿到了学校的成绩单，发现这种相关性的确存在。高自尊确实意味着更好的成绩。

长期以来，美国人格外注重寻找让孩子更聪明、受到更好教育的方法，但不强制他们做所有的家庭作业。如果你相信自己是一个数学天才，你就能成为一个数学天才，这难道不是一件好事吗？但是，从长远来看，如果你想成为一个数学天才，那么你必须完成所有的家庭作业。相信自己是一个正在崭露头角的天才，很少甚至根本没有帮助。

在研究者跟踪孩子情况的过程中，随着时间的推移，真相渐渐浮出水面。一项重要研究对孩子的自尊和成绩进行了多年的观察。10 年级（相当于国内高一）时的自尊水平无法预测 12 年级（相当于国内高三）时的学校表现，这对自尊影响成绩的观点而言是一个巨大的打击。相比之下，10 年级时的成绩却有效地预测了 12 年级时的自尊水平。可见，良好的自我评价并不会让你获得高分。相反，获得高分会让你感觉自己很好（Bachman & O'malley，1977，1986）。是高分的获得，带来了高自尊。

提升自尊的危险

那些旨在提升自尊的学校实践没能带来一定的好处吗？通过到访学校，提升孩子的自尊来赚钱的人，往往并不怎么想获取关于其项目是否有效的科学数据，这很可能是因为数据显示，这些项目除了鼓励孩子进行无聊的自我表扬之外，几乎没有取得什么成果。两名研究人员梳理了现有的数据，得出结论，这些项目对真正的行为改善没有什么贡献（Scheirer & Kraut，1979）。

然而设计得当的研究极其少见。我们需要随机分配来自同一群体的孩子，使他们中的一部分自尊水平得到提升，而另一部分保持不变（随机分配会平衡人与人之间的所有差异）。

只有一个研究真正做了一项正确的工作，而且不太可能被重复。唐·福赛思（Don Forsyth）教授在自己的心理学入门课上进行了这项研究（Forsyth et al.，2007）。所有期中考试成绩差的学生在之后的半个学期里每周都会收到电子邮件。这些电子邮件中有一个复习问题，并且可能随机附上其他内容。有的人收到的电子邮件还包含一段旨在提升自尊的信息（例如"记得抬起你的头，也'抬起'你的自尊"）。令人震惊的是，这些信息反而导致他们在期末考试中的表现更差了。显然，学生们以这种形式把这些信息记在了心里："我为什么要费心努力学习这门课程？我已经是一个了不起的人了。"

如今，心理学往往极其注重重复实验，得到同样的结果，"一次性"的发现就算极具启发性，也只会收获怀疑的眼光。很不幸，重复福赛思的研究几乎不可能。他由衷地认为提升自尊可以提高成绩，伦理委员会也同意这一观点。一旦他发现提升自尊会让学生的分数变得更低，再次尝试就非常不道德了。这有点儿像在做一项研究，试验一种本以为可以改善健康状况的新药，结果却发现它会使人们患上重病，甚至导致一些人死亡。没有人会重复这个实验的。

另一个有用的证据是学校老师和管理者一直在关注的一个问题，即要不要给一个学习不好的学生打不及格。我年轻的时候，在自尊成为一个政策问题之前，一些学生会因为得过太多次不及格而不得不留级。自尊运动致使这种做法广受抨击，人们认为让学生留级一年，被朋友和同龄人抛在后面，和更小的孩子待在一起，会伤害他们的自尊。**社会提升**（social promotion）的做法传播开来：允许孩子进入下一个年级，也许还会提供一些额外的帮助和鼓励，以避免伤害其自尊。

赫伯特·马什及其同事的研究显然给社会提升实践造成了打击（见Marsh，2016；Marsh et al.，2017）。通过社会提升升入下一个年级的学生不会进步。他们还没掌握三年级的学习材料，现在就不得不在没有充分准备的情况下开始四年级的学习（另外，其他孩子都认为或知道这些孩子不太聪明，学习很费劲）。相比之下，留级一年的学生进步显著。事实证明，再上一次三年级更容易（特别是如果孩子一年前智力还不够成熟，但在此期间已经有能力掌握学习材料）。至关重要的是，这种进步是持续的。在一项研究中，马什和他的同事（2017）于 5 年后对孩子们进行了跟踪调查。那些曾被留级的孩子表现得越来越好了，不像那些经过社会提升的孩子，他们仍然学得很吃力。

马什的大部分研究成果证实了他的理论，即在小池塘里做一条大鱼总比在大池塘里做一条小鱼好。通过社会提升顺利升学的孩子，仍然是同一个池塘里最小的鱼；正如我之前提到过的，其他所有孩子很久以前就视他们为群体中的笨蛋了。另外，在新的一年里，他们必须搭建起他应该已经有，但从未拥有的知识体系。相比之下，留级的孩子更占优势，因为他们学过这些知识。他们会遇到一群新的、更年幼的孩子，甚至能成为一个领导者。简而言之，相对于新的小池塘来说，他们现在是一条大得多的鱼。5 年后，这些孩子在某些可以客观衡量的方面依然表现良好。

心理学是如何被愚弄的

数据是有缺陷的，所有社会科学数据都是如此。证据汇集起来后，令人印象深刻。那些显著的结果表明，高自尊的人做各种事都比低自尊的人做得好。不过通常结果很小且并不显著，但是这样的结果不会得到太多宣传，只有显著的结果能被注意到。

然而，随着时间的推移，证据的致命缺陷开始显现。我们已经注意到其中一个大问题：将自尊与学校表现联系起来。是的，更高的自尊水平会带来更好的成绩。这就是每个人都充满希望的原因。但是对孩子进行跟踪调查会发现，是先有好成绩，才产生高自尊，而不是相反。

另一个问题更为根本，却很容易被忽视。它与人们如何填写调查问卷有关。自尊是通过问卷调查来衡量的。如果你以积极的态度回答关于自己的问题，在各种事情上对自己评价很高，你就会被归为高自尊的人。研究人员会假定他们正在挖掘一些强大的内在特质。在许多研究中，他们还会交给人们另一份调查问卷，比如询问他们健康状况或人际关系的问卷。那些刚刚在自尊量表上给了自己正面评价的人，也会继续给他们的恋爱关系正面的评价。然后研究人员计算两者的相关性，得出结论：哇，高自尊的人拥有比其他人更好的人际关系。但也许这只测量出了他们是如何看待和评价自己的。我们需要客观的衡量标准。我们不能只相信调查问卷。

一个关于大学生 5 项主要人际关系技能的研究为依赖人们自我评价的谬误

提供了戏剧性证据（Buhrmester et al.，1988）。高自尊的人对自己这 5 项技能的评价明显高于他人。他们更善于建立人际关系，比如开始一段对话和建立一段友谊。他们更擅长提出问题，提供情感支持，披露自己的个人信息，甚至处理冲突。这些发现对观点的形成有一定意义，并且提供了某种证据，诱使研究人员得出高自尊有许多好处的结论——在这个案例中，就是使人更具备社交能力。然而，这项研究令人印象深刻的地方在于，研究人员还请受试者的室友进行了评价。毕竟，除了那些和你在一个小空间里生活了好几个月的人，又有谁更适合评估你的社交能力？室友的评价并没有证实高自尊的好处。只有社交主动性较为显著。不过，与自我评价相比，室友对受试者社交主动性的评价显然更低，但显然仍高于零。高自尊的人似乎比其他人更善于主动接触和结交朋友。除此之外，一无所获。室友们并不认为这些高自尊的人拥有其他任何社交技能。

其他研究结果加深了人们的怀疑，人们认为高自尊更多的是膨胀的自我观念，而不是真正的优越。一个研究发现，基于对智力的自我评价，自尊与智力显著相关。但当研究人员进行实际的智商测试时，结果显示智商与自尊没有相关性（Gabriel et al.，1994）。至关重要的是，自尊与研究人员所说的"自我错觉"密切相关，后者指对智力的自我评价与实际智商分数之间的差异。更直白地说，高自尊与你实际上有多聪明没有任何关系，倒与高估你的智力有关。

有一次我听了儿童自尊的权威专家苏珊·哈特的演讲。她报告说，儿童的自尊在很大程度上取决于他们的体征美。事实上，两者的相关性达到了惊人的 0.85（最高 1.00）。哇！如果我们假设某种程度的测量误差的确存在，那就意味着孩子们的自尊完全取决于他们长得好看还是不好看，几乎没有任何其他因素会影响他们的自尊。也许孩子们真的那么肤浅，而生物学规律也是好看的外表会带来好处。我对这些结果感到震惊，并把它们告诉了各位同事，他们同样印象深刻。然而，当我向另一位杰出的自尊研究者珍妮·克罗克（Jenny Crocker）讲述这些观点时，她指出，哈特的研究完全依赖于让孩子评价自己的吸引力。因此，高自尊的人往往认为自己很漂亮，但不一定实际情况就是如此。

埃德·迪纳（Ed Diener）和他的同事于 1995 年艰难进行的一个针对大学生的研究证明了这一点。是的，高自尊的学生认为自己比其他人更好看。迪纳成功地复制了之前的发现。然而，研究人员为每个研究对象拍了照片，并让其他学生对照片进行评价，这时，这种相关性就消失了。最严格的测量只集中在了面部特征上。研究人员认为，也许比起其他人，高自尊的人更有可能梳头、做发型、化妆等，所以，在研究人员拍摄的照片中，研究对象都没有化妆、佩戴珠宝，头发也剪了。其他学生评估了这些照片的吸引力。这些评价与自尊的相关系数是 0，这意味着吸引力和自尊绝无任何关系！高自尊不能说明这个人真的很美，而是这个人即使并不漂亮，也认为自己很漂亮。

自尊还存在一个问题。即使可以证明，早期较高的自尊分数会在几个月或几年后的客观测量中体现出其真正的益处，但是自尊仍可能缺乏因果力（causal power）。我称这种情况为"现实的混乱"。假设山姆作为众人的焦点，确实英俊、聪明、善良、迷人，而沉闷的道格丑陋、愚蠢、卑鄙、令人害怕。假设这些差异使人们乐意接纳且喜爱山姆，却不愿接纳甚至鄙视道格。进一步合理假设山姆的自尊水平比道格更高（请记住这一点，正如在学校表现得更好确实会使人拥有更高的自尊水平）。然后假设研究人员证实，从客观上说，在之后的生活中，山姆的确薪水更高、人际关系更牢固、社交网络更广泛、健康状况更好等。这样的发现将促使研究人员认为，高自尊确实可以预测并可能带来更好的结果。

然而真的是自尊因素在起作用吗？自尊关系到人们如何评价自己。山姆发展得好，真的是因为他的自我评价吗？还是说只是因为他客观上就更幸运？他能拿到更高的薪水是因为他更聪明。他的婚姻更稳固是因为他有更多浪漫伴侣可以选择，他更富裕，也更善良。他有广阔的社交网络是因为他富有魅力。他更健康，得益于更强大的社交网络和更多的财富。关键在于，基于大部分研究设计，看上去是高自尊导致了良好的结果，但山姆如何评价自己实际上无关紧要。甚至可以说，如果他的自尊水平过高，让人们觉得他傲慢自大，那么他还可能失去一些优势。

自尊和攻击性

我对自尊提升感兴趣的一个原因是，人们普遍认为，低自尊会导致暴力和攻击行为。由于我已经发表了多篇关于自尊的论文，在写一本关于恶意和暴力的书时（Baumeister，1997），我决定将自尊作为其要点。我在很多地方读到过"低自尊会导致攻击性"的观点。然而，我对自尊的了解让我产生了怀疑。低自尊的人往往害羞、谦虚、不愿冒险、缺乏自信，随时准备按别人说的做（如 Baumeister，1993）。这听起来不像一个容易施暴的人。

阅读中，我发现许多作者引用了流行的观点，即低自尊会引发暴力，但提供的证据却很少。每篇文章都会把它当作事实来陈述，并引用以前的资料，但当我查阅这些资料时，发现它们也只是说"有人说是这么回事"（通常还会引用其他人的话，结果这个人依然只是这么说说罢了）。我从未找到过任何原始或权威的来源，也没有发现谁能提供实证证据。从与家庭暴力的女性受害者的面谈中，你可能会了解到，她们的暴力男友或丈夫自尊水平较低，而这不过是给该男子（以及把她留在他身边）找到了一个借口。

我开始阅读有关暴力群体的文章，但并未发现任何低自尊的迹象（见Baumeister，Smart，& Boden，1996）。最为臭名昭著的就是残暴的纳粹了，他们自称"优等民族"，这个口号可称不上低自尊。他们没有把他们的大屠杀描述为一场消灭杰出且强大的敌人的行动，而称其为消灭害虫，或者终结"不值得活的生命"。他们对苏联的入侵是历史上最严重且代价最高昂的错误之一，做出这样的决定，显然是出于过度自信和对自身能力的夸大。正是他们的高自尊让他们变得邪恶，并且导致了他们的覆灭。

一项针对狱中强奸犯的研究（Scully，1990）发现，他们将自己描述为"多才多艺的超级成功者"。关于欺凌的研究一开始假设欺凌者自尊水平低，然而结果恰恰相反（Olweus，1994）。事实上，欺凌者的自尊水平很高，和欺凌者一起欺负受害者的孩子同样如此。那些勇敢地面对欺凌者、维护受害者的年轻人自尊水平也很高。那么谁的自尊水平较低？受害者。

人们认为有虐待倾向的丈夫是因为低自尊才大发雷霆的，但事实证明，他们对自己的评价很高。他们往往觉得这个世界不尊重他们的优越品质，所以他们对这个世界充满怨恨。他们把怨气发泄在他们的妻子身上，因为妻子是他们接触得到的对象。但真正的问题在于他们毫无根据的高自尊。

在我开始发表"低自尊不是攻击性行为的原因"的研究结果后，我的朋友布拉德·布什曼写信给我说我们应该做一下实验室研究。自尊很容易测量，也有很多实验室方法可以测量攻击性。你可能以为会有大量实验室研究表明低自尊的人更具攻击性，但是事实并非如此，让人不禁怀疑是不是研究人员的实验失败了。布什曼是攻击性研究方面的专家，他赞同展开大型的、具有权威性的研究。在我的建议下，他测量了人们的自恋和自尊水平，因为我觉得产生攻击性的原因是认为自己比别人优秀，但这个看法受到了他人的质疑或威胁。自恋确实比自尊更能预测攻击性，尽管高自尊也是一个影响因素（增强了自恋的影响）。充满自爱的自恋者是最具攻击性的。我们没有发现任何证据表明低自尊与攻击性有关（Baumeister，Bushman，& Campbell，2000；Bushman & Baumeister，1998，2002；Bushman et al.，2009）。

暴力和受到威胁的自我

因此，一个人把自己设想得有多好与攻击性有关，但不是心理学家所假设的那样。低自尊不是攻击性的影响因素之一。相反，真正的原因似乎是受到威胁的自我（Baumeister et al.，1996）。攻击性强的人认为自己比他人优越，但遇到了质疑或反对这一点的人。这并不是说自恋会直接导致攻击性的产生。如果你尊重并赞扬自恋者，他们会很好相处。但他们会猛烈抨击那些批评他们的人。事实上，自恋者受到了批评或侮辱，并不会无差别攻击任何人——他们的愤怒只针对那些不尊重他们的人。

我们得到一个罕见的机会，获得了一些暴力囚犯的数据。他们犯有谋杀、袭击、强奸或武装抢劫等罪行。或许坐牢是一种令人羞愧的经历，不过这些人的自尊水平与没有坐牢的人一样。但在自恋，即感觉自身比他人优越这个方面，囚犯的得分实际上比其他人高（Bushman & Baumeister，2002）。因此，暴力囚犯并没有遭受低自尊的折磨，倒是有一种优越感和权利感。

到目前为止，唯一称得上能够支持"低自尊是攻击性的一个重要原因"这一观点的证据是，低自尊的人比其他人更愿意承认自己有过攻击性行为（如Donnellan et al.，2005）。但是这种影响可能与普遍性的倾向有关，即高自尊的人在所有问卷调查中都给了自己正面评价，而低自尊的人则不然。所有行为数据，包括在实验室和现实生活中收集的数据，都指向了受到威胁的自我。

这本书的一个主题是，人们所渴望的声誉在各种有关自我的观念中最为重要。攻击性数据完美体现了这一点。并不是某人私底下对自己的看法决定了其攻击性。相反，攻击性的产生（有时）是因为某人高度评价自己，并希望别人也这么想（人们所渴望的声誉）。当他人表现出不同意见时，人们所渴望的声誉就会受到损害。这就是不被尊重的感觉的本质。攻击性是声誉受损时的一种常见反应。

这里有点儿不合逻辑。殴打侮辱你智商的人并不能证明你是个天才。那么，为什么攻击性是对侮辱、不尊重甚至批评的一种常见反应呢？其根源很可能要追溯到进化的早期。在猿类社会中，个体的等级由战斗来决定，所以，攻击性是对任何挑战你社会地位的行为的自然反应。我们在底层上仍是猿类，所以有时候我们的反应和它们一样。当有人试图击倒你时，你自然的冲动就是打回去。有些人就是这样做的。

性别差异也存在。雌性猿类不像雄性猿类那样经常打架。雌性后代的数量和质量——自然界衡量生命成功与否的标准，不取决于殴打他人，对于雄性则恰恰相反。人类女性也比男性更平等，男性则容易建立起等级制度。因此我们应该假设，进化使人类男性对地位威胁的敏感度高于女性，并容易做出攻击性反应。可见这种分析方法更适用于男性而不是女性。

高自尊的实际好处

心理科学协会委托一个专家小组浏览研究文献，并撰写一份报告，说明高自尊有哪些真正的好处（Baumeister et al., 2003，2005）。他们让我来领导这个小组，某种程度上是因为他们知道我调整了关于自尊的观点，他们想要的是一个就算数据导向了不同的结果，也能保持开放心态的人。

考虑到种种问题，我们将搜索范围限定在采用了客观测量方法的文章中。高自尊的人会报告说他们各种事都做得很好，如果你相信这些自我报告的表面价值，你会发现它们有无数好处。但如果致力于寻找客观证据，这些好处大部分都会消失。这就是询问室友、智商测试和吸引力研究所显示的。

我们查阅了成千上万的研究，发现高自尊有两个明显优势。它们是出现在多个地方和不同活动领域，包括学校和工作表现、人际关系、问题行为、压力和应对等的两个模式。自我感觉良好的这两个明确的好处是主动性和良好的感觉。

第一个好处是主动性。高自尊让你对自己有信心，让你觉得自己知道什么正确、什么适当，可以采取相应的行动。低自尊会使人产生自我怀疑，不相信自己的冲动和本能。高自尊的人勇于承担责任；当他们认为群体或管理者们走错了方向时，他们会大声说出来；他们会抓住机会追求成功，去做了不起的事；能抵御外部的影响，不采纳他人的建议（即使是好的建议，因此他们会忽视危险）；如果他们想，他们会自信地接近陌生人，与之建立关系等。这一切都与低自尊的人的犹豫、顺从、消极、自我怀疑形成了鲜明的对比。

第二个好处是良好的感觉。在这一点上，我们不得不调整一下我们对客观测量方法的硬性要求，因为建立对一个快乐与否的客观衡量标准很困难。尽管如此，证据说服了我们，包括低自尊和抑郁之间的广泛联系。提升自尊的事物会给人们带来良好的感觉，而那些降低自尊的事物通常会让人感觉很糟糕。一些研究表明，高自尊可以缓解人们的压力，这样即使事情变得很糟，人们也能保持积极良好的状态。低自尊是一种脆弱，低自尊的人可能会被失败和挫折摧毁。

这两个优势很重要，但毫无疑问，它们远低于自尊运动鼎盛时期人们所期望的程度。高自尊并不会使一个人更有能力、道德、吸引力或成功等。很多研究结果都印证了这一点（综述见 Baumeister et al.，2003）。高自尊的人对自己表现的评价比其他人更高，但是他们的判断并不更加正确。认识一个新朋友并和他聊了一会儿之后，他们就会认为自己给对方留下了很好的印象，但是对方的评价却没有体现这种印象。有人寄希望于高自尊来帮年轻人抵御吸烟、喝酒的诱惑，但高自尊没有这样的功效。

在我们的报告发表的那段时间，一个国际性的学术竞赛正在举行，数以千计的学生参加了数学能力测试。那时，美国的学校一直在教授自尊，而其他国家还没有采用这种方法。结果好坏参半。在得到正确答案这方面，美国学生在所有参赛国家中得分最低。然而，参加测试之后，学生们被邀请为自己的表现打分，就这个分数而言，美国学生是所有国家中得分最高的。

我们于 2003 年发表了这份报告，报告引起了一定的恐慌和抵触情绪，特别是对那些大部分职业生涯都用来宣传自尊重要性的人而言。这样也好，科学就是这样运作的。从那时起又有一些人试图做些什么，以重申高自尊的重要性，或者至少使人们再度相信高自尊表面上的价值。

人际关系研究领域涌现出了一些极富创造性的成果。本书关于人际关系的章节会谈到低自尊引发的问题：个体缺乏安全感，因此经常考验伴侣能否信守承诺，但是无休止的考验和怀疑意味浓郁的戒备行为对关系造成了损害（如 Murray et al.，2008）。之后的研究有一些细小的发现，表明尽管关系不会持续很久，但伴侣对高自尊的人的评价更高（Cameron & Granger，2019）。如果说低自尊的人会因为不恰当的考验和退缩而破坏自己的人际关系，高自尊的人显然会因为其他事而导致关系终结。哈里斯和奥思（Harris & Orth，2020）得出了一个更加乐观的结论，不过这个结论依赖于自我报告。他们发现，当人们从总体上评价自己的人际关系时，自尊带来的益处最大（"我和很多人相处得很好"）；而当他们专注于特定的人际关系时，或者从客观测量结果或伴侣评价的角度看，这样的益处显然没有那么多。

　　还有一类研究将自尊与健康联系起来，这类研究很有前景。其中有一些数据令人印象深刻，说明高自尊与更高的健康水平相关（Stinson et al.，2008），不过这些数据大多来自研究对象的自我报告。甚至有关去诊所看病的自我报告也可能只反映了主观偏见，却没有体现客观的健康状况。低自尊的人比其他人更容易感觉身体不舒服，因此更常去诊所看病。这么一看，高自尊似乎确实能改善健康状况。"现实的混乱"也可以解释这一点，比如拥有更多的朋友和所爱之人对你的健康和自尊都有好处。事实上，斯廷森（Stinson）及其同事（2008）发现，低质量的人际关系与低自尊和身体疾病都有关联。

　　一些人甚至对我们的核心结论提出了质疑——自尊不是原因，而更多的是一种结果。其中令人印象最为深刻的是奥思及其同事（2012）的一项调查，他们采用追踪研究的方法，追踪了一群成年人12年之久。他们自豪地宣称，他们的研究结果表明自尊确实会导致之后的重大结果，驳斥了我们怀疑论式的评估。

　　他们得出的有关"早期自尊预测未来表现"的研究结果，确实是我所见过的最合理的结果。然而我阅读时的感受是，他们离证明自尊会带来客观上的好处还很远。他们发现的显著影响主要体现在主观结果上，而客观结果全然不受自尊支配。例如，研究显示，早期拥有较高的自尊水平，预示着后期会对自己的职业生涯更加满意，但是对工资或职业地位等客观结果没有影响。对我来说，这证实了自尊的价值主要在于让人们感觉良好。它不会帮助你获得更多东西，但它能使你更满意于自己取得的成就。这与我们观察到的情况非常一致，比如室友评价、智力评分、吸引力、肥胖等。

低自尊群体

　　高自尊比低自尊更好吗？到目前为止，答案是肯定的，尽管高自尊的优势只体现在有限的几个方面。那么，除了高自尊难以捉摸的好处之外，两者还有什么区别呢？

高自尊的人更好懂。他们十分自信。他们希望成功，希望得到他人的喜爱，希望实现个人发展。那低自尊的人呢？理论各不相同。或许他们很厌恶自己，会尝试伤害自己。或许他们试图证明他们对自己的负面看法是正确的。又或许他们害怕成功。

下面我要给出的答案看起来似乎会比这些大胆、反直觉的观点普通一些。低自尊的人和其他人一样渴望成功、爱情等美好的东西，但他们对这些东西的期望并不高，所以他们往往会把注意力放在应对和避免灾难上。特别是，他们首要的冲动是保护自己（包括保护他们的自尊，避免其受伤）。

自我保护倾向指引了低自尊的人的生活，包括其事业和人际关系（综述见Baumeister et al.，1989）。有一年，我和一个同事漫步阿姆斯特丹，来到一个公共广场，广场的人行道上有一个巨大的棋盘。有两个人正在和身高与自己差不多的人下棋，一群人在围观。我们继续往前走，这时，同事困惑地问道："为什么有人会在这儿下棋？"我说，这是挑战自我、证明个人技艺的好方法。我的同事听了，神情依旧，并解释说，这样可能会在偶然路过的人面前出丑。她的反应体现了一种低自尊的态度：认识到坏事发生的可能性，并避免它们发生。在广场上下棋的男人则可能采取了高自尊的反应：寻找机会发光发亮，对风险完全不在意。

重要的是，低自尊并不完全是高自尊的对立面。高自尊的人爱自己，认为自己很好。但难道低自尊的人就讨厌自己，认为自己很糟糕吗？观察一下他们实际上是怎么说自己的，就能得到否定的答案。低自尊只是相对低，不是绝对低。如果自尊的分数范围是 0~100 分的话，大样本均值通常不会是 50 分，而更有可能是 65 或 70 分。高自尊的人确实会宣称自己很好，低自尊的人则往往会说自己"有点儿""有时""可能"还不错，以及"不确定"，实际得分可能在 40~95 分。几乎没有人的真实得分会非常低。

因此低自尊通常并不意味着某人坚信自己是一个糟糕的人，它是一种混乱、矛盾、不确定的自我观点。研究人员珍妮弗·坎贝尔（Jennifer

Campbell）对此进行了详细阐述。在她最好的一些研究中，她把"自我概念混乱"视为低自尊的一个关键维度（Campbell，1990）。她指出，低自尊的人缺乏一套清晰、连贯的自我信念。他们会反驳自己在其他地方说过的关于自己的话，会改变自己的想法，当被问及自己时，他们往往会回答"不知道"或"不确定"。毫无疑问，缺乏自我确定性导致他们容易听从别人的建议或观点。

换句话说，低自尊是积极面的缺失，而不是消极面的存在。同时，它与自我保护倾向密切相关。在低自尊心理的负面影响中，代价最为高昂的恐怕就是这一种：由于害怕可能的坏结果而无法开始追求好的结果。**不冒险就不会失去**——这条格言似乎很好地描述了低自尊带来的消极后果。

为什么人们这么在意自尊

自尊身上最大的谜团是，为什么尽管自尊其实提供不了多少好处，人们看上去却这么在意他们的自尊。无数证据表明，人们总在努力构建对自我的积极看法。他们讨厌被批评，自夸式地解读模糊的证据，在那些不尊重他们的人面前甚至表现得咄咄逼人。但正如我们了解到的，除了能让人们更具主动性，感觉更良好之外，高自尊就没有别的什么好处了。有人可能会反驳：人们会为了这种良好的感觉而做很多事，维持高自尊只是其中的一个例子。这恰恰向我们提出了一个问题：为什么自尊水平高，人们就会感觉良好？通常来说，大自然将情感赋予人们，是为了使人们做出更多适应性行为，但为什么构建对自己的积极看法有助于适应环境？认为自己比真实情况下更优秀是高自尊的标志之一，而且它似乎是制造麻烦的要素，而不是一种有益的生活方式。那么为什么人们会对此充满渴望呢？

马克·利里（Mark Leary）治学严谨，他提出了解决这个难题的一个有效方法，并将其称为"社会计量器理论"（Leary，2004c，2012；Leary et al.，1995）。他发明了"**社会计量器**"（sociometer）这个术语，以结合内在心理测量（器）概念来衡量一个人的成就和社会生活前景。自尊本身可能并不那么重要，但它是大脑追踪某些非常重要的事物，即社会认可度的隐秘方式。人类进化成为群体的一部分，所以一个人需要成为能被群体接受的人。为了达到这个目的，大脑会追踪自己达到标准的程度。这就是自尊水平。

有一群人根据厄内斯特·贝克尔（Ernest Becker）在《死亡否认》（*The Denial of Death*，1973）一书中的论点提出了另一种理论。这本书写道，人类的关键特征是能够意识到自己将会死亡。这一论点被归为恐怖管理理论，该理论相信，大多数人类活动从根本上看都是防止人们意识到一个人终究会死的一种防御机制（如 Pyszczynski et al.，1997）。这群人指出，自尊是这种防御的关键部分（如 Greenberg et al.，1992）。

虽然我很欣赏恐怖管理理论支持者们开展的研究项目，但他们对自尊的解释并没有说服我。事实上，自尊可能会使死亡威胁变得更为严重，因为它将提升你死后会失去的东西的价值。从客观数据来看，死亡焦虑与自尊的相关性几乎为零（见 Leary，2002，2004b），倒是社交焦虑与自尊极为（负）相关。这表明，自尊得分与社会接受度的关系比其与死亡恐惧的关系紧密得多。从更大的角度说，人们很少想到死亡，但经常会想到他们与他人的关系。

社会计量器理论也适用自尊的测量方法。自尊量表包含 4 类问题：你受欢迎、受人们喜爱吗？你能胜任你的工作吗？你长得好看吗？你道德高尚吗？这 4 类问题很好地体现了人们将彼此纳入或排除在群体之外时遵循的标准。人们喜欢可爱的人，而工作团队需要有能力的成员。每个人都喜欢好看的人。群体会排斥那些违反规则和破坏道德信任的人。所以你可以用 4 类问题来衡量自尊。一切都与被他人接受息息相关。

社会计量器理论衍生出了一个影响深远而且前景广阔的新理论，称为"层级计量器理论"（hierometer theory），该理论认为自尊与社会地位有关（Mahadevan et al.，2019）。人们不仅希望被群体接受，而且（或许更）希望进入更高的社会层级。因此，自尊是衡量一个人如何按层级关系行事的内在尺度。层级计量器理论将重点从"相处"转移到"获得成功"。

自尊很可能既涉及人际和睦，又关系到个人的成功，所以社会计量器理论和层级计量器理论各有其针对性。鉴于更高的社会地位会降低被群体排斥的风险，两者也有重叠的部分。例如在一家公司里，最低级别的员工比最高级别的老板更容易被解雇。无论如何，广义上说，自尊是我们评估自身社会前景的方式，人们关心自尊，是因为进化让人类成为社会群体的一员——个体的生存和繁衍取决于他们在社会层面上的成功。

利用自欺来维持自尊有点儿像成瘾。它利用了一些奖励适应性行为的过程，但跳过了执行适应性行为的环节。个人的成功带来的那些能使人快乐的化学物质，也可以通过成瘾行为来获得。知道自己在群体中的位置很稳固所带来的满足感，可以通过肯定自尊而产生。你并没有成为一个更好的人，你只是说服了自己你已经是一个更好的人。

本章要点

- 低自尊的流行病并不存在。
- 在学校和生活中取得成功会使人具有较高的自尊水平，而不是高自尊水平使人成功。
- 高自尊的两个主要的好处是更强的主动性和良好的感觉。
- 自尊水平的衡量标准与被社会接受的标准一致。
- 自尊是一个呈正态分布的连续谱，它是我们评估自身社会前景的方式。
- 低自尊的人往往对自己的优点缺乏信心。他们容易认为最好的结果遥不可及。

The
SELF
EXPLAINED

第 16 章

自我信念的准确性和错觉

————

　　至此，我们已经了解了人们是如何开始收集和整合关于自己的信息，使自我知识得以构建起来的。我们也知道人们这样做的原因：最强烈的动机显然是渴望了解和相信自己积极的一面。但是若纵容这种动机，通常就无法构建起准确的自我知识。此外，大多数获得自我知识的途径都不可靠，甚至可能导致错误。因此，弄清楚自我知识有多准确很重要。

　　各种各样的证据表明，人们所持的自我观点某种程度上是准确的，但也具有一定的倾向性，会偏向积极、有利的一面。也就是说，自我概念是现实和自我吹捧的错觉的混合体。

　　斯文森（Svenson，1981）基于对成年驾驶员的调查，发表了一份报告，这份报告是较早体现人们过度膨胀的自我信念的报告之一。90% 的调查对象说，作为司机，他们的驾驶技术高于平均水平。这似乎不太合情理：只有约一半司机的技术能高于平均水平。

不过，从技术上看，有90%的驾驶员驾驶技术超过平均水平，这是有可能的。假设有100个人，他们在回答关于自己驾驶技术的问题时，仅仅根据他们是否发生过事故来评判；假设其中10个人各发生过一次事故。用10起交通事故除以100名驾驶员，平均驾驶质量相当于每人0.1起交通事故，那么90%的人的确超过了平均水平（因为他们没有发生过交通事故）。

但是，很快，自我提升在许多地方体现了出来，无法用统计学意义上的偶然来解释。美国大学理事会（College Board）每年都会对成千上万名高中毕业生展开调查。一位研究人员查看了他们对自己的评分，发现他们中没有一个人认为自己与他人相处的能力低于平均水平，25%的人认为自己这方面的能力处于前1%（College Board，1976～1977；见Gilovich，1991）。实际上，只有3%或4%的人在这方面能进入前1%（出现这样的差别是因为人们评估自己的能力时可能使用了不同的标准；Dunning et al.，1989）。

人们对其他事物也有类似的偏向，比如领导能力。不承认人们对自己的评价比客观事实所显示的要好，就无法在统计学意义上解释这些数据。

也许得到这样的结果，是因为高中毕业生太天真，或者因为他们充满了年轻人的热情。成熟、有智慧的成年人会不会不一样？一位研究人员对大学教授进行了调查，询问他们与普通教授比起来，自己的能力如何。结果，这些教授身上也普遍存在自我提升式的偏见：他们中94%的人认为自己比普通教授更优秀（Cross，1977）。

一个针对监狱里囚犯的研究呈现了何为膨胀的自我信念，令人印象深刻（Sedikides et al.，2014）。显而易见，监狱里的家伙们应该知道社会对他们的评价不怎么好。但这些人对自己的评价相当高，甚至在评价自己的道德品质和符合社会期望的程度时也是如此。他们认为自己不仅比普通囚犯好，而且比起监狱外其所在社区中的普通人，他们也更具备诚实、同情心、善良和值得信赖等品质。也就是说，这些人因犯罪而入狱，但他们仍然认为自己比其他人更有道德！有一个现象可以算作自我吹捧错觉的一般模式的一个例外情况，十分具有启发意义。当被问及他们有多守法时，这些囚犯往往认为自己比其他囚犯更守法，但与社区中的普通人相当。换句话说，囚犯认为他们和普通公民一样遵纪守法。然而即便只是觉得"和普通公民一样遵纪守法"，也可见他们抱有多深的自我错觉。毕竟，普通公民可不会因为触犯法律而坐牢。请注意，囚犯们会评价对方不守法。他们都认同犯下了某种罪行的囚犯是有缺点的，但他们恰恰觉得自己是那个例外。

有限夸大之谜

让我们承认，人们确实会在自我评估中夸大自己。然而，这种夸大也有一定的限度。显然，如果自我吹捧错觉不受限制，很快，大多数人会自以为是半神或者超人。不过，数据显示，这种错觉不会失控。大多数人只会觉得自己比实际情况好一些。我早期的一篇论文建议人们找到"错觉的最佳边界区"（optimal margin of illusion），从而在不那么扭曲现实，以致做出错误判断、陷入麻烦的前提下，从给予自己正面评价这件事中获益（Baumeister，1989b）。最佳边界区可以是对自己 10%~20% 的高估，或是真实的你所能达到的最高水平。这相当于一个合理的目标或期望水平：你可以变得比现在的自己稍微好一点儿，但是你不可能获得极致完美的优势。

当你与某人见面并交谈时，你希望那个人如何看待你？对这些偏好的一系列研究印证了"最佳边界区"的观点：人们希望自己的伙伴觉得自己比实际情况稍好一些（这里的"实际情况"是人们对自我的看法，已经在一定程度上夸大了真实的自我）（Morling & Epstein，1997）。你更喜欢这样的伙伴，而不是那些认为你超级优秀，或认为你与自我评价中的你一般无二的人。

为什么夸大是有限度的？看待有限夸大的标准方式是将其视为对现实与抱负的折中，我认为这至少有一定道理。你很想认为自己如天才般才华横溢，如一流名人般魅力四射，如电影明星般性感迷人，你很想成为最优秀的那个人，但是有足够多的客观现实告诉你，你不是这样的人。类似的观点最早出现于巴里·施伦克尔（Barry Schlenker，1975）的研究中，他研究了人们在收到明确反馈后，会如何向他人描述自己。他的结论是，人们会尽可能地表现自己好的一面。因此，准确的自我概念只是一个起点，人们声称自己比这更好，但他们不会过分夸大，因为事实很可能会说明一切。

尽管如此，越来越多的证据表明，人们并不仅仅是在知道现实不那么美好的情况下，对自己朝好的方向夸大了20%。这种夸大似乎符合人们对自己的真实看法。人们确实有可能为了给别人留下好印象而夸大其词，但是大多数情况下，他们好像真的相信自己有那个稍微夸大后的形象那么好。

在对错觉的最佳边界区进行了一番思考后，我认为，夸大自我会让你面临做出错误决定的风险，所以你的自我评价需要贴近现实，并且只有在自我夸大的程度适当时，你才能允许自己自我感觉良好。莫林和爱泼斯坦（Morling & Epstein，1997）提出了这种思维方式的一个变体，他们指出，这些仅仅轻微夸大的自我观点，反映了自我确证和自我提升动机的一种折中。自我确证会把你拉回到你认定的事实，而自我提升会让你高看自己，所以你更愿意花时间同那些认为你介于两者之间，也就是认为你比你对自己的评价稍微高一点儿（同样比真实的你稍微好一点儿）的人相处。

然而，对于这一切，可能有一个更加简单的解释。夸大了10%~20%的自我概念并不一定是通过复杂计算，在相互冲突的压力和约束间折中的结果。相反，它可能只是自我最重要的概念——你所希望的他人对你的看法。它可能不是完美的理想自我（完美的你会是什么样呢），不过这本就只是一个无聊的抽象概念。夸大的自我概念实际上是你日复一日努力创造和维持的声誉。它是你想实现的"真实的你"，是他人所认可的你。

对不诚实的研究使错觉的最佳边界区理论发生了有趣的改变（Mazar，Amir，& Ariely，2008）。当人们有机会骗到钱，而且似乎不会被抓到时，他们的确会骗人，但是不会太过分。在研究中，研究人员要求人们私下掷骰子，并报告结果。这个结果决定了他们能得到多少钱。人们通常不会"狮子大开口",说出最大的那个数,但是他们说出的数额在统计学意义上往往过高。艾瑞里(Ariely)得出结论,人们会通过欺骗来获得好处,但希望能继续相信自己是个诚实的人,因此他们会限制自己的欺骗行为,从而不至于让他们认为自己基本上诚实的这个观点站不住脚。

人们对现实检验(reality check)的反应说明,自我概念的确会混合现实和错觉(Sweeny & Krizan,2013)。进行模糊、一般性的预测时,如某人能否获得幸福或取得成功,人们往往比较乐观。预测的内容越具体,乐观情绪越弱,比如预测你明年"能否晋升"或"能否在某国际象棋比赛中获胜"。其他的现实检验则与时间有关。人们会对遥远未来的事抱有信心,但随着时间临近,他们会突然清醒过来,做出更加现实甚至悲观的预测。例如,一个学生或许会设想自己在两周后的考试中取得好成绩,但是当考试的那一天到来时,这些乐观设想将统统沉寂。当成绩快出来时,这个学生会预期自己的分数很低。其中有一部分原因是要为可能出现的糟糕结果做好心理准备:如果你预期自己将迎来最糟糕的结果,你至少不会失望。

泰勒和夏佩德(Taylor & Shepperd,1998)设计了一个巧妙的实验,检验了人们的预测是如何随现实中的时间框架改变的。在实验中,研究人员告知人们,他们要接受"TAA 缺乏症"的检测,患这种疾病的标志是缺乏一种重要的酶——硫胺乙酰化酶。事实上并没有这样的疾病,但参与实验的人不知道这一点,这只是研究人员为研究而编造的信息。实验人员解释说,她本应该有实验试纸,但是试纸推迟配送了,所以她会收集大家的唾液样本,并在 3~4 周内通过邮件告知结果。实验人员请实验参与者评估自己患上 TAA 缺乏症的可能性。总体上看,后者相当乐观地认为,月底,他们的唾液检验会得到好的结果。

之后,情况发生了转折。实验参与者填写病史问卷时,实验人员离开了房间,之后回来的时候说试纸恰好送到,她马上就能进行测试并给出结果。这时,大家的预测变了。当他们能立即拿到自己的测试结果时,他们反而不太乐观。除了测试时间外,什么都没有改变,也没有逻辑上的理由说明今天展开基于相同数据的相同测试，结果会和一个月再做不一样，改变的是人们的信心。预测下个月情况会变好显然令人欣慰，也更容易。但如果此刻就要面对真相，要保持轻松乐观就难多了。

医学测试结果是客观的，很难忽视。很多别的信息则很不可靠。正如镜中我告诉我们的那样，人们对自己的看法通常与他人对其实际如何的看法不一致，部分原因是他人不会告诉你所有他们不喜欢你的地方。

自我信念的有限准确性

人们肯定拥有很多关于自己的信念，这些信念与事实十分接近，但是也系统地偏离了事实。通常，人们对自己的评价比实际情况要好，尽管他们不会把自己美化得太离谱。

我在前文中提到，自传体散文家蒙田说，他非常了解他写作的主题——他自己——比任何作家对自己写作主题的了解都更胜一筹，说得好像这是理所当然。大多数成年人的看法可能和他差不多，认为他们非常了解自己。人们确实拥有大量有关自己的信息，但是他们意识不到这些自我信念中的遗漏和扭曲之处。尽管别人掌握的关于你的信息可能比你少，但他们大多没有像你那样美化事实的动机。自我知识是偏颇的。这就引出了自欺的问题。

自　欺

人们会欺骗自己吗？对于这个问题，大多数人的回答都是肯定的。然而，普遍存在的对自欺行为的印象可能是错误的。一些人针对自欺的观点提出了几个反对意见。一种观点认为，自欺通常是对他人情况的推断，而不是关于自己的。从定义上看，你基本无法知道你是否在欺骗自己。

此外，严格来说，自欺要求自我扮演两个互斥的角色，即欺骗者和被欺骗者。约翰可以欺骗马克斯，意味着约翰知道一些马克斯不知道的事。有一段时间，那些严谨的心理学研究人员坚持认为，只有当能够证明一个人既是约翰又是马克斯时，自欺才真正成立——自欺者既知道又不知道一些事（Gur & Sackeim，1979；Sackeim & Gur，1979；也见 Sartre，1953）。这听起来好像不可能，但是考虑到自我的意识和无意识部分的分离，可以想象，一些知识存在于无意识中，而意识思维并不知道其存在。但要证明这一点非常难。试想一下，要证明某人无意识地知道某件事，但意识不到它。符合这一严格定义的要求而能证明自欺成立的证据，实在太少了。

自欺极大地挑战了有关自我的心理学，这不只是因为它用"既知道又不知道"的矛盾设下了阻碍。我们已经了解到，人们总在努力寻求自我知识；归根到底，自欺与对自我知识的寻求不相容，因为自欺会使错误的自我知识永存。我将本书的这一部分的标题设为"了解你自己"，就是为了强调这部分内容关注的是自我知识的积累。但是，也许人们寻求的不只是准确的自我知识。有时候，他们会培养对自己有利而扭曲的甚至错误的信念。因此，第一个问题是人们是否真的欺骗了自己。

放弃认为自我必须同时知道和不知道一些事，是一种观念上的突破。不如尝试一下"一厢情愿的想法"这个流行的观点。正如我们所见，许多自我知识并不是由不可改变的客观事实，而是由推论、比较和解释组成的。这留出了很大的回旋余地，使自欺可以在其中"野蛮生长"。也许单一的客观衡量标准本来就不存在，或者说证据可能多种多样或不太完整。因此，人们可以只关注那些有利的证据，从而得出有利的结论。可能的真相或许有很多，人们会从中选择一个对自己有利的。自欺者可能更像一名为客户展开最佳辩护的律师，而不是一个试图兜售蛇油的江湖骗子。

以某种方式说服自己相信某件自己确信并非事实的事，这样的自欺的确了不得。然而也许以下这种情况更现实：说服自己相信一些可能是真的，也可能不是真的的事情。稍微主观一点儿并不难，说得过去；但把黑夜说成白天，或者把一个一直以来的失败者说成成功人士，就不那么容易了。

三种自欺错觉

一旦将自欺的概念从"必须证明某人同时知道又不知道某事"的设定中解放出来，自欺的证据就很充足了。极富见识的学者安东尼·格林沃尔德（Anthony Greenwald；1980）在其早期发表的一篇颇具影响力的论文中提出了"极权主义的自我"这个概念，他将自我比作一个试图通过宣传和其他形式的思想控制等各种手段，巩固其合法性的"至高无上的政权"（all-powerful regime）。自我就像一个极权主义政府，总想让他人觉得自己仁善、有能力，或许还拥有其他积极品质。

谢利·泰勒和乔纳森·布朗（Shelley Taylor & Jonathon Brown；1988）写过一篇关于自欺的综述，极具影响力。他们对这篇文章的定位是对与心理健康相关的传统心理学观点的攻击。长期以来，心理研究主张，心理健康的标志是对现实的准确感知，患有精神疾病的人必然会扭曲现实。泰勒和布朗则提出，一些精神疾病患者对世界的看法过于准确了，反倒是那些适应良好且感到愉悦的人，他们认同的其实是一套被两位研究者称为"积极错觉"的东西。

文中强调了这三种积极错觉。三种积极错觉，代表自我知识不准确的三种常见情况，或者说三种偏见，这些偏见能压倒一切对关乎自我的真相的追求。第一，人们认为自己比实际情况要好。第二，他们高估了自己对事物的控制能力。第三，他们对自己的前景持不切实际的乐观态度。其中每一点都值得讨论。

高估优秀品质

第一种错觉——自我提升，前文已经探讨过。人们对自己的评价较高，经不起对证据的严谨审视。人们会夸大自己的优点，轻描淡写或低估自己的缺点；夸大自己的成功，淡化或者合理化自己的失败。我们很快就会讲到这些信念背后的心理过程。现在，只要注意到人们的自我通常会被夸大就足够了。可以肯定，人们不会武断或不加区分地对自己做出积极评价。一些积极的自我评价十分中肯，且客观上是合理的（见 Church et al., 2014），但其他评价明显含有夸大成分。错觉通常是适度的，维持在合理范围内。它们更像是以事实为出发点并有所发散，而不是大肆编造。它们始终处在错觉的最佳边界区内。

为什么人们想听关于自己的积极、赞许、夸大的话？因为感觉很好——这个答案显而易见，但还不够充分。谁听别人说自己聪明、迷人、漂亮、能干、可信、可靠，不会感到兴奋呢？有人会提出反对意见，认为低自尊的人或许不会接受这样的好话，因为这与他们消极的自我观点相冲突。可能确实有这种情况，但是我记得我做实验时，那些低自尊的人真的很喜欢听他人的赞许，说他们是好人，这让我很震惊。

那么，为什么自我提升式的反馈会令人感觉良好呢？或者，更确切地说，为什么经过进化，人们喜欢了解自己积极的一面？感觉自己很不错，为积极的自我意象感到高兴，没有给生存和繁衍带来明显的优势。我们顶多能粗略地谈谈它们能给人带来一点儿帮助（如果你感觉自己不错，你可能会觉得幸福，如果你觉得幸福，而不是痛苦或暴躁，其他人可能会更愿意和你"滚床单"，从而稍稍提高你的生育成功率）。然而，除了感觉良好之外，了解自己积极的一面对人们而言肯定还有其他作用。

高估控制力

第二种错觉是高估自己对事物的控制能力。人们显然喜欢控制。就连事物尽在掌控之中的错觉也很诱人（Glass, Singer, & Friedman, 1969；Langer, 1975）。人们似乎确实容易夸大他们的控制力。1979 年，劳伦·阿洛伊（Lauren Alloy）和林恩·艾布拉姆森（Lynn Abramson）发表了一篇文章，在这个领域颇具影响力，促使人们对这个问题重新展开思考。这两位实验人员测量了人们认为自己在实验室任务中拥有多少控制权，同时对他们实际拥有的控制权进行了控制（有时实验参与者能得到他选择的东西，其他时候结果是随机的）。那些正常、健康的人系统性地高估了他们的控制力，但抑郁者没有，事实上，后者对自己控制力的判断非常准确。这孕育了后来被称为"抑郁现实主义"的观点——抑郁者看到的是世界的本来面目，而快乐且精神健康的人会系统地扭曲世界的真实面貌。

其他研究也指出，人们高估了自己的控制力。据推测，导致犯罪受害者心理创伤长期持续的因素之一，就是他们失去了这种控制的错觉。长期以来，警察和为犯罪受害者维权的人士深知，受害者承受的痛苦往往远超物质或身体所受的伤害。钱包被偷或公寓被盗后，哪怕损失不是很大，或者保险公司的赔偿可以抵销大部分或全部损失，受害者依然可能在此后很长一段时间内心烦意乱。龙尼·贾诺夫－布尔曼（Ronnie Janoff-Bulman；1989，1992）给出了一个周密的解释，她认为人们基于对世界的几个积极假设来行动，这些假设与这里讨论的积极错觉有关，包括世界是公平的、大多数人都善良和仁慈、自己是一个好人。这些信念结合起来，会使人感到人可以掌控自己的命运。受害的经历破坏了这些信念：人不善良，世界不仁慈，也许自己不是一个好人或不配得到某些东西，自我无法全然掌控一切。因此，从受害中恢复可能与将被盗的物品补齐关系不大，而更多地涉及重建对自我和世界的积极看法。

对控制的高估是有限度的。人们不会鲁莽地夸大自己的控制感，只会稍微有所夸大。有时，主要是在几乎要完成目标时，他们甚至会低估自己的控制力。这种对自己控制力的评价稍微低于实际情况的倾向，可能是一种两头下注的心态，或是在为不可预见的情况做心理准备。结论似乎是，人们会在控制力低的时候高估它，而在控制力高的时候低估它（Gino，Sharek，& Moore，2011）。

确信自己无能为力，很难鼓舞人心，也许还会削弱你做任何事的动力。当你可以实施控制，但控制力很弱时，高估控制或许能鼓励你做出尝试。相比之下，当你控制力很强时，低估控制力或许能防止你过度自信，使你保持警惕。在实验室之外，你通常不能完全控制某个事物。事实上，相信自己完全有能力决定之后的事，往往会导致失败。创业公司的失败率高得令人震惊，恰恰说明了这个道理。即使有人精心地准备和安排好了一切，也总有可能发生别的事，把计划打乱，比如竞争对手狡猾的计谋、自然灾害，甚至战争。举一个很好理解的例子，在一场重要的职业体育锦标赛中，比赛双方都尽可能全面地做好了计划和准备，但只有一方会赢。

也许，最理想的态度是相信自己对事物有一定的控制力，但是这种控制力并不完整。当实际的控制力低于这个水平时，人们会高估它，这种高估能激励他们尽力做到最好，避免陷入被动的恶性循环，无人相助，毫无希望。当实际的控制力高于这个水平时，人们会低估它，这种低估使他们保持警惕，避免落入自满和过度自信的陷阱。

非理性的乐观主义

第三种错觉是乐观主义。许多研究指出存在这样一种模式：普通人认为，和一般人比起来，自己身上发生好事的可能性更大，发生坏事的可能性更小（Weinstein，1980）。他们和一般人之间存在这种差异，部分原因可以归结为他们认为一般人都是傻瓜，所以会遭遇坏事。但人们对自己的前景总持乐观态度。这种错觉与自我信念关系不大，但是当我们思考跨时间的自我如何做出关于未来的选择时，我们会再次想到它。

为什么要欺骗自己

人们想欺骗其他人的原因有很多。甚至在动物世界里，也有大量迹象显示欺骗的存在。社会生活建立在这样一个事实之上：一个生物可以通过让其他生物合作并服从自己的命令，来增加自身的生存或繁衍机会。欺骗能促使其他个体与你分享资源，合作运营合资企业，信任你，借钱给你……还有许多其他好处。

相比之下，欺骗自己的好处少得多。你之前就倾向于做对自己最有利的事，所以在这方面，欺骗自己不太可能给你带来更多好处了。同时，欺骗自己还有潜在的重大风险。欺骗自己的其他风险在于，它意味着你的决定和行动建立在错误的假设上。

因此，适应能力强、机能良好的人似乎永远不会欺骗自己。但并非如此。

人类心智是在对社会群体的参与中构建起来的，所以它要做的第一件事就是让自己被群体接受。自尊建立在群体接受或拒绝个体的主要标准之上。具体如下：第一，有能力，指有能力完成任务，如为团队获得资源，比如食物。第二，讨人喜欢，容易相处。这将是一个重大因素，关系到其他人是否会留下你，与你合作。第三，道德高尚，值得信赖，遵守团队规则。第四，长得好看。因为人们喜欢长得好看的人，其原因可能可以追溯到进化史，而不是理性的思考。

这些都意味着，如果你是那种人（有能力、讨人喜欢、道德高尚、长得好看），你应该会感觉很不错。人们有一个内部监控器，时刻关注着他们在这些特质上的表现，因为在这些方面表现优秀很重要。你不需要让每个人都喜欢你，但你可能需要让一些人喜欢你。如果你不是那么讨人喜欢，也许能够胜任某事也过得去。如果你是唯一可以完成某些重要任务的人，比如寻找水源或射门得分，人们就会让你留在身边。

假设你无法在所有特质上都做得很好，那么你需要改变，而改变需要付出努力。在你成功之前，别人可能不会喜欢你，雇用你，和你结婚。所以这种感觉很糟糕。

当然，最佳的解决方案是努力改变自己，成为一个更好的人，这样你就会再度获得良好的感觉。不过，也有一条捷径。你可以说服自己你这个人很不错，省去所有的麻烦和做出实际改变的辛劳。

这是自欺的根源之一。大自然已经为你内置了一个系统，让你在发现自己是个优秀的人时获得愉悦的感受，因为这会鼓励你变得优秀。可以说，成为一个优秀的人，你生存和繁衍的机会就会提高，大自然关心的是这个。这正是大自然通过自然选择给予你的奖励，它使你成为后代的祖先，而不是后继无人。

可见，你拥有一个内部监视器，持续关注着你和你的行为。当你做得好的时候，它会用快乐的感觉来奖励你；当你做得不好的时候，它会用糟糕的感觉来警示你。然而，你可以通过说服自己你做得很好来欺骗这个监视器。这样你就能享受美好的感受，避免糟糕的感受。

这么看的话，自欺有点儿像成瘾。当某些对生存和繁衍有重大贡献的事发生时，大脑就会产生愉悦感。但你可以跳过这些事情的成就，用自欺让自己感觉良好。

出于同样的原因，当你意识到你是一个非常有吸引力的人，每个人都想和你交往，和你一起工作，和你一起参加聚会时，你的感觉会很好。自欺让你确信自己就是那样的人，而不需要再成为那样的人。

然而，这个解释并不完全令人满意。为什么大自然会允许你通过仅仅认为自己做得很好来应付？如果很多人都这么做，他们就不能变得更好，也无法从基因池中脱颖而出。自欺肯定还有其他好处。

一个流行的观点，尤其在美国特别流行，是相信某事对取得成就有帮助。在 20 世纪早期，美国流行的励志图书开始强调这样一个主题：令人愉悦的积极思想会使好事发生。然而，在那之前的一个世纪里，人们把自我控制和努力工作视为通往成功的途径。19 世纪有一句流行的谚语，有时会被挂在墙上，叫作"做苦差事的有福了"，而 20 世纪最受欢迎的口号更可能是：相信它，实现它（见 Baumeister & Tierney，2011）。

也许这个观点最著名的倡导者是诺曼·文森特·皮尔（Norman Vincent Peale）。1952 年，他出版了《积极思考就是力量》（*The Power of Positive Thinking*）一书，这本书在《纽约时报》畅销书排行榜上名列前茅，销量达数百万册。书中内容脱胎于他早期与一位精神分析学家合作所得的成果（这位精神分析学家后来驳斥了他们的合作成果，并尖锐地批评了《积极思考的力量》），倡导一种指引人们只专注愉快、乐观想法的自我催眠。

人们普遍认同积极的自我对话是有好处的，但专家和研究人员对此表示怀疑。不过，尽管许多研究人员怀疑每天在冥想中进行自我表扬并不会带来持久的益处，但是他们发现，总体上说，对积极错觉持乐观态度有一定合理性。如前所述，泰勒和布朗认为，积极错觉是心理健康的标志。泰勒（1983）早年对乳腺癌的研究发现，若女性接受积极错觉，她们的痛苦会有所减轻，她们也能更好地应对疾病。

许多运动员发现，为重大比赛"打起精神"是有帮助的。具体来说，他们试图进入一种自信的状态，据说这种状态能使人发挥出最佳实力。这一状态可能主要围绕着想象自己成功的样子展开。有证据表明，这种"心理练习"是有效的。事实上，美国国家科学院（National Academy of Sciences）的一份报告认为，心理练习是少数几种真正能够提高人们表现的方法之一（Drucman & Swets，1988）。只是想象某项活动还不够。一个精心设计的研究以大学高尔夫球手为研究对象，要求他们想象自己推球（putt），然后真的上手尝试（Woolfolk et al.，1985）。经过随机分配，一些人被要求想象自己成功推球，球最终落入了洞中。另一部分人需要想象球差点儿就进洞了，而第三组人只需要想象推球的动作，无须想象任何具体的结果。那些想象自己成功推球的人，上手时确实打出了自己的最好表现。想象自己的球差一点儿进洞的人表现得比他们实际的平均水平还要差。这些发现为那些拥护积极错觉理念的人提供了支持：想象成功就能取得成功，而想象失败则会导致失败。

其他研究有的能支持错觉的效用，有的则无法证明其效用。证明错觉的效用之所以很难，一部分原因在于前文提到过的事实：积极的自我观念包含现实和错觉的混合体。正如我们在关于自尊的章节中所见，有充分证据表明，高自尊与一系列良好、积极的结果相关，比如在学校取得更好的成绩，但这主要是因为在学校取得好成绩能提升学生的自尊，而不是说提升学生的自尊能让他们取得更好的成绩（事实上大多数证据表明提升自尊做不到这一点）。

近十年来，乐观主义也受到了类似的批判（Tenney，Logg，& Moore，2015）。乐观主义指预想美好的事情会发生。如果不存在错觉这样的东西，乐观主义者肯定会比悲观主义者表现得更好。若两者的想法都准确而现实，那么比起悲观主义者，人们会更倚赖乐观主义者，这是有道理的。乐观主义者比悲观主义者体验过更多美好的事物这一事实，并不能告诉我们不切实际、虚幻的乐观主义是否有好处。坦尼（Tenney）和他的同事于 2015 年进行的一系列实验表明，人们相信乐观主义（即使它是虚幻或毫无根据的），但是虚幻的乐观主义对提升表现并没有实际的好处。

这么想吧，假设你是一个成年人，正准备和一个普通的 6 岁孩子下国际象棋或西洋棋，甚至掰手腕。你很乐观地认为你会赢，而且你确实赢了。从统计学上看，你的乐观与你的胜利相关。但是乐观真的有用吗？也许你只是意识到了一个基本事实，那就是你更年长、棋艺更好、更聪明，拥有巨大的优势，你注定要赢。就算作为你对手的孩子更乐观一些，他也不会觉得可以打败你。

简而言之，乐观的好处在于，那些有充分理由期待好结果出现的人，很可能得到好的结果。优势来自现实部分，而不是错觉部分。不管事实如何，保持乐观几乎没有实用价值，尽管它或许能让人在短时间内感觉更好。

接下来，让我们看看其他东西对解释自欺有没有帮助。

欺骗自己有助于你欺骗他人

这部分内容从对以下观点的质疑开始讲起：明明欺骗别人往往看起来更有益，人们却认为欺骗自己是有益的。一项令人印象深刻的研究为自欺理论找回了更坚实的基础——欺骗他人（von Hippel & Trivers，2011）。它的核心论点是，欺骗自己确实有用——正因为它能提升欺骗他人的成功率。

该论点的出发点是，人们需要欺骗他人，但是欺骗他人很难。大家知道其他人可能会为了对人或事产生影响而说任何有用的话，所以当听众时都很警惕。人们希望能在对方隐藏真相时努力识破他的谎言。人们会留意一些说谎的迹象，比如紧张、犹豫，或者回答问题时很难具体说明细节。

毕竟，故意编织一个彻头彻尾的谎言并不容易，而长时间维持谎言难度更大。先想想这得付出多少精神上的努力。你知道真相是什么，然后故意构建起一个替代性的解释。你至少要把两种解释都记在心里。你必须显得有说服力，否则对方不会轻信你的谎言，所以你说谎时必须说得好像真的一样。没准儿你害怕被抓包，而这让你紧张，你恐怕会有点儿发抖，继而暴露自己的心绪。

若你和说谎对象处在持续性的关系中，你不是一次性对陌生人说谎，那么说谎的难度会大大增加。对伴侣说的谎必须维持下去，所以你需要牢记真相和你传达的错误信念。一段关系中存在一个共同的知识体系，因此谎言必须能够整合并留在这一更大的信念系统中。你得准备好在需要的时候修饰这个谎言。对伴侣说谎比对陌生人说谎更危险。如果对方发现你在说谎，你们的关系可能会破碎甚至彻底结束。最后一点也很重要，那就是随着时间推移，伴侣可能会越来越善于辨别你说没说实话，比如，他会更了解你说谎时的行为迹象。这反过来又会增加你害怕被抓包的紧张感。

这一切有助于解释为什么人们更常对陌生人而不是对亲密的朋友和家人说谎（DePaulo & Kashy，1998）。［也有例外：德保罗（DePaulo）发现，每隔一段时间，大学生和他们的母亲交谈时大多会说谎；见 Ritter，1995。］人们可以轻易骗到陌生人或偶然认识的人，但是对亲密关系伙伴说谎要冒险得多。

如果你能相信你所说的话，大部分问题都能得到解决。也就是说，若你能欺骗自己，那么欺骗陌生人就更容易了。你不会紧张，也不会担心被抓包。你不必将真相和谎言存放在两个独立的心理档案中，而是直接板着脸、用认真的态度说谎。

演员们早就知道这个方法了——你越能在戏剧或电影中成为自己所扮演的角色，比如拥有与角色一样的感觉和想法，你的表演就越能令人入戏。

还要记得，通常来说，自欺并不完全是在编瞎话，而是描述了一个最佳的情况，这是对现实稍作编辑后的结果，比现实强一点儿，但是还在最佳错觉边界区内。所以当你说服别人相信有关你的某些信息时，你并不是一个骗子。你所描述的是那个最好的自己，是你真正想成为的自己。你只需要让自己相信这一点，而它似乎是有几分可信的——相信这一点可以帮助你让别人也相信事实如此。

为什么要欺骗别人，尤其是说关于自己优点的谎？很多答案与自我的基本作用有关。自我总是试图获得社会的接纳，而且希望自己能一直受到接纳。正如我们所了解到的，你被接纳的机会有多高，取决于你多大程度上具备社会期望的特质，如能力、惹人喜爱的程度和可信度。即便你并未拥有全部这些特质，你仍然可以吸引他人，只要你能学会伪装。

有时我相信说服他人是达成目的的手段。只有在他人认可关于你的信息时，你才会相信这个信息。只有当很多人认为你是一个伟大的艺术家时，你才是一个伟大的艺术家。如果其他人都不这么认为，你很难坚持相信下去。我想，构建自己的身份、理想的自我，是最终的目标。

这么想可能不对，但我可以理解为什么我会产生这个错误的想法。自我的内在系统是这样运作的。如果自我能相信自己想要的，那么即便他人并不真的相信，它也会感到满足。但问题在于，这没有考虑到内在系统的存在是有原因的。**内在过程服务于人际功能**。最终目标不是某种私人或内在的体验、状态或者感觉，而是与他人联结，以求生存、繁衍和发展。就你生活中发生的事而言，重要的不是你是否认为自己是一个伟大的艺术家，而是他人是否也这么想。

我们想成为好人，是因为这是通往社会认可的门票。可以肯定，仅靠人类自己无法建立社会联结，但是大自然做到了：自然选择更青睐与社会联系紧密的人，而不是那些反社会的离群索居者。想成为好人的人有一个优势——我们是他们这些人，而不是那些冷漠或邪恶至极的人的后代，而且，只要生物目标是吸引他人而不是自己，你就会渴望说服他人你是个好人。你在他们面前表现得越好，获得社会认可的机会就越大。因此，人们想给他人留下可靠、可信的印象，这很正常［我们将在后文关于自我呈现（self-presentation）的章节中读到支持这一点的证据］。不过，就像比尔·冯·希伯和特里弗斯（Trivers）所说的那样，如果一个人相信自己，他就能十分成功地说服别人相信他具备某些优秀特质。

我们谈到过，人们喜欢那些可爱、能干、值得信赖、有吸引力的人。人们可能会产生积极错觉，认为自己极具这些特质。如果能让他人也认同这一点，人们被社会接纳的概率就会增加。通过自我提升，第一种积极错觉将能吸引其他社会成员。另外两种积极错觉也很有吸引力。能够掌控自己命运的人总能迷住其他人，因为他不需要其他人的照顾。事实上，你施加控制的能力对他人有益。

乐观主义在人际交往中也总能吸引到他人。同样，现实和错觉混合在一起，旁观者很难分清它们。如果所有期待客观上都是合理的，且牢牢植根于现实，那么与乐观主义者结盟（因为他们会朝好的方向前进），避免和悲观主义者（他们终将遭遇灾难）接触，是完全理性的选择。尽管人们知道他人可能会夸大其词，但他们并不会彻底纠正这一切，因此还是会被乐观主义者吸引。

领导者尤其喜欢通过乐观主义的表达吸引人。如果领导者说"我们的未来是暗淡的，我将奋力引领大家减轻破坏和痛苦"，就很难令人振奋，相比之下，"我们正在走向伟大，我将引导大家实现这个目标"则不一样。一个经典的研究分析了 20 世纪美国的总统选举，评估了其中重要演讲和公开声明的乐观程度。在一次又一次的选举中，选民们始终偏爱更乐观的候选人（Zullow，Oettingen，Peterson，& Seligman，1988）。马丁·塞利格曼（Martin Seligman）对这篇文章的贡献极大。他曾讲到他在欧洲的经历：研究获得发表（表明乐观主义是赢得总统大选的关键）后，他回到家，整理了一下邮件，里面竟有共和党和民主党全国委员会寄来的信件，都在问他如何发表最为乐观的演讲！显然，他们想营造错觉，而不仅仅是让候选人为自己发言。

积极错觉的人际吸引力还体现在沮丧的人不受欢迎上。正如我们了解到的，抑郁症患者缺乏正常人具备的积极错觉，而且他们很可能会以同样的现实主义态度向他人展示自己。

简单地说，积极错觉不仅可以让你感觉良好，还能帮自我实现其主要作用。如果你对自己持积极看法，包括相信自己具备优秀的特质，高度掌控着自己的命运，且乐观地看待未来，你就更有可能被他人接纳——他人会喜欢你，雇用你，爱你并与你结婚，选择你来担任领导者。

自欺的认知策略

人们是如何设法欺骗自己的？他们是如何在自己和他人的头脑中建构和维

持这些积极错觉的？后面的章节会讨论人际关系策略，这里我们暂且不表。现在，让我们探讨人们是如何愚弄自己的（改编自 Baumeister，1998）。

自欺大概是为了欺骗意识思维，使其接受对自我的积极看法。达成该目的的过程必须在一定程度上隐藏于意识之外，否则意识会发现这个把戏，不再被愚弄。

接受赞扬，拒绝责备

心理学家很早之前就深入探讨过这样一个把戏，叫作自我服务偏差（self-serving bias；见 Zuckerman，1979）。早期研究者分析人们推断行为原因的方式时，将这些原因分成了两类：内部原因和外部原因。自我服务偏差专注于个人成败。成功时，自我服务偏差使人做出内在归因，从而给自己信心；失败时，则使人进行外在归因，从而逃避或少受责备。大多数人在生活中都会经历许多成功和失败。在某种程度上，你可以用自我服务偏差来解释它们，让你的自我概念主要建立在成功的基础上，而不是被失败拖垮。

研究人员还在道德失范中发现了相似模式的踪迹。人们会对自己的不良行为进行外在归因（Baumeister，Stillwell，& Wotman，1990）。即使人们承认自己做错了，也倾向于强调外部因素的作用，是这些因素促使错误发生的，这样一来他们的罪恶感就减轻了。同时，当他们在内心解读他人的错误行为时，则会指责他人自身，而不是情境。

一个研究对 200 多项研究进行了回顾，有力地支持了自我服务偏差的观点（Mezulis，Abramson，Hyde，& Hanking，2004）。研究人员发现，即使在实验室环境中，自我服务偏差的影响也一直存在，而且几乎始终存在。可以肯定的是，自我服务偏差在某些人身上比在其他人身上更多见。儿童和老年人最常产生这种偏差。亚洲人样本中表现出的这种偏差更少，这符合亚洲人推崇谦逊，不像美国人等西方人那样执着于寻求优越感的观点（Heine et al.，1999）。注意缺陷多动障碍（ADHD）、焦虑症，特别是抑郁症患者身上表现出的自我服务偏差较少（尽管并非完全没有），这符合积极错觉是健康机能的标志这一观点。抑郁的人几乎没有偏差。

知觉防御：不要问，不要看，不知道

一些更基本的过程甚至有助于自欺的实现。第一条防线是注意：你没有注意到的东西不会进入你的思维，因此不会影响你对自己的理解。

也许它无法使你的思维完全察觉不到坏消息或负面情绪的任何迹象，但你可以把这些迹象保持在最低限度。这就好比人们在看到恐怖或恶心的电影时会转移视线或闭上眼睛。实验室研究表明，人们会花更多时间阅读那些对他们性格积极甚至夸大的反馈，那些消极和批判的反馈则读得比较少（Baumeister & Cairns，1992）。有人是所谓的压抑型人格，防备心很强，他们尤其可能这样做。同理，当市场上行（因此听到的大多是好消息）而非下行时，投资者会花更多时间研究他们的投资组合（Karlsson et al.，2009；Sicherman et al.，2015）。

为什么会这样？你越是思考，记忆的痕迹就越深刻。与在你脑海中徘徊、被你反复回想和思考的事物相比，那些你只是简单扫了一眼的东西在记忆中的编码更少。

搜索信息是人类思维的一项基本活动。有时，你能找到你需要的答案或证据；另一些时候，你很难说清搜索是否完成了，所以你不得不做出执行层面的决定——何时停止搜索。对此，你可以随机应变。若你找到了某些能显得你很不错的信息，你可能倾向于停止搜索更多信息；若你找到的信息不利于你，你可能会继续寻找其他信息（Ditto & Lopez，1992；也见 Baumeister & Newman，1994）。

可见，单纯回避潜在的干扰信息，是一种有效的自欺策略。研究人员发现了其中一种形式，称其为"战略性自我忽视"（Thunstrom et al.，2016）。他们从标准经济学假设出发，认为一个理性的人总会接受与即将做出的选择有关的免费信息。然而，有些信息可能不需要花钱买，但得付出其他代价，比如内疚或对自己的失望。他们指出，美国的《平价医疗法案》（又称"奥巴马医疗

法案"）要求连锁餐厅公布其所提供食物的热量，希望这些信息能够引导人们远离不健康的食物，不再发胖，从而降低肥胖率。但是，显然，许多人只要回避这些信息就好，特别是想吃比萨和炸薯条时。在实验中，研究人员要求一家餐厅里的用餐者在价格相同的两种食物中做出选择。从外观上看，很难一眼识破哪种食物热量更高，但实际上其中一种食物所含的热量是另一种食物的近两倍。大多数情况下，用餐者需要先在两张折起来的纸中做选择，研究人员告诉他们，两张纸中的一张（左边）是空白的，而另一张上列出了食物的热量，他们可以决定要不要弄清楚哪种食物热量更高。一半以上（58%）的用餐者更想要那张白纸。他们大多会假装自己不知道吃哪种食物更容易发胖。果然，他们摄入了更多热量。

选择性记忆

在其他条件相同的情况下，人们更容易记住坏消息，而不是好消息。但是其他条件完全一致的情况不太可能出现。有时，人们会尝试尽可能减少不好的记忆，比如不去想它们或把它们合理化。大脑有一些自动运行的防御系统，能将不好的记忆隔离在思维之外——它们仍旧存在，但很少被唤起。人们经常通过将自己的快乐记忆分享给他人，通过沉溺于怀旧，或者通过提醒彼此分享快乐的经历，来培育快乐的记忆。

选择性记忆颇具戏剧性的标志之一是在对父母的研究（如 Campbell，1981）中被发现的。许多研究人员询问父母，他们是否曾后悔要孩子。一般来说，某事发生的可能性只会随时间的推移而上升，而不会下降。然而父母的反应却表现出了本不可能出现的相反模式。年轻的父母说，当然，我为失去个人生活而感到遗憾，为需要做出的牺牲而感到遗憾等。年纪越大的父母则越可能说，不，我从来没有后悔过，一分钟也没有。等他们的孩子长大了、搬走了，他们更不记得曾有过什么遗憾了。这些研究结果在逻辑上说不通，就好像更多的足球比赛是在开场的几分钟里有进球，最后几分钟的比分反而没有变化一样：如果你曾感到遗憾，那么你的答案永远会是"对，我曾感到遗憾"。然而大脑善意地抹去了这些遗憾，使人们认为为人父母的全过程都是那么愉快的。

选择性批评：一定有什么问题

在一个测试中取得良好结果后，人们会感到高兴，而不会质疑这个结果。然而糟糕的结果会立即遭到质疑：怎么会这样呢？也许是那个测试有问题，不是我的错。人们审视不受欢迎的反馈要比审视好消息更加严格。当然，长此以往，片面的批判态度会扭曲自我信念。毕竟，积极的信息本质上并不比消极的信息更准确，但人们不会挑它的毛病，并根据自我知识将其推翻。

克罗克和梅杰（Crocker & Major，1989）的研究阐述了这种偏见，是这方面颇为引人注目的研究之一。他们发现，与几十年来的传统观点相反，平均而言，非裔美国人的自尊水平高于白人。怎么会这样？反黑人的偏见当然存在，而且总体上看，非裔美国人的地位尚未超越白人（否则，他们的地位更高或许可以解释为何他们的自尊水平更高）。部分原因在于，非裔美国人能够不理会或忽略由偏见引起的负面反馈。克罗克及其同事曾经做过一个精妙的实验（1991），要求非裔美国学生写一篇文章，随后，这些文章会遭到一名白人学生的严厉批判。实验人员会控制非裔美国学生认为或不认为白人学生知道自己的种族。如果非裔美国学生认为白人学生知道，那么这些批判对他们的自尊没有影响；但如果他们认为白人学生不知道，那么其自尊水平会因为这些批判而暂时降低。因此，和其他所有人一样，非裔美国人的自尊会因他人的糟糕评价而削弱。但是如果有可能将这种评价归因于种族偏见，就不会影响到他们。有了这重保护，他们可以通过反驳一些批评来维持更高的自尊。

选择性批评是一种与简单地忽略坏消息截然不同的防御方式。人们必须注意到它，也许还得反复思考它，从而找到明显的缺陷，将它排除在外。

与什么或与谁相比：向下比较

自我信念来自自己与他人的比较。你可以明智地选择与谁比较，从而将自尊维持在较高水平。根据克罗克和梅杰的说法，这是使非裔美国人具备更高的自尊水平的另一个因素。某人可能知道自己的教育水平或收入低于其他一些人，但如果他主要拿自己与其他具有相似背景的黑人来比较，他可能会得出结论——他干得相当不错。

这种策略被称为向下比较。你可以通过与其他处境更糟糕的人进行比较，来让自己感觉更好。这种策略被广泛运用于对遭受不幸者的社会支持，这正是该策略有效的一个迹象。给予不幸者支持的人会说："情况本可能会变得更糟。"然后引导人们拿自己与情况更糟的人比较。谢利·泰勒（1983）对女性如何应对乳腺癌的研究中有一个经典的例子。她写道，切除了肿块的女性会与失去了乳房的女性比较；失去了一个乳房的女性会与失去了两个乳房的女性比较；高龄患者会与年轻患者比较，因为对年轻女性来说失去乳房的代价更大；病情严重的女性会与垂死或极度痛苦的女性比较。研究人员几乎没有观察到相反的模式（例如，女性患者将自己与其他所受痛苦或损失较少的人比较）。

弹性标准

另一种用夸大的自我观点欺骗自己的方法是改变标准。在身高、年龄、体重方面欺骗自己恐怕很难，因为它们都有客观的衡量标准（不过，你可以启用感知防御，不去关注这些信息，比如不称体重）。相比之下，衡量你的丈夫或妻子有多好，你的创造力或领导能力有多强，能依照的客观标准则少得多。

大多数人都想成为一个好伴侣，也愿意相信自己就是。他们可以用不同的标准来说服自己，他们做得很好。比如，这个人是一个好的倾听者，那个人很忠诚，还有一个为人风趣幽默，最后这个薪水很高，能满足伴侣的很多需求。

汤姆·吉洛维奇（Tom Gilovich；1991）以一种令人难忘的方式精准阐述了这一观点："这就是为什么每个孩子都认为自己拥有街区里最好的狗。"他的观点以他过去的同事，才思敏捷的戴夫·邓宁（如 Dunning et al.，1989）的实验结果为基础。人们确实会借助不稳定和替代性的标准来提升自尊。当某种特质本身就是模糊的，通常会有多种可能的标准时，你或许能找到一个会使你看起来很不错的标准。

弗洛伊德的防御机制

西格蒙德·弗洛伊德（Sigmund Freud）对人类大脑使用信息处理策略来支持自己偏好的自我观点的阐述举世闻名。他主要观察的是对性冲动和暴力冲动的处理，这些研究在他那个时代广遭反对。他提出，人们会避免承认那些与他们想相信的、值得尊敬的自我形象背道而驰的想法和感受。投射、反应生成、替代等心理机制，都是掩饰自我的消极方面，维持自己喜欢的观点的方法。

弗洛伊德去世半个世纪后，我和同事们回顾了现代心理学研究文献，试图寻找与他的防御机制理论相关的实验发现（Baumeister，Dale，& Sommer，1998）。我们确定了七种主要的防御机制。这位前辈干得相当漂亮。毕竟，如今有多少科学家有自信称自己的理论会在自己去世很久以后得到验证，验证方法还是前人甚至未曾想象过的？

其中的三种防御机制得到了证据的有力支持。第一种防御机制——反应生成（reaction formation），指走向另一个极端。例如，当人们被指责有偏见时，他们会特别努力地证明自己没有偏见。第二种防御机制——隔离（isolation），指将不受欢迎的想法隔离在思维的某处，不与其他想法建立联系。正如我们所看到的，抑郁者往往会这样做：他们有不好的想法和记忆，但是这些想法和记忆在心理上与其他想法没有联系，所以人们很少想起它们。第三种防御机制——否认（denial），可能不是一种单一的防御机制，而是一类防御机制的总称。其中的一些，比如拒绝承认物质事实，在精神健康的人中相当罕见。但是另一些，如拒绝接受失败的后果（甚至拒绝接受医学诊断），似乎相当普遍。

还有两个更为复杂的机制也很明显，尽管它们与弗洛伊德对其的看法稍有不同。特别是投射（projection），似乎并不是通过在心理上把自己负面的特质和想法想成是他人的来保护自己。相反，这是努力压抑对自己的负面想法的一种副作用（Newman et al.，1997）。当一个人压抑不想要的想法时，这些想法往往会徘徊在意识的边缘，寻找再次出现的方法（弗洛伊德称之为"被压抑之物的回归"）。这些萦绕于脑海中的负面特质决定了一个人看待他人相关行为的方式。如果你不想承认自己粗心大意，或者有不合适的性欲望，你会变得对他人粗心大意或性变态的任何迹象高度敏感。

因此，弗洛伊德的投射理论大体上是正确的，但需要修正。他认为在他人身上发现自己的缺点能帮你向自己隐瞒这些缺点。然而相反，投射其实是试图抑制对自己的一些想法的副产品。同样，弗洛伊德对撤销（undoing）防御机制的看法也只是部分正确。从有限的意义上来说，撤销指在心理上重演负面事件，但同时会想象它们向不同的方向发展，它可能是一个有用的学习技巧，但是无法避免你意识到一些糟糕的事。也就是说，如果你错过了某个航班或某趟火车，你可能会在心理上以不同的方式重做这一天的事（比如提前半个小时离开家）。这样做，你仍然能意识到你确实来得太晚，但是它可以使你吸取教训，防止将来再遇到倒霉事。

最后，我们发现有两个机制基本没有什么实证依据。一种是升华（sublimation），通过这种方式，可将基本的动物本能能量引向社会认可的追求。例如，弗洛伊德认为智力追求和艺术追求的能量源自性驱力。这种观点认为，禁欲者将成为最成功的艺术家和知识分子。但是大学和艺术家群体在性方面并不纯洁。我们没有发现任何令人信服的能支持升华观点的证据。

替代（displacement）防御机制的作用也不显著。替代会改变情绪的目标：老板令你很生气，所以你回家对你的配偶大喊大叫或者踢你的狗。在回顾文献的过程中，我们注意到一些研究人员谈到了替代性攻击的例子（Marcus-Newhall et al.，2000），但在这个例子中，替代性攻击的效果非常有限，它没有起到任何防御作用。如果你的老板责备你没有条理，然后你回到家，你的配偶也抱怨你没有条理，你可能会对对方做出过度消极的回应。然而这只是在延续不好的感觉，只不过是由另一个人触发的罢了。这并不妨碍你深知，是你的老板批评了你，让你沮丧不已。另外，只有明显相似的事物能引发替代机制，比如两者都因你的同一个过错而批评你。

尽管如此，在弗洛伊德的这七种防御机制中，有五种得到了验证。这并不完美，但已经相当不错了。然而，对此，还产生了一个更加重要的新看法。收集于现代的大部分防御机制的证据关注其在保护自尊方面的贡献。例如，如果现代美国人认为自己有偏见，他们会感到很不好，而今天的年轻人从小就被教育要把偏见视为最糟糕的特质或罪恶。弗洛伊德认为防御机制可以防止自己思考那些不想要的性和攻击性的想法。

然而，即使在这一点上，弗洛伊德也可能只说对了一多半。在他那个年代，不恰当的性和攻击性想法可能是对自尊和声誉的严重威胁。他出生于维多利亚时代中期，整个维多利亚时代高度讲究道德，尤其在性方面有些假正经。显然，如今西方文明的成员普遍接纳自己关于性的想法（以及愤怒和攻击性的冲动，但不是行动）。倒不如说，许多人认为缺乏性冲动会威胁到他们的自尊。

因此，防御机制可能一直是一种保护积极自我观念的机制。在弗洛伊德那个时代，自尊在一定程度上要求人们除了少数狭义和受到广泛认可的性欲之外，没有其他性欲。他误将手段视为目的，认为防御是用来抵御性想法的。但是，当社会开始接受甚至鼓励性想法时，防御机制并没有消失。一种新的作用登上舞台——保护人们的自尊，避免其受到当前世界一些常见威胁的伤害。

本章要点

- 人们寻求自我知识的原因有很多。
- 关于自我的信念总是系统性地偏离对客观事实的准确反映，通常会轻微（而非惊人）地偏向更有利的部分。
- 人们会进行各种各样自欺的心理活动，以产生和维持不准确的自我信念。
- 自欺与欺骗他人并不等同，然而自欺有助于构建理想的声誉。
- 多种心理技巧有助于实现自欺。人们善于通过信息处理来支撑他们想要的结论。

The
SELF
EXPLAINED

第四部分

作为行动主体的自我

第 17 章

行动中的自我

———

现在，我们要结束了解和思考自我的部分，开始讨论行动部分。信念本身不能扮演角色或做出选择。行动者是自我的一部分。自我在社会系统中扮演一个角色，为此，它需要做出决定，采取行动，但这要受社会约束，要满足社会的要求，自我可扮演的角色也是有限的。因此，负责执行这些事的自我一定程度上要自主行动，但其行动也要与外部需求有所关联。这是自我所做的尤为重要的事之一。大体上说，自我知识有其用武之地，因为它能帮执行者认识到自己该做什么。

第二次世界大战后，安塞尔·基斯（Ancel Keys）开展了一项经典的心理学实验。盟军领导人意识到，战争结束后，欧洲将一片混乱，养活数百万人会很困难。他们想收集一些数据以了解忍受数月食物短缺的状况后，人的身体和精神会如何变化。30 多名出于反战良知而拒服兵役的人受到招募，花大半年时间参加了这项研究，其中近 6 个月他们几乎总是饥肠辘辘（Kalm & Semba，2005）。

　　这些人不得不面对严峻的饮食状况。他们的体重平均掉了 1/4。想象一下你的体重从 200 磅下降到 150 磅，或从 120 磅下降到 90 磅。他们的心理还经历了奇怪的转变：他们不认为自己很瘦，反而开始认为普通人很胖。他们利用自我的执行控制能力来抵御最基本、最普遍的冲动之一——饿了就吃东西。他们并未完全成功。欺骗情况始终存在，研究人员发现，许多人会在条件允许时偷吃食物，比如离开基地的时候。

　　他们十分饥饿。食物占据了他们的精神生活。这项研究是在明尼苏达大学进行的，因此参与者可以照常上课。许多人选了课，但是逐渐放弃，甚至休学了。他们只想着食物，比如从图书馆借食谱，读烹饪书，就好像这些书是引人入胜的小说或色情作品一样。大多数年轻人经常想到性，但是当食物占据他们的思想时，性就从他们的脑海中消失了。这些男性往往强烈支持某种政治观点，但在研究期间，他们对政治失去了兴趣。显然，当你足够饥饿时，其他人类欲望和担忧的事物就会沦为模糊的背景。

　　一个有关自我控制的理论认为，自我控制需要耗费身体供应的基本能量，这使得节食变得特别困难。在明尼苏达大学的研究中，许多男性参与者变得易怒，变得讨厌生活中那些原本不会令他们觉得麻烦的小事或其他人。另一个表现是，他们抱怨自己无法集中注意力，还出现了其他心理问题，尽管心理测试没有发现任何问题，表明他们的大脑功能正常。

　　基斯研究中的这些拒服兵役者报名参加研究时，可能并不知道他们之后要面对的是什么。有人感到后悔也不令人惊讶。不过，几十年后，当 80 多岁的他们接受关于这个研究的采访时，却对自己参与该研究的决定抱以非常肯定的态度。他们说，这是他们一生中最有意义的经历之一。他们确定自己在同样的情况下，绝对会再次做出同样的选择。他们知道自己的同龄人正在为让世界变得更美好而奋斗，甚至牺牲生命，也很高兴能尽到自己的一份力量。他们拒绝为自己的国家而杀戮，但想通过一些英雄行为和自我牺牲来做出贡献。

　　这个研究旨在介绍自我的执行方面，即控制行为、做出决定和调节自身反应的过程。研究揭示了人类自我及其执行功能的一些关键方面。

- 自我控制是用来抑制欲望的。
- 出于良心而拒服兵役者会用抽象理念来指引他们的行为。会将抽象的理念与行为的因果关系结合起来，这是人类一个显著的特质。
- 个人行为受集体影响。他们因为自己的文化做出了巨大的个人牺牲。
- 欲望发生了变化。动机（欲望）是执行功能的基础：自我的执行力量是为满足欲望而存在的。
- 自我控制功能建立在能量的基础上，当能量缺乏时，自我控制就开始崩溃。
- 自我执行功能的运作，显得它的能量似乎很有限，而且为了节约能量，它在某些方面似乎过于谨慎。

为什么存在执行主体

在以下方面，人类自我具有绝佳的能力：以复杂的方式做决定，以创新的方式整合与某决定相关的信息，对物质和社会世界施加控制，甚至改变和调节自身。这些能力有哪些优势呢？

自主性可以追溯到很久以前的进化过程，且不只出现在人类自我中。最早也最简单的主体形式是在大肠杆菌中发现的。大肠杆菌是一种微小的生物，除了作为一个整体、单个系统行动外，它没有任何特点能令我们断定它拥有自我。细菌外部有一排细小的毛发。它们能做的也就是偶尔变硬和摆动，以使细菌沿圆周轨迹旋转，从而随机运动（Abbott，2018）。

因此，大肠杆菌生活在当下。它能感觉到周围环境能否提供营养。如果能，它就留在这里吸收营养。如果不能，它会旋转并朝另一个地方移动，在那里它会再次经历同样的决策过程。尽管它没有目标的概念，但它的目标是在感到饥饿之前笨拙地摄入食物。

这在多大程度上算作一个主体？细菌没有大脑。它只是执行简单的行为，读取自己的现状，并选择留在原地或随机旋转。它移动时完全不知道自己要去哪里。要么留在这里，要么离开这里，只有这两种选择。但这是一个适应性的过程，使细菌能够存活下来，因为它让足够多的细菌最终到达了食物所在的地方。此外，由于发现了移动的好处，它们是沿着动物的路径进化的，而没有沿植物的路径进化。大多数动物确实具备一个主体——大脑接收有关环境的信息，然后告诉身体该做什么。

因此，关于主体性，我有几点看法。首先，主体性得以进化，可能是由于它能延长生命（存活时间），在这种情况下，它会驱动有机体，直到找到食物。其次，它的目标是有机体与环境的和谐关系，在这种和谐关系中，有机体可以得到维持生命所需要的东西。最后，它以具有多种可能性的环境为基础。其目标是促成更有利的结果，也就是到有食物的地方去，这样它就能继续生存。

行动服务于需要

计算机会不会像世界末日主题的电影（如《终结者》）中生动而令人痛苦的描绘那样接管世界？正如史蒂文·平克（Steven Pinker；1997）冷冰冰的评论所说："它们何必这么做？到时候，它们会提什么要求？管我们要更好的电源保护器吗？"⊖

平克的观点是主体性服务于动机。你控制自己行为的能力的基础是你有想要的东西。计算机可以比人类更好、更快地思考，但是它们没有想要的东西。没有需要，它们就没有理由背叛它们的主人和程序员，也没有理由密谋统治世界。计算机不想，也不在乎。

行动源自需要。生物都有需要和在意的东西。每个生命都只是短暂地存在，而进化却十分偏爱那些试图继续生存下去的生命。这是生命本质的一部

⊖　起初，平克的笑话说的是软盘，但现在软盘已经是过时的技术了。

分，也正是计算机没有生命的原因。生存和繁衍是自然选择的关键，它们的基础是持续的生命。有机体必须自启动自己的行为才能实现这一切。这就是动机最初的来源。最基本、最强大的欲望与维持生命有关——对自卫、食物、性等的欲望。就像大肠杆菌，其主体性服务于延续生命的目标。主体的能力会随进化而增强，但总是以有助于延长生命或繁衍为基础。自然选择是一个强有力的过程，它确保了如今在地球上活动的生物都是过去那些努力维持生命，而不是对此漠不关心的生物留下的后代。

大脑是中枢神经系统的中心。从本质上讲，这个系统将信息从眼睛、耳朵、鼻子等传送到中心，在那里处理信息，并从那里向肌肉发送指令，以指导其运动。人们普遍认为，中枢神经系统的起源与运动和进食有关，大肠杆菌也关心这两件事，却没有这样的系统。具备中枢神经系统的动物具有主体性：首先，它们可以四处活动以获取食物；其次，它们能避免自己被其他生物吃掉。它们之所以有这种主体性，正是因为它们有想要的东西。

除了要有想要的东西，另一个需要满足的条件是生活在一个可能产生不同结果的环境中。主体的存在是为了引导事情朝更理想的结果发展，避免出现不理想的结果。进化赋予了你执行自我，从而让你可以尽最大的努力引导事情朝好的结果发展。

因此，自我的一个关键特征是，它必须能发起和控制自己的行动和反应，以便根据自己的需要来创造利益。自愿行为某种程度上是自我发起的。有机体必须调整自己，选择如何行动，从而在复杂的社会背景下实现真正的自我利益。人类自我的这种自主控制能力不断演进，水平已经超越动物世界。

控制与和谐

让我们回到关键点——所有生物都试图创造并维持与环境的和谐关系，从而在和谐的关系中以可持续的方式（即在不破坏环境的情况下）获得生存所需的营养和安全。控制正在促发改变，以改善这种和谐关系。

控制：首先是身体，然后是世界

在生命中，大脑的首要任务之一就是学习如何控制身体。事实上，许多人说，这是建立自我观念的关键初始步骤之一，因为大脑将世界分为永远存在且可以直接控制的部分（身体），及外部的部分，后者只能偶尔显露一段时间，而且顶多能受到间接的控制。

由于身体处于控制之下——而不是一个线性过程——大脑可以利用它对身体的控制来开始控制世界。控制身体，使其能够对环境产生影响，这几乎是高级人类自我所能做的一切的基础，包括购物、结婚、投票、开车，甚至说话和写作也依赖于中枢（大脑）控制下的肌肉运动。选择和控制是人类自我的重要功能。

罗特鲍姆、魏斯和斯奈德（Rothbaum，Weisz，& Snyder，1982）的一篇经典论文解释了自我是如何采用两种截然不同的方式来构建与环境的和谐关系的。第一种方式被他们称为"主要控制"，涉及改变环境以适应自我；另一种方式被称为"次要控制"，涉及改变自我以适应环境。进行这两种控制的顺序不是任意的。我们假定生物体会从主要控制开始做起，如果失败，它们则会转向次要控制。然而，这个顺序并不成立，人们常常是从所谓的次要控制开始做起的。事实上，魏斯（私下）写信给我说，他后续收集到的数据表明，次要控制对产生良好的长期结果来说更为重要。成功地适应生活，更多的是调整自己以适应环境，而不是改变世界以适应自己，尽管两者都能起到作用。无论顺序如何，两者的区别都深刻而重要，因为尽管它们看起来是对立的，但它们服务于同一个目标，即构建自我与环境的和谐关系。

主要控制

人们对主要控制相当熟悉，它在文明进步的过程中也有所体现。人类曾经漫步于田野和森林，以寻找每天吃的食物，露宿野外，直面恶劣的天气等，而现在，环境已变得十分适宜人类生活。房子让我们保持温暖和干燥，商店提供食物和其他物品，汽车和飞机能轻松地把我们从一个地方送到另一个地方，道路让我们的旅途更加舒适，路标帮我们找到我们想去的地方。

次要控制

次要控制有多种不同形式，反映了自我适应世界的不同方式。仅仅简单地知道该期待什么事情发生，是一种预测性控制（predictive control）。即使人们无法改变某件事，也可以为此做好准备。幻想性控制（illusory control）指错误地说服自己可以做一些事，例如迷信行为。实施替代性控制（vicarious control）时，人们会与公认有能力控制事态的领导或其他厉害的人物结盟，因此，即使人们不能直接搞定任何事，也会因为自己站在有能力的人那一边而感到满足。最后，解释性控制（interpretive control）指的是即使无法真正改变某些事，但人们仍希望对它们有所理解。

自我显然参与了主要和次要控制。它参与对外部世界的控制，通过做出决定和影响他人，将世界纳入掌控之中。此外，它还参与自我控制，调整自我以适应外部世界的需求。

自我究竟都做些什么

自我进化是为了帮助动物性身体投身复杂的社会群体和社会环境。这种洞察力有助于使自我的一些特质变得更加丰满。

为使群体良性运转，自我首先必须融入群体。这要求自我既有渴望，又有资本。归属于群体的渴望早已有之，的确，归属的需求是所有社会心理学理论中经常提及的观点之一。然而，仅仅想要归属是不够的。本章剩下的内容会集中讨论融入群体的资本——自我如何在社会群体中赢得一席之地。以下五个活动十分关键：成为任务执行者，服从命令，成为经济主体，成为信息主体，成为道德主体。

成为任务执行者

很多生物都要执行任务。人类自我能用更高级、更先进、更强大的方式来完成任务。与其他动物不同，人类能让自己连续几个小时做一些并不令人愉快的琐事，如打扫车库或准备纳税申报单。人类自我可以为遥远的目标努力——牢记这些目标，甚至调整自己的做法，从而最好地达到目标。它能休息一个小时，也能休息一周，可以记住事情的进展，然后在正确的时间继续这个任务。它还可以与他人合作：它可以调整自己的行为，以便与他人相互配合，相互补充；对于目标及如何将大家不同的行动结合起来才能完成任务，它与其他人可能抱有共同的理解。

任务要完成好，最基本的是要付出努力，以及在需要时做出任何其他牺牲。一个群体可以建起一座遮雨的建筑，不过如果每个人都帮忙，会比其中一些人只是看着而建得更好、更快。如果这个团队能够利用劳动分工的优势来修建这座建筑，那他们这个避难所还会建得更快、更好些。

扮演一个独特角色的能力十分有助于巩固自己在一个高效率团队中的地位。成功的团队会利用好成员之间的差异，理想的情况是，每个人都在执行他特别适合实行的不同任务。因此，自我需要了解自己的天赋、能力和偏好所在，并在社会系统中寻找一个位置，让这些天赋、能力和偏好最大限度地发挥生产力。

服从命令

能够有力影响人类任务执行效果的另一个极其重要的因素是服从命令和指示。人类在群体中一起行动，在一个群体中，领导者监督整个行动过程，并命令不同的人执行行动的具体方面。领导者对这个人们共同行动的系统负责，而他的追随者履行各自的角色，如果没有扮演其他角色的其他人各自的行动，大家都无法发挥出更大的作用。例如，一条装配线可以以较低的成本快速制造汽车，但是每个人的工作只是整体的一部分；没有装配线上其余人的工作，一个人安装后座再熟练，再勤奋，也没多大用。个体可以通过服从命令来为群体的成就做贡献，即使他们不完全理解所有这些工作和角色是如何组合在一起的。

通过进化，人类自我可以与他人合作，它的成功取决于他人为合作做出的努力。自我本身是相当无用的。

成为经济主体

个体自我参与社会的另一个重要方式是成为经济主体。在现代社会，这种方式变得更加重要、复杂，难度也更大，部分原因是金钱的广泛使用。一些研究人员认为这完全是历史发展带来的一种副作用，因为在进化史上长期几乎没有财产存在，经济活动也不多。金钱本身只有大约3000年的历史（Weatherford，1977），所以并未在人类进化中扮演任何角色。不过，贸易比货币古老得多（Ridley，2020）。一些学者估计，远距离贸易可以追溯到150 000年前（远早于农业，甚至早于车轮出现的时间），本地贸易可能更古老。

为什么我们的克罗马农祖先能驱逐尼安德特人？学者给出的一个原因是，我们的物种拥有贸易和经济活动，这是优越的社会系统的一个关键组成部分，正是这种社会系统使他们有能力战胜尼安德特人（Horan et al.，2005）。贸易是经济活动的一个标志。在尼安德特人埋葬地点发现的文物大多产自当地，克罗马农人的陪葬之物有时则来自遥远的地方，这表明后者可能拥有一个贸易网络。

在这里，让我解释一些简单且基本的东西，它们曾困扰了我很长一段时间。我听经济学家声称，贸易会通过增加财富而使每个人过得更好，但我对此没有直观的感受。假设弗雷德和何塞交换衬衫，他们怎么会过得更好，变得更富有呢？每个人仍旧只有一件衬衫，事实上新的衬衫还可能不如旧的合身。但这个模型是错误的。一个专业的渔夫捕到的鱼可能比他（和他的家人）能吃的还多，多余的鱼对他来说没有任何价值，但是他可以用多余的鱼来交换其他东西，比如一个陶罐。制作陶罐的人做的陶罐可能比他需要的多，但是他可以用它们来换鱼。他和他的家人不能吃陶罐，他需要食物，所以渔夫家吃不完的鱼对他来说很有价值。经过交易，渔夫现在拥有了两个新的陶罐，而制作陶罐的人也为他的家人弄到了一些美味的鱼作为晚餐，因此过得更好了。财富的增加并不来自新东西的创造，而是来自将这些东西转移到最需要它们的地方。

即使在现代经济中，当一个人把一辆二手车卖给另一个人时，两人也都会受益，因为前者想要处理掉这辆车，而后者想得到一辆车。

毫无疑问，贸易会增加财富。回顾历史，你会发现，一次又一次，处于主要贸易网络中心的社会变得富有和强大，而不愿参与贸易的社会则逐渐萎缩（Acemoglu & Robinson，2012；Bernstein，2004）。一个重要的证据是，经济更强大的社会或国家，通常会赢得战争的胜利（Beckley，2010）。经济实力为更为强大的军队提供了资金支持。

因此，能够参与一个经济系统也许是使我们这一人类的分支，而不是尼安德特人接管地球的关键因素之一。尽管是尼安德特人率先在欧亚大陆繁衍，从而具有主场优势，但他们依然落败了。

作为经济主体所需的某些特质，已普遍成为自我的重要组成部分。显然，所有权对于贸易至关重要，这要求自我具备跨时间的一致性和与客体的抽象联系。某样东西如果没有稳定的自我来拥有，那么购买它就毫无意义。难怪真正的经济市场只存在于人类中，因为只有人类认识到了自我是跨时间存在的。否则，此时此刻的自我只会"购买"一些立即会被消费的东西。

贸易也会要求自我具备使用数字的能力，或至少一些几乎等同于数字的东西（如数量和价值）。多少鱼值多少陶罐？现代人往往会用数字来衡量自我：工资、体重指数、受教育年限、孩子的数量、婚姻年限、胆固醇水平等。衡量自我的习惯可能源自计算贸易商品的需要。

人们甚至可能有某种与生俱来的交易欲望。孩子们之间会发展出一个可以交换东西的小市场。在我的童年时代，我们交换得最多的东西是棒球卡和漫画书。也许这只是一种获得想要之物的方式，但有些孩子似乎确实喜欢交易本身。

经济活动也使自我的其他几个关键方面得以形成。它创造了这样一种可能性：如果一个人明智行事，他就有可能随时间的推移而成长与发展。市场的奖励促使人们理性思考，包括计划和计算。批量购买价格更低，正是因为卖家可以从少量销售额中获得必要的利润，然后以低得多的利润率多卖一些商品，但利润只低了一些，因此，精确的计算非常有帮助。这符合自我借助更加谨慎、理性的思考来引导行为的一般模式。聪明是值得的。

虽然正如人们熟知的那样，金钱会引发从抢劫到欺诈等不道德行为，但它实际上也能促进道德行为。经济市场的正常运转取决于信任（Arrow，1974；Fukuyama，1995；Wilson & Kennedy，1999）。肆无忌惮的机会主义者可能会以高价出售有缺陷的商品，时不时骗到消费者。但是，在一个社区长期经营一个企业，不诚实的名声可能会带来灾难性的后果。经济学家也早就承认，信任对经济贸易而言至关重要，甚至到了每笔交易都需要以一定信任为基础的程度。成为经济主体，意味着必须理解信任，需要被信任，这两点可能对自我的其他活动也有一定用处。经济系统和市场促使人们在更大的范围内遵守规则。

成为信息主体

信息交换是人类自我主要的活动，这一活动在其他物种中很罕见，而且会受到一定限制（综述见 Baumeister et al.，2018）。人类了解并且确实会优先进行这些交流。他们也经常交流他们的所思所想。常见的问候语"你好吗？"是在询问对方的内在状态整体如何。当人们聚在一起时，他们通常会做什么？最重要的就是交谈。几乎可以肯定，这正是人们在一起时最常做的。甚至当人们一起做其他事时，他们也会边做边说。通常来说，无论他们在干什么，交谈都能让他们做得更好。交谈就是分享信息。这是人类的核心活动之一。

让我们来了解一下自我作为信息主体来运作所涉及的所有要素。相关的背景是，人类自我被进化塑造成为一个信息主体。从自我组合在一起及自我运作和发挥作用的方式看，这一点会导致什么结果？

获取信息

第一且关系最不密切的是，自我会寻找信息。但是几乎所有动物都会寻找信息。好奇心并不是人类特有的。尽管如此，它仍然是成为信息主体的第一步——你想获得信息。这之后的大部分步骤则都是人类特有的（Baumeister et al.，2018）。

告诉他人你的信息

第二，人们有一种与生俱来的愿望或冲动，想把自己的想法告诉别人。这是苏登多夫（Sudendorf，2013）提出的"差距"（人类和其他动物之间的巨大差异）的关键所在。与几乎所有其他动物不同的是，人类具备一种与他人交流想法和感受的持续驱动力。这种动机有助于信息的传递。

通过群体传递信息

第三，人们传递信息，有助于信息在群体中流通，发现某事的人就不需要分别告诉群体中的每一个人了。传递信息很容易被忽视，但这项工作恐怕至关重要。第一批这样做的群体相对于其竞争对手有着决定性的优势。

质疑信息以改进它

第四，信息主体须持批判和怀疑态度。有时主体会提出问题，公开表示怀疑甚至坚决反对。如果做不到这一点，虚假信息就会像真实信息一样在整个群体中迅速传播。怀疑主义有助于你提炼信息，所以它更准确。因此，人类自我能获取和分享信息，而且能对信息进行操作，质疑它，检查证据，更多地接受某些部分而不是其他部分，并与其他人讨论问题。

信息共享的目标

信息共享似乎有三个目标。准确性有时确实是其中一个目标。有的群体共享的信息会比其他群体更多。这里的共享信息指的是群体成员互动时那些不言而喻的东西。是什么让某种共同的世界观比另一种更好？可以肯定，准确性是其中一个评判标准。正确的信息比错误的信息更有优势。

另一个目标是连贯性。这些信息是否完整且基本上没有矛盾之处，包括与我们现在认为正确的信息（共同的观点）不一致？新的事实必须被整合到已知的事物中。

最后一个目标是达成共识：群体中的所有成员对某一信息了解多少，在多大程度上达成了一致意见？如果每个人都认同该信息，并且每个人都知道彼此均认同该信息，那这一信息就是不言而喻的。这样，平时的对话就可以跳过这些流程，视共同信念为理所当然的前提，将其作为讨论新事物的基础。

当目标发生冲突，如大多数人似乎接受了一些错误的信息时，哪个目标会占上风是不确定的。通常，人们似乎会接受群体的想法，即使他们自己掌握的信息表明那是错误的。这是促使现代社会心理学诞生的一项研究，即阿希（Asch）著名的从众研究（1955，1956）的一个关键点。研究中，实验对象分组而坐，轮流进行简单的感知判断，比如 3 条线中哪一条和第 4 条线的长度相同。实际上，真正的实验对象只有一个，其他人都是演员（"帮凶"），他们假装自己是实验对象，实则是实验者中的一员。他们会时不时地给出错误的答案。那名真正的实验对象通常会追随群体，说出错误的答案，而非他认为正确的答案。达成共识的目标胜过了准确性。

到目前为止，我们已经讲过信息主体的基本活动——获取信息，告诉他人自己所知的信息，通过群体传播信息，质疑或批判信息以改进它。信息主体还会参与其他几种活动。隐瞒信息就是其中的一种。

隐瞒信息

有时，某人问你问题，你知道答案，但可能会出于各种原因拒绝回答。承诺保守秘密就是其中一个可能的原因。有时，人们会因为掌握着别人没有的信息而占优势，例如更受雇主重视。说谎是隐瞒的另一个形式。人们会出于各种原因，如个人利益，而传达那些他们明知是虚假的信息（二手车销售员因擅长此道而闻名）。

在更广的范围内讲，在社会中，信息主体结成的群体可以共同控制和维护共享信息，从而取得一定的优势。

信念

所有这一切都促成了共同知识库的建立。"信念"这个术语就与之相关：信念是群体的共同看法，它们不言而喻，所有人都了解并共享它们。有数百万人清楚，当演讲者提到"渴望自由呼吸的人群"时，他指的是刻在美国自由女神像上的一句诗，而"圣诞购物"指参加一年一度为所爱的人购买礼物的仪式。这类看法体现了信息在人类社会生活中的核心重要性。为了参与到社会中，每个人都必须成为一个信息主体。

E. 托里·希金斯（E. Tory Higgins；2019）和他的同事进行了一项了不起的研究，分析了信念的一些重要特征，他们称之为"共享的现实"（shared reality），而"共享的现实"中有一些东西根本就不是现实。人们似乎十分相信他们与他人共享之物的真实性，即使那与他们自己掌握的信息不一样。希金斯发现了一种效应，并称它为"说出来就是相信"：人们对他们所说的话的记忆，要比他们最初学到的东西更牢固（Higgins & Rholes，1978）。如果你想告诉别人一些信息，但是你知道你的听众已经对这件事产生了强烈的看法，你会改变信息，以迎合听众的偏好和偏见——你最终记住的是你所表达的扭曲后的版本，而不是一开始的正确信息。

至关重要的是，这些过程有利于相似信念的构建和维护。它们更常发生在自己所在群体的成员身上，而不是外群体的成员身上：如果你是我所在群体中的一员，而不是局外人，我更有可能改变我说的话来迎合你。这一点也值得注意：如果后来我发现你没有理解或没有接收到我传达给你的信息，那么我的记忆会恢复为我最初学到的东西，而不是我说的话。这表明，更为准确的原始信息仍然埋藏在大脑中，只是之前被颠覆了，好给共享的现实让路。

然而，大脑似乎更喜欢与他人分享的那个版本的信息。显然，共识的力量是强大的。连续性则有时很重要，有时不那么重要。从某种意义上说，准确性仍是公认的最高目标。从长远来看，似乎确实存在某种"真理必胜"的倾向，只不过有时需要很长时间才能显现。

成为道德主体

执行自我与社会关联的最后但非常重要的一种方式是成为道德主体。社会需要道德，以控制人们的行为（如 Hogan，1983）。没有道德，我们就只是一群追求动物冲动的动物。道德强加给我们的规则使社会运转起来（Curry，2016）。如果人们都径直走进餐馆，从别人的盘子里拿走他们喜欢吃的东西，然后不付钱就离开（像其他大多数猿类一样），餐馆将不复存在。对现代社会而言，有餐馆总比没有好，所以人们需要遵守道德规则，来使餐馆继续存在。显然，不只餐馆是这样，许多其他机构也是如此。

因此，让我们来弄清楚这个机制是如何运作的。繁荣富裕的社会战胜了贫穷的社会。我们是胜利者的后代，我们应该知道是什么使祖先赢得了胜利。那些足够遵守规则，使系统可以增加总资源、做大蛋糕的自我，得到了发展。道德规则颠覆了动物的自我利益，使社会能把蛋糕做大（Tomasello，2016）。

从根本上说，社会的任务是帮助其成员生存和繁衍。它可以通过以下几个方式实现这一点：促使成员相互保护，共享信息，增加成员可获得的（食物等）资源量。为了达成这些目标，人们必须协同合作。通常由系统来实现协同。有时，这要求人们做一些与他们的直接个人利益冲突——实际上有时甚至与他们的长期利益冲突的事，例如，年轻人必须冒着生命危险参加战斗，保卫社会，避免其受到敌人的侵害。

道德在很大程度上是一套有助于社会良好运转的集体规则，因此，其系统的运行可以改善（大多数）群体成员的生活，延长他们的生命。最著名的道德准则——"十诫"（Ten Commandments），主要是一些对满足自私冲动、削弱社会运行能力的行为的禁令。杀害其他社会成员，散布虚假信息，盗窃他人财产，与他人忠实的伴侣发生性关系，以及其他类似的行为，会削弱社会的力量，如果这些行为蔓延开来，社会终将崩溃。

道德原则鼓励人们克制自己。要发挥道德原则的作用，个体必须对其有所理解，并将其融入决策过程。

当然，自我会问：这对我有什么好处？拒绝冲动和欲望，似乎并不能给自我带来多少益处。但是这些牺牲对个体归属于群体有利，因为群体需要的正是那些（大体上）遵守规则的成员。如果一个人遵守不偷窃的规则，他就剥夺了自己随时接触他人财产的权利，这是一种代价，但对应的好处是自己的财产不会被别人偷走。

另一个好处或许更紧迫，也更突出：道德为如何在人类社会生活的一个关键方面取得成功提供了指导方针，即让其他人与你合作。通过进化，人类开始与他人甚至非亲属合作，这是一种社会互动方式，可以带来巨大利益，但是，个人需要具备说服其他人与自己合作的能力。人们是否愿意与你合作，取决于他们如何评价你。人们会根据自己的道德特质来评判彼此。甚至可以说，道德判断是人们评价彼此最重要的那个维度（Goodwin et al., 2014）。[诚然，在某些情况下，性吸引力可能会使彼此相互靠近，但良好的道德品质甚至能提升性吸引力（Farrelly et al., 2016）。] 因此，你需要使群体相信你具备良好的道德品质，否则，至少在进化过程的前期阶段，你很可能会挨饿。因此，作为一个道德主体发挥良好作用，对幸福和生存有帮助，甚至是至关重要的。

本章要点

- 自我的执行方面负责控制行动、做出决定，以及调整自身反应。
- 欲望（动机）是行动的基础，也就是执行功能的基础。
- 自我控制是用来抑制欲望的。
- 控制即发起改变以增进与环境的和谐关系。
- 自我参与两种类型的控制：主要控制是改变世界以适应自我，次要控制是改变自我以更好地适应世界。
- 自我在群体中扮演五个主要角色：任务执行者、命令服从者、经济主体、信息主体和道德主体。

第 18 章

自我调节和自我控制

———

从 20 世纪 80 年代开始（如果不是更早的话），关注自我心理学的主要思想家一致认为，自我调节（self-regulation）是自我存在和行动的核心。要理解自我，关键就在于理解自我调节在人类心理中是如何起作用的。

道德主体会依据对或错的道德原则来决定如何行动。要做正确的事，往往需要压制一些冲动或欲望。良好的自我控制，是在人生中取得成功的最有力的关键要素。事实上，公正地说，在心理学所研究过的特质中，智力和自我控制能力是两个主要的成分，对人类付出的大多数努力都有益处。具有良好自我控制能力的人在许多方面比其他人表现得更好，下文将详细介绍。

在下文中，除非另有说明，我会交替使用自我调节和自我控制这两个词。将它们视为两个不同概念的学者认为，自我调节比自我控制更广泛。自我控制通常仅限于有意识的、经过深思熟虑的过程，而自我调节则包括意识控制之外的过程（例如身体是如何保持恒定温度的）。无意识的自动调节过程在某些情况下很重要，但对当前的分析则不那么重要。

良好自我控制的好处

　　良好的自我控制与多种积极结果呈正相关。即使研究人员测量个性特质后，过了几年或（有的情况下）几十年才评估客观结果，这种相关关系依然很强。

　　20 世纪 60 年代沃尔特·米歇尔（Walter Mischel）进行的著名的"棉花糖测试"研究为这个观点提供了早期证据。这些孩子长大成人后，米歇尔重新与他们取得了联系。过去，他的研究团队测量了 4 岁儿童的自我控制行为：他们能否抵抗诱惑，以在几分钟后得到额外的奖励？米歇尔自己的孩子就读的学校，就是团队开展这些研究的学校之一。当孩子们聊到这个或那个同学的事时，他有时会回头看看这个同学在棉花糖测试中的表现。那些在实验室里表现得更好的学生，在孩子们的闲谈中透露出来的名声也不错。最后，他和同事写信给每一个曾参与研究的人，了解他们最近过得怎么样。4 岁时自我控制能力最强的孩子，似乎生活得也更好：他们更受欢迎，在学校和工作中取得了更大的成就，并且人际关系也更和谐（Mischel et al., 1988；Shoda et al., 1990）。

　　新西兰的一项研究测量了儿童期的自我控制能力（在其他许多事情中所起的作用），然后追踪调查了研究对象成年后的情况。同样，那些表现出更强自我控制能力的孩子，长大成人后在生活中取得了更大的成就（Moffitt et al., 2011）。如果你已经为人父母，或者正在考虑成为父亲或母亲，我建议你花 15 分钟读读他们的文章。自我控制能力的影响范围是惊人的。自我控制能力差的儿童会出现各种各样的问题。他们成年后，整体健康状况会更差，不过，他们的健康问题往往集中在某些部位。尽管他们更可能吸烟，但他们的肺部没有问题——吸烟的影响很长一段时间内不会显现出来。他们的牙齿更可能出问题，或许是因为他们老忘记刷牙和使用牙线。他们更有可能超重，出现各种各样的新陈代谢问题。他们更容易患性传播疾病，这大概是因为他们生活中的这种风险更大，而他们老是忽视预防措施。他们服用的药物更多。他们更有可能还没获得学位就辍学，意外怀孕，单独抚养孩子（男性和女性都是如此，比如单亲妈妈和缺席的父亲）。他们的收入可能比较低，存款较少。他们更有可能犯罪。

其中一些问题源于混乱的青少年时期。辍学、15 岁开始吸烟，或还是青少年就意外成了父母，都会破坏美好的设想，这一切在自我控制能力评分低的人群中更为常见。然而，即使研究人员对这些影响其生活的障碍进行了控制，低自我控制能力仍然会引发成年后的种种问题。换句话说，即使一个青少年成功避开了这一时期会犯的那些错误，低自我控制能力依然会困扰他，给他成年后的前途带来阻碍。

花费数年时间收集大量人口数据非常困难且代价高昂，所以，这类证据十分罕见，并不令人意外。新西兰的研究是个例外，令人印象分外深刻。幸运的是，英国政府也曾在几个时间点收集了大量关于本国大多数儿童的数据，并追踪了他们几十年（1970 年的英国队列研究和 1958 年的全美儿童发展研究）。7～11 岁学生的自我控制能力由他们的老师来进行评估。虽然这并不是研究的重点，但是，早年自我控制能力糟糕，会导致成年后遭遇各种各样不幸的事。年轻时自我控制能力较差，成年后吸烟甚至失业的概率更高（Daly et al.，2015，2016）。即使校正了年龄、性别、社会阶层等因素的影响，自我控制能力不同的人成年后表现的差异仍然存在。

自我控制的其他优势在别的情境中得到了证实（综述见 Baumeister & Tierney，2011；Baumeister & Vohs，2016）。拥有良好自我控制能力的人，心理也更健康。他们的身体素质更好，甚至寿命更长。他们过的并不是那种毫无快乐可言，只依据责任和纪律艰苦奋斗的清教徒式的生活：拥有良好自我控制能力的人真的比其他人更快乐（Hofmann et al.，2014；Wiese et al.，2018）。研究人员对两种幸福感进行了测量——"整体上，你对生活有多满意"和"你现在感觉怎么样"，得出了同样的结论。此外，一些人觉得自我控制能力强的人更值得信任（Righetti & Finkenauer，2011），若他们担任工作主管，会得到更高的评价，而且，他们的伴侣也更快乐：关系中两个人的自我控制能力总量越大，他们对关系就越满意。

对这些数据的研究，催生了有关自我控制与攻击性和犯罪之间关系的新见解。这一领域发展的转折点是两位犯罪学家的一本书，书名为《犯罪的一般理论》（*A General Theory of Crime*）（Gottfredson & Hirschi，1990）。他们的理论非常简单：低自我控制能力是理解罪犯心理和人格的关键。

古特弗里森和赫胥（Gottfredson & Hirschi，1990）指出，之前犯罪学家没有发现这一点，是因为他们存在专门化的倾向（就像大多数社会科学家一样）。研究人员往往会专门针对某一种犯罪类型收集数据和发表文章。这些数据集忽略了许多犯罪分子会反复被逮捕的事实——只不过是犯了不同的罪。好莱坞电影通常会强化对犯罪分子的刻板印象——他们都有自身的专长，会成为某种类型犯罪的专家（如珠宝抢劫）。然而，在现实世界中，犯罪分子为通过非法手段不劳而获，会违反一条又一条法律。这种生活方式的特点是低抑制力和对规则的无视。有良好自我控制能力的人通常不会过这种生活，而自我控制能力较差的人更容易做出这样的事。

两位犯罪学家为低自我控制能力和犯罪之间的联系提供了令人信服的证据。有一条证据说服了我，那就是哪怕犯罪分子遵纪守法的行为模式，也暴露了他们缺乏自我控制能力的事实。与其他人相比，犯罪分子更容易出交通事故，更容易意外怀孕，也更有可能吸烟。他们还更容易旷工。作者指出，在单亲家庭长大的孩子犯罪率较高。这可能有多种原因，但这一现象确实符合"这些孩子的自我控制能力可能比其他人更低"的观点。大多数单亲爸爸妈妈都努力想把孩子抚养成人，但要让他们吃饱穿暖、按时上学却很难。由父母双方来执行一套严格的规则要比一个人执行来得容易，而这种教养方式很可能有助于培养良好的自我控制能力。可以肯定，只是抛弃家庭的父亲或母亲的基因，就可能使孩子缺乏自我控制能力，这一点是说得通的。如果一个父亲不好好抚养儿子，而是远走高飞，那么他的儿子多少会有一些不负责任的基因。很难确定是基因还是教养方式导致了单亲家庭孩子的悲惨结局，但自我控制能力低下可能是其主要原因。

这本犯罪学图书启发了犯罪学家，因此后者开始收集有关自我控制的数据。低自我控制能力与高犯罪可能性之间的基本联系得到有力证实（Pratt & Cullen，2000）。我们几乎能想到这个观点会遭遇的唯一的质疑是什么：低自我控制能力不是唯一的影响因素，其他相关因素也要纳入考虑。复杂的现象很少能归结为单一的原因或公式，如果认为自我控制能完全解释犯罪，就走得过远了。尽管如此，低自我控制能力会导致犯罪依然显而易见。这些大数据之间本是相关关系，但表现出了跨时间的模式，支持了因果推断。现在自我控制能力低下，以后就更容易犯罪。实验结果也证实了这一因果关系：导致实验对象处在低自我控制能力状态的实验操作也会使他们攻击性高涨。

即使对已定罪的犯人来说，自我控制能力的变化也会产生影响。那些自我控制能力更强的人出狱后会比其他人表现得更好。他们不太可能再次被捕。他们更有可能找到工作，保住这份工作，并更好地融入社区，而不太可能对酒精上瘾（Malouf et al.，2014）。

总之，这些数据记录非常值得关注。高度的自我控制能给人带来各种各样的好处（有的好处相当大），几乎没有任何负面影响。多年来，我结识了许多研究人员，他们试图证明良好的自我控制能力存在一定负面影响，但总的来说，这些影响不是很严重。例如，他们要求研究对象想象自己正要参加一个聚会，这时，人们会认为与自我控制能力弱的人一起去，要比与自我控制能力强的人一起去更有趣（Röseler，Ebert，Schütz，& Baumeister，2021）。但人们只进行了想象，我们不知道实际情况下他们还会不会这样选择并享受聚会。

自我意识：对照标准展开检验

自我调节过程可以从 3 个基本特征出发展开分析：标准（关于一个人应该或不应该如何的观点）、监测（根据标准持续关注一个人的行为），以及改变的能力。其中任何一个特征出现问题，都可能破坏整个过程。表现出良好自我控制能力的人，这三者通常都能有效地协同工作。

"调节"一词指基于标准来改变，而标准是关于事物应该如何或不应该如何的观点。政府通过建立标准并要求行业遵守标准来对这些行业展开管理。至关重要的是，有效的政府不仅要发布命令，还要持续关注每家公司遵守其命令的情况。没有密切的监督和跟进，很难对某些事情进行管理。个体和社会都是如此。

因而自我意识是自我调节的核心。卡弗和沙伊尔（Carver & Scheier，1981，1982）进行了一个极具影响力的研究，他们提出，自我意识的基本目的是使你能够改变自己。这就是为什么自我意识往往会拿被感知到的自我与各种标准，如理想、道德、个人目标和他人的期望等进行比较。自我意识的核心目的是确定自我需要在哪些方面做出调整——不管是梳头还是更努力地做作业。自我意识还能帮你监督自己改变的过程，这样你就可以检查其进度，看看你离实现目标还有多远的距离。

监测该进展的自我意识过程相当复杂。早期的心理学理论认为，要体会到良好的感受，就需要达成目标。对，达成目标确实能带来良好的感受，但后者可能在目标达成以前就已经出现了。卡弗和沙伊尔（1990）的结论是，这些感受是对朝目标前进途中的进步的反应。只要你朝着正确的方向前进，并且大致按计划行动，远在你真正达成目标之前，你就会产生良好的感觉。这是人类思维的一大进步，它使人们能长期朝目标努力，哪怕时不时被打断，需要去进行其他活动，随后总能回来继续努力。目标远未达成时，就感觉自己正在做的事很不错，这对于将此时此刻的自我和延伸的自我联系在一起的"统一性工程"是有帮助的。毕竟如果你的感受怎么样主要取决于你离达成各个目标还有多久，那么你绝不会想继续推进一个还有很长时间才能看到成果的项目。

反过来，当自我意识受损时，自我调节往往会变得很糟糕。当人们分心或者不愿意或不能专注于自己，他们的自我控制就会崩溃。追踪某样事物越难，调节起来就越难。当我还是一个穷学生，每天只能靠 2 美元生活的时候，我的祖母给了我很好的建议——写下我花钱买的东西。她那代人年轻时，在欧洲，钱就是现金，所以你可以随时监控你钱包里还剩下多少钱。信用卡的出现使这个过程变得更加复杂和困难，许多薪水很高的人深陷债务之中。监控信用卡比监控现金支出要难得多。

酒精为说明自我意识的益处提供了一个有力的例子。即使是少量的酒精也会降低自我意识（Hull，1981），并且自我控制能力会随之下降。醉酒的人吃得更多，花得更多，给的小费更多，也会抽更多的烟，等等。

自我调节理论借鉴了军事科学家帮助远程导弹击中目标的理论（Carver & Scheier，1981，1982）。一个控制循环（control loop）的简单框架是测试—操作—测试—退出（TOTE）。目标较远的导弹经常被风吹离航线。有时，精确瞄准距离很远的目标本身就极难实现，所以导弹需要在飞行过程中修正航线。内置的计算机会测试导弹目前的轨迹是否可能击中目标。如果不能，那么它会进行一些小的修正（操作阶段），比如将导弹向左移动一点儿。然后，展开另一次测试，也许还要进行另一次修正。当某次测试得到令人满意的结果，也就是当前的飞行轨迹能正确击中目标时，将暂时退出该循环。根据卡弗和沙伊尔的说法，人类自我意识的功能与之大致相同。人们依照标准对自己展开检验（至少在进展是否符合标准方面），行动以使其符合标准，再次检验，然后退出循环。

意志力和自我损耗

自我意识依照标准对自己进行检验，从而促进自我调节。那么"行动"阶段呢？是它真正带来了改变。基于此，我的实验室研究致力于解开这个谜团，下面我会粗略讲述一下我们研究的发展历程。

在我开始这项研究工作的时候，信息加工理论在心理学领域占主流。人们认为大脑就像一台计算机。与这条思路相比，认为自我由能量构成，自我控制依赖于某种内在力量，是一个全新的想法。不过之前的文献中已有一些迹象，这促使我开始考虑这种理论。比如当人们面临其他问题，如压力较大时，他们的自我控制能力似乎会崩溃。还有一些主观的报告：人们自我调节的活动有可能失败，如陷入软弱、难抵诱惑、徒劳抵抗等。当然，从那时起，又出现了大量证据。例如，许多人试图限制自己的饮食和吸烟频率，但是限制其中一个似乎会削弱对另一个的限制（Cheskin et al.，2005；Shmueli & Prochaska，2009）。

研究生马克·穆拉文（Mark Muraven）开始做实验验证能量理论的一个核心预测：在一项自我控制任务上付出努力后，在下一项自我控制任务中的表现会更差，即使两项任务并不相同。这与将机脑类比起来的信息加工理论的预测恰恰相反。这些理论是基于程序加载（按计算机语言的说法）或"启动"这一概念展开的，所以，如果你已处在自我控制模式，面对另一个自我控制的挑战，你会做得更好。穆拉文进行了很多研究，发现结果符合能量模型。在完成第一个自我控制任务后，人们在看起来与其无关的第二个自我控制任务中会表现得更差——好像他们确实消耗了一些力量或意志力。不久，其他研究生也开始把自我控制作为有限的能量来研究。

我们需要命名这个现象。我们能找到的唯一可以作为先驱的思想家是西格蒙德·弗洛伊德，他说过能量是构成自我（他用的词是 ego）的一部分。为了向弗洛伊德致敬，我们借用他提出的术语"自我"，把这种效应称为"自我损耗"（ego depletion）。

自我损耗的基本模式是，实施自我控制后，随后的自我控制效果会更差，甚至当做的是看似无关的任务时也是如此（见 Baumeister & Tierney，2011；Baumeister & Vohs，2016；Baumeister，Vohs，& Tice，2007）。一个研究表明，在人们试图抑制或放大他们对某个电影片段的不快反应后，他们在握压手柄的任务中显得体力较差（这与那些观看同一部电影但没有试图控制自己情绪的人形成了对比）。在另一个研究中，当人们尝试把一个禁忌的想法（与一只白熊有关，是根据托尔斯泰的著名逸事改编的）从脑海中抹去后，他们会更快放弃猜一道很难的字谜。这些发现及之后发表的数百篇文章都表明了意志力的有限性。第一项任务消耗了一部分意志力，第二项任务可用的意志力就要少一些。

这些研究提出的另一个观点是，各类自我控制需要同样的能量，但你只有一个意志力储备库。很多领域都需要自我控制，但它们是从同一个源头获取能量的。

对这一理论进行第一次修正是由于研究者认识到自我损耗模式反映的是意志力存量的减少，而不是完全缺乏意志力。穆拉文发现，尽管在第一次测试中，人们已经实施了自我控制，但是给人们以强有力的激励，让他们在第二次测试中取得好成绩，他们就能做到，有时甚至做得非常好（Muraven & Slessareva，2003）。因此，即使精疲力尽，人们仍然能有效地自我调节（然而在这之后，他们的损耗也会更加严重）。大脑并没有耗尽"燃料"！进一步的研究表明，自我损耗效应本质上是一个能量储存问题。如果人们期望实施更有力的自我控制，他们现在就要储存更多能量（Muraven et al.，2006）。这些模式表明，人们"管理"的能量有限。

要发展这一理论，与身体肌肉进行类比有一定指导意义（见 Evans et al.，2016）。自我损耗类似肌肉在运动后感到疲劳。事实证明，即使有些疲劳，肌肉仍然可以使出最大的力量——一开始，肌肉疲劳是一个要求我们保存能量的信号，而不是肌肉过于疲劳以致不能正常工作的信号（虽然肌肉持续紧张就会达到这种程度的疲劳）。正如长跑运动员会调整自己的速度一样，人们似乎会通过减少其他任务中的自我控制，来应对一开始那个任务对自我控制的需求，如果他们感觉进一步的要求已迫在眉睫，就更会如此。

运动会使肌肉出现短期的疲劳，但是有规律的运动会使肌肉更强壮。自我控制也会这样吗？多个研究要求人们在一段时间内进行各种自我控制练习（从2周到4个月不等；Baumeister，Gailliot，deWall，& Oaten，2006）。近几年的元分析已经证实，如果用精挑细选过的与实践完全不同的实验室任务来衡量的话，这样做通常的确能成功提高自我控制能力（Friese，Frankenbach，

Job，& Loschelder，2017）。但我们往往很难知道有多少研究失败了。通过锻炼提高自我控制能力——类似于维多利亚时代的"塑造品格"的成功，显然取决于研究对象确实进行了锻炼，但这很难证实。进一步说，要构建自我控制，恐怕需要自我控制本身。低自我控制能力的人可能会忽视这些锻炼，因此没有任何进步。

自我损耗的影响

人们逐渐在各种情境中找到了自我损耗的证据。研究显示，有所损耗的人会吃更多垃圾食品，喝更多酒，花更多钱（尤其是冲动购物），性抑制水平更低，对那些挑衅他们的人反应更强烈。他们在智力测试中的表现更差（见Baumeister & Tierney，2011；Baumeister & Vohs，2016）。

智商测试结果有一些重要的限制条件（Schmeichel et al.，2003）。认知科学家将心理过程分为自动过程和受控过程。即使处于损耗状态的人，其自动过程也不会受影响，还运行得相当好。他们仍然能记忆事物。许多智商测试包含词汇测试，自我损耗并不影响人们在这些测试中的表现。但是逻辑推理能力会受到损害，而且往往是本质上的损害。因此，受损的是更高级的推理形式。自我损耗和自我调节都是关于大脑努力实施控制（有意识）的，但自动过程（无意识）的威力很大。事实上，威廉·霍夫曼（Wilhelm Hofmann）及其同事（2007）的杰出研究表明，人们可能拥有不同的有意识和无意识态度，自我损耗会使无意识态度接管并指导行动。可见，人们具备一组自动反应，当遇到正确的提示时，这些反应就会启动。有意识的自我控制可以阻止人们做出这些反应，这确实是其突出功能之一。然而，在自我损耗状态下，人们就不能像往常一样施加意识控制了。

习惯

习惯是一组重要的自动反应模式。当一个人处在损耗状态时，习惯会占据主导地位（Neal et al., 2013）。事实上，人们如此容易养成习惯这个事实是一个信号，表明有意识的控制代价高昂。大脑天然可以保存能量，而养成习惯是达到这一目的的有效方法。

事实证明，习惯与自我控制这一特质密切相关。自我损耗理论关注自我控制能力，这种能力是波动的，但整体上看，一些人的自我控制能力似乎明显强于其他人。一项问卷调查被证明能有效区分这些人（Tangney et al., 2004）。在使用了该问卷几年后，一个荷兰团队汇编了他们能够得到的所有结果（de Ridder et al., 2012）。他们发现，自我控制方面得分高的人，在其他许多测试中表现得都比别人好，只不过其中一些方面体现得比较明显。最明显的是工作和学校表现方面，自我控制方面得分高的人做得要好得多，但他们在节食和体重控制方面只稍微强一点儿。

荷兰研究人员尝试对不同研究中的所有行为进行编码，以判断它们是自动的还是受控的。理论上说，自我控制作用于受控行为，而自动行为是自发性的，不受控。可令他们惊讶的是，研究结果在统计意义上截然相反。具有高特质自我控制能力的人主要实施自动行为，而不是受控行为。这怎么可能呢？研究人员回过头来仔细检查他们将什么样的行为编码成了自动行为。这里，自动行为主要是习惯。

自我控制和习惯之间的联系改变了我们对自我控制的看法。许多人认为，自我控制能力强的人比其他人更有意志力。但显然并不是这样——不如说，他们只是能更有效地使用意志力。特别是，他们会利用自我控制来打破坏习惯，养成好习惯。在工作和学校中表现良好的人会利用自我控制来养成良好的做事习惯（不像那些拖延的人，他们在自我控制上的得分通常很低）。这样，他们就不至于要在最后一刻艰苦奋斗才能完成任务。

自我控制能力强的人意志力更强这一观点也受到了其他证据的冲击。许多针对自我损耗的实验会测量自我控制这一特质，看谁更容易受到损耗的影响。会不会是那些自我控制能力强的人，因为他们的下降空间大？或者是那些自我控制能力弱的人，因为他们更容易出现自我控制方面的问题？这两种理论都说得通，而且都很有趣，但大多数研究没有发现两类人的差异（特别是 Vohs et al.，2021）。人们同样受到损耗的影响，不管他们的自我控制特质的水平如何。

然而，在近些年的一项研究中，我们测量了人们在实验室外日常生活中的损耗感。在这一点上，自我控制能力弱的人会更频繁地报告自己产生了这种感觉（Baumeister，Wright，& Carreon，2019）。为什么实验室的发现与日常生活如此不同？

习惯和计划同样可能是造成这种差异的原因。在实验室里，每个人执行的都是相同的任务，所以每个人都会使用同等的意志力，产生同等的自我损耗。但是在日常生活中，自我控制能力强的人更有条理，工作习惯更好，计划更丰富。他们与朋友、恋人和同事之间的人际冲突也较少，而这些是使人受到损耗的重要因素。因此，他们在实验室之外更少感到自己受损耗，因为他们的生活更顺利一些，他们的意志力更不容易被压力、问题和危机榨干。

意志力这个术语广为大众所使用，也是一种隐喻。它是否与大脑活动或身体过程中的任何特定事物相对应？20 世纪 90 年代被称为"大脑研究的十年"，为许多思维模式和反应寻找其大脑活动的基础十分流行。我们对这个领域的探索完全是出于偶然。

有一天，马特·加约（Matt Gailliot）——一个天才研究生，过来找我，还带来了他的一个假设：如果抵制诱惑会让你变得更弱，那么沉溺于诱惑会让你变得更强吗？我鼓励他继续研究下去。他设计了一个实验，在这个实验中，首先要耗尽人们的意志力（或者在控制条件下不耗尽），然后像其他许多研究一样测量他们的自我控制能力。这个实验的不同之处在于在两项自我控制任务之间，一些研究对象要吃一份冰激凌奶昔。当然，冰激凌是一种美味但会使人发胖的食物，因此，在参与实验室研究的过程中吃冰激凌构成了一种自我放纵，一种对诱惑的屈服。实验有两个控制条件。第一个条件是让人们坐上几分钟，阅读一些无聊、过时的技术杂志。第二个条件是给人们喝不好喝的奶昔，这些奶昔是由不加糖的奶油制成的，本质上是一团恶心的无味乳制品。设置后者只是为了看看吃东西是否有什么特别的影响。

实验失败了，但结果很有意思。那些在自我损耗状态下吃了冰激凌的人在第二次测试中确实表现得很好，所以冰激凌确实成功消除了自我损耗的影响。不幸的是，尽管人们并不爱吃不好吃的奶昔，可它也有这个效果。沉溺于冲动，之后自我控制能力就会提高——这种理论没有得到支撑，因为人们并不喜欢不好吃的奶昔，但自我控制能力还是提高了。我们进行了反思：如果自我控制能力的提高不是出于愉悦，也许是因为热量？这两种与吃东西有关的情况都能促使自我控制能力提高。

血糖水平

加约在图书馆待了几个星期，学到了很多关于葡萄糖的知识。葡萄糖是血液中的一种化学物质，它的功能是将能量输送到全身，输送到肌肉、大脑和其他器官中。葡萄糖不只是糖，更是从任何食物中提取的能量。使大脑运转起来的神经递质是由葡萄糖制成的，这种物质堪称"大脑燃料"。

我们实验室开始探索葡萄糖和自我控制之间的联系。经过几年的实验，我们得出了三个结论，其中两个结论已经比剩下那个更好地经受住了时间的考验（Gailliot et al., 2007）。首先，在努力完成实验室的自我控制测试后，人们的血糖水平下降。这些发现似乎得益于一种不同于通常基线的控制条件（这种情况时有发生）。在随后的研究工作中，我们偶尔能观察到这一效应，但通常观察不到。自我控制可能会消耗葡萄糖，但是这个过程比我们假设的要复杂得多，所以我对最初的那个结论没有信心。但是另外两个结论是可靠的。

第二个结论是，血糖低的时候，自我控制能力差。在这个方面，我们找到的证据相当一致。此外，根据营养学家的研究，已经有大量证据可以证明这一点（综述见 Gailliot & Baumeister，2007）。他们还没有建立起关于葡萄糖如何影响自我控制的宏大理论，但他们已经进行了许多研究，将缺乏食物或缺乏葡萄糖的影响与各种行为模式联系起来——其中大多数行为模式表明自我控制能力有所丧失。例如，在一些经过精心控制的研究中（如 Murphy et al., 1998；Wesnes et al., 2003），研究者要求小学生上学前先不吃早餐，到学校后，通过随机分配，一些人能得到一些东西吃，而其他人不会（因此会缺乏葡萄糖）。早上摄入了葡萄糖的孩子学习效果更好，在课堂上表现也更好。上午 10 点左右，每个人都可以吃一点儿零食，然后这种差异就会消失。在其他研究中，患有与葡萄糖相关慢性病的病人，比如糖尿病患者，呈现出各种各样的自我控制问题。

第三个关键结论是，可以通过向人们提供葡萄糖来消除自我损耗效应。某种意义上，这一点是我们在"冰激凌研究"中偶然发现的。戴安娜·泰斯（Dianne Tice）找到了检验葡萄糖作用的更好方法，那就是给人们一杯可能添加也可能没有添加减肥甜味剂（含或不含大量葡萄糖）的柠檬水（Gailliot et al.，2007）。不管是哪种情况，人们对柠檬水的喜爱程度都差不多，而且饮料可以提前准备好，这样无论是实验者还是研究对象，都不知道饮料中是否含有糖或甜味剂。我们已在许多研究中使用过这个设计，并得到了可靠的结果：那些喝了含糖饮料的人的损耗效应消失了，而那些喝了无糖柠檬水的人身上表现出了常见的损耗效应。

认为意志力转化的原理与葡萄糖相同，可能太草率了。但是鉴于那些有分量的证据，我相信葡萄糖是自我控制过程的重要组成部分。再次强调，情况并不像"大脑耗尽燃料"这句话这么简单。尤其值得一提的是，现代西方文明中饮食条件良好的公民体内储存了大量葡萄糖（事实上，在美国，肥胖问题比营养不良或饥饿更为常见）。两位英国研究人员发表了一篇重要的综述，说自我控制和自我损耗应理解为改变葡萄糖的分配，而不是耗尽葡萄糖（Beedie & Lane，2012）。我认为他们的大部分观点都是正确的。然而，选择性分配主要发生在宝贵而稀缺的资源受到威胁的时候。如果你曾在世界的不同地方生活过，你可能会注意到，有时水是免费的，可以随意使用，但在其他地方，用水却要经过精心计量和配给。定量配给水资源的情况主要发生在沙漠等缺水的区域，而随意使用和浪费水的做法则发生在水资源丰富的地方。如果人们总是选择性地分配葡萄糖，就意味着它是一种宝贵、可耗尽的资源。

西方文明的现代生活与人类心灵进化的环境并不相似。自我损耗模式的进化可能是为了帮助我们的史前祖先储存至关重要的能量，而如今这就没有必要了。我们的祖先生活在一个无法保证食物摄入的世界里，人们往往一连几天都吃不上东西。特别是蛋白质，通常很难指望人们在明天本就少得可怜的食物中获取一点点蛋白质。因此，节约能量是有益的。

现代生活和 20 世纪中叶以前的生活的另一个重要区别与医学（包括抗生素）有关。平时免疫系统并不需要太多葡萄糖，但是它要发挥作用，就需要大量的葡萄糖。对我们的祖先来说，除非免疫系统能够抵抗，否则脚上感染的伤口可能是致命的，因为他们没有办法使用现代医学进行救治。

因此，自我损耗反映了一种进化适应——尽可能以葡萄糖的形式储存能量，包括只要有条件就不实施自我控制。它持续影响着大脑的运作方式。如今，我们可以在自我控制上花费更多葡萄糖，特别考虑到当自我控制有效运作时，我们的生活会好得多。但是大脑只进化到了节俭使用资源的阶段。

试图将自我控制的表现与生理和葡萄糖联系起来，也就是在尝试解决困扰思想家几个世纪的经典的心身问题。别想快速得到一个简单、清晰的答案。在这里，用肌肉类比有一定帮助，因为身体肌肉似乎也具有这样的复杂性（见 Evans et al., 2016）。长时间运动时，肌肉确实会达到一个不能再有效发挥功能的临界点。但是，远在这之前，肌肉就已经开始感到疲劳了。在肌肉真正无法再发挥功能之前，大脑会感到肌肉疲劳。

对于这些过程，我最合理的设想如下。大脑没有任何办法得知身体到底储存了多少葡萄糖，因此它会追踪最近的葡萄糖使用情况。如果它以某种方式额外消耗了一些葡萄糖，比如用来进行自我控制，它自然能注意到这一点，并减少进一步的消耗。鉴于许多不同的身体机能都要用到葡萄糖，而且这些机能大多对生存很重要，所以大脑会阻止任何一个区域过度消耗葡萄糖。当肌肉剧烈运动时，大脑会发出疲劳的信号，从而停止对这些肌肉的使用。大脑投入资源进行自我控制，同样会在一段时间后削减投入。这是一种基于早期进化环境的预防措施，在今天可能没有多大帮助，但是身体需要经历很长时间的进化才能适应新的环境。因此，自我损耗指的是，通过进化，在身体消耗了一些能量后，大脑会保存能量。

葡萄糖使我们找到了理解经前期综合征（PMS）的新视角（Gailliot et al.，2010）。在女性月经周期中的黄体期，身体的生殖活动比其他时候更需要葡萄糖。在这个阶段，女性确实会吃得更多些，但与平时的差距并不是很大。也就是说，她们的身体会使她们进入一种缺少葡萄糖的类似自我损耗的状态。人们对经前期综合征有一些刻板印象，认为女性会在一个月的特定时期出现邪恶的冲动，但证据并不支持这一观点。她们似乎没有产生新的冲动。相反，由于每月都有一段时间缺乏葡萄糖，她们平时拥有的冲动在这一时期得不到有效的抑制。

争议

在过去的几年里，社会心理学家宣称他们的研究领域处于危机之中，一些批评者直言不讳：其整个知识库充斥着虚假的发现和错误。我不认同他们的悲观主义。事实上，如果我认为这数百名勤奋的研究者的工作成果充满毫无价值的废话，我是不会写这本建立在他们成果基础上的书的。然而，让我们接纳他们这种观点的存在。自我损耗已经是一个非常成功的理论，许多实验室都有各种各样的相关发现，它的成功也使它自己成了对那些希望声称研究文献大多是垃圾的人极具吸引力的攻击目标。如果他们能质疑自我损耗，他们就会向质疑整个领域迈出重要的一步。

自我损耗理论受到了两种截然不同的攻击。一种是断言不存在这样的效应。一些研究人员未能发现自我损耗效应，这种情况支持了这一观点。另一种攻击是为其发现提供替代性的理论解释，摒弃有限能量资源的概念。

重要的是，要认识到这两种攻击是相互矛盾的。如果不存在自我损耗的现象，任何替代理论都不可能成立——对于一个不存在的效应，不可能有正确的解释。因此，对自我损耗的这两个挑战之一必定完全错误。也许两者都不对，但至少其中一个是错误的。

我的观点是，断言不存在这个效应是错误的。我承认，正如实验室实验显示的那样，自我损耗并不总是发生，但它已经在世界各地不同研究人员运营的多个不同的实验室中发挥了数百次作用。如果即使自我损耗在实验室里成功出现了几百次，它还并非真实存在，那么我不知道我们又凭什么相信社会心理学或相关领域的任何东西。

事实上，最近调查关于重复实验的文献时，我惊喜地看到，很多人认为，在社会心理学领域，自我损耗的发现被最完美地复制了出来（Baumeister，Bushman，& Tice，2021）。已经有超过 600 个已发表的研究结果支持自我损耗理论，实际上它们中没有一个得出了相反的结论。预注册的研究也支持这一观点（Garrison，Finley，& Schmeichel，2019）。大量现实世界的调查结果同样提供了有力的证据，如调查发现，医疗工作者处于损耗状态时会忘记洗手，而减刑假释法官会做出更严苛、更谨慎的决定（综述见 Baumeister & Vohs，2016；一个最近的案例见 Trinh，Hoover，& Sonnenberg，2021）。最后，至少有一个多地点重复实验（multisite replication）取得了彻底的成功（Dang et al.，2021），另外两个则能提供部分支持。在社会心理学领域，没有其他哪个发现能达到这个程度。

更多人认为，心理学没有万有引力那样的定律。它表明原因会导致结果，但是，没有一种因果关系具有普遍性。心理学能证明的只是某些模式偶尔会起作用。自我损耗显然是其中之一。有的人没有在自己的实验中观察到自我损耗，但也有成百上千的研究做到了。某些情况下，这种现象确实会出现，对任何心理学原理而言，这或许已经是我们能期待的最好结果。我认为，社会心理学的论据大体是可靠的，当然，随着更多数据涌现，情况会持续变化和发展。很少被观察到的效应可能会受到质疑，但是像自我损耗这样，被证实过成百上千次的效应，显然是真正存在的。

另一种形式的挑战是质疑我们的理论是否正确。这是科学的常规组成部分，随着更多研究的开展，更多研究发现被分享，任何理论的早期形式都可能被新的、不同的，通常更复杂的理论所取代。

对于自我损耗这样复杂的现象，替代性理论的解释空间可大可小。研究人员可能会做一个实验，显示自我损耗发生在了这种情况下，而在那种情况下没有发生，于是得出结论，自我损耗实际上与两种情况之间的差异有关。替代性理论通常只关注一小部分证据，它们能很好地解释这些证据。然而，如果想解释全部研究结果，则很难形成新的理论。在回顾了这些替代性理论之后，我得出结论，其中一部分理论提供的有价值的理解有助于改进基础的能量模型，但它们都不能真正摆脱有限资源和能量消耗的核心理念。

最引人注目的替代性解释舍弃了有限能量的概念，试图从动机和注意力的角度来解释损耗（Inzlicht & Schmeichel，2012）。根据这种观点，人们在执行第一项自我控制任务时，会发现做起来很费力或有点儿不快，因此就不乐意推动自己在第二个任务中好好表现了。这个理论的核心假设是，那些会导致自我损耗的做法，将使人们失去在第二项任务中好好表现的动力。不过这对能量模型来说并不构成真正的威胁，因为从后者出发也说得通——为了保存剩余能量，人们不会投入要求更高的任务。但是，现在有大量证据表明，上述替代性解释是错误的。这个理论发表并受到赞誉后，我请我的同事收集数据，了解人们对完成好第二项任务有多大积极性，但我们没有发现任何变化。其他实验室的研究人员也展开了研究，得到了同样的发现。实验室中给人造成损耗的操作不会降低人们在第二项任务中好好表现的动机。

因此，我认为这些争议同往常的争议没什么两样，只不过由于目前的氛围是整个学科都处在危机之中，这些问题还额外带有几分炒作和戏剧性的色彩。我在这里为自我控制勾勒的"肖像"是永恒、终极的真相吗？也许不是。但它很有可能越来越接近真相，未来的工作不会摧毁它，反而会使它变得更好。就目前而言，它对自我控制如何起作用的推测最为合理。

意志力、决策能力和计划

鉴于自我调节对自我运作的许多重要方面来说都很重要，如果有限的意志力资源只与自我控制有关，它就已然是自我的一个重要方面。不过它甚至比这还要重要。事实上，自我损耗效应是执行自我的一个关键部分。

我们迈出的重要的第一步是意识到除了自我控制之外，自我损耗还能用于解释选择和决策（Vohs et al.，2008）。我们发现在做出一系列选择后，自我控制能力会受损。反过来，在要求人们施加自我控制，从而使他们产生自我损耗后，他们的决策过程也发生了变化，但并不是向好的方向变化。这导致了了"**决策疲劳**"（decision fatigue）这个新概念的出世。下一章将进一步探讨这个问题。

如果意志力既被用于做选择，又用于自我调节，那么它很可能也涉及其他会唤起执行自我的过程。通常，主动和被动的反应是有区别的。采取积极的姿态需要实施自我控制，而且似乎会消耗意志力。人们处于损耗状态时会变得消极。我们的一项（未发表的）研究要求研究对象独自用一台电脑工作，随后电脑会突然停止运转，而我们会测量他多久之后会起身报告电脑出了问题。处于损耗状态的人坐在那里不报告的时间是其他人的两倍。在那样的状态下，主动性显然很低。

为了回应批评者们合理的批判——既然自我损耗状态下的人往往会主动放纵自己的冲动，我们就不能断言损耗通常会使人变得被动，我们还须进行另一个研究。我们认为，自我损耗会削弱自上而下的控制，在自上而下的控制过程中，意识思维会决定如何正确反应，而不是由自动过程主宰一切。应期刊编辑的要求，我们又进行了一个研究，该研究借用了社会心理学先驱斯坦利·沙赫特（Stanley Schachter）的一项实验设计。我们要求人们填写调查问卷，然后请他们吃花生，以显示我们友好好客。自我损耗状态下的人会吃得更多还是更少呢？这取决于花生有没有剥壳。如果剥了壳，吃花生就只需要抓起一把扔进嘴里而已，这时，自我损耗状态下的人比未损耗的人吃得更多。但是如果没有剥壳，要吃花生，就还需要主动做点儿什么——这时自我损耗状态下的人吃得会少得多（Vonasch et al.，2017）。

计划是一种更为重要的执行活动。计划会消耗意志力。处于损耗状态时，人们会逃避做计划（Sjåstad & Baumeister，2018）。拥有清晰、简单的计划能使他们在损耗状态下依然表现良好。这是因为计划能使人无意识地做其需要做的事，执行者无须花费更多资源。

误调节

到目前为止，我已着重论述了缺乏调节这类自我调节问题，也就是一个人未能为实现目标、理想和满足其他标准做出必要的努力。尽管自我控制的失败大多属于这种情况，但也有另一种情况。有时人们陷入悲伤，不是因为他们无法自我调节，而是因为曾基于错误假设或以不合适的方式进行了自我调节。

一味承受压力，导致喘不过气来，是一种误调节，因为此时人们试图将有意识的控制强加给最好自动运行的熟练过程（Baumeister，1984）。同理，坚持做毫无结果的事，或者在发生糟糕的事后仍投入大量资金，也是一种自我控制行为，这种行为执行得很好，却会引发糟糕的结果，是因为它基于一种错误的信念——这样投资会带来成功。

有一种误调节形式尤其重要，指的是以牺牲长期目标和个人标准为代价，优先考虑体验更好的感觉。现代人的自我控制包括抑制冲动和拒绝个人享乐，如戒除对食物、香烟和酒精的过度依赖。人们通常很清楚这样放纵自己会带来问题，并下决心戒除对这些东西的依赖，但是他们常常重蹈覆辙，再次陷入放纵。总的来说，自我调节行为的失败发生在压力时期和有其他需求的时候。在这种时候调节失败、回归放纵，有多种可能的原因，包括自我损耗。毕竟，处在压力时期对人们有限的意志力提出了额外的要求，因此当人们投入更多的资源来应对压力时，就不那么能维持禁欲了。喜剧电影《空前绝后满天飞》（*Airplane*）中有一个贯穿全片的笑话：随着压力越来越大，航空管制员先是说"看来我不该那周就戒烟"，然后是戒酒等。这个笑话好笑，一定程度上是因为观众清楚。在这种时候要保持禁欲更加困难。最好在压力较小的时候戒烟，这样你就可以把你的意志力集中在抵御吸烟的冲动上。

尽管如此，压力还能通过其他方式致使人们再次放纵。误调节与此相关。

压力会让你感觉糟糕。喝酒、抽烟、吃美味但不健康的食物则会让你感觉良好。所以人们感觉糟糕时会去找甜甜圈、香烟和酒瓶。

"如果感觉不错，那就去做吧！"大概在世纪之交，这句话就已经流行了一段时间。一篇文章化用了这句话作为其副标题："如果你感觉糟糕，那就去做吧！"（Tice et al.，2001）文章涉及的研究操作会使一些人陷入坏情绪，结果表明，这些人往往会放弃自我调节，而沉溺于能让自己感觉良好的行为，如吃不健康的食物，拖延工作，沉溺于浪费时间的享乐，更愿意获得当下的满足，而非追求未来更好的收益。研究设计排除了自我损耗和其他解释——通过使一些参与者相信，无论他们做什么，他们的情绪都不会改变。后来，**尽管情绪不佳，但这些人并没有放纵自己**。换句话说，感觉糟糕会促使人们吃更多饼干和垃圾食品，但只有在人们认为吃垃圾食品可以治愈糟糕的感觉时才有这种效果。

因此，看起来失败的自我调节或从表面上看缺乏调节的东西，实际上可能是误调节。自我调节通常是为了实现更好的长期结果，在此时此地拒绝享乐。强烈的消极情绪会将自我的重心转向使当下的感觉更好，即使要以牺牲长远利益为代价。

自我调节和统一性工程

自我控制是自我管理的重要组成部分。自我是一个将不同的部分构建成一个统一体的过程。毫无疑问，作为统一性工程的一个部分，自我调节任务重大。

由大脑控制的自我控制机制必须了解当下的情况，并在心理上设想（即思考）未来可能出现的各种结果。它必须将未来的结果与现在的行动联系起来，选择最好的未来结果，并为达到目标而执行现在的行动。有时，这些行动必须在强烈的欲望驱使下才能完成，而这种欲望就是立刻去做一些别的事，如吃个派、喝杯啤酒。

为了取得成功，自我至少需要经历两种过程。首先是思考的部分，即"监督回路"（supervisory loop；这里我们采用卡弗和谢勒提出的概念）。思维必须对未来做出预测，模拟当前各种可能的行动会带来哪些相关的可能结果，比较不同的结果，决定怎么做最好，然后将这些都带回此刻，以能带来最好结果的方式展开行动。不过，还有另外一个部分。思考的部分完成后，执行的部分，也就是意志力部分，就会接棒（可以肯定的是，决策和计划已经消耗了一些意志力）。意志力是推动这一进程的力量，尽管有人不这么认为。决心最好今天就开始写报告，以保证按计划完成，这是一个了不起的心理过程，但它本身并没有那么难。使这件事变难的是，当你的朋友在海滩或酒吧向你招手时，你会忍不住想加入他们的行列，而你必须抵制这种诱惑才能好好做事。

农业就是一个重要的例子。除少数非典型情况以外，只有人类能成为农民。这是因为只有人类真正能够思考当下和遥远未来的关系，并在此基础上采取行动。起初，农民的做法并不符合自然规律，也无法得到满意的结果：他们把种子甚至可食用的食物埋在地里，不怎么管，也从不把它们挖出来看。正确耕作还需要很多额外的步骤，比如除草和浇水。但几个月后，他们丰收了，其中一些作物可以储存起来，供冬天和春天食用。农民必须预测未来可能发生的事，选择最好的结果，并把它与现在必须做的事联系起来（如耕种），然后现在就这样执行，哪怕他们觉得自己更愿意做很多其他事，包括什么都不做。

事实上人类思维的一个显著能力就是它能预测未来（前景）。即便如此，在我看来，前景的价值和好处其实依赖于自我控制。否则，思考现在怎么做未来才能得到最好的结果，有什么用呢？这让人想起塞尔（Searle，2001）关于理性思维的观点。理性思维同样被视为人类思维的独特标志和优越能力之一。理性思维使你能运用逻辑来确定在特定情况下最好怎么做。但是如果没有足够的自由意志去执行这些行动，那又有什么用呢？一个理性的思考者如果没有足够的自由意志，基本上只能思考"我真的应该做 X"，然后继续做 Y。通常来说，他最后会想明白"如果我换一种做法会更好，但我没有"。可他只是一次又一次重蹈覆辙。

计划不同于自我控制，但它们使用的意志力能量资源是相同的。做计划需要付出纪律性的脑力劳动，所以它会对人造成损耗。人们处于损耗状态时是不想做计划的（Sjåstad & Baumeister，2018）。计划是一种与自我控制有关的心理活动，其使用的资源与自我控制相同，而且在连接当下和未来，从而管理跨时间的自我方面，它起到了至关重要的作用。

可见，人类的自我控制主要服务于跨时间的自我，帮助连接当下和未来。此时此刻的自我往往是自我控制的敌人。它有强烈的欲望（或者只是懒）。必须克服这些障碍，进行一些虽然不那么令人愉悦，但从长远来看能带来最好的结果的行动，例如省钱，或遵纪守法，避免留下逮捕记录。

事实上，自我控制有助于构建自我跨时间的统一性。人类自我并不是每时每刻都在做自己想做的事，而是将现在与过去和未来联系起来，并据此选择如何行动。这是人类的自我控制机制比猿类先进得多的主要原因，也是人类会更频繁地实施自我控制的主要原因。自我控制对跨时间的自我来说比此时此刻的自我更有价值。

本章要点

- 自我调节的 3 个基本特征是标准、监测和改变的能力。
- 自我意识是自我调节的核心。
- 所有类型的自我控制共享同一个能量储备库。
- 在实施自我控制之后，能用来进一步实施自我控制的能量就会减少，这就是所谓的"自我损耗"。
- 自我损耗可能是身体保存能量的一个功能。
- 习惯是一种自动模式，它能够节省能量，或在人们处于损耗状态时起主导作用。
- 血糖低的时候，自我控制能力差。人们能通过摄入葡萄糖来改善自我损耗状况。
- 做决策、主动而非被动行动、做计划，也会消耗意志力资源。

The
SELF
EXPLAINED

第 19 章

决策、自主和自由意志

———

　　自我调节是理解人类自我的一个关键。做选择同样是一个关键要素，而且与自我调节相关。选择的范围比自我调节更广，也更基本。大脑结构简单的简单动物，会做一些简单的选择，比如是向右移动还是向左移动，或者是战斗还是逃跑。随着人类社会的发展和我们大脑的逐渐复杂与强大，我们已经可以做出令人难以置信的复杂选择。如果你最近在一个大型组织工作过，你可能需要在一系列令人困惑的医疗保健计划和退休投资中做出选择。同样，一些年轻学生进入大学时，已经知道他们一生将致力于从事什么工作，但是对其他人来说，要选择一个主要的学习领域，选项太多了，多得令人生畏。

　　除了心理学，还有一种历史悠久的知识传统，即断言是选择定义并因此创造了自我。存在主义哲学可能是这类观点中最重要和最激进的版本之一，尽管类似的观点并不少。但这充其量只是真相的一部分：自我进行选择，就像（如果不是更多的话）选择决定自我一样。自我的其中一个目标正是促使人们做出选择，并让这些选择为动物性身体带来最佳结果。一个有缺陷的自我做出的选择，会给自己带来麻烦。

我不赞同选择的目标是创造自我这个观点。顶多可以把人们的选择看作对其自我是什么样子的一种陈述。例如，2008 年，巴拉克·奥巴马（Barack Obama）与希拉里·克林顿（Hillary Clinton）竞争民主党总统候选人提名，英国杂志《经济学人》（*The Economist*）观察到，许多白人中产阶级选民证明自己不是种族主义者（为此投票支持奥巴马）的压力，要大于其他选民证明他们没有性别歧视（为此投票支持克林顿）的压力。如果这个分析是正确的，那么特定的选择更多的是为了表达和构建关于自我的什么东西，而不是选择最好的领导者。在其他领域，人们可能会根据自己的身份认同，而不是功能或享乐的回报，来选择汽车、发型、外套和度假地。

决策是自我的主要工作之一。决策并不是人类独有的，但是人类的决策方式与其他动物不同。

选择到底是什么

选择似乎很简单：要 A 或要 B。但是这是一个欺骗性的观点。理解选择的方式有很多种。我们的目标是理解自我做出选择的内在过程，而并不是所有选择都遵循相同的过程。选择为人们提供了多个选项，可以作为客观情况的一个方面存在。然而，人们可能意识不到或不喜欢这些选项——同时仍然能够有效行动，得到他们想要的东西。当咖啡连锁店星巴克宣布自己提供了 19 000 种饮料时，它并不打算迫使每位顾客在购买前做 19 000 次选择。大多数顾客可能只是点了他们上次点的饮料，而没有考虑其他 18 999 种可能性。

让我们区别一下选择的两种截然不同的含义。一种含义是在选项中进行选择的内在心理过程。另一种认为选择是现实情况的一个方面，独立于个人存在。人们确实拥有可供选择的选项，不管他们有没有考虑甚至注意到它们，它们就像星巴克店里那成千上万款顾客不打算点的饮料一样。

如果认为所有选择的内在过程总是基本相同的，那就错了——即便人们能意识到各种选项的存在。你可以深入思考和比较各种选项，在心中模拟每个可能的行动过程，并仔细评估其潜在后果。然后，你可能会快速、冲动地做出决定，或者仅仅遵循习惯行事。

简单地说，至少有两种主要的选择方式。你可以依据第一时间产生的冲动采取行动，也可以仔细考虑，理性选择最佳选项。这两种选择方式，人类都可能采用。是什么决定了一个人会冲动行事，还是会深思熟虑，做出从长远来看最有益的理性的决定？人类自我的一个功能就是提升后者的可能性。

记住，人类的本质是动物。因此，以开明的方式思考和选择的能力，是进化过程塞到更古老、更简单的动物式决策机制之上的东西。会首先出现也最强烈的冲动是做你最想做的事，这么做了，通常能立竿见影地产生良好的体验。理性思考会给你另一套行动方案，但是自我必须具备一个能消除即时欲望的系统，以使自己遵循理性的路径行动。

选择与行为

我们可以从简单的动物开始，通过行为来观察选择。行为是如何发生的？简单的动物要通过条件反射过程来学习如何应对特定情况。用心理学喜欢使用的术语来说就是，它们会学会将特定的反应作为应对特定刺激的有效方式。刺激是环境中的某种东西，比如一条危险的蛇、一个芝士汉堡，或一个可以成为伴侣的有性吸引力的人。反应就是行动。两者的联系存储在大脑中：大脑是刺激与反应相遇的地方，你可以根据其是否正确将刺激与反应匹配了起来来判断大脑的"设计"合不合格。当你看到捕食者时，逃走并躲起来；当你看到好吃的食物时，吃掉它。如果要做的选择很少而且很简单，那么这个系统并不需要很多细节。简单动物自我的工作就是协调身体各部分，使它们协同工作，从而能吃掉其他生物，而不是被吃。

　　就内在过程而言，大多数行为可能不涉及任何选择。松鼠真的选择了逃跑和躲藏吗？刺激（如一只大狗冲过来）引发了反应。深刻的人类思想者可能会站在更高的角度思考，然后说，好吧，动物本可以做出不同的行为，所以有点儿像一种选择。但是动物并没有琢磨那些选项。当狗靠近时，它只是跑开了。

　　若对某个刺激有确定的反应，就不需要选择了。相比之下，当有多种可能的反应时，人们就必须做出选择。T 形迷宫中的实验鼠到达选择点，可以向右走或向左走。没有折中的选项，比如其中两只爪子往左走，另外两只往右走。两种反应都得在动物的能力范围之内，并且过去它们曾做出过这样的反应。所以在一些过程中，必须选择这样反应，而不是那样。

　　经典哲学难题"布里丹的驴"能给我们很大的启发：驴子又饿又渴，它站在一堆食物和一桶水的正中间，距离两者同样远。它无法决定是向右走还是向左走，最终死于饥渴。还有一个版本是，有两桶食物，同样满，而驴子离它们同样远，它饥肠辘辘，找不到理由选择其中这一桶而不是那一桶。

　　当然，关键的是，这种情况从未真正发生过。在自然界中，被食物围绕的动物不会因为决定不了先吃什么而饿死。它们可以任意选择。动物甚至可能不会真正做出任何可以被称为选择的事。注意到一个刺激后，如果反应被激活，它就会据此采取行动，除非另一个刺激碰巧出现，并激起了它去做其他事情的更加强烈的冲动。这样的选择并未经过全面的考虑。

为什么做选择很难

　　有两个主要问题增加了选择的难度，因此需要内在心理过程进行一次大升级。一个是冲突的欲望，研究人员也称之为"动机冲突"。两个男人向同一个女人求了婚，她只能接受其中一个人。两个男人她都爱，但他们是不同的，选择其中一个就意味着放弃另一个的优秀品质和优势。即使是布里丹面对的吃和喝之间的简单选择，也意味着它要多饿或多渴一段时间，先满足另一个欲望。

第二个问题是不确定性。人们常常不知道怎么做最好。实验室迷宫里的动物不知道食物是在左边还是在右边。女人不知道她的追求者中，哪一个会变得更善良，哪一个会变得更暴力，哪一个会挣更高的薪水，哪一个会变得又胖又邋遢，哪一个又会受到诱惑而离开，抛弃她。她可能会做出有根据的猜测，但也可能猜错。因此，自我的内在过程必须找到方法，在没有了解到足够信息的情况下做出最佳的决定。

人类自我的高级选择机制，必须解决这两个问题。

当下的简单选择

人类相信自己拥有一种叫作"自由意志"的东西，还认为其他动物通常没有这种东西。自由意志本质上是在同一情况下做不同事情的能力。其前提是得有一定的心智能力，能理解可能出现不同的结果。

雷德肖和苏登多夫（Redshaw & Sudendorf，2016）进行的一个了不起的实验表明，即使最聪明的动物，也无法真正理解多种可能性的存在。他们采用的装置是一根管子，实验者会将一样小零食放入管子顶端。零食从管子底部掉出来，要么研究对象抓住它，要么它会掉进一个洞，一去不复返。人类儿童和多种成年猿类轻松学会了把手放在管子开口下方，接住糖果。然而，随后，实验者调整了管子，使其底部有两个开口，这样，管子的形状就像一个倒置的Y。零食既有可能从这个开口掉出来，也可能从那个开口掉出来。一种应对方法是猜左右，那就有一半的概率能得到零食。但是，如果人们明白两个开口都可能掉零食出来，那么他们可以用双手在两个开口下面接着——这样每次都能拿到零食。

大多数人类儿童很快就学会了用两只手接零食。他们中最小的那些孩子

（两岁）一直没学会这个技巧，但几乎所有 3 岁以上的孩子都很快就掌握了，并且每次都能接到零食。相比之下，没有一只成年猿类意识到可以这么做。值得注意的是，两只猿曾偶然伸出双手，成功接到了一次零食。但之后它们仍然只是猜测，从而只伸一只手，意识不到像刚才那样用两只手接，就每次都能接到零食了。这些发现表明，即使是我们最聪明的动物亲戚，也没聪明到理解可能出现的多种不同结果。这意味着它们并不能真正像人类那样，在最充分的意义上做出选择。

持续性自我的复杂选择

现在，让我们将目光从简单的、此时此刻的动物自我，转向能延伸到过去和未来的人类自我。我们首先要明白，对此时此刻的自我有效的选择过程，不会对跨时间的自我有效。智者的智慧从来不是"如果感觉这样不错，就这么干吧"。智慧意味着做从长远来看最好的事，而不是一时冲动。

在心理学的发展历史上，动物和人类的选择之间的这种差异，是行为主义最终失败的一个原因：研究人员精心积累起来的关于动物选择的所有知识，并不能为理解人类选择提供有效基础。持续性自我做选择所需的内在过程比此时此刻的自我广泛得多。它必须能预见未来的结果和情境，包括一系列事件（"如果我这么说，她会那么说，这样我可以回答某某，但是她会再说些别的，然后……"）。至关重要的是，我们可以直观地看到真实的此刻，但未来有多种可能性，所以跨时间的人类自我必须理解并接受存在多种可能性这个现实。

处理动机冲突对持续性自我来说，要比对此时此刻的自我而言困难得多。自我必须能想象自己未来会变成什么样子，接纳自己的观点，有时要利用这些偏好来压制自己现在强烈想要的东西。从本质上看，它指的是"不要只选择那些当下最能让你快乐的东西，而要选择那些能让你下周甚至明年会庆幸自己做出了这样选择的东西"。要做到这一点，不仅要做出选择，还须抑制做自己最想做的事的一般倾向。这需要花费一些力气。再吃一个甜甜圈、冲你的老板大喊大叫的冲动越强烈，自我就必须越强大，才能抑制这些冲动，做出明智的选择。

人类社会有时能找到一些方法增强个体抵制当下冲动的能力，从而获得长远来看最好的结果。人类学家马尔温·哈里斯（Marvin Harris；1974）解释为什么在印度的一些宗教中，牛是神圣的时，提到了一个令人难忘的例子。贫穷的农民家庭只有一头公牛或母牛，他们耕作需要牛。在人们不得不忍饥挨饿的冬季，他们可能会忍不住把牛杀了吃掉，但这样他们就没法再耕作了，所有人都会挨饿。如果每个人都这样做，社会就会走向灭亡。可你怎么才能阻止一个人为了喂饱他心爱的饥肠辘辘的孩子而杀死家里的牛呢？宗教的力量帮助他做出了艰难的选择——放过这头神圣的牛。即使一些孩子饿死了，这个家庭也会作为一个整体维持下去。这对社会来说是最好的结果，但是小女儿死去的记忆会给父亲留下终生的伤疤，而他本可以把家里的牛杀了，救她一命。

完整的选择过程

我说过，选择是有层级的。让我们从最高级的选择——最佳、最完整的行动选择过程开始思考。大脑必须能够理解，不同选择会导致不同的长期结果。人必须能够在思维中模拟各种各样的事件过程，包括其不同结果。人类的意识本质上是一个强大的心理模拟机制。大脑必须能思考什么样的行为会导致什么样的结果，最好能相当精确地思考这一点。这样的过程是以叙述的形式进行的。人们认为自己是故事中的一个角色，会在思维中模拟他们可能的决定将怎样导致一个好或不好的结果。

人们还必须能评估和比较这些不同结果，以从中选择最好的那个。人们都希望得到好的结果，但为此可能要在短期内做一些不那么令人愉快的事。

最后，人们必须能够执行自己选择的选项。这可能需要人们抑制当下最强烈的冲动，以做出最明智的选择。难怪自我控制和决策是相互关联的。

　　因此，我们的思维会经历以下步骤。第一，模拟选项和结果。第二，评估并比较每一个选项和结果。第三，选择其中最好的一个。第四，采取行动以获得最好的结果。在以上所有步骤中，我们都会把自己的行为理解为故事中的事件（有意义事件的因果序列）。对目标的追求将一系列事件联系起来，甚至可能与其他不相关事件交织在一起，导致一个可能好，也可能不好的结果。

我们需要什么样的自我知识

　　自我知识充其量可以帮此时此刻的自我避免承担超出其能力范围的、过于困难或危险的任务。有人推测，一只年轻的动物需要准确了解自己的战斗能力，以免陷入一场可能会输的战斗。但动物真的是这样评估自己的吗？动物可能只学会了评估其他动物是否危险，而并不真正了解自己的能力。它可能会经历一些战斗，了解危险的对手和容易对付的家伙分别是什么样子。它很快就能自动将一些生物视为它要追逐并杀死的生物，而将另一些视为会追逐并杀死它的生物。之后，它甚至不需要和每一个新出现的对手战斗。它只会评估它们一番，然后采取相应的行动。刺激和反应，加上一些用来评估刺激的内部加工过程。但这不是选择。

　　一些关于简单生物的有趣研究与我们正在讨论的话题有关。几乎可以肯定，这些简单生物没有自我意识或自我概念。研究人员设计让其中的两只进行了一场不公平的搏斗：有一只的爪子用绳子捆住，它最有力的武器已不能充分发挥作用。毫无疑问，没有受到束缚的那一只赢了。随后，研究人员把胜利者放在了另一只同样未被束缚的生物旁边。你或许会认为，残酷的觉醒时刻到了，对吧？但并没有。在被操纵的战斗中获胜的生物趾高气扬，它们的新对手却退缩了。第一场战斗的胜利使它们认为自己在类似的战斗中依然能够得胜，所以它们觉得新对手（实际上并未被束缚）也很容易对付，并据此展开行动。

另一只生物知道这些迹象意味着什么，看到对方自信的、高高在上的表现，它们上当了（如 Oyegbile & Marler，2005；见 Robertson，2013）。

没有证据表明，鸟类或昆虫会评估相比其他动物，自己的能力如何。相反，它们关注的是其他动物看起来有多危险，以及它们战斗的结果。获得一场胜利之后，它们就开始表现得更占优势（即使是一场被操纵的胜利）。这种调整似乎很自然，具有适应性，所以没有自我概念也可以实现。两个对手的表现都基于一个法则，那就是别的动物认为它们能打败你，通常就是能打败你，所以你最好在挨打之前屈服，而不是在挨打之后。

另一个关键点是，研究人员通常把自我知识当作一系列特质来研究，但这并不是人们要做出正确决策所需的那种自我知识。为了准确预测未来的情况，自我必须具备关于自己的真正的知识：它需要什么，想要什么，通常喜欢和不喜欢什么，还有它的能力。这一切有助于你做出明智的选择，比如不要和会使你受伤的人打架，或者不要报名参加超出你数学能力范围的课程。但是即使这样选择，你也需要想象未来出现这种可能的情况——由于环境的要求超出了你的能力范围，你感到十分痛苦。

之前的一章讨论了自我知识的重要和有效形式。结论是，兴趣和能力——作为一个人行为的信息输入——比人格特质更重要。在这里，我们再次认识到了这一点。

情绪和选择

心理学中关于情绪的理论通常假定情绪的存在会导致行为的发生。一个标准的例子就是，恐惧会使你逃跑，从而帮助你生存下来。但是越来越多的证据表明这种观点已经过时了。总的来说，情绪充其量只与实际行为有微弱和间接的联系（Baumeister，Vohs，deWall，& Zhang，2007）。即使它真的产生了强烈影响，也会让人们产生不适应环境的行为。人们都知道，情绪确实会使人们做出不明智的破坏性行为。如果情绪会导致不适应环境的行为，那么它可能并没有进化到能引发行为的地步。的确，如果情绪的存在主要是为了引发行为，那么自然选择很可能早就将情绪从人类心理中淘汰出去了。

那还有些什么？情绪使你能评估未来（可能发生的）事件：如果这样那样的事发生，你会感到或遗憾，或高兴，或骄傲，或后悔。为了理解这一点，请你想象一个能根据各种可能的行为准确模拟未来的好坏结果的大脑，它很清楚自己的能力——但是没有情绪，甚至没有最基本的好恶。这样的大脑可以想出许多可能的行动方案，但缺乏从中做出选择的能力。事实上，有证据表明这正是问题所在。达马西奥（Damasio，1994）描述了因脑损伤出现情绪障碍的人的情况。有些人可以详细阐述每种可能的行动带来的每种影响，但是他们不能决定哪一种最好。

尽管证据远不够确凿，但是我认为最合理的猜测是，人类情绪的某些方面很大程度上就是为了这个目的而进化的：情绪与人们在思维中对未来的模拟共同起作用，投出赞成或反对票，引导当下的决定。当然，在进化过程中，情绪感受出现得比预测要早得多。但也许一旦人类开始思考未来，情绪系统就会发生转换和调整，以便发挥这一关键功能。

换句话说，也许人类情绪进化的目的是帮助自我做出有关未来的决定。当情绪专注于未来时，它对行为是非常有帮助的，但它往往无助于处理现在的情况，而且会适得其反。

有时候你真的会感到悲伤，而有时候你会想象悲伤是什么样子。后者（想象悲伤）实际上可能比前者（在特定的时候感到悲伤）更重要，更适合人类思维。这就是人类情绪进化的结果：你会想象你根据自己的情况采取一系列行动，然后得到某个结果，但是，你需要情绪来评估这个结果是好是坏，从而决定你是否要这么干。想象你的感受，然后相应地采取行动，这样能让你感觉不错，而不是糟糕。

后悔和内疚是十分明显且重要的例子。人们常常会嘲笑这些情绪是无用的自我折磨。毕竟，这些情绪往往关系到对过去一些事情的糟糕体验，而过去显然无法改变。说的没错，但是没抓住重点。学会正确预测哪些行为会让未来的自己感到后悔或内疚，人们就可以避免这么做。因此，预期的后悔和内疚之感能使人们做出长期来看更好的决定。能有效做到这一点的人，其真正感到内疚或后悔的时间也会更少。**想象糟糕的情绪有助于防止陷入真正的糟糕情绪——**因为想象的情绪可以帮助你采取行动，防止糟糕的事情发生在你身上。

自我损耗与决策疲劳

做选择会耗费意志力。正如上文解释过的那样，自我控制能力的能量来源有限，所以在其发挥作用之后，意志力会暂时减弱。由此延伸出去的一个重要观点表明，决策也会产生同样的效果。在做出一系列决策之后，自我控制能力会受损。反过来，当人们采取自我控制行为之后，他们的决策也会发生变化，通常会变得更糟。**决策疲劳**这个术语描述了做决策时消耗意志力而导致的自我损耗状态。

选择对意志力的损耗与付出的内在脑力成正比。之前我说过，有些选择只是客观情况的隐含方面。如果星巴克的顾客总是点同样的饮料，他们就不会因要做 19 000 次选择而过多地损耗。事实上，这可能是习惯的关键功能之一（Neal et al.，2013）。习惯性的行为不需要意志力参与，而是会自动发生。至关重要的是，这意味着人类思维可以通过培养习惯来节省能量，从而自动做正确的事。**在需要做选择的情况下，习惯是一种低耗能的应对方式**（Wood & Neal，2007）。若人们得付出更多心力去思考其他选项，决策疲劳就会加剧。当人们敏锐地意识到自己正在放弃什么的时候，他们做出的决策造成的损耗最高。

事实上，这项研究已经引起了决策者的共鸣，他们有时会尽量少做不必要的决定，来节省精力做重要的决定。奥巴马总统告诉一位记者，他总是穿着一样的灰色或蓝色西装，还委托他人替他选择食物，这样他就不用浪费任何精力来决定吃什么或穿什么了。Facebook 创始人马克·扎克伯格也选择每天穿同样款式的衣服，免得早上还要做这些决定。在更广泛的层面上说，大多数人早晨都会遵循一套程序，按照同样的顺序做同样的事，这可能是因为这样能节约意志力，以应对一天的选择和挑战。毕竟，原则上，每天早上你是可以决定先吃早餐还是先洗澡的。但是这需要耗费意志力。按习惯的顺序做这些事可以节省意志力。事实上，这可能正是习惯的功能性目的。

因此，自我损耗将选择过程变成了更简单、投入更低的过程。人类思维蕴含着伟大的思想力量，但是，当人们处于损耗状态时，大部分力量都会消失。以下是一些与决策疲劳相关的模式（如 Pocheptsova et al.，2009；综述见 Baumeister & Tierney，2011；Baumeister & Vohs，2016）。

- **维持现状偏见**。人们更希望事物保持原样，而不是发生变化。假设现状可忍受，那么坚持下去是最容易的。研究表明，处于损耗状态的人更愿意维持现状。

- **绝不妥协**。决策研究者伊塔马尔·西蒙森（Itamar Simonson；1989）指出，尽管妥协的确有许多优势，但它亦是一种艰难的决策。妥协需要整合多种观点和标准，然后通过权衡来找到最优解。脑力充足的人认为妥协很有价值，并且能从其好处中受益，这些都值得付出额外的脑力劳动。但损耗状态下的人会避免付出这种努力，因此不会轻易妥协。即使只是要在价格和质量之间进行妥协，未发生自我损耗的决策者也可能会仔细研究价格和质量的上升规律，寻找价格上涨量最小的情况下质量最优的最佳点。相比之下，损耗状态下的决策者想的是"给我最便宜（最好）的就好"——实际上就是只选择一个标准，并夸大其重要性，而忽略另一个标准。

- **决定不做决定**。如果可以，损耗状态下的决策者宁愿推迟或避免做决定。这是决策会耗费精力的一个证据：精力不足时，人们会避免做决定。这也与维持现状偏见有所重叠——处于损耗状态时，就什么也不做。

- **非理性偏见**。选择点到来时，决策者往往已掌握了丰富的信息，其中一些信息在逻辑上应该与之无关。能有效决策的人必须对各种信息的相关性进行分类和评估，以根据最相关和最重要的信息做出决策。损耗状态下的决策者有时做不到这一点，因此，他们的决策可能会屈从于非理性的偏见。他们会被逻辑上本应无关紧要的事实或观点左右。
- **冲动的自我放纵**。损耗状态下的决策者可能会采取更关注短期收益、快乐导向的行事风格，做那些最吸引他们的事，而不是那些从长远来看最有好处的事。这确实类似于动物的做法，只考虑此时此刻的自我：在当下，按你感觉到的最强烈的欲望行事。

这一切体现了一种向更简单、更容易、投入更小的决策方式的转变。当自我用于执行的能量耗尽时，人们就会试图节省能量。为了做出最佳选择而艰难思考，正是他们倾向于避免的事。因此，损耗状态下的自我会通过少在选择上花心思来节省能量。当然，这通常意味着做出较低水准的决定。

选择表达着自我

做出好的选择是自我的核心工作之一。社会越复杂，做出好的选择就越困难，有效地做出好的选择也就越重要。相反的观点认为，选择创造并定义了自我，这种观点忽略了自我存在就是为了做出选择。

然而，一如既往，夸大的言论中往往隐藏着不错的观点。人们的选择会为他人所知，而且必定会构成其声誉。自我必须意识到自己的选择会被别人视为、解读为、判断为内在自我的表达。即使选择并不是真实的自我所做，也不能帮助自我实现其真实本质，在构建至关重要的公众眼中的那个自我时，它们也十分重要。

选择确实能显示出自我内在的一些东西。其他人看到你所做的选择，会对你的情况做出推断，并评判你。人们甚至会为了表达关于他们自己的一些事而做出选择（比如前文中有关人们在奥巴马和克林顿初选时如何投票的例子）。当然，除了投票，还有很多其他例子。人们选择汽车、衣橱、房子、浪漫伴侣等，可能是为了告诉其他人他们想成为什么样的人。我父亲在天主教家庭长大，本来是一个天主教徒，但后来他到一家公司工作，那里的高层管理人员都是长老会⊖教徒，而低薪工人都是天主教徒，于是他改宗长老会。这一转变并不是因为他对细微教义差异的神学主张发生了改变。他想向高层表明，他是他们那种人。

自我具有表达自己和与他人交流的内在驱动力。这服务于建立声誉这项重要任务。在其他条件相同的情况下，人们更喜欢谈论自己而不是其他话题（Tamir & Mitchell，2012）。人们可能天生就喜欢向他人传递信息。选择是其重要途径。

这意味着这样一个惊人的事实：如果表达自己的欲望暂时得到了满足，你可能会做出不同的选择（Wicklund & Gollwitzer，1982）。这可能就是自我肯定过程的本质，这一点在讲自我知识的那一章已经讨论过了。从本质上看，自我肯定过程包括停下来思考对你来说重要的是什么，比如你的价值观和人际关系。之后，自我肯定者防御性不会那么强，他们更能接受批评，容忍不同的意见和观点，不会执着于证明自己正确（Sherman & Cohen，2006）。相反，听到自己没有获得理想的声誉，可能会改变你的行为选择，你会证明你是自己想成为的那种人。在维克隆德和戈尔维策（Wicklund & Gollwitzer，1982）的研究中，研究人员会引导人们感觉他们正慢慢获得或者没有获得自己想要的身份。在后一种情况下，人们做出的选择是有助于他们证实自己的主张的。

道德许可

道德许可模式表现出了类似的情况，尽管该领域的专家声称结果是双向的（Mullen & Monin，2016）。道德许可的基本观点是，如果你做出了一个符合

⊖　基督教新教的一个流派。——译者注

道德要求的行为，你会更想在另一个环境中做一些不道德或自私的事。从某种意义上说，你已经通过第一次行动证明了你的优秀品质，所以，至少你可以暂时放松一下，做你想做的事，即使有点儿不道德。然而有时研究人员也会发现相反模式的存在，也就是第一次行动符合道德要求，鼓舞了人们之后做事更遵循道德的情况，出现这种情况，可能是因为这样的人会认定自己道德高尚，而这种认知将延续到他们做下一个选择时。这意味着人们想做好人，符合道德要求的行为会促使人们不断表现出自己的美德——亦可以满足欲望，释放自己，去捣捣乱。

自主和自由意志

自主意味着自治。一定程度的自主性对自我而言必不可少，因为自我不仅仅是一个更大系统的一部分，或一个行动受外部力量控制的傀儡。随着人们的成长，自我会变得越来越独立。

自我决定理论提供了一个与自治有关的令人信服的案例。该理论是埃德·德西、理查德·瑞安和许多受他们观点影响的研究人员数十年工作的核心（Ryan & Deci，2017）。他们认为自主不仅指一个孩子成长为一个能够照顾自己、养活自己的成年人，还意味着人们不总该由他人来通知自己该做什么。相反，他们主张自主性是人类心理与生俱来的需求，同时也是人们与他人联系和提升能力的基本动力。

我一直持怀疑态度，但他们的理由很有说服力。我对心理学家假设的先天需求向来抱有怀疑，特别是当这些需求似乎与生命的基本需求，即生存和繁衍没有明确的联系时。为什么人类天生有实力，能支配自己的行为，而不是依顺他人？

自我决定理论中的另外两个需求——社会联系和能力，似乎非常适用于解释有关已经进化到"参与文化"这一步的人类心理的总体观点。归属需求已经形成，并且会激励人们与他人联系、发展工作关系、展开合作等，而且，成为能干的人的动机很符合在群体中行事，从而创造更多资源的要求。但是群体是如何从自主的自我中获益的呢？事实上，一些群体，如蚁群，虽然没有自主性，但非常高效和强大。

话又说回来，人类社会和蚁群差异巨大。蚂蚁似乎拥有某种机器人式的自我，遵循简单的内置规则行动。然而，尽管几乎没有证据，但要创造人类所拥有的那种动态的社会，就需要自主的自我。如果说我们进化出了这样的社会，那么人类自我很可能已经发展出了一种驱动力，甚至是对自主的需求。这不是为了完全做自己的事，不理会其他任何人和任何事，而是为了有效地参与这种社会。

事实上，也许个体成员具备自主性，人类社会才运作得最好。如果不同的信息主体能够独立思考，不断发现新信息并对初步结论提出质疑，这样建立起来的共享知识体系将是最有效的。若自主主体都能做出自己的决定，追求个人利益，经济市场可能会运转得最好。人类自主行动的渴求和能力或许会进化，从而使这样的社会系统成为现实。

无论如何，自我决定理论的研究者经常发现，当人们能按自己的内在价值观和冲动行动时，他们往往会发展得更好。相反，当人们不得不服从别人的命令，自己的愿望却要受挫或屈从于外部力量时，他们会倍感痛苦，停滞不前。当人们对自主性的需求得到满足时，他们的幸福感、心理健康和快乐程度等各种指标都会更好。事实上，一些研究表明，自主性尤其重要。支持自主性的环境，比如能使人们感到自己享有某种控制权，并可以自己做决定的环境，不仅有助于实现人们自主行动的愿望，而且能满足人们对社会联系和能力的渴望。

自主性和统一性工程

瑞安和德西花费多年时间构建起了他们对自主性的理解，其观点非常重要。他们并未如一些关于自由意志的理论所说，认为自我是作为一个无因之因发挥作用的。相反，其主张意味着行为由整个自我决定。人们会认为自己的行为正是自己真正想要并选择去做的事。

因此，自主性与自我的统一性工程有关。自主的对立面是什么？人们基于外部输入来执行某个行为，他们也许只在一定程度上同意这么做，也有些不愿意，甚至会恼怒于自己不得不这么干。这样一来，人们对刺激做出反应时，可能不会投入全部的自我，比如只是未经思考，就快速做出反应。或者，人们也许会不情愿地行动，因为其自我的一些价值观和做出的承诺与这个行动冲突。思考和"拥有"（own）某个行动意味着人们首先要思考它，这会使自我的所有部分产生一些想法——为什么不该执行这一行动，或为什么应该采取其他行动。如果这些想法都没占到上风，就说明人们基本上已经完全认可这个行为了。

记住，自我是在混乱的刺激-反应联合中构造连贯整体的一项"工程"。在决定采取行动之前，它需要从多个角度（如健康、金钱、合法性）了解当前的情况。最重要的是，自我不得不在彼此竞争的冲动中做出选择，最好是根据能给自己带来长远好处的东西来选择。这一区别正是法律上区分预谋犯罪和冲动犯罪的基础。预谋犯罪应该受到更严厉的惩罚，因为罪犯是以完整的自我犯罪的。

自主性有点儿像有人问："你确定吗？"这就提出了一个问题，还会使思维暂时停下来。隐藏在大脑和思维不同部位的各种角色、价值观、承诺一时间都有机会提出反对意见了。如果不管怎样，你还是做了这件事，那么有理由说你作为一个完整的自己"拥有"这个行为。你完全可以改变想法，克服冲动，或采取别的行动，但你还是坚持了下来。

因此，自主性是自我存在的关键。人类思维中容纳了许多不同的角色，以及许多不同的价值观、目标、计划和意图。为这个目标采取行动，可能会阻碍其他目标的实现。因此，自我需要一个中央执行机构，一个能决定哪些目标优先于哪些其他目标的心理结构，至少当前情况下是这样。其工作包括认识到文化环境提出了什么要求，又给予了人们什么约束和机会。总之，自主的自我是一个自足的单元，作为一个整体行动：处在世界之中，又能从中分离出来。

自我有自由意志吗

我的实验室多少有些偶然地陷入了有史以来最宏大的哲学辩论之一，即关于自由意志的辩论。当自我损耗研究不断扩展，超出自我控制的范畴，涉及决策、积极反应和计划时，就会出现这种情况（Vohs et al.，2008）。一些人极力反对我使用这个术语，而另一些人则相当认同和支持。我开始意识到自由意志这个词是有争议的，因为它对不同的人来说意味着不同的东西。实际上这场争论双方的观点我都支持——因为它们并不真正相互矛盾。

对一些思考该问题的人来说，自由意志意味着不受因果关系所限，或拥有一个可以引发行动的非物质、超自然的灵魂。这些科学家通常对自由意志的相关观点持怀疑态度。我很乐意和他们一起驳斥这些观点。再怎么样，它们也不是科学理论，即研究自然（和文化）世界中因果关系的成果。

然而对其他思考者来说，自由意志仅仅意味着能够在相同的情况下采取不同的行动。我们在本章中讨论的所有内容都基于这一假设。完全成熟的选择这个概念本身，就表明存在多个切实可行的选项。

哲学家阿尔弗雷德·梅莱（Alfred Mele）说服了我，他认为，自由意志的真正问题不在于吸引了所有人目光的"自由"那部分，而在于"意志"那部分。"意志"似乎是一个心理过程或系统，然而目前关于心理的理论并未涉及所谓的"意志"。因此，自由意志中的意志被理解为一个隐喻。"自由"部分则可能就是字面意思。

就目前而言，没必要在自由意志这个重大问题上坚决支持某一方。这两种含义都可以使用。只要自由意志不存在，前面所说的这些就只是被误认为是自由意志了；而只要自由意志真的存在，它就是它本来的样子。我不怎么相信人类拥有某种真正形式的自由意志，这里所说的自由意志不包含自我控制和深思熟虑后理性选择的过程，更不用说计划和主动性了。心理学家可以描述出这些过程，至于它们是否应被称为自由意志，不妨留给哲学家来判断。

不管这个术语有着怎样的含义，认识到一些选择和行为比其他选择和行为更自由是有好处的。比起艰难的抉择和随之而来的消极结果，当人们能轻松地做出选择，并获得好的结果时，他们会感到更自由（Lau et al., 2015）。因此，至少对普通人来说，自由意志就是得到你想要和需要的东西。显然，人类自我为此进化出了一些能力，它们超出我们能在其他动物身上看到的能力。

普通人的确会把自由意志和我们所说的关于执行自我的许多东西联系起来。前人的艰辛研究已为我们描绘出平时人们（相对于哲学家和其他专家）是如何理解自由意志的（Monroe & Malle, 2010, 2014; Stillman et al., 2011）。对他们来说，自由意志意味着深思熟虑的选择和有意识的行动，它能帮人们得到自己想要的东西。自由意志通常包含有意识的思考和选择。它与长期目标而不是短期目标相关。有时它意味着勇敢面对和抵御外部压力，而通常它指按一个人的道德价值观行事。这些现象是真实存在的，只要它们构成自由意志，人们显然就拥有自由意志。

自由意志是负责的自主性

一本关于自我的书对自由意志之宏大辩论的贡献是强调"作为一个整体行动"。大脑或身体中可能有彼此竞争的冲动，不确定性强，但最终它只会做其中一件事，而非另一件事。有意识的反思牵涉的是整个自我，因为任何无意识的联想或关注都可以通过它们与意识思维所想的联系而被激活。如果你在行动之前会思考你要做什么，这就能体现完整的你。自由意志与之类似，也要遵循这个原则，所以有预谋的行动比冲动、自发或即兴的行动更能表现出你的想法。

那么，作为一个有效的社会系统的一部分，个体的自我系统应该做些什么来履行它的职责呢？我在其他地方对我的初步结论——"负责的自主性是人类社会所需要的个人特质"进行过解释（如 Baumeister & Monroe, 2014）。从在社会中运行的事物和人类大脑进化出的能力的角度看，自由意志可以归结为责任与自主的结合。

正如上文所讨论过的，自主被定义为自治。每个个体自我都有能力独立行动。它会做出选择并采取行动。它对环境做出反应，但是在某种程度上又独立于环境。

更高层面的自主涉及"拥有"某人的行动，同样，这与自我的统一性关系最密切（Ryan & Deci，2017；Ryan & Ryan，2019）。完整的自我与行动建立起联系。对行动的所有权关系到整个自我。

责任意味着理解和接受你行为的后果。孩子很早就具备自主性了，但是由于他们还缺乏责任感，所以社会需要保护他们。责任感要求人们有能力对未来的事件及其后果进行较为准确的思考（特别是消极后果，因为当这种后果出现的时候，社会和法律体系就会开始关注责任）。自我还得能在诸多选项中做出选择，最好是理性的选择。如果谁选择做非法的事，他就有意识地接受了被起诉的风险。负责的自我理解不同程度的风险。谋杀和超速都违法，但是对谋杀的惩罚远远超过对轻微交通违规行为的惩罚。现代自我了解这种差异，并会相应地调整自己的行为。

责任通常会以相当精确的方式（甚至是金额）把现在的自我和未来的自我联系起来。负责的个体会使系统大大受益。这些个体往往会根据社会的需要做出牺牲和努力，从而履行自己的职责。他们也尽量不违反法律或在其他方面言行不当，以避免受到惩罚。当人们都能遵守规则，完成好自己的任务时，系统就会蓬勃发展。最终，这个系统将能提供更多资源。

作为行动主体的自我

自我的进化并不全是为了给复杂的思维过程找到一种引发行为的全新方式，倒是构造出了一个新结构，可以建设性地干预已经发生的事。换句话说，大脑已经在引发源源不断的行为，而先进的人类自我只是这个因果过程中一个新的输入因素。

　　人类自我以不同的方式改变行为的进程。它会想象出未来可能出现的多种结果，并用它们来指导当前的行动。它把当下的行为理解为一个跨越了过去和未来的故事的其中一个部分。此外，它能进行广泛的自我调节，根据不同来源的观点（标准）改变自己的反应——包括自己的内部过程。

　　不管你是否喜欢自由意志这个术语，很明显，人类自我控制行为的方式与自然界的其他部分截然不同。这大概是因为自我进化的目的是建立有文化的社会。文化社会会有效利用具备负责的自主性（我认为这正是自由意志的有效稳定形式）的自我。因此，自由意志不仅是个体大脑的属性，而且是大脑与社会和文化关系的一部分。从这个意义上讲，自由意志几乎不可能脱离文化而存在。

本章要点

- 选择有两种含义：在选项中做出选择的内在心理过程，以及情境中独立于个人之外的一个方面。
- 选择涉及两个过程：按照最初的冲动行事或理性评估选项和后果。
- 有两个难题会增加选择的难度：彼此冲突的欲望和不确定性。
- 完整的选择过程包括 4 个步骤：①模拟选项和后果；②评估和比较；③选择最佳选项；④执行选择。
- 人类情绪进化的目的是帮助自我做出关于未来的决策。
- 决策制订离不开自我知识。
- 决策疲劳指的是做决策时消耗意志力而导致的自我损耗状态。
- 自主意味着自治，某种程度上它对自我必不可少。
- 自由意志在它存在的范围内指能够在相同的情况下采取不同的行动。
- 责任意味着理解和接受你行为的后果。负责的自主性正是人类社会需要个体具备的特质。

第五部分

人际关系中的自我

The
SELF
EXPLAINED

第 20 章

关系自我

————

自我无法去独处中寻求。没有他人，就不会那么需要自我。例如，尼尔·安塞尔（Neil Ansell；2011a，2011b）在威尔士的一个偏远地区独自生活了 5 年。没有其他人在身边，他发现自己不再探索自己的内心世界，也不再关心自己的内心世界。正如他所写的，"独自一人，不需要身份，不需要自我定义"。他原本认为远离他人可以强化自己的内在专注力，但是他的经历恰恰相反，"我的专注力几乎完全向外转移了"。他从自己身上看到，一个人的自我意识在很大程度上来自与他人的互动。这一章我们将从与他人相处的角度来看待自我。

孤独的大脑不再为自我而烦恼。我们主要需要自我来帮助我们与他人互动。我们进化成了生活在群体中的物种，而个体自我改善了群体生活。自我本身的用处并不是很大，主要负责的是基础任务，如协调双腿行走等。复杂、精细的自我则主要有助于应对复杂、精细的社会群体。特别是，声誉的核心重要性一直是本书的一个主题。显然，声誉不仅涉及自我，还涉及其他人。没有社会互动，就没有所谓的声誉。显然，孤独使思考自我的一个主要原因失去了意义。

归属的需要

毋庸置疑，人类是高度社会化的动物。当我和马克·利里开始回顾关于人们归属需要的文献时，发现的证据之多、之多样、之一致，令我们震惊（Baumeister & Leary，1995）。人们很容易建立关系，而且不愿意结束关系（即使他们已经达到了他们的目的，比如一个临时训练小组中的人际关系）。归属感以无数种方式影响着人们的想法和感受。身心健康与归属感紧密相连。生活中大多数客观事实，如金钱和健康，对幸福的影响很小，但是社会关系能起到很大的影响。缺少朋友和同伴的人通常都很不快乐。

与他人产生联结的驱力非常强大，许多人甚至会寻找人造"代餐"，例如对电视节目中的虚构人物产生依恋，就好像他们与那个人有关系一样（Gabriel et al.，2016）。也许人类的大脑并不能很好地区分真实的人和不存在的人，所以在人们看了一周又一周的节目后，大脑会开始觉得自己了解虚构的社会世界，而且自己就是其中的一部分，包括与各种（技术上虚构的）角色存在某种关系。与此同时，一些人会关注他们最喜欢的名人的新闻，渐渐感觉他们好像与那个人有关系，即使他们从来没有私下见过面，名人甚至不知道这些人的存在。各种怪异的现象，如"安慰食品"，也表明了归属感的重要性。安慰食品通常能使人们回想起一种温暖的、支持性的关系，好像和母亲在一起一般。

自我努力满足着人们归属的需要，比如，它会建立人际关系，会获得成为群体成员的资格。与归属感有关的文献促使我们对一大一小两个不同的社会领域进行了区分（Baumeister & Sommer，1997）。小的社会领域多为一对一的关系，通常包括那些最重要、最强大、最令人满意的人际联结。更大的社会领域包括团体和组织，而人际关系更多，一般就意味着这些关系大多是浅层次的。这两个社会领域的规则和过程略有不同，所以自我可能会更适应其中的一个。例如，女性往往更关注亲密关系的小领域，而男性则更常参与更大范围的浅层关系网络（Gabriel & Gardner，1999）。

最初的自我：你的还是他人的

自我始于某人自己的自我，还是他人的自我？

有一年，我受邀参加了纽约科学院（New York Academy of Sciences）关于自我的小组座谈（见 Paulson et al.，2011）。这个小组的成员十分多元——我、一名有神经科学背景的哲学家、一名儿童心理学专家和提出了这些问题的一名著名的科学作家。在某一刻，主持人问了我们一个看似简单的问题：我们会先了解自己的自我，还是先了解他人的自我？我们都被难住了。

如果专家们不知道如何回答一个问题，通常是因为提问的方式会使真相不那么容易浮出水面。我温和地指出了这一点。我说，自己和他人的自我都不是第一位的。我又说，人类发展的一个重要环节是发现自我和他人之间存在差异。从某种意义上说，自己和他人的自我是同一时刻被发现（或被创造）的。并不是说我先了解了自己，然后又了解了你，或者顺序反过来。重要的一步是认识到你我并不一样，我们拥有不同的感受和想法、不同的目标、不同的视角。这符合安塞尔对他多年隐居生活的看法。**孤身一人的自我很难说是真正的自我**。当有两个或更多个自我时，自我才重要起来。

我们需要超越把自我当作一个事物的习惯，这样就能发现一个又一个事物，发现我的自我和你的自我。突破点在于认识到我们拥有不同的自我、不同的内心生活、不同的目标、不同的视角和不同的内在决策过程。我们之间的联系建立在不同自我的合作的基础上。

我们和他们

20 世纪心理学最鼓舞人心的观点之一，是戈登·奥尔波特（1954）对"偏见即无知"的分析。他说，当人们不了解其他群体的成员时，他们会用消极的观点填补自己认识的空白。他提出，减少无知能使偏见和群体间的敌意消失。所谓的接触假说认为，只是促进群体间展开更多互动（更多接触）就能终结偏见。如果白人能够了解黑人，或者任何两个群体增进对彼此的了解，他们就会认识到共同的人性，相处得更好，而偏见也会消失。

研究人员试图验证接触假说，但很快就遭遇了挫折。如果说发现了什么的话，那就是证据证明了相反的观点：增加两个群体之间的接触会使敌意更加强烈，而不是淡化。举一个生动的例子，某一年，世界足球锦标赛进行到最后阶段时，我的一个同事碰巧在巴黎。半决赛中，法国的邻居（德国）与来自世界另一端（韩国）的球队展开了较量。显然，法国人常与德国人接触，但和韩国人接触得不多。然而，我的同事观察到，很多人希望韩国获胜。几个世纪的接触显然加剧了敌意，而不是消除了敌意。

近二十年的研究已将接触假说的"接触"的范围缩小到了积极且令彼此满意的互动（这可能更符合奥尔波特最初的意思；见 Dixon, Durrheim, & Tredoux, 2005）。当来自不同群体的人们产生愉快、正向的接触时，他们的偏见确实会减少（Pettigrew & Tropp, 2006）。但是频繁的群体间接触既会助长积极态度，也会助长消极态度，而任何冲突或消极的接触都会极大地加剧消极的反应（Paolini, Harwood, & Rubin, 2010）。

这正常吗？让我们思考一下对蚂蚁的研究（Moffett, 2019）。据推测，蚂蚁缺乏自我意识和自我概念。毫无疑问，它们有大脑，但大脑的功能不是很强。没有证据表明蚂蚁能够识别其他特定的蚂蚁，即使是近来重要的同伴或兄弟姐妹。然而，蚂蚁可以区分自己蚁群的蚂蚁和其他蚁群的蚂蚁，特别是当对方蚁群是己方的竞争对手的时候。

群体之间的敌意并不取决于区分我们与他们的高级心理能力，也不取决于将自己归为受另一个群体威胁的群体的成员。蚂蚁的大脑很小，但是它们知道内群体成员可以信赖，而外群体成员必须立即消灭。

人有归属于群体的需求，但是这种需求深深根植于群体冲突中。莫菲特对从蚂蚁到现代人类的社会进行了令人印象深刻的调查，得出结论：可以说没有"他们"就没有"我们"。事实上，在诸多物种中，只有人类和昆虫建立起了比由能识别彼此的几十个成员构成的社会更大的社会。昆虫甚至不能识别谁是谁。它们依靠气味之类的线索来区分自己所属的群体和敌人。人类依靠群体身份标记来判断陌生人是不是他们群体的一分子。

科曼切人是西半球最后一个强大的土著王国的国民（Gwynne，2010）。他们结成一个个较小的群体生活，彼此都认识。他们时不时会遇到另一个他们不认识的小群体。然而，他们马上就能分辨出这些人是科曼切同伴还是敌人阿帕奇人。如果对方是科曼切人，他们会聚在一起，交换信息和商品，也许还会促成婚姻关系，而如果对方是阿帕奇人，一场残酷的战争将立即打响，目的是杀死或奴役他们。

然而，即使两个群体历史上是敌人，如果遭遇外部威胁，也可以联合起来。例如，在1864年爆发的阿多比墙的第一次战役[○]中，科曼切人与基奥瓦人甚至阿帕奇人一起对抗了基特·卡森（Kit Carson）领导的美国陆军部队。"印第安联军"迫使白人士兵撤退，这可能是美洲原住民最后一次将美国军队赶出战场。

因此，自我有强烈的归属于一个群体的驱力，这种驱力的一部分来自知道还有其他不同的群体存在。当存在对立的群体时，自我最关心自己所在的群体。

○ 阿多比墙的第一次战役是1864年美国西部的一次战役，由美国陆军和美洲原住民之间的冲突引发。美国陆军向位于得克萨斯州北部的阿多比墙（Adobe Wall）定居点进攻，试图将该地区的原住民赶出去并控制该地区。——译者注

你的自我部分存在于他人的大脑中吗

你对自己有一个概念。其他人对你也有一个概念。不同的人对你的概念可能略微有些不同——虽然你的身份并不会变，而差异主要与人格特质有关。如果他们中的一个人向另一个人提到你，即使其中一人很喜欢你，而另一个人不喜欢你，他们谈论的也是同一个人。差异很重要，但相同之处也很重要。

人们做很多事都是为了建立、维护，有时甚至是为了修复自我的公众形象。其他很多人可能会对你产生印象，你会以各种各样细微的方式试图给他们留下稍微不同的印象——但同样，相似之处比不同之处更重要。给不同的人留下并维持截然不同的印象不但困难，而且风险不小。甚至连跟进哪些人了解的是哪个"版本"的你，也会给精神带来负担。因此，要适应自己的社交环境，自我的"统一性工程"至关重要。人们大多数时候都在尝试在他人的脑海中创造对自己的统一、一致的观点。

同时，他人对你的印象对你内在自我的影响比你想象的要广泛得多。当你停止与认识你的人定期互动时，你的自我会更加可塑。这与尼尔·安塞尔的观点类似：自我的存在主要是为了与他人建立联系。

记住，人们认为他人拥有稳定的特质。他们总是试图找到彼此行为的规律，这样他们就能做出预测了。了解你的思维、感觉和行为模式后，他人就能做好准备与你互动。如果你发生改变，他们要做的事也会变得更难。因此，人们希望你始终如一，他们可能会给你施加压力，要求你做到这一点。许多人曾非正式地报告说，当他们进入新的社交环境，如搬进新家或就读新的学校时，他们的变化最大。

关于自我概念变化的实验研究同样证实了公众自我的重要性。早期研究发现，通过询问人们引导性的问题，他们对自己特质和态度的评价可能会发生改变（Fazio et al., 1981）。例如，问他们"热闹聚会的哪些方面你不喜欢"，这会促使人们在记忆中寻找更内向的感受，随后，他们对自己内向程度的评价会比那些被问到"为了让无聊的聚会热闹起来，你会做些什么"的人更高。研究人员认为，产生这种效应，是因为人们会以偏向性的方式扫描自己的记忆，毫无疑问，这么做会起作用。但是，一些研究人员注意到，这类情况有一个很强的人际关系维度——该过程的实质是人们告诉他人有关自己的事。

为梳理内在和人际过程，泰斯（Tice，1992）用两种不同的方式处理了相同的问题。一些人需要在面对面的交谈时回答这些问题，另一些人则需要独自匿名录下他们的答案。问题是相同的，而且在两种情况下，记忆扫描练习大概也相同。但是只有面对面互动才会导致自我评价改变。换句话说，当其他人以不同的方式看待你时，你的自我概念就会改变，而不仅仅是因为你扫描你的记忆，寻找了这样或那样的信息。

长期以来，心理学一直认为人类思维追求一致性（如 Festinger，1957）。但只有当自我的执行主体开始关心自己的声誉，并相应地调整自己的行为时，跨时间的一致性才开始成为一种社会和道德义务。

仪式能实现更新群体共识这个关键目标。重要的不是你个人的想法，而是每个人（或多或少）知道和接收的信息。当你毕业或者结婚时，仪式可以让你所属的群体认同你身份的改变。正如前文提到的，历史学家说，在古代历史上，土地出售必须公开见证，可能也是出于同样的原因（Bernstein，2004）。重要的是群体中的每个人都要知道所有权已经改变。

人们能意识到集体认知的重要性，这一点也在实验中得到了证实。罗伯特·威克伦德和彼得·高尔维策（1982）进行了一系列令人印象深刻的研究，他们称之为"象征性自我完成"。他们明白，自我强烈渴望自己能成为某种人，而且需要得到公众的认可。

在一个典型研究中，他们招募了一些有抱负的吉他手，并对他们进行了性格测试。通过随机分配，其中一半的人被告知他们的性格特征非常符合成功吉他手的典型特征，而另一半人则被告知他们不像成功的吉他手。然后，在一个看似毫不相关的环节，吉他手们得到了给初学者授课的机会。那些被告知他们与成功的吉他手已十分相像的人不想费心授课，而那些得到了更具威胁性的信息（即"他们不是会成为成功吉他手的那种人"）的人却报名参加了授课。教吉他是宣称自己是公众认可的吉他手的一种方式。仅仅满足自己是不够的，你需要其他人来证明你的身份。

在现代生活中，许多身份都需要获得群体的认可，有时甚至需要获得许可证。除非你有执照，否则你不能称自己为美容师。因此，是国家在决定你有没有资格宣称自己具备这个身份。但请注意，宣称自己具备某一身份并不是重点，通过给人理发和美甲赚钱才是重点，而获得执照是实现这一目标的其中一步。当你获得美容师执照时，你就已经成功宣称了自己具备这个身份，但这并不意味着自我的任务完成了。这不是终点。我们的目标是日复一日地从事这份工作，以便赚钱支付房租，购买杂货。

保存记录会使事物变得更加精确。如果有人获得了美容师执照，执照会在特定的日期生效，他只能在那天之后获得从事美容工作的报酬，而不是之前。过去，记录不是很精确，事实上我们狩猎－采集时代的祖先是没有书面记录的。对他们来说，一件事要成为人们共同的信念，必须得到整个群体的认可。婚礼结束后，每个人都会知道这对新人是属于彼此的。最关键的是，每个人都知道，其他人也知道这一点。

道德和自我利益

道德通常会抑制自私自利的行为，促使人们做出有利于群体的行为。人们遭遇的并为之挣扎的道德困境，往往涉及是做对自己有利的事还是做对群体有一定益处的事的选择，例如考虑不去窃取他人的财产。人能通过自私地拿走属于他人的东西而获益。但是如果人们普遍尊重彼此的财产，社会就会走向繁荣：财产权是"繁荣的诞生"，也就是社会进入资源丰富时代的基础之一（Bernstein，2004；Fukuyama，2011；de Soto，2000）。大多数大型动物想得到什么，就会从群体中弱小的成员那里拿走什么。避免这样做能优化群体的文化体系，尤其是使资源增多的能力。

无私符合开明的自我利益。总的来说，只有群体能成功维持下去，个体才能实现生存和繁衍（偶尔也会有例外情况）。个体与其他人一起遵守道德规则，帮助群体成功运转，其生存和繁衍的可能性也随之变大。每个人都为其所属群体的发展做出了贡献。尽管如此，有时人们还是会以集体利益为代价来谋求自己的利益，特别是当这件小事不会损害整个群体的命运时。

人们启用道德，是因为它能改善自己与他人的关系。自我之所以形成，是由于大脑学会了在社会系统中扮演一个角色，包括与他人相处。之前的进化过程中，道德意味着与他人合作，并诱导其他人与你合作，最好的策略是好好表现，让别人看到你道德高尚。然后他们就会信任你，依赖你，与你合作。早期人类就是这样生存下来的。现在还是这样。

关键的一点是，其他人是否认为你道德高尚很重要。这取决于声誉。

这就为自私开了一扇窗。有他人在场看着时，人们会依道德行事，因为只有这么做，对声誉才有帮助。只要确定没有人会知道，你在没人注意时做的事就与声誉无关。此外，人是很八卦的，有一个人知道你做了坏事，其他人很可能也会知道。因此，继续保持巴特森（Batson，2008）所说的"道德伪装"变得非常重要。弗里梅（Frimer）及其同事在2014年发表的《道德的演员，自私的主体》（"Moral Actor，Selfish Agent"）一文中写道："当人们站在舞台上，感到被人们注视着时，他们会扮演道德演员的角色。然而，当幕布落下，舞台灯光暗淡下来时，自私的主体将接管舞台。"（p. 790）

大自然教会动物去追求对自己有利的东西，而道德有时需要抵御这些欲望。于是，自我调节功能出现，大脑用它来抵御欲望，尽管大脑和心理结构的存在是为了让自我得到它想要的东西（使它生存与繁衍下去）。自我调节须以牺牲眼前的自我利益为代价，实现开明的（长期）自我利益。短期来看，偷东西可能有一定吸引力，但是成为小偷要付出高昂的代价。

因此，道德将本书的3个主题联系在了一起。首先，自我是人际性的，它的任务是将个人与群体联系起来。其次，与此相关的是，声誉十分重要，所以人们在选择如何行动时必须着眼于他们的声誉会受到怎样的影响。最后，人类自我会跨时间延伸，这主要是因为人类社会系统需要其具备这样的性质。

本章要点

- 当有两个或两个以上的自我存在时，自我就显得尤为重要。
- 人有归属的需要。
- 归属的需要深深根植于群体冲突中。
- 他人对你的印象会对你产生影响。
- 仪式能更新群体共识。
- 你是否道德高尚有一定重要性，但他人是否认为你道德高尚要重要得多。

The
SELF
EXPLAINED

第 21 章

作为群体成员的自我

———

现在，让我们将自我看作不同群体和类别中的成员。现代自我在一定程度上会被归为以下类别：女性、妻子、母亲、减肥者。其中有些类别有重叠之处（许多减肥者都是女性，但并非全部）；有些类别是其他类别的子集（所有母亲都是女性，但不是所有女性都是母亲）。在古代，自我牢牢植根于对特定群体、部落或更大的社会的归属，据我所知，所有社会某种程度上都用性别来界定身份。

在某些方面，这些集体身份认同与激进个人主义所持的"每个人都是独一无二且特殊的人"的观念背道而驰。事实上，基于一些理论，人们开始认为自己很大程度上可以与他们群体中的其他成员互换。

社会认同理论

社会认同理论是关于从群体和类别中获得身份的一个有力且影响深远的理论（Hornsey，2008；Tajfel，1978；Tajfel & Turner，1979）。这一理论着重解释了每个个体的自我是如何基于群体和类别的成员身份建立起来的。社会认同理论在美国不如在欧洲和亚洲等地那样受重视，这可能是因为美国人较少遭遇能给他们造成生命威胁的敌人，仍能维持那个安抚性的神话——人类"同属一个部落"。欧洲有着漫长而血腥的群体冲突历史，因此，社会认同理论以相互竞争的不同群体的成员身份为基础，自欧洲起源，并在那里蓬勃发展，也就不足为奇了。

该理论始于这样一个观点：人们对自己的看法会在激进个人主义和对群体身份的全然认同之间摇摆（Hornsey，2008）。在任何特定的时刻，你越意识到自己是一个独特的个体，就会越不认可自己的群体身份，反之亦然。暴力和骚乱发生得太过频繁，不只是因为人们失去了个体自我意识，还因为他们越来越认同所属的群体。他们的行为遵循的是当前暴力团体的规范，而并没有遵循自己内在的价值观和良知。换句话说，暴徒并不是一群自主的个体，有意做出了实施特定暴力行动的决定。相反，是他们加入了这个群体，并利用暴力手段帮助群体实施其计划，其中暴力正是当前这个群体惯用的手段。

同样，两个人可以作为两个独特的个体，或作为他们各自群体的代表进行互动，也可能以介于这两种方式之间的形式进行互动。例如，当两个国家的总统见面时，他们可以像两个个体那样交流，比如聊聊他们的家庭。但是他们也必须知道他们和对方都代表着各自的国家。

近十年的研究已经将社会认同理论用于解释社会生活的各个方面及社会生活中出现的问题。领导力是一个关键的方面，事实上，现代领导力必须包含让来自不同背景和不同群体的人为共同利益而一起工作的能力（Haslam et al.，2010）。社会认同对健康也有重要影响，因为归属感能给身心健康带来巨大的益处（Haslam et al.，2018）。

起初，社会认同理论力图解释一些惊人的发现。亨利·泰弗尔（Henri Tajfel）有过一个很不错的想法，即开展一项研究，旨在找出使人们对群体产生认同感的关键因素。他认为研究要从随机组成的、无意义的小组（称为"最小小组"）开始，比如根据研究对象对克利或康定斯基抽象绘画的喜爱程度及类似的不重要的维度，将研究对象分成不同的小组。然后加入其他因素，如共同目标、相互依赖、熟识程度等，以便观察人们忠诚于群体的迹象会在什么时候出现。

但是他并未找到真正的"起跑线"——事实上，"起跑线"被他甩在了身后。即使在"最小小组"中，人们也会偏爱自己所属的群体。如果你更喜欢克利而不是康定斯基，那么你会更喜欢其他有同样偏好的人。实验室研究始终没有找到能使人们对待外群体成员和对待内群体成员一样友好的情况。

泰弗尔得出结论：人们会根据自己所属的群体对自己进行分类，"我是其中之一"的想法足以引发带有偏见的行为，例如分给内群体成员更多东西，而不是给外群体成员。泰弗尔和同事们推断，导致这一现象最有力和最基本的因素是对积极自我看法的渴望，人们通过努力使自己所属的群体优于其他群体，来建立积极的自我看法（有关概述见 Hornsey，2008）。

在我看来，他们的研究路径是正确的，但是方向走反了。群体互动的终极目标并不是获得一种令人愉悦的集体优越感，更不用说借助优越群体成员的身份来提升自尊了。回顾进化史，生存和繁衍依赖于所属的群体，所以群体之间的竞争是生活中一个基本的事实。换句话说，法国人和德国人之间，或者以色列人和巴勒斯坦人之间的对抗，与其说是因为人们渴望获得优越感，倒不如说是因为他们倾向于把外群体成员视为致命的威胁。当食物不能让每个人吃饱时，它要么落入你孩子的口中，要么被其他成员的孩子吃掉。这个群体或许会坚持和平主义或个人主义，而那个群体的成员则可能会一起行动，获取和保护资源，杀死敌人，好用食物养育自己的孩子。猜猜我们来自哪个群体。与同类结盟来对抗其他群体很正常，这可能源于深层次的进化压力。人类思维对人进行分类、归类、识别和评估的高级能力，以及增强集体自尊的心理技巧，都是这种古老的群体对抗冲动的新奇形式。早在人类文化出现之前，"我们"对"他们"的心态就广泛存在于许多其他动物之中。

社会认同理论的一个关键观点是，当社会互动涉及来自不同群体的人时，自我意识会朝连续谱中群体认同那一端发展。生活中的大部分时间都是和自己群体中的成员一起度过的。在这种情况下，个体认同变得更加突出和重要。在群体中，人们作为个体行事，但是当面对另一个群体时，他们就会关注与其他成员的团结。

人们往往认为自己的群体相当多元化，而其他群体的成员彼此相似（如Linville & Jones，1980）。引用早期一篇有关该模式的论文的标题：《他们长得差不多，做的事差不多，想法也差不多，而我们不这样》（Quattrone，1976）。有人认为这一现象反映了人们的偏见和无知等特性，然而，它可能是社会认同发生转变的结果。很多时候，当周围没有外群体时，人们只会不断和自己群体中的成员打照面儿，因此他们可能非常清楚内群体成员之间能有多么不同。相反，多个群体共处会使人们关注自己与所属群体的共同点。在这种"群体对群体"的情境中，各群体成员的思想和行为恐怕都会趋于一致。而且，由于只有在这种促使内群体成员团结起来的情况下，人们才能接触到其他群体，所以他们可能会轻易下结论，认为其他群体的成员彼此间十分相似。他们意识不到这种相似性是在"群体对群体"的背景下产生的。

换句话说，当周围没有其他群体时，你看到的主要是自己群体的成员，这时你关注的是自己群体内不同个体的差异。看到其他群体时，你往往处在群体间（intergroup）的状态下，这时群体内部的相似性占主导地位，你的注意力会集中在相似性上。你所属群体的成员也会变得相似，只是你没有意识到而已。

陷入"群体对群体"的情况时，自我要完成的关键任务之一就是推动群体发展。人们天生对自己群体的地位很敏感。他们可能会寻求社会变革，比如尝试从其他群体那里获得更高的地位和更多的资源。高地位群体已经共同建立起了一套适合它们的社会制度（这些群体中的许多个体基本上只是搭了个便车，从别人那里继承了他们的特权地位）。它们可能会试图维持现状。对于低地位群体的成员来说，这个问题更加复杂。他们希望获得声望和资源，但要做到这一点，有两条路可走：一是以牺牲其他群体的利益为代价，奋力推动本群体的发展；二是一个人去投奔更好的群体。个体必须评估这两种策略，它们的效果某种程度上取决于机遇。

社会认同理论非常关注是否可能改换群体这个问题。如果你所属群体的地位被其他群体超越，你可以通过进入另一个群体来提升个人的自尊水平，这样的话，你需要专注于进入精英群体。这也就把重点放在了个体身份上。相反，如果不可能改换群体，那么"群体对群体"的冲突就会成为你关注的焦点，因为获得更高自尊的唯一途径就是提高你所属群体的相对地位。为此，既可以提升你所在群体的声望，也可以摧毁其他群体的声望。

举例来说，长期以来，美国一直很推崇社会流动性，白手起家的故事能够广为流传，就体现了这一点。这种表面上的开放，使得穷人不会过分认同自己的贫困状况，也不会与其他穷人组成团体。这与欧洲不同，在欧洲，僵化的阶级结构存在的历史更长，造成了社会经济上的差异。美国第一任总统罗斯福曾说过，美国社会没有"带连字符的美国人"[○]的位置——如今，"带连字符"的身份已渗透到了社会和政治生活的方方面面，因此这种观点就显得有点儿陈旧了。美国政治的变化一定程度上是由那些不容改变其固有特征（如种族和性别）的群体引起的。正如社会认同理论家强调的那样，群体与无法穿越的群体边界的冲突导致了集体行动。

融入群体与注重群体认同会给致力于包容性和多样化的社会带来一些麻烦。群体间的互动往往比个人与个人间的互动更令人厌恶，更具竞争性和对抗性（综述见 Wildschut et al., 2003）。下面这个思想实验能帮我们理解这一

○ "带连字符的美国人"指的是一种强调自己族裔身份的表述，如 Asian-American（亚裔美国人）、Latinx-American（拉丁裔美国人）等，他们既属于某个族裔，又是美国公民。美国社会存在对不同族裔的歧视和偏见，因此，来自某些族裔的美国人为了强调自己的文化、历史和身份而采用了这种表述。——译者注

点。先想象 2 个来自不同群体的人正在谈判，试图解决某个问题。然后想象一下每个群体有 6 个人在就同一个问题谈判。2 个来自不同群体的人也许能聚焦彼此的共同点，达成妥协，但如果每个群体都派 6 个人来交涉，友好解决问题的可能性就会降低。

将群体混合起来：刚性与柔性群体边界

科学家非常重视观察的结果，但是，有时最有趣的反而是观察什么没有发生。马克·莫菲特（2019）在写一本关于社会的书时，去了一家星巴克，并记录了他观察到的各种各样的事情。最令他惊奇的是一件从未发生的事。几十个陌生人在咖啡店里轮流点饮料，喝掉，或者带走以后喝。一般来说，人们尊重彼此的隐私，不会打扰对方。莫菲特认为，如果你把几十只不认识彼此的黑猩猩放在这样一个狭小的空间里，它们会彻底乱作一团——闻气味、尖叫、打斗等。黑猩猩是生物学意义上人类最近的亲戚，但是它们无法在不打扰彼此的情况下靠近对方，特别是在相互感到陌生的情况下。

人类会出于尊重和礼貌而容忍陌生人的存在，这非常了不起，因为早前的进化过程并不包含这一点。狩猎 - 采集者很少遇到陌生人，当陌生人出现时，他们当然也不会礼貌地忽略对方。也许，更令人佩服的是，现代运动不仅倡导包容，还主张积极地对其他群体的成员表示欢迎。现代社会拥抱人的多样性，鼓励人们相信和与自己不同的人一起工作和生活有着巨大的净优势。

不管怎样，多样性将会继续存在。这意味着，人们要与不同类型的人和不平等的群体共处。今天的美国，身份政治日益紧张，因为一些政治家试图挑拨群体间的矛盾（Fukuyama，2018）。欧洲紧随其后。

群体之间的边界可以是刚性的，也可以是柔性的，这指引我们回到了"有没有机会改换群体"的问题。当群体边界尚不僵化时，人们可以离开一个群体，进入另一个群体，这时，地位低的人会关注其个体特质，努力从失败者的群体脱离，进入成功者的群体。当群体边界十分严格时，从属于一个地位较低的群体就会带来一个没有明确解决办法的问题。地位较低的群体可能会调整其价值理念，强行推行能让群体看起来更好的标准。例如，如果社会地位与金钱联系在一起，而由贫穷变得富有的机会是渺茫的，那较贫穷的群体中的人可能会试图借金钱以外的东西来构建群体自豪感（Crocker & Major，1989）。也许他们很有创造力，很快乐，或在一些与金钱无关的领域很有天赋。另一种策略则是认同自己所属的群体受到了不公平的压迫，并掀起激进的社会变革运动，从而缩小甚至消弭群体间的地位差异。

人们往往认为，左翼政治运动（共产主义和社会主义）之所以在欧洲而不是美国取得了更大的成功，是因为其强调改换群体的可能性。在欧洲历史上，大部分时候，社会阶层之间存在严格的界限。觉得穷人可以变成富人的想法是荒谬的。相比之下，美国人普遍相信，穷人确实可以变富有（对于现实究竟有多符合这种理想，一直存在争议）。美国的穷人通常认为，他们的长期贫困反映了他们个人的失败，而不是社会系统中根深蒂固的不公平因素。美国确实有过强大的劳工运动，但除了在 20 世纪 30 年代的大萧条期间，它并没有推动社会主义者或共产主义者做出更替社会系统的尝试。简单地说，穷人并不想毁掉富人，因为穷人希望自己或自己的孩子最终能成为富人。

象征性少数主义

较大的群体会用一种叫作"象征性少数主义"（tokenism）[○]的方式作为解决群体不平等问题的方案。地位高的群体会从地位低的群体中吸收个体成员

○ tokenism 通常指在某些情况下，群体中数量极少的代表性成员（token）得到了表面上的支持，但实际上并未获得真正的平等待遇，而且他们会感受到自己与其他群体成员之间的巨大差异。经过综合考虑，本书决定将 tokenism 译为"象征性少数主义"，以准确地反映这种现象。——译者注

（象征性少数）。这可能不会带来太大的总体影响，但会产生这样一种观念——群体边界是柔性的，个体可以离开一个群体，进入另一个群体。结果是，地位低的人会把注意力集中在提升个人成就上，希望自己也能进入地位高的群体。

这对作为象征性少数的那些自我而言意味着什么？首先，它们会更加强烈地意识到彼此的差异（McGuire et al., 1978，1979）。一群男孩中的某个男孩不一定能意识到自己是男孩，但一群女孩中的男孩会非常清楚自己的性别。同样的道理也可以解释其他类型的差异，比如在出于善意而努力融合不同种族的过程中显现的那些差异。使你与众不同的东西会很显眼，特别是对你自己来说。

引人注目可能是好事，但是需要付出代价（Lord & Saenz，1985）。在一个经典的研究中，学生被要求参与一场群体对话，不过只是从表面上看，那是一场对话。事实上，其他群体成员的声音都来自录像带，所以他们对待所有研究对象的方式不会有任何不同。有一半的研究对象认为他们是在和其他群体成员分享观点，而其余的人则认为这个群体中只有自己是这个性别的人（也就是说，他们是那个象征性少数）。象征性少数者发现自己要记住对话的内容，比不属于象征性少数的人更难，即便这些内容对双方而言是一致的。他们甚至很难记住自己说了些什么。同时，观察者能比非观察者更清楚地记住象征性少数者说了什么。因此，如果你是一群男性中唯一的女性，与其他在一群女性中的女性相比，你在处理和记忆会议上所说内容时会遇到更多问题，但是其他人对你说的话会更加印象深刻。对于在一群男性中的男性来说，谁说了什么也会有些模糊。

在群体中做你自己

每个自我都是独一无二的个体，也是各种群体和类别的成员。这两个性质贯穿于你对自己和他人对你的看法。

如今，在许多美国的大学里，发表评论时用"作为×××，我想说"的句式说明自己属于哪个类别的人，已经成为一种常态，而作为某个类别的一员这个身份，会赋予某人接下来要说的话以不同程度的声望和地位。因此，个人评论的意义和价值会因他所属类别的不同而提升或降低。人们可能会认为这样的自我介绍是一种谦逊的表达方式，表明群体成员身份可能导致偏见，因此需要对某人的评论持保留态度。然而，更有可能出现的情况是，人们利用自己的成员身份，声称自己具备特殊的洞察力或权威。

亚伯拉罕·马斯洛（1968）是心理学史上最伟大的思想家之一，他为这一领域贡献了许多重要的思想。他有一个鲜为人知的观点——"拒绝标签化"。人们不喜欢被分类、归类，不喜欢被模式化地看待。马斯洛认为，人们希望被看作独一无二的个体。然而很明显，人们亦经常为自己属于某个群体或类别而自豪。

个性与群体成员身份之间的张力，再次揭示了自我将个体与社会联系起来的功能。每个人都是基因、经历和意义的独特组合。然而每个人的生活都不可能摆脱融入群体这件事。在其他人足够了解你且欣赏你独特的个性之前，他们知道你属于什么类别。类别的基础是所有成员具备一定相同之处。群体成员同样有相同的地方，不仅每个人都属于群体，而且人们有一些共同的假想、信念和价值观。护士、会计、警察这样的角色在某些方面对所有人来说都一样，但是每个人在扮演这些角色的时候，表现可能略有不同。这就是自我的全部。个体的大脑会学着成为群体的一分子。

群体对你的看法很重要

象征性少数主义的一些问题可能是自我意识的干扰效应导致的。正如我简单介绍过的那样，高度的自我意识会使人在压力下失误。失误指的是一个人试图好好表现，却搞砸了。压力则意味着当时那个情况很重要。不幸的是，大脑通过付出额外的注意力来对重要性做出反应——这会干扰自动过程，而通常恰恰是这些自动过程使人们能熟练地把事情做好（Baumeister，1984）。当你相信甚至错误地相信每个人都在看你时，你就难以像平时一样将技能发挥出来。即使观众本该站在你这边，这种关注仍然可能会造成干扰。当观众中有自己的朋友和家人时，人们更容易失误，这就是为什么一些表演者会特地嘱咐父母和其他所爱之人不要来看自己表演。有些人认为，让他们所爱的人到场有好处，因为通常情况下，这些人在近旁有助于有效对抗焦虑——但他们的自我意识也会变得更加敏感，对他们的表现产生影响（Butler & Baumeister，1998）。事实上，人们在陌生人面前比在家人和朋友面前表现得更好。

举一个典型的例子。大多数人都善于交谈，也经常交谈，但在公共场合发言，当整个群体里的所有人都看着你时，你会非常焦虑，结结巴巴，连简单的短语都说不顺溜，甚至会忘记自己想说的是什么。向所爱之人表达爱意、做出承诺，应该并不难，但是当人们站在教堂里，在一大群亲友面前宣誓结婚时，他们会忘记自己想说什么。这大概就是婚礼主持人通常只要求新娘和新郎"跟着我念"，然后用简短的语句一步一步引导他们许下誓言的原因。

大部分人对在公共场合发言抱有一种奇怪的恐惧，这个现象似乎更为普遍。为什么？一个可能的解释是，它能唤起人们对声望受损根深蒂固的恐惧。也许你会出丑。这很像最近一些青少年的"Facebook 焦虑"：他们发布的内容会立即被许多人看到，一个失误就可能给群体对他们的看法造成持久的负面影响。

这一切将我们引向了下一章的主题：个体如何管理他人对自己的认知。

本章要点

- 社会认同理论认为，每个个体自我或多或少是基于群体和类别成员的身份建立起来的，其程度在激进个人主义和对群体身份的全然认同之间摇摆。

- 当社会互动涉及来自不同群体的人时,自我意识会朝连续谱中群体认同那一端发展。
- 陷入"群体对群体"的情况时,自我要完成的关键任务之一就是推动群体发展。
- 当群体边界十分严格时,从属于一个地位较低的群体会带来一个有可能导致集体行动的问题。
- 象征性少数主义是解决严格的群体边界带来的问题的一个方案,即地位高的群体会从地位低的群体中吸收少数个体成员。
- 成为象征性少数能提高你对差异的自我意识。

The
SELF
EXPLAINED

第 22 章

自我呈现

————

本章讨论本书的核心主题之一——至关重要的声望。人们做很多事都是为了建立、修复和维护声望（Goffman，1959）。自我呈现就是在塑造别人对你的看法。它能起到实用的效果，如在求职面试中，这时，你未来能从事什么职业取决于能否给别人留下正确的印象。尽管如此，人们对自我呈现的关注似乎比简单的实用主义策略来得更深入。人类思维似乎天生就希望被别人认可。这一现象在进化历史中尚未存在很长时间，其他动物甚至不太可能理解它们能给同伴留下印象。但是大多数人会持续关注他们的同伴是否认可自己，这种关注还会激发他们采取战略行动。

沃纳什（Vonasch）及其同事的实验研究（2018）表明，现代大学生，以及范围更广一些的现代美国公民表示，他们宁愿坐牢、截肢甚至死亡，也不愿意背负道德低下的恶名。例如，有一半的受访者表示，他们宁愿现在就死去，哪怕他们的生命只过了一小部分，也不愿意活完了一生，但死后被称为"性侵儿童的人"。显然，这个选择只是一个假设罢了，然而事实是，有 1/3 的人说他们宁愿死亡也不愿死后蒙受耻辱，这表明人类对声望的关注是多么根深蒂固。的确，在进一步的实验中，许多白人学生为了不让研究人员公开一项揭示了其种族偏见的反应时测试的结果，真的忍受了一些令人不快的恶心事（把他们的手伸进一个装满恶心的巨大蠕虫的罐子里）。

在实验室以外，还有相当戏剧性的证据表明了人们对自我呈现的重视。特别是为了给他人留下好印象，人们会做各种不健康甚至危险的事情。维持生命的渴望是所有生命最基本的驱力之一，人类自我保护的本能是强大的。然而有时候，自我呈现会胜过自我保护。

一天，在北卡罗来纳州海岸边的一个会议上，一名研究自我呈现的学者马克·利里遇到了他在研究生院时就认识的一个同事，对方现在是一名教授。那天的会议结束了，同事正要去海滩晒日光浴。他们闲聊了一会儿，对方偶然提到她最近做了一个皮肤癌的小手术。马克难以置信："你得了皮肤癌，还要晒日光浴？"她解释说："但是我晒成古铜色的皮肤很好看。"

这引起了利里的兴趣。最终，他和别人合作整理了一份综述，文中呈现了许多例证，表明人们会做危害自己健康，但有助于实现他们自我呈现的目标的事（Leary, Tchividjian, & Kraxberger, 1994）。哪怕皮肤癌刚好也要晒日光浴，就是其中一个案例。

- 有些人骑摩托车、做运动时不戴头盔。这样他人就能完整地看到他们，包括他们的头发。这种做法也能使自己的形象带有某种从容的勇敢的意味。
- 有些人会在未使用避孕套的情况下冒险进行随意性行为（casual sex）。这样做，人们就能避免提及性传播疾病问题。为了防止得病，防护措施是必不可少的，而直接不用避孕套，他们就不会显得像在怀疑伴侣患有疾病，从而冒犯到对方了。

- 对时下流行的苗条身材的追求会导致人们采取各种不健康的手段，包括滥用泻药、进食后催吐、过度节食，甚至会患上某种进食障碍。追求苗条也是人们吸烟的一个原因——尼古丁能抑制食欲。20 世纪 70 年代，在卫生局局长说服数百万美国人戒烟后，肥胖率急剧上升，并从此居高不下。
- 大多数年轻人开始喝酒或吸烟，都是想通过这些事来给特定的人留下深刻的印象，他们会和这些人一起干这档子事。想让自己看起来很不错，会促使人们迈出第一步。
- 有些人会因为害怕尴尬而不去锻炼。有时，超重的女性会希望自己的健身班上只有超重的女性，这样她们就不必为男人或纤瘦的女人看她们的眼光而感到难过。没有这样的安全空间，这些女性根本就不锻炼。
- 一些年轻女性会因为追求吸引力十足的苗条身材而患上厌食症，而一些年轻男性则会使用类固醇，好让自己的肌肉更发达，身材更吸引人。其中一部分男性（不是所有）还希望自己能更擅长体育运动，这通常也是为了自我呈现。

随后的研究证明了利里的结论既准确，又富有智慧。尤其是关于男性的论断，男性确实会表演一些危险的特技来吸引女性。在一个现场实验中，研究人员观察到滑板运动员会冒险尝试跳跃（Ronay & von Hippel，2010）。他们安排的观察员或是一个不起眼的男人，或是一个有魅力的女人。当观察员是女性时，年轻的成年男性滑板运动员会更加雄心勃勃地尝试特技。运动员们本可以选择在开局不利的情况下放弃使用特技。但在这位可爱的女士面前，他们不太可能就这么算了，所以更容易摔倒了。与其让她认为你是胆小鬼，还不如摔个鼻青脸肿呢。

这一切的关键在于，人们想被他人看好的动机是强烈而深刻的，他们会为此做出重大牺牲。这种意愿与人们大体理性地追求长寿和舒适生活的假设很不一致。在我看来，它显示了自我的公共维度和建立良好声望的重要性。

自我呈现的长远影响

在 1959 年出版的一本书中，社会学家欧文·戈夫曼（Erving Goffman）将"自我呈现"的概念引入了社会科学界。他分析称，社会互动是包含角色、后台礼仪等事物的戏剧表演。20 世纪 70 年代，已经有人在进行关于自我呈现的实验研究，尽管一些研究人员更喜欢"印象管理"这个术语。稍后我将解释为什么这个术语不够合适。

建立自我呈现理论的基本方法是比较公共场合和私人场合的情况：当有他人在看时，人们是否会有不同的表现？会。

在研究人员开始关注认知失调这一问题后，一些争论和阻力也随之浮现。认知失调是当时在整个社会心理学界受到最为广泛研究的现象之一，它是态度变化的一个模式。许多研究发现，如果让人们表达一个与他们最初的观点相反的观点，他们会调整自己最初的观点，使之与他们表达的观点更加一致。在最早的经典研究中，实验对象需要经历两个漫长而无聊的任务，然后实验人员会要求他们告诉下一个实验对象实验过程很有趣。后来，他们中的许多人确实声称实验过程还是有点儿意思的。为了解释这些发现，研究人员提出了相应的理论，强调内在心理过程服务于思维追求一致性的特质。不管他人是否在看，渴望保持一致的内在心理冲动始终如一。

自我呈现的研究人员则持相反看法，他们怀疑思维对一致性的追求并非与生俱来。他们表示，人们想要的不是保持一致，而是在他人面前显得一致（Tedeschi et al.，1971）。保持一致是一种社会压力，所以重要的是你的声望和公共自我的一致性。

研究表明，与私下或匿名表达观点时相比，当人们公开表达同样的观点时，认知失调的后果会更加显著（见 Baumeister，1982；Schlenker，1980，1982）。如果内心对一致性的追求才是最重要的，签名就没那么重要了。但是，当人们需要签名时，他们看上去总会更加努力地保持一致。同样，他们在需要露出姓名和脸孔的简短的录像演讲中所说的话，要比在一盘匿名录音带中发表的类似的演讲更符合他们的想法。一些思想家指出，思维中并不存在任何想保持一致的内在驱力，它只是希望看起来一致，因为这是他人的期待。还有人认为，极端情况下，认知失调研究的参与者并没有真正改变他们的态度——他们只是改变了自己说的话，从而避免显得前后不一、虚伪或摇摆不定。

这样的观点自然惹恼了态度研究者，他们的职业生涯就建立在研究这种形式的态度转变上。他们有权感到恼火，因为认为人们只是在为了给他人留下前后一致的印象而说假话，是一种过度解读。后来的研究显示，态度的确会通过认知失调而改变，还表明这些改变更多发生在公共场合，而不是私人场合（Baumeister & Tice，1984；Cooper & Fazio，1984）。因此，个人态度取决于公众的印象。

其他许多行为的改变取决于它们是私下进行的还是在他人面前进行的。这方面的证据越来越多，因为各种研究小组会使用比较公共和私人场合下不同情况的研究设计，来探索一个又一个的现象。两种场合下的差异如下所示（Baumeister，1982；Schlenker，1980）。

- 人们在有他人看着时会比私下表现得更慷慨、更乐于助人。

- 在公共场合，人们会有点儿不愿意接受帮助，除非他们能够回报或以其他方式挽回面子。

- 与在私人场合相比，人们在公共场合更顺从，也更容易受影响——除非做得太过会使他们看起来没有骨气。这种情况下，他们在公共场合比在私下里更强调自身独立性。在公共场合，人们会比在私人场合时更有力地维护和捍卫自己的选择自由。

- 与私人评价相比，人们更关心公开评价，也更容易受后者影响，他们更可能在公共场合采用如自我设限（self-handicapping；制造可归咎于失败的障碍）的策略。

- 人们在公共场合往往更具侵略性，尤其是当自尊心受到威胁时，退让会使他们显得软弱——但如果他们侵略性的行为违法，他们更可能秘密展开行动。在他人面前被羞辱会极大地激起人们的侵略性。
- 当有他人在看时，人们会更加努力地完成任务（学校老师、军官和工作主管对此已经见怪不怪了）。

自我呈现并不能代替认知失调理论，它只是一个额外的激励因素。这向我们揭示了人类天性。我们进化出了多种内在过程，来帮助我们创造和维持良好的声望。这是自我的主要任务之一。纵观人类历史，良好的声望对生存和繁衍都非常有帮助。相反，坏名声往往是生存和繁衍的障碍。

心理学的基础定律之一就是坏事的生命力通常比好事强（Baumeister，Bratslavsky，Finkenauer，& Vohs，2001）。要不惜一切代价，防止落得坏名声。可以肯定，"坏"有着不同的形式和意义。在某些情境下，比如在教会团体或女性友谊关系中，人们觉得过于好斗不太好，而对其他人，如男性青年帮派来说，高度好斗可能是一种"好名声"，被认为脆弱和敏感则是不好的。事实上，一位研究人员花了约十年时间与帮派成员一起生活，他注意到，有些家伙有着高度危险、好斗、令人讨厌的名声——但他从未看到或听到他们中有谁真的打架（Jankowski，1991）。懦夫的名声会引来欺压你的人，好斗的名声则可以帮你避免战斗。

总之，你能否取得社交上的成功，甚至在某种程度上，能否顺利生存和繁衍后代，都取决于你是否具备良好的声望。也许尤其要避免名声变差。

自我呈现的终极目标

很久以前，在我当教授的第一年，为了授课，我花了大量时间在图书馆搜寻一个又一个社会心理学领域的资料。我注意到，每个领域都有一些实验表明，人们在公共场合的行为与私下的行为不同（如上所列）。学期结束后，我写了一篇综述，呈现了这些多种多样的研究发现。

我认为我已经强有力地证明了自我呈现是人类社会行为的一个主要特征，于是把这篇文章发给了一家顶级期刊。然而，评审人员给出了一个严肃的意见。他们说，如果自我呈现只是为了给观看者留下好印象，为什么人们有时会表现出与对方的对立呢？例如，为什么一个民主党人会在与共和党人谈话时坚持自己的政治观点？

我被难住了，回去将那些研究结果重新读了一遍，然后得出结论：有两种不同的动机会导致人们进行自我呈现（Baumeister，1982）。有时，你只是不想辜负他人的期望，想根据观看者的喜好给他们留下好印象。这种动机可以称为"取悦观看者"。但是其他时候，你想坚持你的核心价值观和信念，使社会认可你有这样的坚持。即使其他人并不认同你的观点，就像上文中政党的例子所体现的那样，公开宣讲你的主张仍然能帮你声明自己的身份认同。事实上有些人会因为你哪怕立刻就会遭到反对，也要坚持自己的观点，而给予你额外的信任。共和党人可能不会喜欢自信的民主党人，但是，其他民主党人会十分信任你，因为尽管对方反对，你还是坚持了自己的信念。这是构建和宣称你身份认同的过程的一部分。

人通过自我呈现来构建自我这个观点，赋予了自我呈现尊严和尊重的新光环。起初，心理学认为自我呈现不是什么值得称道的事。许多研究人员认为它仅仅意味着将自己假装成另一个人。取悦观看者就有一些不光彩。声明自己认同的东西或建构自我，则更值得尊敬。

那种雄心勃勃地宣称自己身份认同的自我呈现，有着这样的基础：你的脑海中有你想成为的人，也就是一个理想的自我。你可以试着成为那个人，这正是自我的主要目标之一。然而，你也需要其他人来验证你的身份。例如，你可能渴望成为一个伟大的艺术家。你得画一些画或谱一些曲子，然后说服自己这些作品很了不起，这样，任务就完成了！但是这还不够，原因至少有二。第一，你可能在自欺欺人（事实上，如果你认为自己是一个伟大的艺术家，但其他人都不这么认为，你可能是在欺骗自己）。第二，要成为一个伟大的艺术家，他人的认可也是必要的，至少要被一些人认可。基于这两个原因，说服别人视你为一个伟大的艺术家就十分重要了。

当时我们犯的两个错误

20 世纪 80 年代，关于自我呈现的研究蓬勃发展，研究结果从一个领域传播到另一个领域，主要期刊上的专题会议论文成倍增加，相关研究的重要性得到了广泛的认可。不过这些都过去了，如今，对自我呈现的研究和讨论已不再流行。一定程度上说，基本观点已经提出，尽管人们仍然认可这些研究结论，但没有人想到该如何开展进一步的研究。科学工作亟待年轻的研究人员发现一些有趣的新东西。

又或许，一些研究方法上的缺陷，使得这项工作看起来不太靠谱，所以这个领域摇了摇头，离开了。回顾我职业生涯的早期阶段，我发现我们对自我呈现的研究都犯了两个严重的错误。

第一个错误集中体现在另一个术语"印象管理"中。20 世纪 70 年代，社会心理学研究人员会用实验室实验检验他们的理论，所以他们关注的是在这种情况下可以做些什么。这意味着研究对象间的大多数互动都是在与第一次见面的人互动。自我呈现研究沿袭了这一点，即研究人们是如何努力给陌生人留下良好的第一印象的。但是，人生的大部分时间都和第一印象没什么关系。相反，你会和你认识的人一起度过，他们已经对你有了印象，而你期待进一步和他们互动。自我呈现就发生在正在进行的互动中。总之，重要的是声望，实际上"声望管理"比"印象管理"更能抓住自我的本质。在这一点上，可以肯定的是，当时这个领域不是完全做错了。印象确实很要紧，给他人留下良好的第一印象是建立声望的一个重要步骤。不过，重点应放在声望，而不是第一印象上。

第二个错误是认为自我呈现最终服务于个人的内在目标——构建你理想中

的自我。是什么目的指引着人们坚持那个会立即遭到反对的自我？当时的答案
是，人们对其"理想自我"有自己的看法，而自我呈现是验证这个自我的一种
方式。一个被共和党人围住的民主党人会不顾听众反对，坚持自由主义观点，
这大概是因为民主党人怀有包括自由主义政治观点在内的个人的自我理想。那
是宣称自己身份认同并营造"这就是我！"之感的一个方法。但是，公共自
我比私下的自我更重要。人的终极目标并不是要进入某种个人的内在心理状
态——感觉自己成了特别的人。相反，声誉是压倒一切的目标。

第二个错误与我对社会认同理论的反对意见（见上一章）类似：它过分优
先考虑个人对自我的关注，好像归根究底，重要的还是人们如何看待自己。那
时我们认为公共自我是培育和实现私人自我的一个手段。但慢慢地，我开始相
信事实恰好相反。就你的生活而言，公共自我和声望才是至关重要的。你对自
己的私人看法主要是为了支持公共自我。

接下来的章节将详细阐述这些错误及现在人们为纠正这些错误而展开的
思考。

管理声望，而不只是管理印象

第一印象和声望之间的关键区别在于时间维度。印象存在于此时此地。声
望则跨时间存在。因此，人类对声望管理的关注是统一性工程，也就是从此时
此刻的自我转向持续性（跨时间）自我的过程的一部分（Vonasch & Sjåstad，
2020）。

让我们从一个对 5 岁（人类）儿童和成年黑猩猩进行的实验说起，这个实
验引起了相当大的关注（Engelmann et al.，2012）。实验流程很复杂，不过
实验的关键是给其中一些个体提供帮助他人的机会，而给其他个体提供偷别人
东西的机会。因此，实验对象有机会做出道德选择，无论要做的事是好是坏
（或中性）。重要的是，一些实验对象是独自做决定的，而另一些实验对象则要

在另一个实验对象面前做决定。孩子们要在另一个孩子面前做决定，黑猩猩要在另一只成年黑猩猩面前做决定。比起孤身一人，当有人在看时，人类儿童更愿意帮助他人，欺骗他人的情况出现得也更少了。然而黑猩猩对观察者的存在完全无动于衷——它们欺骗和帮助其他个体的概率几乎相同。报告的标题清晰地阐述了结论："就连5岁的孩子，而不是黑猩猩，也在试图管理它们的声望。"人类的道德与这种观念紧密相连——我们会给他人留下持久的印象。

那么有人可能会问，这个发现真的能证明人们关心的是声望，而不是短暂的印象吗？也许不能。但是稍纵即逝的印象对人类孩子和猿类来说都没有任何价值。也许人类的确关心短暂的印象，但猿类不关心。或者，也许人类孩子知道其他人会根据自己符合道德要求的行为而形成对自己的短暂印象，但猿类并不在乎。不过，猿类确实会像人类那样形成对彼此的稳定印象。只是，猿类显然认为，即使其他猿对它们的道德品质持积极的看法，它们也不会过得更好，因此它们不会试图构建道德声望。然而人类会这么做，从儿童时期就开始了。

要点在于，就连与人类关系最近的动物亲戚，似乎也不关心道德声望；可人类却在5岁前就认识到了它的重要性，并会相应地调整自己的行为。从童年到成年，从他人的角度看自己的能力时断时续地提升。青春期时，这种能力会迎来一次特别的飞跃，但这个过程往往伴随着自尊心的下降——意识到他人并不像你自己那样认为你很棒，是一件多么令人沮丧的事啊！

两种特殊的心理力量将人类与其他猿类区分开来，使人们产生了对声望的担忧。一种是研究人员所谓的"心智理论"——知道其他心智看待世界的方式不同，并能模拟其他视角。另一种是自我跨时间存在的特性。

显而易见，动物确实会做一些让彼此印象深刻的事情——尽管远称不上有意识地给对方留下特别的印象（实际上也远不可能做到）。在前文中，我们已经讨论过"胜利者效应"，它指的是赢得一场战斗的动物在遇到另一个潜在对手时，会趾高气扬、大吼大叫（Robertson，2013）。当然，孔雀展开它华美的羽毛，也是为了给未来的伴侣留下深刻印象。然而，没有任何迹象表明这些动物能意识到它们正在进行自我呈现，或者能理解其他个体是如何看待它们的行为的。只是自然选择给予了这样做的祖先一定的好处，但它们自己并不完全理解其他个体会如何解读它们的行为。相比之下，人类通常会根据他们期望他人看待自己的方式来调整自己的行为，关注自己正在建立的声望。

理想自我还是期望获得的声望

自我呈现研究全盛时期犯下的第二个错误是将对理想自我的个人看法视为最终目标。依据这一观点，自我呈现本质上服务于内在过程。然而相反，假设内在思想和其他心理过程服务于人际关系目标往往才是正确的。我们应该放弃这个想法：每个人类自我都有其努力追求的内在理想。

你私下里对自己的看法，大多只能对发生在你身上的事产生微小和间接的影响。相比之下，对你的健康、幸福和生存至关重要的是他人对你的看法。本书反复提到了这一点。

人类孩子并非一开始就对自己想成为什么样的人抱有某种想法。相反，他是后来才了解到自己可以在社会中扮演什么样的角色，了解自己的天赋和偏好的。然后，他会根据自己期望的被他人接纳和对待的方式，选择自己要努力扮演好的社会角色。关键在于期望获得的声望。

其他人的角色不仅仅是在你的门票上盖章，验证你的身份声明。相反，得到他人的认可才是关键，也是主要的目标。某人希望成为一个伟大的艺术家，这不纯粹是出于内心的驱动或冲动，更是因为这个角色在社会中受人尊敬，而且此人觉得自己有兴趣，也有能力去获得这个角色。最终真正重要且有实际意义的，是群体是否承认你是一个伟大的艺术家。你私下是否认为自己是伟大的艺术家，是否对自己的艺术成就感到满意，独立于世界上其他人的想法，并不是那么重要。

换句话说，认为建构中的理想自我是由内而生的，独立于社会世界，可能就错了。声望才是最重要的。所谓的理想自我只是某种表面上的内在表征，其基础是你希望自己拥有的声望。这个错误观点与真我的"神话"有些类似。人们想实现的是他们期望获得的声望，而不是对自我的内在看法。

声望：一种还是多种

威廉·詹姆斯（1892/1948）有一句经常被引用的话：一个人的社会自我和认识他的人一样多。詹姆斯很快就调整了自己的说法：这个数字应该是认识他的群体数量，而不是个体数量。同样是认识你，但不同的人对你可能有着不同的印象。不过，这些"不同的印象"看起来更像是你一般形象的不同版本，彼此间只有微小的差别，而不是真正不同的公众形象（见Chen，2019）。有时人们希望不同群体以不同的方式看待自己，但是这种情况很难持续下去（Tesser & Moore，1986）。从广义上来说，闲谈就是人们在分享关于其他人的信息（不只是狭义上的抹黑某人），意味着如果两个群体都知道你的事，那么在某个时候，你的信息很可能会从一个群体传播到另一个群体。在工作中认识你的人对你的印象大致相同，但可能与你的家人对你的印象有一定差别。然而，有时，你的同事和亲戚可能会有所接触。如果他们意识到他们对你的印象迥然不同，就会谈论这个话题，处理此中差异。他们会觉得解决这个问题很有必要，而这背后隐藏着一个基本假设，那就是存在一个真正的你。可既然他们对你有着不同的印象，就表明你并不完全一致。还是那句话，统一性工程是自我的基础，但是没有人能圆满完成这一工程。

因此，我认为基于单一声望或公共自我来思考，要比基于多种声望来思考更加合适。诚然，不同的人会对特定的人产生略微不同的印象。但是相似之处往往大过不同之处，而且随着时间的推移，人们不断分享信息，不同的印象很可能会趋于一致。我们的进化史就证明了这一点。过去，人们主要生活在小群体中，随着社会变得越来越大、越来越复杂，在不同群体中维持不同的声望成为可能。到了当今的社交媒体时代，单一的公共自我则可能回归。早在2010

年，Facebook 创始人和首席执行官马克·扎克伯格就注意到了这一点："你可能很快就无法在你的工作伙伴及其他你认识的人面前维持不同的形象了。"自我呈现可以说再次激活了统一性工程（即将不同的反应和经历缝合成一个跨时间的连贯整体）。在与某人互动时，你必须留意其他人可能会发现。你不只会把自己呈现给碰巧在场的其他人，还会呈现给整个群体。因此，人类孩子很早就要学会预测他人会如何看待他的行为以及这些看法对他未来的影响。

自我呈现是如何实现的

自我呈现会对多种不同的行为造成影响。在实验室里，研究人员通常会要求人们通过评价自己的各种特质来呈现自己，但在日常生活中，这种情况几乎不会发生。尽管如此，我们可以思考一下人们为了向他人传达自己的形象或信息会做些什么。他们会讲一些让自己显得很不错的事。偶尔，他们也会讲讲那些让自己看起来很糟糕的事，通常是以自嘲式的幽默口吻，从而获得谦逊和幽默的名声。他们表现出善良、友好、风趣，以及其他值得称道的优秀品质。在客人到来之前，他们会打扫房间。他们会仔细挑选着装。他们梳理头发。他们节食减肥。但正如我们已经看到过的，他们也会做很多危险的事，从晒日光浴到不戴头盔。有些人会挑起争端，或者至少参与打斗。他们不想笑的时候，会假笑。他们会购买豪华轿车或者进行炫耀性消费。

人们似乎倾向于呈现自己好的一面，而不是真实的一面（Schlenker，1975）。有时，自我呈现只能让人们了解你真实的好的一面，比如你做过的志愿服务或你的钢琴水平。其他时候，自我呈现则相当虚假。举个例子，有一年，一个小型心理学会议和一家公司的销售会议在同一家酒店举办，两群人混在了一起。两个年轻的心理学教授原本在交谈，但其中一个离开了一小会儿。他回来时，他的朋友正在和来参加另一个会议的两位年轻漂亮的女士聊天。在朋友把他介绍给女士们后，对方热情地问："哦，你也是宇航员吗？"要说虚假的自我呈现到底有多普遍，2015年《今日美国》（*USA Today*）的一项民意调查显示，1/3的美国人承认他们曾把从商店买来的馅饼端上感恩节晚上的餐桌，谎称那是他们自己烤的。

人们策略性地调整行为从而实现自我呈现的方式，揭示了声望的重要性。首先，人们往往会努力呈现自己积极的一面。在用实验室实验探究自我呈现的先驱者——巴里·施伦克尔和吉姆·泰代斯基（Jim Tedeschi）的引领下，研究人员很快就发现了这一点。不过，人们并不只是展现自己各种各样的积极品质而已。他们尊重客观证据，会根据他人知道的信息来调整自己的行为。施伦克尔（1975）总结了这一点，他说，人们总是尽可能地呈现自己的良好形象。如果他们参加了一个测试，当有人能够得知他们的成绩时，他们对自己能力的评价，会低于当测试成绩保密时他们对自己能力的评价。生活在当下的生物可能每时每刻都会选择呈现最好的自己，但了解跨时间自我特性的成年人类知道，其他人会将多个来源的信息结合起来考虑，若这些信息不一致，这些人对他们的看法就会很糟糕。

当其他人已经知道自我呈现者的缺点时会发生什么？如果有人认为你是个骗子、懦夫或背后捅刀子的人，你自然会想反驳他们，但是要反驳，可能需要一些行动上的证据，而不是光用说的："不，我不是这种人。"然而，在某些情况下，说是唯一的选择。这种时候，自我呈现者知道，如果他们否认他人已经知道的负面特质，他们将失去对方的信任。

在这种情况下，人们通常会用其他不相关方面的优势来支持其自我描述（Baumeister & Jones，1978）。他们可能会展现自己特别聪明，或者擅长烹饪或体育运动的一面。人们会这样做，表明他们对自己的整体公众形象有一定认识。虽然你不能彻底或立刻抹去你形象中任何负面的成分，但你可以通过增加正面的成分来挽救整体形象。

更进一步的策略变化反映了自我呈现的复杂性。人们不喜欢吹牛的行为，尽管不同文化和环境下的吹牛有所不同，但几乎所有地方都是如此。近几年的研究表明，一些人不喜欢吹牛的行为，是因为吹牛暗含对其他人的负面评价，包括对听到这话的人的负面评价。说自己很棒就是含蓄地贬低别人——或者至少有听者是这么理解的。这会给他人留下负面印象，有时还会引起对方的攻击（Van Damme, Deschrijver, Van Geert, & Hoorens, 2017；Van Damme, Hoorens, & Sedikides, 2016）。

也许，总的来说，当自我呈现过于明显时，似乎会适得其反。这种情况在前期表现为所谓的"迎合者困境"（Jones, 1964；Jones & Wortman, 1973）。这个困境具体指，你想被喜欢，所以为了让他人喜欢你，你会做各种各样的事，但是如果你过于明显地表现出了你这么做主要是为了让他人喜欢你，那么做这些事的效果就不会那么好了。

这一切或许反映了社会系统的限制。如果你可以简单地宣称，你拥有任何自己想要的名声，那么其他人也能这样做，人们会简单地宣称自己有很多优秀特质，没有缺点。从本质上讲，声望将失去用武之地。人们之所以要努力辨别彼此行为的模式，是因为只有这样，他们才能知道谁能信赖，谁有能力，谁的诺言可信，谁会在困境中伸出援助之手等。然后，人们会把有限的时间和精力用在那些可能给予回报的人身上。但是，虚伪的人只须简单制造他们会成为可靠的好伙伴的假象，就能骗过系统，任由你做对他们有利的事，离开时不给予你任何回报，让你陷入困境。事实上，声望更高的人能得到额外的好处，因为每个人都想和他们做朋友。这使得赢得好名声，而不只是声称自己名声不错，变得更加重要。空谈是廉价的。

然而，与他人初次见面时，这个策略是有利的。毕竟，如果你不告诉他们你有多棒，他们可能永远也不会发现。因此，主动一点儿是明智且有好处的。我的博士论文发现，一些证据表明，人们会以谦虚的态度进行自我呈现。我的导师很惊讶，说实验室研究中很难看到谦虚的自我呈现。事实证明，这是因为实验室研究涉及的大多是人们初次见面的情形，所以通常意义上的谦虚或许并不能给双方带来什么好处。我的论文写道，当研究对象与某个已经掌握他们独立信息的人会面，而且这些信息对他们非常有利时，他们就会表现得比较谦虚（Baumeister & Jones, 1978）。如果其他人对你的评价已经很不错了，那么给他们留下积极印象就不那么紧迫了。我们将在有关亲密关系的章节中再次探讨这一点。

社交媒体：给自我呈现带来革命性改变

短短几十年间，年轻人的社会生活发生了根本性的变化。不久以前，社交活动还主要是在同一个房间里面对面进行，人们偶尔还会打电话。今天，大量互动是通过电子媒介，包括 Facebook 和 Instagram 等计算机社交媒体网站展开的。年轻人也发生了一些变化：如今的年轻人，自尊水平比前几代人更高，但他们也更焦虑、更自恋，权利感更为强烈。一些专家，如让·特温格（Jean Twenge，2017），认为这些发展趋势是相互关联的。

从积极的一面来看，社交媒体有望促使自我呈现实现革命性的进步。你可以按自己的意愿构建公共自我，你的公众形象不再依赖于多重互动，也不再依赖于人们交流与你有关的信息时，小声说的那些闲话。当然，你不能控制他人的想法，但是你可以创造一个与你所期望的声望十分接近的明确的公众形象，甚至用一些细微的细节来使其变得更加完整。整个在线社区都能看到它的样子。这与过去的情形截然不同，过去要建立某种声望，离不开与每个人的互动，否则就会有失控的危险。

因此，社交媒体是自我呈现者的梦想之地。你可以在一个与他人保持着安全距离的地方构建你的自我，这样你就不必担心自己只能通过一次又一次与单个人交谈来建立声望了，也不会再遭遇尴尬或意想不到的后果。自恋型人格者（Lasch，1978）则特别喜欢后面这种方式，因为他们希望得到他人的赞赏，他们能向每一个人呈现其精心打造、令人眼花缭乱、赞叹不已的自我形象。

我怀疑社交媒体之所以让人成瘾，在于它作为一个古老问题的看似完美的解决方案，充满了诱惑力。无论哪里的人类自我，根本上都关心他人是如何看待他们的。管理声望是一项艰巨的工作，因为你几乎没有控制权，而且很多不同的人会对你产生不同的印象。但是通过社交媒体，你可以精确地塑造你想要的声望，并将它呈现给世界上每一个可能感兴趣的人。

　　然而，社交媒体也会给人带来压力，令人心烦（因此感到焦虑）。对，为自己建立一个网络形象是将你想树立的形象传达给很多人的有效方法，但这个方法真的是完美的吗？由于太多人能看到这个形象，所以任何缺陷都会造成广泛的影响。难怪人们会不断做出改变，为自己本可以做得更好而苦恼不已。长期以来，我一直对自拍的热潮感到困惑（毕竟谁想看自己的照片呢）。不过，自拍的吸引力或许部分源于人们想通过更好的新照片来改善自己网络形象的持续焦虑。

　　另一个可能导致社交媒体压力的因素是它始终在运作的特性，正因如此，任何时候你都可能被评估，不管是白天还是晚上。压力研究告诉我们，威胁的影响是不断累积的，所以缺乏休息会加剧负面影响。从实验室里的小白鼠到战斗中的士兵，这种现象随处可见：规律性的安全体验可以大大减轻压力（Weiss，1971a，1971b，1971c）。然而，线上曝光没有安全期。

　　因此，通过社交媒体进行在线自我呈现可能会使人沉浸其中，甚至耗费大量时间，因为它是诱惑（这是告诉他人我们希望他们怎样看待我们的一个好方法）与焦虑（担心自己做得不对）的结合。我们可能会更容易被队伍日趋壮大的网络暴民攻击。一些作者称，使用互联网会成瘾。这一观点的确包含一些洞见。就像成瘾一样，在线自我呈现迎合了人们的基本动机，并使人们得到了满足，但也可能让那些健康的、适应性的部分受到损害，而它们本是动机的成因。也就是说，当我们做有助于生存和繁衍的事时，比如和一个很棒的伴侣过优质的性生活，或者成功获得了食物和地位，大自然会让我们感到强烈的快感。努力构建自己的网络形象，可能会与人们给他人留下好印象，建立自己期望的声望的自然倾向不谋而合，但是，对网络形象的细节大惊小怪，并不等同于与现实中的人建立关系。

　　因此，社交网络中彼此矛盾的行为模式实际上相互关联。在社交媒体网站上花费大量时间，与自恋（寻求赞美）和孤独（在这些网站上社交是建立人际关系的幻觉）有关。在网上认识的人较少形成的真正的亲密关系（也许除了约会网站）。相反，线上联系似乎非常有利于建立浅层关系网络，偶尔也能加强与现实中遇到的人的联系。

本章要点

- 一个人的自我是否为社会所接受，取决于他人如何看待它，也就是其声望。自我呈现直接关系到声望的建立。
- 良好的声望是分享社会资源和回报的关键。用心构建良好的声望是值得的。
- 你所构建的总体声望在不同的社会环境下大体相同。不同的不是积极属性本身，而是侧重点。
- 谦虚对人际关系更有好处：自恋的权利感，也就是谦虚的对立面，会导致无休止的摩擦。
- 对于新认识的人，让他们知道你的优点是很重要的。然而，一旦关系建立起来，谦虚对待彼此会带来最好的结果。
- 自我呈现的目的是融入群体；它的策略旨在延续积极性，并努力实现跨时间的统一性。

The
SELF
EXPLAINED

第 23 章

亲密关系中的自我

———

人类对归属的需求植根于亲密关系。婴儿会在一两段亲密关系中了解自己，其自我就是这样诞生的。亲密关系一直是生活中核心和重要的一部分。自我适应着这些关系，并在其中运作。

关于亲密关系的研究文献非常多。这一章集中于几个核心主题。

自我信念

包括精神病学先驱哈里·斯塔克·沙利文（Harry Stack Sullivan；1955）在内的许多思想家坚信，孩子早期对自我的认识与母亲（或其他照顾者）密切相关。这看起来很有道理，因为非常年幼的孩子的大脑会从自我及其母亲的角度了解这个世界。可以肯定，孩子和母亲早期的交流会产生一些分歧。人类"共同注意"模式的开端，通常是母亲和孩子要求对方与自己关注同一件事，从而一起见证这件事。

自我和母亲的重叠之处会随孩子的成长和独立而缩小，但或许永远无法彻底消除。即使成年的大学生，对自我和母亲的信念也会出现一定的重叠，同样的重叠还会出现在其他亲密关系中。

阿特·阿伦（Art Aron）和他的同事基于"将他人纳入自我"的框架，提出了目前关于自我概念最可靠的理论。他们的理论基于这样一个假设——人们受扩展自我的驱力驱动，他们把这样的驱力界定为一种动机，目的是"获得资源、观点和身份以提高实现目标的能力"（Aron et al.，2004，p. 103）。对他们来说，这一驱力的基础是对自我效能的渴望和对实现目标相当模糊的愿望。这种渴望会将自己的特质和记忆与他人的混淆起来，尤其是与亲密关系中另一方，比如父母或恋人的混淆。我认为他们理论中宏观的那方面令人难以信服：你如何通过混淆你和你母亲的记忆来建立自我效能感？此外，他们的理论似乎至少采用了有关实现不明确目标的模糊术语，是从自我及其动机讲起的。在本书中，我试图用更基本的动机来解释自我的属性。

他们的确提供了一些有趣的证据，说明一个人自己的观点、资源和身份有时会与另一个人——一个亲近之人（如最好的朋友）的观点、资源和身份相混淆。这些证据源于这样一个发现：实验室研究中，研究对象会将现金奖励分配给与自己相似的最好的朋友。友好的点头之交、陌生人和（尤其是）他们不喜欢的人得到的奖励则少得多。人们会努力照顾好身边的人。我们不需要为此对自我理论进行任何严格的修正。

关于"视角"的发现似乎更有解释力。阿伦和他的团队举了与配偶一起参加芭蕾舞会的例子，这么做不仅能用自己的眼睛，而且可以通过配偶的视角体验芭蕾舞会。事实上，假设你正一个人在房间里看一部有趣的电影，如果你设想密友或恋人此刻正在另一个房间里看同一部电影，就更容易笑出来。阿伦团队的另一个发现是，人们为他们最好的朋友找借口的方式和他们为自己找借口的方式一样，但他们不愿意为不那么亲密的人这样做。

在完成实验里的各种任务时，人们处理有关亲密关系伙伴的信息的方式，与他们处理自己信息的方式一样，又与处理其他人信息的方式不同。例如，当实验人员要求人们判断表示该特质的词是否适合用来描述自己时，人们对与自我有关的词的记忆，会比与自我无关的词更深刻（自我参照效应）。当他们考虑这些词是否适用于他们最好的朋友时，他们往往会觉得大致适用，评价其他人时则不然。

总而言之，我发现这些研究为这个观点提供了令人印象深刻的绝妙证据——与自我信念相关的心理技巧、模式和愉悦自己的偏见，常常会延伸到亲密关系对象身上。对我来说，认为亲密对象包含在自我当中的想法太浮夸了。人们显然清楚自我和亲密关系对象的区别。我想，即使在最亲密的婚姻关系中，人们仍然知道是谁吃掉了最后一根香蕉，谁是某公司的工程师，谁是糖尿病患者，谁出生在西雅图，等等。也许偶尔会出现这样的情况：你们不确定是谁先产生了那个你们都欣赏的想法。但我怀疑，心理边界很大程度上仍然完好无损。

研究人员在儿童身上发现了占优势地位的自我知识受到的另一个挑战，虽然这个挑战本身也有其限制。"一个人比其他任何人都更了解自己"，人们其实要花几年的时间来接受这个想法。一名研究人员问孩子，谁最了解他们"内心深处真正的样子"。被问到这个问题时，成年人通常会说他们自己最了解自己，但是，许多 11 岁及更小的孩子会说他们的母亲最了解他们（Rosenberg，1979）。这表明自我和母亲之间的重叠会持续很多年。也许这很大程度上是因为儿童没有意识到他们的一些想法和感受是私密的，他们的母亲实际上并不了解他们。

关系中的谦虚

正如上一章谈到的那样，谦虚在实验室研究中十分少见。我的博士生导师爱德华·琼斯（Edward E. Jones）注意到，人们建立起声望后，就会变得谦虚。几十年后，权威的研究也说明了这一点。这些研究表明，亲密关系中的自我呈现与第一次和陌生人互动时的自我呈现完全不同。戴安娜·泰斯和她的同事（1995）招募了多对朋友进行实验室研究。每个阶段都会有两对朋友参加，每个人会被随机分配与他的朋友或陌生人（即另一对朋友中的一个）互动。这样，研究人员就能比较人们向朋友和向陌生人描述自己的方式。

两种情形的最大区别就在于谦虚。当与陌生人打交道时，人们会展现出最好的一面，并且表现得非常积极。当与朋友相处时，人们则会变得相当谦虚，常常自嘲。为什么？其中一个原因遵循的原则是，人们会尽可能地表现自己（正如我们在关于自我呈现的章节中看到的那样）。即使你能力平平，你也可以告诉一个陌生人你是一个国际象棋或小提琴天才，但你的朋友知道真相是什么。

然而，可能还有其他因素在起作用。自我中心会使长期关系出现问题。当你遇到一个陌生人时，表现自己积极的一面可能有用，甚至是必要的。良好的第一印象很重要。相比之下，一段长期关系则需要彼此分享和迁就。由于你更容易注意到自己而不是他人的努力和贡献，所以双方都认为自己的贡献和投入更大是很正常的。事实上，泰斯曾经对 5 个互为室友的学生进行调查，了解他们每个人清理主要公共生活区垃圾的频率。其中一个人说他不经常清理（频率可能在 10%~20%），另一个说他有一半的时间会清理，其余 3 个人则声称他们 90% 的时间都会清理垃圾！把这些数字相加，就得到了一个统计学上不可能的结论：在超过 300% 的时间里，垃圾都会被清理干净。然而即便如此，有时垃圾还是会溢出来。

谦虚是人际关系之宝。如果每个人都愿意接受自己所得的比应得的少一点儿，那么会有很多东西可以分享。相反，如果每个人要求的都超过了他应得的，那东西就不够了。如果你曾和一个自恋的人一起生活或共事过，你可能会对这个问题很熟悉。我父母那一代人往往会遵循一种传统的智慧：为了维系好婚姻，夫妻双方必须各做一半以上的事。这样做能抵消高估自己做了多少事的倾向带来的后果（就像倒垃圾的例子一样）。但是自恋者和自大狂不太可能接受不得不做一半以上的事。

　　一个同事曾讲过这样一件事：一次他去拜访一对老年夫妇，由于孩子们已经长大并搬离了原来的家，他们家现在相当空旷。碰巧，他使用了那位丈夫的私人浴室，发现了一张显然是很久以前就贴在了镜子上的纸条。纸条上写着："你也不是什么好货！"显然，丈夫觉得提醒自己他也有缺点和弱点能极大地帮助他平衡对妻子的不满。

理想化你的伴侣

　　不自恋且未表现出自我中心模式，并不意味着低自尊。它只意味着不再尝试维护那个觉得自己很了不起的想法。两个谦虚的人相处要比一对自恋的人久得多。

　　尽管把自己理想化可能会适得其反，但是理想化你的伴侣或许是件好事。人们坠入爱河时，心中通常会形成伴侣的理想化形象。这并不完全是偶然的。在追求伴侣的早期阶段，人们往往表现得很好。这能让伴侣看到他们最好的一面。

　　一个流行的观点持相反意见，认为理想化自己的伴侣并不好，一段牢固的关系最坚实的基础是准确和诚实地理解对方。事实上，寻求自我知识背后的动机之一，是确认自己已经相信的关于自我的信息（自我验证），这可以扩展到一个假设——人们希望伴侣对他们有准确的理解。如果你的伴侣将你理想化了，那么某一天，他可能会发现你真正的样子，然后停止爱你。如果尽管他知道你最大的缺点，但仍然爱你，你就能相信这份爱会持续下去。

　　研究人员将已经建立关系（平均约一年半）的 121 对加拿大年轻情侣作为样本，对上述相互矛盾的理论进行了验证。之后的一整年里，研究人员又对他们进行了跟踪调查（Murray & Holmes，1997）。通过比较这些人如何评价自己和他们的伴侣对他们的评价，研究人员可以评估哪些人理想化了对方，哪些人对对方的看法则相当准确。最后，理想化胜出了。情侣越是理想化对方，在这段关系中就越感到开心，也就越不可能分手。他们对彼此关系和冲突的疑虑会少一些。令人印象深刻的是，当伴侣将他们理想化时，他们对自己的看法也会变得更加积极，他们似乎开始接受并相信伴侣对他们的正面印象（见 Murray，Holmes，& Griffin，1996a，1996b）。

看上去，理想化战胜了自我验证，这使人们又一次展开了对追求一致性的动机的审慎思考。让你的配偶准确地了解你，必然有一定好处。一个观点指出，这项研究中的理想化是整体性的，而自我验证在高度具体的层面上能起到最大作用。例如，如果你不擅长做饭、弹吉他，或者不怎么记事，你真的希望你的另一半以为你擅长这些事吗？你希望你的伴侣认为你总体上是一个很棒的人，但是如果你的伴侣知道你具体有哪些局限性，对应对日常生活中的各种需求更有好处，反之亦然。

爱己与爱人

最近几十年盛行着这样的陈词滥调：你必须爱自己才能爱别人。但真的是这样吗？对自己的爱和对他人的爱真的相辅相成吗？把这个观点视为一个严谨的科学假说来仔细审视，很快就会让人产生怀疑。例如，平均而言，女性的自尊水平略低于男性，但这是否意味着女性没有男性那么热爱家庭？

自恋者值得好好探究。自恋是基于自爱的人格特质。它的名称（narcissism）来源于希腊神话中的一个人物，他爱上了自己在水中的倒影。如果说自爱可以让你爱别人，那么自恋者应该是自我最好的情人之一。

在这个问题上，基思·坎贝尔（W. Keith Campbell）比较权威。他于 2005 年出版的《当你爱上一个爱着他自己的男人》（*When You Love a Man Who Loves Himself*）一书中描绘了（男性）自恋者成为女性的丈夫或男朋友会是怎样一幅令人沮丧的图景。可以肯定，他们一开始都是不错的情人，而且他们中的很多人的确能成功吸引到性伴侣和恋人。迷人、自信、令人心动、外貌出众、穿着考究，散发着权力和成功的光环，这些男人看起来就是梦中情人。

　　然而，从长远来看，这样的关系不会顺利。自恋者爱的首先是自己，这会妨碍他们爱别人。一个自恋的男人会把他的伴侣视为身份的象征。他喜欢炫耀自己的战利品，但是为她做出牺牲这种事对他可没有吸引力。他会变得冷漠，控制欲强。他的承诺是肤浅的，如果有更好的伴侣出现，他很乐意抛弃旧伴侣，转投新人怀抱。归根结底，自恋者是在利用他人来实现自己的利益和目的。再过一段时间，许多自恋者会开始恃强凌弱，热衷于操纵对方，一心想掌控这段关系。男性自恋者拥有的性伴侣比其他男性更多，但是他们更难建立长期的恋爱关系。也许自恋的女性也是如此。只顾自己的人很难做出承诺，很难相互尊重，因此也很难拥有良好的长期关系。正如坎贝尔在最近出版的一本书中所说的那样，"自恋者想被爱，但他们对回报爱意或给予彼此情感支持不感兴趣"（Campbell & Crist，2020，p. 117）。

　　一个常见的模式是，一开始，自恋者会从浪漫的征服中寻求赞赏，因此，在关系的早期阶段，会产生正向的感觉。一旦征服完成，关系稳定下来了，自恋者就不再能从中获得满足感，反而可能与伴侣竞争，甚至通过贬低伴侣来寻求满足，从而产生优越感。

　　自恋者似乎最想被赞美。自恋不仅是对自己有很高的评价，而且是渴望在自己和他人心目中都构建起非常好的形象（Morf & Rhodewalt，2001）。自恋似乎源于父母的高估（Brummelman et al.，2015）。也就是说，父母经常表扬自己的孩子，并好像他们优越于其他人那样地对待他们，最终他们会变得自恋。孩子需要父母的爱，但是当这种爱与"你比别人优越"联系在一起时，你就会认为优越性是你的重要组成部分（幸运的话），也是未来你被爱和被接受的重要条件。作为成年人，自恋者和他人一样希望被喜欢、被爱，但他们远比他人更希望被欣赏。

　　那么，这是否意味着我们应该走另一个极端呢？自卑的人会成为最好的伴侣吗？低自尊的人会将自己的包袱和麻烦带到人际关系中来。桑德拉·默里和约翰·霍姆斯做过一个研究项目，十分令人信服，研究阐明了这些问题。问题的核心在于，低自尊的人无法相信伴侣的爱和承诺。毕竟，如果你认为自己不怎么样，为什么像你的伴侣这样优秀的人会想和你在一起呢？你的伴侣要找更好的人是很容易的。

大多数人渴望亲密关系，但害怕被拒绝（Murray，Holmes，& Collins，2006）。这就导致了一个问题：如果你为了拥有这种亲密关系而投身爱情，你会很容易遭到拒绝。

正如关于自尊的章节所述，那些高度评价自己的人更愿意冒险，因为他们认为事情会顺利得到解决。在浪漫关系的背景下，这意味着他们不怕去爱（爱自己是爱别人的先决条件的陈词滥调可能就以此为基础）。相比之下，低自尊的人更注重保护自己，避免遭遇风险或蒙受损失。他们更在意向爱屈服的风险。

默里和同事们认为，寻求亲密关系和避免被拒绝之间的紧张关系，并不会在关系建立起来之后就消失，甚至在婚姻中也是如此，而是会继续影响日常互动的过程。如果你觉得你的伴侣对你不够忠诚，就会收回自己的情感投资。这种做法可能会破坏你们的关系，特别是当你的伴侣仅仅是因为忙于工作、照料孩子或其他事才传达出了这样的信号时。低自尊的人对可能表明伴侣正在疏远他的任何迹象都特别敏感，这会促使他们真的疏远对方。

一个巧妙的实验设计证实了这一过程的存在（Murray et al.，2002）。多对夫妻来到实验室，研究人员告知他们，邀请他们来的目的是了解夫妻们的想法和感受。他们坐得很近，只不过坐在不同的桌子前，并被要求填写调查问卷时不要和对方说话。

研究人员诱使他们相信，每个人填写的问卷都相同，但事实上问卷并不一样。夫妻中一方的问卷要求其列出伴侣主要的缺点，并表示如果只想到一个缺点，那么只写一个就好。另一方的调查问卷则要求对方列出他们公寓或宿舍中的物品，最少25件。因此，第一个人很快就能想到所爱的人身上的一些缺点，然后会坐下来等另一个人写完，而此时后者看起来似乎列了一长串自己的缺点。这可能会令人深感不安。

高自尊和低自尊的研究对象都以为伴侣要报告一长串他们的缺点，因此都会感觉受到了威胁。但是他们的反应有所不同。高自尊的人会有点儿动摇，但他们会对自己的伴侣和这段关系表现出高度的尊重。相比之下，低自尊的人会在情感上从这段关系中退缩。他们对伴侣（以及他们自己）抱有更多负面看法，并且对这段关系的评价不那么好，和伴侣也不那么亲密。

从更广泛的意义上说，亲密关系中的自我有两个目标，其方向有时完全相反（Murray et al., 2006）。一个目标是与伴侣建立稳固的联系，这会使你变得依赖对方。另一个目标是保护自己。在幸福的婚姻中，这两个目标是一致的。感觉与伴侣十分亲近，从伴侣那里得到支持，可以帮你抵御日常生活中的压力和麻烦。然而，如果你的伴侣很挑剔，总是拒绝或欺负你，那这两个目标就是冲突的。你会尝试维系这段关系，投入更多爱、精力和自我，使你们的关系更紧密吗？这样做会增加你的依赖性，增大你受到伤害的风险。无怪乎很多人的反应是在情感上退出这段关系。退缩能降低你的依赖性，同时，你也就不那么容易受伤了。

这就是低自尊的问题所在。正如关于自尊的章节所显示的那样，高自尊是一种资源，它使人们能够承担风险，抵御风暴。低自尊的人则缺乏这种资源。对他们来说，若伴侣拒绝自己或对自己很不友善，那给自己带来的威胁实在太大，所以他们很快便转向了保护自己。他们退缩了。

低自尊往往是一种基本的不安全感。低自尊的人会怀疑自己，害怕伴侣发现他们的缺点后会抛弃他们。任何轻微的威胁都会引发这种反应，而且对于这种反应，低自尊的人通常处理得很糟糕。在情感上退缩，回想对方身上负面的东西，降低关系的亲密程度，这些都不是健康的策略。你的低自尊还会使伴侣更难维持对你理想化的看法，这样一来，你们的关系中就会缺少这些通常有助于加固和延长一段关系的看法。

低自尊的人不只会退缩。他们另一种可能的反应是寻求确认。这么做偶尔会起效：如果你的伴侣看起来很挑剔或很冷淡，你问他是不是出了什么问题，他会向你保证他仍然爱你并且欣赏你。但是这种做法往往很快就会招人厌烦。事实上，其他研究已经发现，寻求确认是抑郁（和低自尊）的人最令人讨厌的习惯之一，也是其他人总避开他们的主要原因（Joiner et al.，1999）。

　　底线究竟是什么？也许最好的伴侣是那些对自己有适度好感的人，他们并非自恋者，也不是内心没有安全感的人。从某种意义上说，关系持续时间的长短是一个重要的检验方式。不过，关于这一点，我没有看到任何令人信服的数据。高自尊的人往往认为自己的人际关系比别人更好，认为自己生活中的大多数事情都会朝更好的方向发展，不过很少有客观数据能证实他们积极的自我评价。

发掘彼此最好的一面

　　现在，让我们的思绪回到我在陈述默里及其同事的研究成果（1996a，1996b）时简要提过的一点。和一个看到过你最好一面的人在一起，显然会使你开始对自己产生更加积极的看法。

　　对的伴侣甚至可以让你成为一个更好的人。从女性的支持到男性的进步，流行文化对这个观点一直持怀疑态度。几个世纪以来，无数小说采用了这样的主题：一个陷入困境的男人因为一个好女人的爱而得到救赎和提升。但很少有小说认为，一个麻烦缠身的女主角能从一个好男人的爱中获益。

米开朗琪罗现象

　　近几十年的研究为这一观点提供了支持：配偶和恋人可以让彼此变得更好。这就是著名的"米开朗琪罗现象"，根据雕塑家米开朗琪罗的言论，雕塑家不是在创造新事物，而是释放已经存在于石头内部的潜力（Finkel，2009；Rusbult，Finkel，& Kumashiro，2009）。理想的情况是伴侣双方互相帮助，最好地发挥出彼此的潜能。

　　米开朗琪罗现象的新鲜和重要之处在于，它与视追求目标为个体主要的独立行动的理论形成了鲜明对比。毫无疑问，传统观点植根于心理学的思维习惯，即从个体思维出发进行思考。每个人都有目标，都会追求目标，然后获得成功或惨遭失败。但是，在现实生活中，人与人之间的关系很密切，自我与其说是一个孤独的事业，不如说是对社会生活的一种适应。没错，你有你的目标和理想。你的爱人可能并不关心这些。或者事实上，你的另一半可能并不认同你的目标，还会阻止你实现目标。然而，如果你选择了一个很好的伴侣，或者很幸运的话，他会成为你的盟友，帮你实现这些目标。

哪怕只是让伴侣看到你和你的理想自我相似，或者你正在朝理想自我前进，也是有帮助的。最能为你提供助力的伴侣不仅也这么认为，而且会积极地做一些事情来帮助你向理想进发。你的伴侣可能会鼓励你锻炼，保持健康。他可能会倾听你的演讲，并提出改进建议。如果你出于健康原因，需要调整饮食习惯，他可能会陪你改变。

米开朗琪罗现象为相互竞争的理论搭建了一座有益的桥梁，这些理论就伴侣是准确认识对方（至少要像对方认识自己那样地认识他们）更好，还是对彼此抱有理想化的积极看法更好，而争论不休。双方都有可取之处。你必须真实地了解你的伴侣怎么样及能做什么，但你也得认识到并懂得欣赏他的潜力。如果这两者你都清楚，你就会成为一个能给对方带来助力的伴侣。

研究米开朗琪罗现象的人坚持认为，该效应与所谓的皮格马利翁现象有着重大区别。皮格马利翁现象是以萧伯纳的一部戏剧命名的。在米开朗琪罗现象和皮格马利翁现象中，人们都试图把伴侣塑造成更好的人。区别在于，由谁来决定什么"更好"。皮格马利翁现象指的是，玛丽试图按照自己的想法来决定约翰可以且应该成为什么样子。米开朗琪罗现象则是指，玛丽试图按照约翰自己的愿望来塑造约翰。当然，两种情况的案例都很多，尤其是当人们认为他们知道什么对自己的伴侣最好的时候。

然而，两者的差异很重要。实际上不管是在个体层面还是在夫妻关系层面，皮格马利翁型的夫妻都会遇到各种各样的问题。这个过程恐怕弊大于利。你很难克制自己不去指出你认为伴侣需要在哪个具体领域做出改进（对方称之为"唠叨"），但试图将你的伴侣塑造成你认为他应该成为的那种人，通常不是好的做法，也不会带来你想要的结果。相比之下，米开朗琪罗型的夫妻无论在个体层面还是在夫妻关系层面都能受益。还是把你的伴侣塑造成他自己想成为的人吧。

避免消极

让我们花一点儿时间来思考一下这项关键任务——发掘彼此最好一面的反面（如 Finkel，2019）。是什么激发了亲密伴侣之间最糟糕的一面，又该如何避免？执行自我应该做些什么来改善关系的结果？要改善你们的关系，你有很多事情可做。但也许这些建议并不能使你达到预期的效果。执行自我的首要职责就是避免变得消极（Tierney & Baumeister，2019）。为了使关系更稳固，减少坏事的发生比增加好事的发生更有用。

结婚多年的夫妻通常会告诉采访者和成年子女，他们的关系一年比一年好。这可能是自我美化的错觉和选择性记忆的结果。那些真正每年跟踪研究夫妻生活的研究人员发现，几乎没有哪对夫妻确实有此表现（如 Sprecher，1999；VanLaningham et al.，2001）。一些夫妻的状态没什么变化，另一些则在走下坡路。可见，成功维持长期关系的关键在于，始终做婚姻满意度没什么变化的那少部分幸福的人，而不做那些走下坡路的人。换句话说，成功的婚姻要避开那些会使你不满意的消极因素。

在婚姻中就像在生活中一样，坏事的力量总比好事更强大。好的婚姻需要很多好事来维系，但是最重要的是尽量减少坏事的发生。这正是执行功能的用武之地。如果你可以不说恶劣伤人的话，或者不做其他不好的事，你们的关系更有可能走向幸福。有时，你难免感到愤怒、沮丧、挫败，但这时，良好的自我控制能力能阻止你说出不利于你们关系的话，或做出虐待性或破坏性的举动。研究表明，从统计意义上说，对破坏性行为的破坏性反应是婚姻恶化的重要原因。简单来说，当一个人对另一个人的消极行为做出消极反应时，就像令人厌恶的争吵或打斗，情况就会变得不太妙。每个人都有消极的时候，但是在你的伴侣开始以消极反应回应你之前，你需要停止消极行为，停止将你的消极情绪倾倒在他头上。若你的伴侣是感到消极的那一方，而你正在忠实地忍受，你需要说些什么，大意是"我知道你现在很难过，但是我的同理心和耐心已经快耗尽了，我需要你尽快停下来"。理想情况下，你和你的伴侣已经讨论过这一应对模式，他也放在了心上，所以能在造成严重损害之前停止消极反应。

以损害关系为代价来取得争论中的胜利（或只是达到目的），符合我们所知的自毁行为的一般模式：获得短期收益，同时付出长远代价。或许你很容易认为，下次你可以补偿你的伴侣，然后一切都会回归从前美好的样子。但数据显示，不会的。自我控制在亲密关系中有着重大的价值，但它最大的贡献之一就是第一时间避免伤害性的言语和破坏性的行为。

换一种积极的说法：维系最好关系的方法是避免消极。记住，最好的状况是，你的伴侣以理想化的方式看待你，将你看作你可能达到的最好的样子。执行自我的行动应该符合你的伴侣对你的最好印象。如果双方都这样做，你们的关系会更加长久、更加牢固，令你们双方都满意。

本章要点

- 当与朋友相处时，人们往往会更谦虚，常常自嘲，和与陌生人打交道时不同。
- 谦虚是人际关系之宝。
- 将你的伴侣理想化可能是件好事。
- 自恋者和低自尊的人会遇到人际关系问题。
- 在亲密关系中，自我有两个目标：①建立稳固的联系；②保护自我，免受伤害。
- 米开朗琪罗现象是指伴侣帮助彼此发挥自己最大的潜能。
- 为了维系最好的关系，要避免变得消极。

The
SELF
EXPLAINED

第六部分

自我的问题

第 24 章

现代自我的问题

————

现代自我有许多问题。其中一些与认识自我的难题有关，另一些则阻碍了自我的运作。让我们依次考虑这些问题。

削弱自我意识的过程

大脑创造了自我，使身体能够在一个基于角色和身份的复杂社会系统中生存和发展。几个世纪以来，随着社会变得越来越复杂，创造和维持自我的过程也越来越难实现（Baumeister，1986，1987）。

经由两个过程，那些曾经能用来为一个人下一个可靠定义的事物，已经不再具备这样的能力了。首先，它们不再重要了（也就是说，它们已然变得微不足道）。其次，即使仍然重要，它们也变得可变了，所以它们不能有效地将跨时间的自我缔结成一个连贯的自我。不妨思考一下过去十几个世纪中发生的关键变化吧。

- **性别**。在历史的大部分时间里，你是男性还是女性（几乎没有其他选项）会对你的人生道路产生重大影响。现代社会试图为男性和女性创造同样的机会，所以你是男性还是女性已不像过去那么重要。尽管关于性别战争的言论层出不穷，但是与过去相比，在现代社会中，性别显然不再那么要紧了。许多现代社会正在进行类似的努力，以减少种族和民族的决定性影响，这样，每个人将都能享有走上各种不同人生道路的机会。
- **社会等级和阶级**。传统、僵化的社会使人们固守自己的位置，但是社会的流动性又让人们能够朝两个方向转变。人们付出了很多努力，试图为下层阶级提供更多机会。事实上，智商测试之所以发展起来，就是为了给聪明的下层阶级人士提供更多的教育和工作机会。因此，社会阶级已经变得不稳定，也不那么重要了。
- **婚姻**。过去，婚姻往往是一生的承诺，但在现代社会，离婚已经很普遍，许多人经历过多次婚姻，在多次婚姻的间隙，则会独身生活。尽管婚姻仍对身份起到稳定的影响，但它已经不像以前那样稳定了。
- **宗教**。对许多人来说，宗教信仰仍是身份认同的重要方面，但是已经不那么稳定和重要了，这和中世纪时的情形大为不同。基于宗教的歧视在很大程度上已经被禁止，所以有着不同信仰的人可以选择相同的职业。相比之下，在中世纪的欧洲，犹太人被禁止从事许多职业，基督徒则往往无法进入银行业（成为放债人）。如今，没有宗教信仰也可以。人们能而且的确会相当自由地改变他们的宗教。因此，宗教也变得不稳定了。

这并不是说宗教、性别等已经与身份或自我概念无关了，但是它们在使某人符合既定的生命轨迹（并阻止那个人转而走另一条路）这件事上的重要性已经大大降低。对个人转变的容忍度的提升，是一个长期趋势。宗教、性别、阶级和婚姻不能像过去那样保证自我的终身统一了。即使你信仰的宗教不变，也不曾离婚，你还是知道你是可以改变的。

这些变化使自我知识的形成变得更加困难，因为人们以前通过简单明了的事情认识自己就可以了，而现在这些事情变得可变，失去了对人生决定的重大影响力。它们也影响了个体自我的运作，自我需要新的信息来作为其选择和行动的基础。

中世纪的人知道自己是谁，他们所有的朋友和邻居也知道。那时，身份建立在客观不变的事实基础上，其中的许多事实在人们出生时就已经存在了。但几个世纪以来，那些一经确立就不会改变的决定性的身份特征逐渐变得模糊不清、不再确定，并且很容易发生变化。

自我中隐藏的无意识的一面

"要构建自我知识，就要发现隐藏的事实和特性"，这个想法已经够糟糕的了。但是随着时间的推移，自我知识形成的难度也在增加。中世纪末期，人们越来越相信，自我的重要部分隐藏在视线之外——隐藏在他人看不到的地方，甚至越来越隐蔽，连自己也看不到（Weintraub，1978）。

自我这些隐藏着的方面是什么？是能力、天赋、潜力，甚至尚未实现的创造性想法。19世纪，人们普遍对作家和艺术家很感兴趣，某种程度上就是基于这样一种感觉——这些人的内在自我很有深度，他们的内涵十分迷人（Altick，1965）。20世纪，人们认为创造性的灵感来源于无意识深处。也就是说，艺术家的无意识自我中，大概包含着他未来创造性作品的种子。灵感不再来源于外界（缪斯），内在自我成为创造灵感的源泉。

隐藏的自我可能也具备人格特质，尤其是与这个人的行为相反的特质。在弗洛伊德的学说广泛流行的时代，人们认为无意识中包含着欲望、冲动、感觉，甚至思想，尤其是那些人们不愿意承认的东西。因此，其中不仅埋藏着宝藏（就像艺术家那样），还有意隐藏了一些"材料"。如果的确可能拥有充分的自我知识，它必然要求人们能够分辨出那些他们极力避免知道的事。弗洛伊德理论中最著名的一点，就是与父亲或母亲发生性关系的表面欲望。无数人屈从于治疗师的观点，接受了他们有这样的欲望，即使他们从未感受到或产生过这样的欲望，更不用说付诸行动了。

自我从社会角色中的分离使对自我的寻求变得复杂了许多。一旦我们把自我从其在公共场合的展示中分离出来，从它在社会中扮演的角色的总和中分离出来，我们甚至没有办法评估自我知识究竟有多透彻。还有多少被埋藏的宝藏（或被压抑的肮脏）可能存在？

作为价值基础的自我

到目前为止，我们已经讨论了自我如何变得更加复杂和不可捉摸，因而更难以认识。这些变化都使认识自我困难重重。然而，还存在另外一类问题：我们对自我的期望比我们的祖先更高。

这看上去似乎是双重打击，而某种意义上确实如此。认识自我不仅更重要，而且更困难了。不过，这两点可能是相互关联的。当自我需要承担额外的责任时，人们就会期望它埋藏的宝藏越多越好（Baumeister，1986；见 Finkel，2017）。

几个世纪以来，西方文明为基督教信仰所占据：在这个背景下，关于生命之意义和最高层次人类潜能的终极问题得到了解答；人们的价值观牢牢植根于上帝的计划和信息之中；生命的目的是到达天堂。

基督教信仰在许多地方仍然很强大，但是西方社会不再基于"我们几乎都是基督徒，因此是同一个上帝的孩子"这个假设来运作。甚至对于许多信徒来说，日常生活和工作也失去了与宗教的某些联系。与此同时，许多人的宗教信仰变得越来越弱，有些人甚至完全不再信仰宗教。

这一切造成了生命的意义和目的方面的某种危机，包括对应该遵循哪些基本价值观的疑问。在这个时期，个体自我的兴起可能纯粹是巧合，尽管我怀疑并非如此。无论情况是怎样的，它都被迫担负起了填补意义空白的任务。人们逐渐将认识、培养和实现自我视为一个重要而有价值的人生目标，至少社会中一些主导性且有影响力的阶层是这样的。对西方人而言，实现自我填补了由宗教信仰的退却所形成的真空。

人们越来越将自我视作重要的价值观，这已经带来了一些后果。20 世纪70 年代被称为"唯我的十年"（me decade），有学者曾严肃讨论称，西方文明正在成为一种"自恋的文化"（Lasch，1978）。从那时起，人格研究者的记录显示，大部分人的自恋和自尊得分稳步上升（Twenge & Campbell，2009；Twenge & Foster，2010）。但是，焦虑水平也提升了。从表面上看，这个组合甚是矛盾。一项大规模调查研究发现，焦虑和自尊水平呈负相关，而且相当显著（0.5；Leary & Kowalski，1995）。联系如此紧密，说明当其中一个上升时，另一个就会下降。在庞大的社会中，两者怎么可能同时上升？

焦虑可能反映了把个体自我放在人生目标中心位置的脆弱性（当然，我怀疑焦虑水平上升的背后有多种原因）。人们通常会从超越自我的事物中汲取意义，尤其是那些比自我存在的时间更长的事物。信仰是生命意义的一个很好的来源，因为信仰能将你的生命带到永恒事物的背景之下。政治因素和爱国主义（对国家或对民族）同样可以延伸到超越自己生命的未来。为人父母能将对自己的爱与超越自己生命的未来结合起来。但是如果你的人生目标是培育你的自我，那么你的死亡会抹去你生命大部分的意义和价值。

有人预测，让自我成为生命价值的终极基础，有助于通过鼓励人们自私一点儿，去做任何他们想做的事，让事情变得简单。在某种程度上，这一切已经发生了。然而，意义和价值也来自更广阔的背景，作为目标的个体自我，本身缺乏持续性价值，因为人死后，个体自我将不复存在。

身份危机理论的兴衰

正如第 3 章中简要提到的，直到 20 世纪 40 年代末期埃里克·埃里克森开始使用"身份危机"这个术语，它才登上舞台。这个术语流行开来，在各种场合得到使用，在整个社会引起了人们广泛的共鸣。埃里克森（1968）指出，哈佛大学神学院的学生宣称，他们将在某个下午陷入一场集体认同危机。大众媒体也接受了这个术语。20 世纪 80 年代早期，当我开始为写成我的第一本书而研究自我时，身份危机是一个重要的研究主题，我花了大量时间了解研究结果，甚至发表了一篇文章，试图整理混乱复杂的文献，并将某种条理明晰的结构赋予已知的内容（Baumeister，Shapiro，& Tice，1985）。我的第一本书叫作《身份认同》（*Identity*），这本书卖得很好，因为当时有很多人（包括研究人员和普通公民）都想了解更多关于身份的知识。

20 世纪 70 年代，中年危机的观点被提出，整个身份危机学说也随之得到了极大的发展。努力重新定义自己不仅仅是青少年才关心的问题，尽管埃里克森合理地观察到，许多青少年会为此挣扎。很多人，尤其是男性，到了 40 岁左右，也会挣扎。在现代社会，职业生涯意味着攀登公司的职级阶梯。40 岁左右，一个人要么已到达理想中的职级，至少有一份通往高层的道路十分明确的工作，要么被排挤到一边，知道自己不会登顶（Levinson，1978）。

讽刺的是，这两种结果都会带来失望。多年来，生活一直朝着特定的目标前进，无论如何，身份危机都会浮现。如果一个人达成了目标，那么他将不再拥有那个目标。（更重要的是，一个人必须认识到，达成目标并不会带来幸福。屋顶仍然会漏水，配偶还是老样子或是以新的花样惹人厌烦，孩子们会遇到麻烦，并且继续让你失望……）与此同时，被排挤的男人意识到他们永远也达不成目标——于是他们也失去了目标（他们的屋顶也会漏水）。

我们试图理解混乱的研究结果，得出这些结果的研究方法大多出发点很好，但略显简单和薄弱。我们的结论是有必要区分两种不同类型的身份危机

（Baumeister et al.，1985）。归根结底，就是身份认同太充分和还不够。两者给人的感觉可能截然不同。

身份认同缺失

"还不够"是寻求身份认同的青少年所面临的典型困境，这个观点正是埃里克森最为著名的理论。我们必须做出选择，但是我们对自我和世界的理解还不够清晰。遭遇中年危机的男性的情况也可能是"还不够"，因为指导他过去 10 年或 20 年生活的目标不再适用。要么他达成了目标，要么他知道自己肯定达不成了——在这两种情况下，他都需要对自己的人生目标进行新的认识。

认同缺失往往与探索新事物，包括想法、活动和各种关系有关。这类人可能会有向往反叛和犹豫不决的感觉。他们知道"我不想那样"，但他们要花更长的时间才能理解自己真正想要的是什么（这呼应了"只有虚假的自我，真我不存在"这个观点）。对自我意识的感觉，对重大问题的关注，困惑、沮丧与充满激情的迷恋间的交替及其他坐过山车般的情绪，在他们身上都很常见。他们可能会认识到他们希望归属于某种身份，但同时，他们不愿意放弃其他选择和潜力，虽然拥有那种身份就意味着放弃这些东西。

身份认同冲突

身份太多意味着内心存在冲突：某人有多重角色，这些角色会提出相互冲突的要求。当人们感觉自己被拉向不同的方向时，身份认同冲突就会产生。与不同宗教信仰的人结婚，可能很难调和新旧宗教。同样，移民可能既会努力与原籍国保持联系，又拥抱新的社会。即使是青少年的身份危机也可能引发更多冲突，而非相反，尤其是对女孩来说。一个可能的原因是女孩不像男孩那样强烈排斥父母，因此新形成的成人身份可能与孝顺的身份冲突。同时，到了成年期，许多女性同样存在身份认同冲突，因为她们往往追求过完整的生活，这样的生活包含一份有意义的事业、一段亲密的婚姻，以及好好养育孩子们。

身陷身份认同冲突，就像处于一种"不可能"的境地，无法满足两种身份下互不相容的需求。探索不再有吸引力了。人们想隐藏起来，而不是出去尝试新事物。自我意识会带来罪恶感。这类人大多有一种厄运即将来临的感觉，希望避免做出背叛内心相互冲突的任何一方的行为。

解决身份危机

怎么解决这些问题？要克服一次完整的身份认同缺失危机，需要完成两个主要步骤。首先，人们必须决定用什么价值观来指导自己的生活。

其次，人们必须找到特定的角色，建立特定的认同，这些角色和认同能使人们按相应的价值观生活。如果身份危机没有致使某人对基本价值观产生重大的质疑，那么焦点可能在第二个方面。在这方面，历史上有一个经典案例，即殖民时期美国年轻的基督徒如何度过青春期（Greven，1977）。青少年往往会经历一段叛逆期，这一时期的特征是，青少年会做出种种不良行为，包括某种不当性行为（至少是自慰）、酗酒和打架等"青少年的罪行"。人们会认为，这个年轻人背离了基督教信仰，而且他们确实可能做出了一些反宗教的行为，比如无意义地使用上帝的名字（咒骂）和不去教堂。很多人是伴着再次拥有个人宗教信仰而结束这一时期的，例如一次皈依体验使青年重拾宗教信仰。对这类人群而言，基督教价值观从未真正被否定，只是对试图用孩子的自我控制能力来控制成年人欲望的青少年而言，它似乎不太实际。

身份认同冲突可能比身份认同缺失更难解决，也更令人不安。解决这个问题，并不需要找到新的东西来融入自我，而是要切割自我的一部分。一个人必须接受失去，并继续前进。有时，可能存在有限的妥协空间。有时，怎样解决问题取决于现实情况，但其他时候，人们必须找到方法来做出选择。我不确定哪一个更痛苦。

人们对身份危机兴趣的消退

如今很少听到有人提到身份危机了。一些"勇士"继续按几十年前流行的研究方法收集和发表着数据。但是大多数研究人员已经对身份危机失去兴趣。身份一词不再像20世纪70和80年代那样霸占重大会议专题研讨会标题的位置。

这就是心理学家对身份危机理论的粗略总结。至于这个短语为什么很大程度地退出了公共话语领域，我们只能猜测。我认为以下几个因素可能与此相关。

第一，叛逆不像以前那样必然会发生了。父母已经变得远不像从前那么专断了。观察如今出现在公共场合的家庭，我总能看到父亲亲吻他们的儿子，有时甚至向儿子道歉。这些行为在我年轻的时候是不可想象的。年轻人不再需要通过违抗他们的父亲来成为真正的男子汉。事实上，越来越多的年轻人是在没有父亲的环境中成长起来的。

第二，如今人们远比过去更有可能无限期推迟结婚了。半个世纪以前，人们的成人角色大多早在他们20岁出头的时候就已确定下来。人们很早就结婚了，很快就有了孩子，男人至少要有一份稳定的工作来养家糊口。在同一家公司工作几十年的情况很普遍。现在，人们很晚才结婚。工作变动已十分常见，甚至在人们预料之中。就连彻底转变职业方向的情况也经常发生。读大学需要花费4年以上的时间，许多大学生毕业后会搬回父母家。成人身份可以推迟到30多岁时再确定，所以整个过程并不那么紧迫。多种职业路径和女性从事的职业的大规模扩张，或许模糊了过去被称为中年危机的时间节点。这些也都可以再推迟。

第三，人们进行内在探索时，不再认为答案埋藏在自我之中。今天，年轻人生活的世界以线上活动为特征（Twenge，2017），这个世界更注重外在的公众形象，而非内在过程。社交媒体允许人们随心所欲地塑造自己的形象，哪怕其他人会提出批评。也许如今的青少年更关心他们如何向世界展示自己，而不是他们内心深处的想法。这些追求中哪一个（是沉迷于社交媒体形象，还是专注于自己）从长远来看更具建设性，哪一个更浪费时间和精力，很难判断。

一位研究代际变化的极具开拓性的学者简·特文格（Jean Twenge；2006）提出了一个更为有趣的理论。用她的话说，几十年来，人们对自己越来越着迷。20 世纪中叶，人们开始意识到新时代带来的问题（关于身份危机的讨论由此开启）。20 世纪末的人不仅没有倒退，反而走得更远。新发现的难题和做自己的重要性并不使他们感到困惑，他们认为这理所当然。21 世纪，人们对在线社交互动的普遍关注并没有减少身份危机，而是将焦点转向了外部。人们没有时间或精力纠结于找出隐藏在真我深处的东西。相比之下，他们倒是不得不担心几十个同龄人和数百个陌生人看到自己的社交媒体形象或博客后会怎么想。

最后一种可能是，身份危机仍在发生，但已经改名换姓。身份这个术语已经逐渐被其他说法所取代。如今，人们更常用它来指代群体认同，而不是个体对自我的理解。与发现自我有关的术语卷进了性别认同问题，被用来描述那些不愿意接受与自己的出生性别有关的角色的人。种族和族群认同在自我定义问题上变得重要，因为许多人是依靠群体认同来为他们所属的群体争取更多尊重和资源的。所谓的身份政治已经成为全美国对话的一个特征。随着身份这个词在这种语境下得到频繁使用，它可能已经不再适合用来描述年轻人争取自我定义的斗争了。

自我寻求社会的接纳，而接纳包括尊重。每个人应该得到多大程度的尊重，以及获得尊重多大程度上取决于个人的行为，持续困扰着整个社会，可能原本就没有一个客观上正确的答案。但是，对尊重的追求深深植根于自我。

本章要点

- 那些曾经能用来为你下一个可靠定义的事物已经不再具备这样的能力了。首先，它们不再重要了。其次，即使仍然重要，它们也变得可变了。

- 性别、社会等级和阶级、婚姻与宗教在定义自我上的重要性已经大大降低。
- 自我知识意味着发现自我越来越多隐藏的方面。
- 埃里克森合理地观察到，许多青少年会努力定义自己（身份危机），而到 40 岁左右，许多人（尤其是男性）也会为此挣扎（中年危机）。
- 身份认同不足（身份认同缺失）是寻求身份认同的青少年所面临的典型困境。
- 身份太多意味着内心存在冲突。某人有多重角色，这些角色会提出相互冲突的要求。

The
S ELF
EXPLAINED

第 25 章

自我的压力和逃避方法

———

本章继续探讨自我的问题，论述"自我的核心可能存在某种压力"。有的人会通过能让他们忘记自己的手段来减轻压力。

"自我会承受压力"这个想法，在我心中慢慢形成。一次意外的绕道使我第一次察觉到了相关的迹象。当时，我在为写一本关于人生意义的书做研究，我正在查找关于不同人生意义的研究成果，我希望通过了解那些过着不同寻常生活的人来找到这些意义。我想，也许那些喜欢施虐和受虐性行为的人一定过着非常有趣的生活。在图书馆（当时还没有互联网）查了几个小时资料，我意识到施虐和受虐的性行为并不富含深刻的存在性意义。

同时，我意识到，有关性受虐的数据对我们关于自我的理论提出了重大挑战（Baumeister，1988，1989a）。大多数理论认为，自我存在的目的是逃避痛苦和寻求快乐——但是受虐狂的自我似乎是为了寻找痛苦。大多数理论假定的是，自我受控制事物的愿望驱动，但受虐狂希望失控——这确实是被捆绑吸引者的本质。大多数理论还强调，自我寻求积极的尊重，但受虐狂渴望遭遇尴尬和羞辱，在性象征上降到极低的地位。我开始意识到，这些不仅仅是误导性的表象。相反，它们是受虐症的本质，即将正常的自我从意识中抹去。人们用一个完全不同的自我，比如温顺接受他人羞辱行为的自我，来强行取代日常生活中的自我。正如伊莱恩·斯卡里（Elaine Scarry；1985）在一本哲学书《痛苦的身体》（*The Body in Pain*）中解释的那样，痛苦摧毁了意义。自我充满了意义，并通过意义运作，所以摧毁意义会对自我造成阻碍。

广为流传的那些讨论错误地将受虐症与自我毁灭行为混为一谈。我们会开玩笑说某人是一个受虐狂，因为他乐意承担某些不愉快的职责，而事实上，这种行为的动机通常是为团队做出贡献。受虐症并不意味着伤害自己，其实，施虐症和受虐症群体会非常小心地避免受伤。不如说，这种行为与消除自我有关。据我所知，受虐性行为不会带来长期的伤害，也不会带来任何长期的好处。它任何持久的方面都是中性的。这就是它与人生的意义无关的原因之一，人生的意义是把个别的日常事件编织成漫长的叙事。

在深入探究自我的压力之前，让我们思考一下其他的逃避方式。

为什么不想成为自己：逃避的模式

每个人都会投入大量的精力和体力来维持自己的身份。每个人都有高度的自我意识，这是调整自我的各个特征以满足外部需求（和内在目标，它们通常是从外部提供的选项中选择的）的一种手段。然而，有时，人们试图逃避自我意识，或彻底改变自己，这使得他们暂时无法维持平常的自我意识（比如受虐狂）。

显然，大脑必须做大量的工作来操纵自我，而且这项工作必须日复一日、年复一年地进行。如果是身体产生了自我来满足外部需求，那么有时这一定会带来压力。从长远来看，这个过程可能是有回报的，但是仍然需要耗费成本和努力。

也许，自我问题的最终解决方法是利里的《自我的诅咒》（*The Curse of the Self*）（2004a）。他记录了许多由过度的自我中心、自我反省和对自我的专注所导致的问题。正如他所说，许多精神养生方法都试图摆脱自我，视其为通往幸福和启蒙的一个步骤。正如第 4 章所讨论的那样，这些训练到底在多大程度上让人们真正摆脱了自我，仍然存在争议。此外，一个社会能否在没有自我的情况下运转，也值得怀疑。我的看法是，自我不完全是一个诅咒，而是大体上有益的适应方式，尽管它确实需要一定的成本，而且可能会过度。

逃避自我意识的方法

人们会做很多事来逃避自我意识（Baumeister，1991a）。不过无论如何，这些事并不都是有害的，尽管其中一些的确有害。让我们举一些例子。

自杀

最具毁灭性的极端做法是自杀。我花了几年时间阅读了大量研究文献，试图理解人们为什么要自杀。自杀有多种途径和原因，没有一个理论能囊括一切，不过，仍然存在主导的模式。通常情况下，在发生了一些不好的事情后，有的人会责备自己。这会使自我意识变得很差，因为这样的人会产生一种强烈的意识，认为自己远远达不到标准。他会觉得自己是个失败者，总让他人失望，工作不称职，作为恋人不讨对方喜欢，或在其他方面做得很糟糕。自杀前状态的特征通常为努力不去考虑自己，比如，试图只关注做三明治或洗衣服等简单、基础、具体的事。但是，大脑无法将关于自我的消极想法拒之门外。自杀往往不是为惩罚自己的失败或不良行为而做出的巨大努力。相反，它试图让一切停止，终结觉得自己糟糕透顶所带来的痛苦。自杀企图是为了不再认为自己糟糕透顶而付出的努力的升级版。人们想通过自杀寻求的东西，是遗忘

（Baumeister，1990，1991a）。

　　有自杀倾向的人不一定是失败者或无能的人。恰恰相反，他们往往很成功，对自己有很高的期望。穷人自杀的比例没有富人高，但是，突然陷入贫穷的富人自杀的比例更高。换句话说，如果你一辈子都很穷，你不一定会选择自杀；然而，如果你曾经富有，后来却变得贫穷，这可能会致使你自杀。另外，研究发现，有自杀倾向的大学生平均成绩实际上高于大学生的平均水平——只是，最近一学期，他们的成绩掉到了平均水平后面。他们成绩不错，不能接受自己突然之间成绩变差，尤其是让所有人失望。

酒精

　　人们常常将酒精与成瘾联系在一起（Hull，1981）。毫无疑问，酒精对人很有吸引力，部分（并非全部）是因为它能有效使自我意识消失。当人们不再拿自己与标准比较时，他们变得不那么拘谨，不那么担心自己的行为会造成好的还是坏的后果。喝酒主要有两个原因：一是为了获得更加积极的感觉，比如在庆祝活动中畅饮；二是为了抑制或减少糟糕的感觉。酒精被大量用于实现这两个目的。人们会在庆祝和社交时喝酒。试图应对不好的情绪，比如因失败或被拒绝而产生羞耻感的时候，他们也会喝酒。谢尔（Sher）总结说，关键在于，饮酒对那些借它来逃避和最小化负面感受的人来说，要比对那些用它增强正面感受的人而言更成问题。尽管很多人喝得比较少，或者不经常喝，从而能规避酒精的大部分危害，但其伤害性依然相当大。

冥想

　　如果说自杀是逃避自我意识的一种极具破坏性的方式，那么冥想在很大程度上则是有益的。冥想能训练大脑专注于此时此地，保持较低的意义水平。在这方面，冥想促成的变化与受虐狂受虐以及酒精摄入类似。关于冥想的著作往往会强调自我的消失、消解等类似观点。

　　冥想可能无法吸引那些因为最近遇到不好的事而想忘记自我的人。使思维不专注于任何事，恰恰会给同那些不好的事有关的不请自来的侵入性想法留出空间。

　　但对那些希望在摆脱自我压力的同时强化心智的人来说，冥想是一个强大的工具。冥想的初学者需要将注意力集中在呼吸上。正常呼吸，数到 10 次，然后重新开始。呼吸是最简单、最基本的人类活动之一。人们持续呼吸着，但呼吸不会引发任何意义或情绪（除非出于某种原因，你暂时无法发挥你的呼吸能力）。把你的意识集中在呼吸上，摆脱意义、身份、过去和未来、情绪、担忧和其他许多东西。

暴饮暴食

　　许多人会在进食中寻求安慰，有的人出现了这方面的问题，甚至已经发展成某种进食障碍。他们会暴饮暴食，在短时间内吃掉大量食物。他们中的一些人还会呕吐（贪食症）。暴饮暴食符合我们在自杀、受虐症和酗酒等现象中观察到的摆脱自我意识的心理过程（Heatherton & Baumeister，1991）。注意力会狭隘地集中于此时此地，以简单的身体过程进行一个相对无意义的活动（这种情况下表现为咬、品尝、咀嚼和吞咽）上。让自己沉浸在这种能吸引自身注意力的简单活动中，可以抹去自我中那些带来了关心和焦虑的更有意义的方面。研究表明，最容易暴饮暴食的人是雄心勃勃、成就斐然、习惯自我批判的年轻女性。她们对自己的标准很高，总担心自己达不到这些标准。吃掉冰箱里的所有东西可以暂时消除这些担忧和焦虑。

物质主义

　　有些人借沉迷购物来逃避自我意识。物质主义这个词有多重含义，这里的意思是相信购买和获得有价值的东西是生活的一个重要目标，可以提升幸福感，并可以表明自己取得了其他人认可和欣赏的人生成就。在实践中，持这种态度的人往往对他们的生活不怎么满意，他们无休止地购买更多东西，但这样并不能带来持久的幸福。尽管如此，购物行为依然使他们得以暂时逃避令人烦恼或消极的自我观点（Donnelly et al., 2016）。

外星人绑架

也许，在我漫长而奇特的职业生涯中，我发表的文章谈到过的最怪异的现象就是"被外星科学家绑架到飞碟上"。我曾有幸与伦纳德·纽曼（Leonard Newman）共事，当时他是一名博士后。他收集了大量声称自己有过类似经历的人的公开信息。我们认为这些报道全都是假的，因为我们都不相信飞碟的存在。但提供这些报告的人大多真诚地相信其存在。所以问题就变成了"为什么人们会错误地认为这些事发生在了他们身上"。

绑架报告与其他逃避自我的方式极其相似（Newman & Baumeister, 1996）。"被绑架的经历"打断了这些人的常规生活。他们中的许多人都有受虐倾向，比如喜欢会造成疼痛的医学检查和羞辱性的性经历。

逃避自我方式的共同主题

在旨在忘记自我的这些不同的方式中，存在共同的一般模式。当然，并不是每一种逃避都适用于这些模式。逃避过程可归纳为 6 个步骤（Baumeister, 1990, 1991a）。

- **标准很高，难以达成。** 一般来说，试图逃避的人野心都很大，期望则极高，有时会逐渐走向完美主义。他们可能会苛刻地评判自己，或者觉得别人也会这样做。结果他们常常感觉自己没能做到自己希望的那么好。某些情况，比如自杀，通常是由一个重大问题或失望引起的。

- **自责**。如果一个人没有达到标准或遇到了问题，但把这归咎于外部环境，他就没有必要逃避自我。逃避的动机是感觉自己对问题负有责任。
- **拥有高度的自我意识（且令人不快）**。从对最近出现的问题负责开始，此人的自我意识会变得越来越强烈，认为自己很糟糕。带着持续的、无处不在的糟糕感觉度过每一天毫无乐趣可言。
- **感觉糟糕**。经常意识到自己某种程度上很糟糕或不够好，会引发不愉快的情绪。
- **心理转变**。当人们感觉自己很糟糕时，他们的反应是转向一种低层次的思考。这样的思考专注于那些基本上缺乏意义和情绪的具体事物。它强调此时此刻，而不是未来和过去。这一切会让你尽量避免提醒自己问题和忧虑的存在，这样，情绪上的痛苦就被"拒之门外"了。开放的思想和创造性思维也会维持在最低限度。
- **后果和副作用**。对此时此地单一的关注，除了使人们不再深陷在情绪中，不再产生有意义的想法外，还会带来各种各样的影响。仔细、理性的分析，以及对长期后果的思考会减少。人们不再理智地关注和克制什么，倒愿意进行奇怪且不寻常的活动（怪异的行为，甚至自残）。然而，人们往往会表现出被动性，甚至宿命论的倾向，这与对长远后果的漠不关心有关。如果不对怪异的想法提出质疑，人们就易受非理性甚至奇怪的信念影响（还记得外星人吧）。有时，思维开始回归重要、有意义的话题了，但这会将情绪困扰也带回来，随后人们就会加倍努力地继续逃避。

逃避自我的 3 个原因

大脑总是努力工作，以在社会系统中操控、创造和维持某种身份。为什么有时大脑会期待这一活动被中断呢？我认为有 3 个原因。

- **处理受损的身份认同**。处理受害或受损的身份认同是逃避自我的一个原因，这个解释在某种程度上是正确的。自杀通常源于个人遭遇的灾难性事件，这些事件会对自我造成负面影响。暴饮暴食似乎也更有可能发生在重大挫折或个人的失败之后。这些都不足为奇——当人们的自我不得不承受不愉快的想法和感觉的重压时，他们就会想忘记自我。

- **过得快乐**。逃避自我意识的第 2 个原因比其他两个原因更正向。有时人们希望摆脱他们的自我抑制，好能过得快乐一些。事实上，失去自我意识本身能令人愉悦，这个想法是有争议的。冥想者可能会通过超越自我而达到强烈的精神愉悦状态。"狂喜"（ecstasy）这个词来源于希腊语，意思是"站在自己之外"，许多极致的精神成就都与失去对自己独立、个性化的日常自我的关注甚至意识有关。然而，失去自我意识能直接产生幸福的观点没有数据支持。

- **暂时从压力中解放**。逃避自我意识最令人激动和有趣的原因是，维持自我会带来压力。很久以前，压力研究就得出了这样一个观点：偶尔从压力中解放出来能大大减轻压力的负面影响（如 Weiss，1971a，1971b，1971c）。一些案例中，压力没有给自我带来什么问题，就证明了这一点。在两次世界大战中，战斗压力让士兵崩溃的情况使军事领导人困惑不已，他们称之为"炮弹休克"（一战期间）和"战斗压力"（二战期间）。（目前比较常用的术语是创伤后应激障碍，即 PTSD，不过它通常指特定的创伤，而不是累积的压力。）这种情况不是由特定的事件导致的，而是日复一日无休止地暴露在轰炸等危险之下，长期积累起来的。渐渐地，将军们发现，偶尔让士兵休息一下，回到安全线后，大大减少了这种精神崩溃发生的频率。后来，心理学家在实验室老鼠和猴子身上发现了类似的效应（Brady，1958；Weiss，1971a，1971b，1971c）。持续的压力会引发溃疡，但是偶尔度过一段安全的时期，即使压力总量相同，这些动物也不会得溃疡。

同样的逻辑也适用于自我的压力和其他类型的压力。正如我所说的，大脑必须努力工作来维持自我，所以周期性的休息能减少压力的影响。

自我的压力

记住自我的压力很重要。不是每个人都会承受压力，但是有些人会为此苦苦挣扎，饱尝痛苦。我们有理由认为，近几个世纪，甚至近几十年来，情况变得更糟了。例如，性受虐本质上是现代西方的一种现象（尽管在日本也有发现）。

事实上，近几年简·特文格（2017）所做的研究已经得出结论：今天的年轻人承受的压力比前几代人更大，这与他们花在互联网上的时间有关。对于为什么花时间上网会带来压力，继而导致心理问题的出现，可以有各种各样的解释，不过，其中自我的压力最突出。世界各地的青少年都在担心如何融入社会，但是保持在线状态会剥夺他们的休息时间。相比之下，我读高中时当然也担心他人会怎么看我，但是回家以后，直到第二天早上去学校，我都不需要处理同龄人之间的互动。如今的情形则不同，年轻人要维护自己在 Facebook 上的形象，还要参加占满了一天 24 小时的在线活动，所以，任何时候，人们都可能要忙于在公共场合展示自己（其他人会在白天或晚上的任何时间对你进行评估）。就像一战中经历炮弹休克的士兵一样，他们从未得到过喘息的机会。

自我可能是一种负担。现代生活对自我的要求越来越高，对现代自我来说尤其如此。人们需要维持积极的形象，避免看上去太糟糕。互联网，特别是社交媒体，已然加剧了这个问题，成年人和青少年都不例外。说错话的一瞬间，就会毁掉一个人的形象或声誉。

撇开互联网焦虑不谈，我的结论是，大脑为创造和维持自我付出了很多努力，有时候做起来很困难，还很不愉快。维持得比较好的自我，通常是那些更为成功的自我，也是人们通常需要逃避的自我。

本章要点

- 自我的压力可能很大，有时人们会试图逃避自我意识。

- 逃避自我意识的方法包括自杀、冥想、酗酒、暴饮暴食和物质主义等。

- 试图逃避自我意识的常见情况如下：标准过高，难以达成；自责；拥有令人不快的自我意识；感觉糟糕；转变心态；易受非理性信念影响。

- 逃避自我的原因包括处理受损的身份认同、过得快乐，暂时从压力中解放。

- 我们有理由认为，近几十年来，自我的压力越来越大。与上一代人相比，年轻人可能承受着更大的压力，这些压力都与上网有关。

The
SELF
EXPLAINED

第 26 章

自我和精神疾病

——

正如今天的大脑研究人员会通过研究大脑功能失效的案例来了解大脑的常规功能，我们也可以通过研究不正常的自我来了解正常的自我。研究文献数量庞大且极其复杂。因此，我只想从中截取一些有用的见解。

让我们明确一点：我并不想对精神疾病做出解释。相反，我的目标很有限，就是了解自我错误运转的相关情况，以及这些情况传达给我们的更广泛的关于自我的信息。

人们会直觉地认为，患有精神疾病的人，其自我中有一些部分是缺失、受损的，或有缺陷的。导致这种情况的主要因素可能是妄想，也就是对自我的错误看法。事实上公众迷恋于谈论精神疾病，他们关注的主要是那些严重的错觉。但是这种错误自我认同的案例相当罕见，并且相对来说也不能给我们什么经验教训。

总的来说，对自己的错误看法似乎不是精神疾病的主要影响因素。更合理的说法是，错误的自我看法更像是痛苦的症状，而不是原因，甚至当涉及性别认同问题时，人们会觉得有这些看法很正常，这些看法没什么问题（特别是如果那个人很快乐的话）。这些错误看法主要是对自我的负面偏见，它们与心理健康的正常人对自我的正面偏见迥然不同（Taylor & Brown，1988）。也许它们是一种过度的谦逊，毕竟谦逊的美德在社会中广受赞誉和欣赏。塞利格曼（1995）对此抱有类似的看法：许多形式的精神疾病只是对健康和理想之物的夸大。

任何情况下，我们都无法通过精神疾病和对自我的负面看法之间的联系来了解自我。泰勒和布朗在他们1988年发表的一篇影响十分深远的综述中指出了这一点：当心理处于正常和健康的状态时，人们容易适度高估自我的能力，而缺乏这种自命不凡的体验则是各种痛苦情绪的原因或症状。前文讲到，人们可能会扭曲事实，以获得积极的自我观点。我们不应该视其为一个严重的问题，而应该将其看作大脑在正常情况下有效运作的一环。

缺乏组织的自我

在为写这本书而钻研时，我偶然发现了一本优秀的著作，该书收录了许多作者关于自我与精神疾病关系的文章（Kyrios et al.，2016）。这本书不同的章节是由不同的作者写的，他们的理论背景和治疗方法也各式各样、大为不同。然而，他们一致得出结论：精神疾病的核心问题通常在于自我的组织方式。简单来说，不是自我的某个部分有缺陷，而是这些部分的协同工作有缺陷。

事实上，随着精神病学界不断赋予各种精神疾病新的名字，"障碍"（disorder）这一术语越来越为人们所熟知。"disorder"的字面意思是"组织的失败"——某些东西没有按正确的顺序排列。

以下是患有各种精神疾病的人的自我组织失败的主要情况。

双相障碍

关于自我分裂，第一个例子显然是"双相障碍"（bipolar disorder），过去它也被称为"躁郁症"（Leitan，2016）。在艰难的时期，患者会将自我认知划分为好坏两个版本。好和坏都是从主观意义上说的。当好的自我突出时，双相障碍患者会进入躁狂状态，尽管他们躁狂状态下的自我在别人眼中远说不上好。当坏的自我占据上风时，双相障碍患者会感到抑郁，其行为也会随之改变。重点在于，这些人无法连通两个版本的自我。例如，一件小事可能会刺激他们去思考自我积极的方面，这些想法会像滚雪球一样形成一种强烈的自我意识，让他们认为自己拥有令人难以置信的美德和力量，继而极度自信地行事。处于这种状态下的他们可能会拒绝治疗，因为他们喜欢这样正向地看待自己的方方面面，不明白自己有什么需要他人帮助或调整的。积极的人会得意忘形，会基于不合理的自信和乐观，愚蠢地做出冒险且代价高昂的决定。无论是完美的自我还是绝对积极的自我，都不是有效的自我。

抑郁的自我也可能拒绝治疗，因为它找不到意义，对它来说，一切毫无希望。自信消失了，能量也消失了，自我厌恶自己和世界上其他所有人。它还深陷困境，不得不处理躁狂阶段引发的灾难。把自我分成好坏两个版本似乎是个不错的主意，这样，至少有时候可以处在"方方面面都很好"的状态。但这么做往往会带来灾难。

可以肯定的是，双相障碍患者并不总是处于其中一种极端状态下。有时他们会感觉自己更完整了，情况似乎有所好转。这表明分裂才是问题所在。然而，这一现象确实会使自我理论变得更加复杂。自我不总是彻底分裂开，只是偶尔如此罢了。不过，从病理学上看，分裂的自我确实与这种障碍相关。

创伤后应激障碍

创伤后应激障碍是由创伤引起的。可以肯定的是，大多数遭受创伤的人不会患上创伤后应激障碍。统计数据显示，创伤后成长（post-traumatic growth）比创伤后应激障碍更常见（见 Calhoun & Tedeschi，2013）。这表明，有的人比其他人更容易受到伤害，因为同样的外部危机会在不同的人身上引发不同的反应（Horowitz & Sicilia，2016）。

自我在组织方面的缺陷越大，人们越容易患上创伤后应激障碍。遭受创伤后，那些自我不协调的人更容易陷入创伤后应激障碍。

许多患有创伤后应激障碍的人有一个共同点：经历创伤后，他们会形成新的受损的自我意识，但他们希望自我恢复或回到创伤之前的样子。有的人会出现解离（dissociation）的情况。解离指自我分裂成多个部分，"人格解体"就属于解离，处于这种状态下的人将不再认为自我是一个连贯的整体。受到创伤的自我会重新组织其运作方式和对自身的理解，然而新的组织方式往往没有旧的好。这大概是因为，新的组织方式希望保护好自我，免得它再次遭受痛苦，其目的不是执行自我的正常功能。

强迫症

强迫症（obsessive-compulsive disorder，OCD）通常与表面自我和隐藏自我之间的紧张关系密切相关，强迫症患者害怕他们的隐藏自我是一个恶劣的存在（或至少有可能做坏事，比如伤害他人）。他们认为，侵入性的想法和忧虑暴露了自我被隐藏起来的重要方面。任何消极表现都令人沮丧地表明，隐藏自我非常可怕。焦虑、愤怒、病理性怀疑、厌恶等负面情绪随之而来。因此，人们开始强迫自己去确认自己没有犯错。一遍又一遍地洗手，或者反复检查是否所有灯都关了、门是否锁上了，这些都是为了防止恶劣的内在控制住他们。强迫症患者甚至能意识到这些反应是非理性的，但这么做能帮他们应对那些令自己不安的想法，免得自己被那些想法压垮。

强迫症患者对自我的种种认识存在冲突，他们在矛盾的自我信念中挣扎，拿不准这些信念是好是坏。完美主义似乎是唯一安全的解决办法，因为如果他们完美地做好每件事，那么他们起码不会是坏人。完美主义也常常表现在道德中：人们通常会保持警惕，不让自己做出任何不道德的事，并且总会对内心那些令人恐惧的邪念进行过度补偿。当然，一味追求完美是不现实的，每个人都不可避免地会感受到自己的不完美，这样的经历会加剧人们对负面自我的担忧（Ahern & Kyrios，2016）。

抑郁症

抑郁症通常与那些威胁到了自我连贯性和延续性的经历有关（Luyten & Fonagy，2016）。内疚和羞愧、自我厌恶、绝望、无助等感觉会让抑郁的人不敢相信自己像一个正常人，而"我很正常"的想法对一个还算能干的好人来说或许再普通不过。基本问题可能不在于思想和认知，而在于思考的过程，这些过程就是构成自我的原料。抑郁症患者可能会用完美主义的标准来对抗自己感受到的错误和失败。当然，奉行完美主义，免不了失败，因为完美是不可持续的。抑郁症患者也逐渐认识到，在社交中，他们会依赖他人，这会削弱他们的自主意识。抑郁症患者自我知识的形成离不开依赖他人和自我批评。这两者组合起来可不妙。

痴呆

患上痴呆后，此时此刻的自我仍可以运作得相当好，但是它与时间不再有关联（Luyten & Fonagy，2016）。患者的过去逐渐消失，未来也是如此，独留他们永远只存在于现在。事实上，患者可能会把现在误认为是以前的某个时间点。我的父亲，一个居住在佛罗里达州的老人，常常以为他还在德国（他出生的国家），并会尝试前往火车站，尽管他居住的小镇甚至根本没有火车站。他姐姐，也就是我的姑姑，也得了痴呆。她会钻进车里，开车去办事，但在回家的高速公路上，她会走神，错过出口，然后又开了一百英里才意识到自己的错误。具备此时此刻的自我，她能安全驾驶，她没有发生过事故，也没被开过罚单。但是，她对现在的意识本应是一个正在进行的事件（开车回家）的一部分，但该意识是有缺陷的。她无法建立起两者之间的联系。

社交焦虑障碍

顾名思义，社交焦虑障碍主要是一种人际关系问题，但是也和自我组织能力差有一定关联。一篇综述指出，"目前，所有从认知入手理解该障碍的观点都有这样一个前提，即陷入社交焦虑的个体，其认知图式的适应性不强，因此会激活人们的消极信念"（Gregory, Peters, & Rapee, 2016, p. 96）。也就是说，他们有关自我和社交世界的烦恼总与一些不快、不安的想法交织在一起。结果，许多社会交往看似无害，却反而可能使他们产生痛苦的想法和感受。大脑中存在这样的想法其实并不是问题，问题在于，普通的事件或互动是怎么和它们联系在一起，将它们唤起的。

囤积障碍

存在多重障碍，意味着自我组织的模式十分糟糕，整个自我的价值过于紧密地与自我的某个方面或部分捆绑在了一起（Moulding et al., 2016）。例如，患有囤积障碍的人会强迫性地收集和储存过量的物品，这样的行为是非理性的。他们这么做的潜在动力似乎是他们觉得这些物品拥有巨大的力量和价值，是自我的重要组成部分。他们重视的不是这些物品本身，而是它们所象征的那部分自我。囤积者和其他自我组织成问题的人（尤其是强迫症患者，他们承受着类似的痛苦）一样，具有完美主义倾向。他们储存的物品可能代表着未来其自我可能的样子，显然，抱有这样的想法使他们不太可能扔掉这些物品。

躯体变形障碍

躯体变形障碍与囤积障碍有一定联系，包含对躯体各个部位的不满（Moulding et al.，2016）。在这种情况下，人们也会把自我等同于一个特定的方面，比如躯体或躯体的一部分。存在这种问题的人为真实躯体的缺陷担忧，他们往往信奉完美主义，试图弥补这些缺陷。

拔毛症

上述问题最终会表现为把整个自我与特定事物或一类事物联系起来，这可能构成了拔毛症的基础。拔毛症患者揪头发的行为是病理性的。这一次，人们又将头发视同自我令人羞耻的一面。揪头发可以帮助人们应对羞耻感，就好像他是在惩罚或者消除自我糟糕的一面一样（Moulding et al.，2016）。

过分关注自我的某个部分，是自我组织方式的明显缺陷。大多数人不会让自己的头发"背井离乡"。当人们错误地视头发为整体自我或自我糟糕的那部分，并因此而惩罚它时，就会出问题。问题在于，对自我认识的组织是有缺陷的。

边缘型人格障碍

边缘型人格障碍之所以叫这个名字，可能是因为人们认为这类患者处在精神病边缘，而精神病大致意味着幻觉和其他思维障碍。我们能从边缘型人格障碍的许多方面看到自我统一性工程失败的迹象，包括与他人维持混乱不堪的关系（Liotti & Farina，2016）。毕竟，其他人通常希望与一个可靠、前后一致的人建立一段稳定的关系。与情绪高度不稳定的人建立有效的合作很难。

边缘型人格障碍患者无法整合对自我的看法，他们的自我信念会相互矛盾。这类人的共同特征是解离,也就是说,自我与其个人和情绪体验分离。有两名学者写了一篇关于该障碍的论文,他们将自我在该障碍中扮演的角色称为"痛苦的不连贯",还用它作为这篇论文的题目(Liotti & Farina, 2016)。患者无法把对自我的理解与日常经历(或所处的关系)恰当整合起来。区隔化(compartmentalization)问题也很常见:自我信念没有形成一个整体,而是被分隔开来。

自闭症

在自闭症的谱系中,我们也发现了两种障碍,一种是人际关系方面的障碍,另一种是无法将自我信念与经历结合起来的问题,这与边缘型人格障碍的情况类似(Molnar-Szakacs & Uddin, 2016)。自我认知缺陷的基本形式显现得较早。比起其他孩子,自闭症儿童要花费更久的时间才能认出镜子中自己的面孔,不过大多数患儿最终都能认出自己来。研究人员还发现,患有自闭症的成年人没有正常的自我参照效应,至少这种效应的强度会大大降低。自我参照效应指人们对与自我相关的事物的记忆比对其他事物、事件或刺激的记忆更加深刻,这表明自我在某种程度上是一个强大的记忆"钩子"(Rogers et al., 1977)。很明显,这种钩子对自闭症患者并不起作用。随着时间的推移,自我会被迫从他们的记忆中脱离。因此,他们对自己的过去没有什么感觉,对自我跨时间的连续性也缺乏认识。他们很难根据最近的经历更新他们的自我信念。

自闭症患者能控制自己的行为,能进行活动,但无法很好地将意图与结果联系起来。与意图相关的大脑和心理过程很复杂,但是它们不仅可以预测人的行为结果,似乎还与塑造意图的行为有关。例如,要打开灯,你会伸手轻轻按下开关,而你的大脑会自动预测"灯光将会亮起"。如果灯没亮,你的错误监测系统将立即行动起来,提示你去寻找问题的所在,比如,是你按错开关了,灯泡烧坏了,还是电源关了。自闭症患者的预测系统本该能够将行为与预期结果联系起来,但它无法正常运作。

精神分裂症

或许，在自我失调的诸多表现中，人们最熟知的就是精神分裂症。许多研究人员和治疗师认为，"基本自我意识的紊乱是精神分裂症谱系的临床核心所在"（Nelson et al., 2016, p. 158）。大多数人会理所当然地认为，他们思想的内容——观点和感受，属于他们自己，而精神分裂症患者心理组织中那个程度的"属我性"（mineness），无法正常起作用。这可能就是为什么一些患者会认为他们的思想是由其他人或神秘力量植入自己脑海的。和其他人一样，他们也会听到内心的声音，但他们无法将这些声音归为"我"的属性，所以它们显得有些陌生。身体体验同样无法完全整合到自我中（Nelson et al., 2016）。

总而言之，与其他大多数人不同，对精神分裂症患者来说，自我与世界之间的界限，尤其是自我与他人之间的界限，并不是明确且固定的。可以说这条界限是基本的此时此刻的自我的关键基础之一，因此，精神分裂症患者始终饱受自我问题困扰。如果没有一个系统明确"拥有"他们的思想，也就是说，知道他们头脑中的思想属于他们自己，那么他们很容易把自己和其他人混为一谈。一组研究人员（van der Weiden et al., 2015）借在餐桌上递盐的简单练习对这个问题进行了解释。要成功把盐递给他人，两个人都要能预测自己肌肉的运动及其结果，从而协调手的动作，顺利将盐瓶从这个人的手上转移到那个人手上。患有精神分裂症的人可能会觉得递盐的要求很难理解，因而大为困惑，因为大脑无法分辨是谁要做什么动作，以及预期的结果到底是什么。他们会受到所谓"目标传染"（goal contagion）的影响，也就是把他人的意图误认为自己的意图。是要递盐，但最后应由谁的手握住盐瓶呢？

关于该问题，似乎还可以举另一个日常生活中的例子——挠痒痒。对许多人来说，别人挠他们痒痒时他们会痒，但几乎没有人挠自己痒痒时是有感觉的。然而，精神分裂症患者能给自己挠痒痒。大多数人做不到，是因为肌肉运动时，大脑会自动预测如果这么做，结果会产生什么感觉，要是确实有这种感觉，感觉就不会很强烈了（研究表明，对大部分人来说，如果大脑的这一预测过程暂时被其他事打断，他们就能感受到痒意，比如，转动曲柄，几秒钟后，它会移动搁在你的皮肤上的一根羽毛；Blakemore et al.，1999，2000；见Weiskrantz et al.，1971）。精神分裂症患者无法将身体运动与预期结果联系起来，因为他们意识不到自己的身体运动和意图与自我有关，即便行动结果与预期相符，这种无关之感也不会减弱。

患有精神分裂症的人要过社交生活，必然困难重重。自我不健全的心理组织会带来一些困难。如果有时你会错误地认为你做的这些事实际上是别人做的，或相反，那么确认谁该负什么道德责任或协调集体行动就会变得比较难。

总之，许多精神疾病会引发瓦解（disorganization）症状，或者从字面上讲，引发自我的障碍。整体与某一部分过度联结，自我被分割成独立且互不相容的部分，或者，人们会努力遵循道德要求，克制自我恶劣的一面。他们不具备普通人所拥有的跨时间的统一性，缺乏与过去或未来的联系会给他们的日常生活带来种种问题。缺乏对自我的清晰理解，会使他们感到自我前后不一致。在更极端的情况下（如患有精神分裂症和自闭症），人们将无法体验到自我不同的片段和部分结合成统一自我的感觉。

精神疾病情况下的自我控制

考虑到自我控制对人类社会生活的正常运转有多么重要，许多精神疾病与自我控制遭到一定破坏有关，着实不足为奇。自我控制失败或过度往往是引发精神疾病的一大因素。自我控制问题主要有以下两种："低调节"（underregulation）和"错误调节"（misregulation）（Carver & Scheier，1981）。低调节指没有施加自我控制，或者自我控制不足。错误调节指自我控制的方式有误。

低调节

糟糕的自我调节是导致成瘾——从毒瘾到沉迷赌博的核心因素。良好的自我控制能力能帮人们为未来而把握住现在。正如我们所见，成瘾者过度关注现在，而低估或忽视了未来——这就是为什么他们的生活总是充满强烈而短暂的快乐，却会留下满满的遗憾。处在躁狂阶段的双相障碍患者明显会丧失自我控制能力，因为他们可能会忘乎所以地花费大量金钱、冒险、打架、冲动实施性行为等。

对失去自我控制的恐惧会带来一些问题（Kyrios et al., 2016）。一个人可能具备有效的自我控制能力，但是害怕自己的自我控制能力太差，而这会引起各种各样的反应，进而引发问题。创伤后应激障碍通常表现为对失控的恐惧。强迫症患者同样经常担心他们正在失去控制，这种无法摆脱的困扰和强迫性的行为模式（如每天洗几百次手）是他们为维持控制所做的努力。患有进食障碍的女性往往会报告说，她们的生活总体上是失控的，食物摄入是少数几样她们可以控制的事物之一。至于暴食症，我们可以将这种暴食看作控制崩溃的表现：女性通常会严格控制自己的饮食，但在暴食症发作期间，这种控制力会消失。注意缺陷多动障碍指的是注意力无法保持集中，对此，至少一些重要文章分析称，其核心问题在于缺乏自我控制（Barkley, 1997）。

目标设定中存在的问题与各种病理情况有关。囤积障碍就极大地反映了这类问题的存在。囤积障碍患者说不清楚他们为什么要囤东西，而且他们会错误地以为，通过积累物品，一定可以达到某种有价值的目的。同时，他们无法实现丢弃不再需要的物品这一普通目标。对社交焦虑障碍患者而言，设定可达成的社交目标很难，他们认为自己得给他人留下一个完美的印象，因此会关注每个细节或可能做得不完美的地方，并为此而痛苦不堪。强迫性赌徒可能会设定目标，比如什么时候戒赌，但他们往往不能遵守这些目标，以至于损失和债务远远超出他们最初的设想。同样，双向障碍患者进入躁狂阶段后，要么不会好好设定目标，要么无法坚持追求自己的目标。

在更大的范围内看，完美主义是一种自我调节问题，其根源是不切实际的目标，很多精神疾病的出现都有这方面的原因。完美主义显然是其中一些疾病的核心，比如，贪食症和厌食症患者都抱有无望的瘦身理想。尽管在另一群人（如慢性疲劳综合征、社交焦虑障碍和强迫症患者）身上，完美主义体现得不是那么明显，但仍有很多人注意到了这个问题。

错误调节

自我控制过度了怎么办？有些人认为，自我控制水平过高是有害的，厌食症和强迫型人格障碍就是例子。这些人通常会极力压抑自己。例如，厌食症患者几乎不吃东西。大多数人会把不吃东西设为自我控制的一个目标，所以会很自然地认为几乎不吃东西的人一定拥有极强的自我控制能力，由此产生的任何问题都反映了其过剩的自我控制能力。然而，如果厌食症患者已经建立起了对事物的厌恶反应，那么其表面上的克制甚至可能不涉及什么自我控制。

在我看来，把这些问题解释为过度的自我控制是错误的。并不是说，一个人只是更自律了，最后就会患上厌食症或类似的精神疾病。琼·唐尼（June Tangney）和我在验证我们的自我控制特质量表的有效性时，努力寻找了一番能证明高自我控制水平与不良后果相关的任何迹象，但我们什么也没找到（尽管我们很想找到）。我们总能听到很多人抱怨，希望自己的自我控制能力变得更强，而不是更弱。厌食症患者的自我控制能力或许很强，但这并不是问题的根源（如果自我控制能力差，他们可能会产生另一种不同的痛苦）。他们试图利用自我控制达到一个破坏性的目标——变得超级瘦，而且几乎不吃任何东西。可见，这些情况属于错误调节，而不是过度调节。

简而言之，自我控制方面的问题表现出了两种模式——做得不够（低调节）和做得不对或目标错误（错误调节）。自我控制是自我管理的方式，它包括设定和追求目标，确保前途光明，遵守社会规则，担任自己在社会中的角色。如果不能有效地控制自己，就做不成这些事，而不恰当的自我调节（比如设定错误的目标）同样无助于成事。许多有这些问题的人身上至少显露了一些迹象，表明他们没能做好自我控制，这就是为什么会有那么多人报告他们害怕失去控制。这也可以解释为什么人们有时会采取完美主义或其他极端手段来弥补他们在自己身上看到的缺陷。

总而言之，有大量证据表明自我控制是有益的，而且几乎没有证据表明它有破坏性或者是病态的。自我控制是一种工具，就像锤子或螺丝刀可以用来伤害别人一样，自我控制也可以用来达成破坏性的目的。但是锤子可以用来杀人这一事实，并不能证明锤子本身就是有害的。

病理学发现表明，实现自我控制是人的一项发展任务，它包含两个主要方面。首先，人们需要通过强化意志力（塑造性格），通过学习如何戒除坏习惯、养成好习惯，来培养自我控制能力。其次，人们需要拥有智慧，成熟起来，这样才能实现有效的自我控制。自律可以提高人们实现目标的能力，而无论这目标是大是小、是好是坏，所以人们需要学会如何利用自律，让重要的事得到好的结果。

自我觉察会导致精神疾病吗

自我觉察同样值得一提。早在 1990 年，里克·英格拉姆（Rick Ingram）就报告称，高水平的自我关注"与抑郁、各种焦虑障碍、酗酒、恐惧、偏执、精神分裂症、精神病、躁狂、精神病态、暴食、强迫症和冲动控制障碍有关"（1991，p. 544）。他的文章引发了一些争论，争论点在于，高自我觉察水平究竟是所有精神疾病共有的特点，还是仅适用于某些精神疾病（Pyszczynski et al.，1991）。一般来说，一旦社会科学家声称他们的理论普遍适用，他们就会遇到麻烦。英格拉姆并没有这样说。然而，他的确说过，自我觉察与各种精神疾病存在广泛的相关性，只发展针对其中任意一种精神疾病的理论可能会造成误导。因此，专注于发展关于特定疾病理论的理论家会持反对意见，也就不足为奇了。

很多种临床（心理）疾病的患者确实拥有很高的自我觉察水平。因此，比起针对每种情况来发展不同的理论，寻找共有特点的策略相当合理。此外，即便患有不同精神疾病的人的自我觉察水平都很高，但这并不意味着高自我觉察是通过相同的方式致使人们患病的。自我觉察是自我的一部分，是一个基础性的存在，要是各种各样的精神疾病能绕开自我觉察来影响自我，才令人瞠目结舌。毕竟，仅仅知道自己有某种问题，就可能触发自我觉察：**我到底怎么了？**只有少数几个意识不到自己有什么问题的患者会无动于衷。

事实上，因果关系可能恰恰应当颠倒过来。或许，高自我觉察水平的人能更快地意识到自己出了问题。毕竟，确诊精神疾病的前提是患者找专业人士求助，承认自己身上出现了一些症状和问题。其他人可能有同样的症状和问题，但缺乏自我觉察，从未想过自己也许需要专业的帮助。因此，得到确诊的患者大多是那些高自我觉察水平的人。

高自我觉察水平可能会导致偏执型思维。费尼格斯坦（Fenigstein，1984）发现，许多普通大学生倾向于将自己视为目标本身。这表明，如果正常的思维模式向极端方向病态发展，就会造就一个偏执狂。在他的一个实验中，在下发试卷或学期论文的那一天，他会走进教室，简短地谈论某篇论文为何比其他所有论文都差得多，然后要求学生估计他所讨论的这篇论文有多大概率是他们写的。某个班级有 50 名学生，每名学生恰是这篇论文作者的概率只有 2%，但是很多学生非常肯定，或者至少非常担心，研究者所说的就是自己（学生所猜测的概率，平均值超过 20%）。公共自我意识得分高的学生对他人如何看待自己高度敏感，他们最有可能认为某外部事件发生在自己身上，尤其是不好的事件。

英格拉姆进一步阐述了精神疾病中的自我觉察是"过度的、僵化的、持久的"（1990，p. 172）。"过度"和"持久"仅仅意味着自我觉察水平过高，与自我觉察在不同问题中扮演着不同角色的观点并不冲突。至于"僵化"，缺乏灵活性的问题确实普遍存在，这个问题在现实中表现为多种多样的形式。

进一步的问题是，自我觉察本身是否也是一个问题。存在上述情况的人，自我觉察水平大多比较高。这是否意味着高度的自我觉察会引发问题？毕竟，精神疾病可能会引发自我觉察，因为患者老是想着自己的痛苦和症状，并试图搞清楚它们是怎么回事。

高度自我觉察与病理的关系，同高度自我觉察的积极价值是矛盾的。正如前文所解释的那样，人类自我觉察的进化程度比其他猿类更深，这可能是为了帮助其做好声誉管理和自我调节。自我觉察水平低的人很难实施自我控制，因为对自我展开监控是这个过程中关键的一部分。不过，我们很难断定较低的自我觉察水平就是实现心理健康的关键。毕竟，我们刚刚也看到了，自我控制能力差与各种各样的心理问题存在联系。

因此，我不愿意下结论说高度自我觉察本身就是有害的，或者会导致精神疾病。当需要自我调节时，即便事件发生的过程如常，人的自我觉察水平也可能会上升，而且，患有精神疾病的人通常会产生某种感觉——事情的发展不正常，可见，自我调节是有好处的。

一篇综述（Moore et al., 2017）采用了与英格拉姆类似的方法，从本质上区分了过多和过少的自我。这些作者证实了这样一个结论，即过多的自我与许多心理问题有关。他们所说的"过多的自我"指的似乎是过度的自我觉察。更具挑衅意味的是，他们得出结论，过少的自我几乎从来就不是个问题。若这里的"自我"指的是自我觉察，这个观点可能没错，但是，若"自我"指的是自我控制，这个观点肯定不正确，对此，前文已经做过说明。当执行自我不起作用的时候，尤其是在错误调节的情况下，许多问题会接踵而至。在这个意义上，过少的自我至少也是问题的根源。

人际关系中的自我存在的问题

弗洛伊德认为精神疾病是内部的问题，其他一些人则把重点转移到了人际关系上。哈里·斯塔克·沙利文是最早倡导采取这种研究思路的人之一，他的一个值得称赞的贡献，就是将人类自我视为与他人相联系的内在系统，他去世后于 1949 年出版的《精神病学的人际理论》（*Interpersonal Theory of Psychiatry*）（1955）对这一观点进行了概述。在他看来，当一个人采用无效的方式与他人交往时，很可能由于人际交往中产生的焦虑而患上精神疾病。我记得有人告诉我，人们通常不是自愿出现在精神病院的，而多半是被处理不了他们关系的家庭成员或其他伙伴带到那里的。这或许佐证了上面的观点。

解开内在脆弱性和人际关系问题的复杂成因交织而成的谜团，是另一本书，甚至可能是众多研究人员的任务。目前，关键的一点是，人们可以学会处理人际关系问题的方法，这些方法可以帮他们避免遭受痛苦和焦虑，但也会引发进一步的问题。

本章要点

- 心理障碍通常涉及自我的一些问题。多种精神障碍的患者都具备自我控制能力差、自尊水平低和自我觉察水平高的特点。其中，自我控制能力差与许多问题都有显著的联系。
- 许多障碍都涉及自我组织的问题或失败。
- 我并不认为高度自我觉察本身是有害的，可能正是因为你知道自己出了问题，才导致了这个结果。

第 27 章

自我挫败行为的深奥难题

————

深入研究自我的系统性失败非常有用。如果自我是一个系统,那么自我挫败行为就是系统性失败的一个重要例子。

人们希望经历失败或痛苦吗

多种理论试图解释自我挫败的倾向是怎么回事,而且其中一些观点至少短暂地流行过一段时间。弗洛伊德最终得出的结论是,对死亡和失败的追求存在于每个人的心灵中,不断与对生命、快乐和成功的追求对抗。

另一种更合理的说法是,自我毁灭倾向是一些人人格的一部分。因此,有些人有自我毁灭倾向,而有些人则没有。我还没有看到任何研究人员成功开发出了测量自我毁灭动机的量表，来区分谁有这种倾向，而谁没有，特别是包含自残倾向的有效指标的量表。

同样植根于弗洛伊德理论的另一个观点是，内疚使人们渴望惩罚。这可能可以解释为什么有些人渴望自我挫败或毁灭，其他人却不渴望。背负着内疚的重担的人试图伤害自己，作为对自己不良行为公正而恰当的惩罚。内疚的重担可能是一个混合体，它既包含做坏事的经历，又包含容易感到内疚的心理，两者的分量对不同的人而言是不一样的，但两者恐怕都得有一点儿。精神病患者确实会做出可怕的事，但他们似乎不会内疚，所以不会去寻求惩罚。

尽管如此，我仍未找到令人信服的证据，能证明人们会因为内疚而试图通过伤害或失败来惩罚自己。相反，在我看来，即使真正有罪的人，通常也会尽一切努力避免受到惩罚，即使他们确实会道歉并自愿进行补偿。也就是说，即使那些感到内疚并且知道自己做错了事的人也不会自我挫败，虽然他们可能会接受自己要付出代价来弥补自己所作所为的这个事实。

另外两个现象也许是故意自我毁灭行为的最佳案例：一种是自杀，另一种是鲜为人知的自残行为（如割自己的皮肤或扯自己的头发）。然而仔细观察，即使这些现象也不完全令人信服。自杀者试图逃离地狱般的生活环境。他们的目标不是惩罚或伤害那个恶劣的自己，而是从痛苦中获得解脱——从本质上说，就是不再感到糟糕透顶，而是变得没有感觉，这是一种从负值到零的改善，起码之后会比以前更舒坦（值得强调的是，这是对自我的逃避，因为自我已经变得无法忍受，令人痛苦；见 Baumeister，1990，1991a，以及第 25章关于逃避自我的内容）。尽管自杀者既是凶手又是受害者，但是他们更愿意将自己界定为受害者，而非凶手。若自杀是对坏人的正义处决，你可能会认为自杀者更愿意称自己为凶手。毕竟自我希望拥有善良的好名声：**人们应该尊重和钦佩我，因为我杀了一个坏人（也就是我自己）**。但事实并非如此。

我对那些自虐行为（如割破自己的皮肤）不那么严重的人没有什么了解，但是一些专家告诉我，他们的行为也符合逃避自我的模式。身体上的疼痛成为焦点，吸引力巨大，它能将人的思维从更大的问题上转移开来。人们制造出这种痛苦，不是为了感受痛苦本身，它倒更像一种能消除不良感受的麻醉剂。因此，它符合权衡模式（下一节会讲到）。

总而言之，数据无法证明人们会有意给自己带来痛苦、伤害或失败，至少不会以可靠或系统的方式让自己经历这些。当然，这里或那里或许偶尔会发生这种情况，特别是当人们饱受某种精神疾病之苦时。当自我和生活变得无法忍受时，人们可能会通过伤害自己或自杀来逃避。但这不是一个系统性的做法。我们必须想办法解释自我挫败行为，但不能假定我们天生就有自我挫败或自我毁灭的欲望。

权　衡

人们确实会做出自我挫败甚至自毁的行为。为什么会出现这种情况（详细的文献综述见 Baumeister, 1997；Baumeister & Scher, 1988；Berglas & Baumeister, 1993）？

让我们想想看，人们都通过哪些方式切实地实现了自毁。吸烟就是一个很好的例子。不过人们不是因为想摧毁自己的健康，好落得英年早逝的结局才吸烟的。他们吸烟是为了享受吸烟带来的乐趣。

如今，所有吸烟者肯定都知道吸烟会带来巨大的健康风险。大多数香烟的包装上都会写明这些风险，所以消费者要忽视这些风险也挺难的。尽管如此，风险只是在遥远的未来可能发生的事，但快乐近在眼前，唾手可得。

可见，自我挫败行为也是一种权衡，正面和负面的结果紧密联系在一起。当然，这两者的结合并不总意味着自毁。为了得到重要的利益，牺牲往往是必要的，比如高强度的体育锻炼。锻炼（通常）不属于自我挫败，因为从长远来看，锻炼带来的好处远多于坏处。然而吸烟恰恰相反。如果吸上千支香烟带来的小小乐趣，代价是肺气肿和肺癌，那真不值当。归根结底，只有在代价大于收益的情况下，权衡才构成自我挫败。

如何在不使用"死亡驱力"概念的前提下解释自我挫败行为？权衡是一个思路。自我挫败者并非想让自己落得不好的结果或经历不好的事。相反，他们追求的是好的东西。但问题在于，他们想要的好东西与坏东西紧紧捆绑在一起。他们只得好坏兼收。除非最后得到的坏处超过了好处，否则他们的情况就不算自我挫败。

为什么有人会去追求那些要付出更大代价才能获得的收益呢？这个问题的答案揭示了关于执行自我的很多信息。短期收益和长期代价常常相伴而行，许多自我挫败行为都属于这种情况（Baumeister，1997；Baumeister & Scher，1988）。另一种情况则是"收益明确，且只是可能要付出代价"。

从某种重要的意义上说，自我挫败的权衡模式将此时此刻的自我与跨时间存在的叙事的自我对立了起来——此时此刻的自我得到了好处，而代价却要由未来的自我支付。完全理性和明智的人会通过当前的种种决策构建他们的未来，因此他们不会陷入自我挫败。但是请记住，在人性的一面底下，是动物性的我们。因此，有时我们会优先考虑眼前确定的事，而搁置遥远而不确定的未来，也不奇怪。

让我们快速回顾一下自我挫败的权衡模式具体体现在哪里（来自 Berglas & Baumeister，1993；见 Baumeister & Scher，1988）。

自我设限

20 世纪 70 年代，心理学最具创见的观点之一是，其实有些人会给自己制造障碍，使自己表现得不够好，这样即便事情变糟，他们也有借口可找。这个理论最初是由爱德华·琼斯和史蒂文·贝格拉斯（Edward E. Jones & Steven Berglas；1978）提出的，原本是用来解释为什么成功人士会对酒精上瘾的。他们认为，一些年轻人早早取得非凡成功，声名鹊起，被誉为冉冉升起的新星或天才，但这些也给他们带来了沉重的负担——期望。这些成功人士不得不面对质疑：下一次，他们还能展现出如一开始那样令人惊艳的才能吗？

然而，有了酗酒的问题，哪怕他们无法取得预期的成绩，也能保住辉煌的声望。毕竟，许多人宁愿被看作"问题天才"，也不愿被视为平庸之辈。自我设限策略还有一个绝佳优势：如果这样的人下一次表现得还是很出色，人们会觉得他们即便成瘾，但依然做得挺好的，因而格外欣赏他们。

研究人员对普通人进行了随机抽样，这些人愿意服用"变蠢"的药物，好给自己一个失败的借口——我做不好，是因为我吃了这种药（Berglas & Jones，1978）。在实验中，被试被告知，研究要对两种几乎已经准备好上市的药物进行最终测试，目的是对一项初步发现——这些药物对思维有暂时性的影响——进行验证。其中一种药物可能会在一两个小时内让你变得更聪明，而另一种药物则会让你变得更笨。为了得到基线数据，首先，每个被试都需要接受一次由真人主持的智力测试，这个人要告知被试，他的分数非常高，研究人员对此表示赞赏和祝贺。不同的是，一些被试拿到的测试题经过了精心挑选，他们肯定能做对，但其他人拿到的许多题目（多项选择）并没有正确答案，被试只能猜测——只不过不断会有人告知被试他的答案是正确的。结果，这些年轻人开始担心自己无法再次获得这样的成功。毕竟他们真的不知道答案，只是在猜测。

这种情况与常见的"冒名顶替现象"有些类似。有的人拿到高分，人们会送上祝贺，称赞其有才能。但他们深知，或者至少怀疑过，他们只是侥幸猜中了"正确答案"。真正的才能可以复制，但是侥幸的成功可不能复制，所以，当他们因自己的杰出表现而得到大家祝贺的时候，会感觉自己像个冒名顶替的骗子，接下来再做个测试，人们就会知道他们并不像实验人员所说的那样聪明。

当研究人员请被试在两种药中进行选择时，大多数控制条件下的被试的确倾向于那种据说能让他们变得更聪明的药。难道你不想知道更聪明一点儿是什么感觉吗？然而与之形成鲜明对比的是，那些通过猜测正确答案而得到了高分的人（"冒名顶替者"）选择了会降低他们智力的药物。为什么？因为这么做，就算他们在即将到来的第二次测试中得到的分数远不如之前那么好，他们的声望也不会受到影响，只会使其他人相信，那种药确实会带来不利的影响。

自我设限理论很快就不只被用来解释酗酒，而是扩展到了其他各种行为。一旦拖延，人们就必须争分夺秒地赶在最后期限之前完成工作，也没法发挥自己的全部潜力。因此，到最后一分钟才完成工作，成了自我设限的好借口。人们会拿生病或受伤，甚至会假装生病或受伤，作为借口。重要考试前的那个晚上没有学习（甚至喝醉），是考不到高分的好借口。

不管最后成功还是失败，对自我设限者都有好处。如果失败了，那都是因为他们遇到了障碍；如果成功了，他们还能得到一份额外的赞赏，因为他们似乎克服了障碍。他们的行为之所以构成自我挫败，是因为他们为自己设下的障碍确实提高了失败的概率。喝醉和拖延的人的表现确实比其他人差。这是为了表象而牺牲实质，用不那么好的实际表现，换取对这样的表现的更好解释。

自我设限还解开了低成就（underachievement）之谜。低成就可能意味着某人没有付出努力，因此，旁人不能将他的表现作为衡量其能力的标准。众所周知，表现在某种程度上取决于努力和能力两个因素。如果人们获得了能力强的名声，他们就可以通过不付出努力来维持这种名声。如果你没有尽自己最大的努力，那么失败并不真正构成对你能力的否定。相比之下，尽最大努力是有风险的：如果你尽了最大努力，却失败了，这显然说明，即便你做到极致，也还不够。这是一种合理化推诿（plausible deniability）！

自我设限确实与合理化推诿很相似。两者都遵循这样一个原则：给自己设置障碍，这样一旦事情变糟，人们很难厘清糟糕的究竟是什么，并且没人能证明哪件坏事与我有关。

拖延

上一节指出，有时，拖延是自我设限的一种形式，是给自己找借口的策略。然而，更多时候人们拖延是因为人们当下更愿意做快乐的事，而想把讨厌的事推迟到模糊的未来去做。因此，拖延显然是权衡模式的一个典型案例：能获得短期收益，但要付出长期代价。

　　拖延真的是一种自我挫败吗？这个问题通过对大学生进行的为期两个学期的研究得到了解答（Tice & Baumeister，1997）。研究人员获得了健康心理学课学生的许可，使用了他们的课程数据。问卷调查表明，学生中一部分人是拖延者，另一部分不是。一位不知道哪些学生是拖延者的专家负责给考卷和学期论文评分。拖延者两个学期的考卷和学期论文，得分都较低。研究人员进行了 6 次这样的比较，每一次的结果在统计上都很显著。所以，拖延的确对学业表现有不良影响（6 次测量均如此），而不是中性的，当然更没有好处。

　　不过，在第一学期的研究中，健康数据出人意料。在学习健康心理学课程的过程中，学生每天都会记录自己的健康状况，如是否头痛、打喷嚏、头晕或去过诊所。数据显示，拖延者身体更健康。这样一来，权衡看上去也是个不错的主意，人们甚至可以说，相对健康地度过一生更好，即使这意味着你的工作表现总会稍微差一点儿。拖延至少在某种程度上对你有好处。起码看起来是这样。

　　第一学期中期，研究人员收集了 4 周的健康数据。这引发了另一个问题：整体上看，这些拖延者真的更健康吗？数据是在一个学期的中期收集的，这个时候拖延者正在拖延。在那几个星期里，不拖延的人一直在推动自己稳步完成学习任务，而拖延者可能会喝一两杯啤酒放松一下，看看电视，饭后和朋友们聊聊有趣的话题。后者的生活方式会更健康一些吗？那时距离考试或交论文的最后期限还早着呢，可到关键时刻，快考试或交论文了，大家的健康水平会发生什么变化？

　　由于无法找出答案，我们重新进行了整个研究，包括收集一个学期前期的健康数据，并持续收集到期末考试为止。和之前一样，学期刚开始，拖延者不会特别不舒服，表现出的症状也较少。但是到了学期末，他们的情况就会变严重。事实上，综合考虑这些因素，你会发现，拖延者早期的优势不仅算不了什么，还出现了明显的逆转。总的来说，拖延者的情况更不乐观。

　　可见，拖延似乎极具自毁性。首先，它可能会降低你的工作质量。其次，仅从健康的角度来看，它是一种自我挫败行为。拖延以未来的健康为代价，换来了今天的舒适。

不过人们会这样做，原因也很明确——能获得短期收益。哪怕之后会出现种种问题，这一点也足够吸引人了。此刻，离付出代价的最后期限还很遥远，拖延者能更加恣意地享受休闲时光，身体也更健康。这背后显然是自我挫败的权衡的经典模式：短期收益与长期代价相伴而行。

权衡的其他表现

带有自毁性质的权衡还有其他表现，同样值得一提（Baumeister & Scher，1988；Berglas & Baumeister，1993）。现代西方社会向医疗保险投入了巨额资金，医生训练有素，为各类患者开药和治疗，但许多病人没有坚持治疗（如 Dunbar & Stunkard，1979；Sackett & Snow，1979）。他们不吃药，不复诊，也不听从医生的指导和约束。显然，如果人们听取专家的建议，他们会更健康。如果本身就不打算按专家的医疗建议做，那何必听专家讲呢？据估计，人们遵守医嘱的程度不等，最高80%，最低只有可怜的20%。

接受医疗服务时，人们是如何进行权衡的？当治疗让人感到不舒服、麻烦、痛苦或尴尬的时候，人们最有可能放弃治疗。也就是说，他们会为舒适、轻松、骄傲等体验而牺牲自己的健康。甚至仅仅是不方便也不行：人们更可能拒绝采用那些会干扰他们日常生活的治疗方法，而不是其他不耽误生活的治疗方法。

害羞是一个普遍存在的问题，有着多方面的根源（见 Jones et al.，1986；Zimbardo，1977），某种程度上，它属于自我挫败的权衡模式。害羞的人是想交朋友的，有时候他们会因为孤独而受到强烈的折磨。但是他们害怕被拒绝，所以不愿意和他人接触。人们能在聚会上结识他人，交朋友，但是害羞的人会拒绝参加聚会——也许他们也会参加，只是会待在角落里，不与他人交流，然后带着强烈的失败感孤独而沮丧地离开。就算真的和他人交谈，他们也不会敞开心扉，分享关于自己的信息，只会满足于点头微笑，稍微说上几句话。

　　害羞并不总属于自我挫败的情况，不过大部分时候是。与他人互动会增加被拒绝的可能性，从而引发焦虑。害羞的人会退缩，会回避聚会，这能使他们摆脱这种焦虑的钳制，获得自由，同时将被拒绝的危险降到最低。因此，他们确实可以在短期内获得情绪上的平静。但从长远来看，他们中的许多人可能会后悔没有强迫自己走出去，结识其他人，争取更多社交的机会。通过不接近他人来防止焦虑、防止被拒的策略，最终会使人走向孤独。

　　暴力和报复同样值得一提。与害羞类似，暴力和报复也很复杂，而且有着许多复杂的成因。不过，实验研究已经证实，即使报复他人代价高昂，人们也会想方设法报复（Brown，1968）。从更广泛的意义上说，施加暴力本身就有风险，有时下场会很惨。很多谋杀案，一开始只是熟人发生了争吵，然后逐步升级，直到有人诉诸暴力。由于杀了人，杀人犯通常也不会好过，特别是，警察会抓住他，他会被起诉，在监狱里度过数年。无论最初的争吵是因为什么，无论双方发生争吵后，杀害对方有什么好处，与坐牢相比都微不足道。

　　对许多人来说，自我挫败行为是通过狂欢实现的，他们沉溺于过度的享乐，哪怕这样享乐是有害的。每当这种时候，节食者会放松他们对饮食的控制，大吃特吃；吃一块饼干对节食没什么影响，但吃完一整包饼干可就不一样了。酗酒会使身体健康和人际关系岌岌可危。恣意赌博会掏空一个人的银行账户，徒留沉重债务。在上述所有案例里，人们一开始都感到快乐、满足，而要获得这短期的快乐，有时需要付出毁灭性的长期代价。

对自我挫败的权衡模式的总结

　　显然，人们给自己造成种种失败、痛苦和其他的不幸，不是出于有意或死亡愿望，而是为了追求好的结果，只是好结果往往与坏结果相伴。执行主体的意图是好的，但有时候执行的方式是有缺陷的。

　　自我挫败中权衡的主要模式是短期收益与姗姗来迟的长期代价相伴而行。由于伤害或损失不会立即到来，所以尽管它实际上很重要，但对决策的影响没有那么大。

　　"确定的收益 + 可能的损害"模式与之相关。有些人抽了几十年的烟,却没有患上任何疾病(只有不到 10% 的长期重度吸烟者会得肺癌)。如果一个人要面对各种可能性,我们很难说他是从哪里开始做得不理智,陷入自我挫败的。患肺癌的吸烟者可能会后悔自己多年来持续吸烟。但那些未曾承受恶果的幸运儿呢?即使他们没有付出代价,但只要冒了风险,他们的行为就也属于自我挫败吗?

　　人类思维非凡的理性使我们能将对未来和可能性的思考纳入我们的决策——但毫不意外,也许我们不是每次都能做到这一点。

逆　　火

　　并非所有自我挫败行为都采用了权衡模式。还存在一大类自我挫败行为——逆火,不过它包罗万象,是个"大杂烩"。也就是说,它不像权衡那样,有共同的主题。

　　逆火的本质是,一个人试图做一件好事,但以他的方式去做,会得到相反的结果。这个人对自我或世界的理解有问题,因此犯了一些错误。或者,自我只是在按标准程序做事,但不幸的是,在这种情况下,这样做是行不通的。这里举几个例子,大家就明白了。

"花钱去填无底洞"

　　坚持不懈是一种被广为赞赏的品质,有时哪怕最初受挫,人们也能在它的帮助下取得成功。然而有的努力注定落空,坚持下去只会增加失败的代价。这种自我挫败的坚持与自我动机有关(如 Fox & Staw, 1979;Staw, 1976)。自尊水平高的人比自尊水平低的人更容易出现这种情况,尤其是当一个人把自尊或名誉押在特定行为上时——放弃就意味着承认自己错了,非常丢脸。这种模式的核心是错误的假设（或被误导的希望）：继续尝试终将带来成功。

"在压力下窒息"

当做好一件事非常重要时，人们的压力就会很大，所以人们想做到最好。但有时正是这种情况导致人们表现得很糟糕（Baumeister，1984）。这主要是因为人们会有意识地关注自己的内在过程，希望能取得好的结果——但是这种自我关注会让人们无法顺利地自动使出自己的技能。钢琴家或打字员或许会关注自己手指的动作，好避免犯错，高尔夫球手或网球运动员或许会关注他们握把的姿势或手臂的动作等。额外注意这些最终反而不利于发挥。

其他

自我挫败的逆火模式还包含其他各种各样的情况。如果某人设定了过高的目标，可能说明他雄心勃勃、充满自信，但很快他就会明白达成如此远大的目标是不可能的，于是变得灰心丧气。很多时候，要做成一件事，人们需要在速度和准确性之间进行取舍，但人们通常不擅长此道。例如，高度焦虑可能会使人们过分担心犯错，从而将速度放得过慢，导致完成不了多少工作；或者会致使他们干得过快，造成更多的错误。习得性无助也可定性为一种自我挫败的行为模式，因为在这种情况下，人们会错误地认为他们的全部努力注定付诸东流，所以哪怕事情本来有解决或改进的可能，他们也会放弃。

自我挫败行为中情绪的作用

执行自我致力于引导行动，使自我受益。从本质上看，认知和情绪（思维和感觉）应帮助它实现这一目的。当人能识别好与坏时，感觉就出现了。然而情绪并不总是那么有用。

情绪困扰和情绪的脆弱性，往往会使人更容易做出自我挫败的行为（综述见 Baumeister，1997）。人们会自我设限，通常是因为怕自己看起来很糟糕，这与"在压力下窒息"的情况很像。害羞与社交焦虑和对被拒绝的恐惧有关。有时，人们不遵医嘱是出于尴尬和其他负面情绪。导致拖延的因素很多，其中之一是人们对自己的工作感到焦虑，不工作能帮他们逃避这种感觉。（教育孩子应对表现焦虑的方法是早点儿开始，更加努力，而不是逃避任务！）不少成瘾者戒了烟、戒了酒，仍会在工作或家庭问题给他们带来压力的时候重回烟酒怀抱。对报复和暴力行为的渴望往往是由生气、愤怒和类似的情绪引起的。暴饮暴食通常源自焦虑、痛苦或其他不好的情绪。

作为一个主体，自我运用情绪的方式是复杂的。我们会在下文中看到，有时情绪明显很有用，情绪反应不良的人存在功能失调的情况。但强烈的情绪，尤其是负面情绪，对自我的执行行动无益，还会促使它做出愚蠢的自毁行为。

贯穿这些模式的另一个主题，我称之为"受威胁的自我主义"。威胁，即可能（而不是必然）发生的、会对自己产生不利影响的坏事。自我主义指的是接受过分积极的自我观点的倾向。正如我们所看到的，人们愿意而且确实渴望相信自己积极的一面。他们尤其希望他人也接受他们对自己的积极看法。当建立良好声望的过程出现问题时，人们在一定程度上会丧失理性，被自我挫败模式控制。

许多自我挫败行为背后都隐藏着受威胁的自我主义。这正是自我设限的核心：人们为自己制造障碍，为可能的失败找借口，这样，哪怕失败了，也不会给他们带来负面影响。人们之所以会"在压力下窒息"，也是因为渴望成功，渴望成为他人眼中的成功者。比起遭受物质上的损失，自尊和声望受到打击，更能激起人们报复的欲望。从广泛的意义上说，受威胁的自我主义是暴力的主要根源之一，施加暴力往往风险很大，而且代价高昂。当人们的自我全情投入某件事，以至于放弃会让他们感到丢脸时，他们更有可能干出"花钱（或时间等其他资源）去填无底洞"的事。同样，若治疗方案令人尴尬，或需要人们承认自己的过错（如性传播疾病的治疗），他们也容易因自我主义的冲动而放弃治疗，付出巨大代价。

很多狂热行为是由自尊或声望受损引起的。事实上，一些研究表明，赌徒会通过自我服务（self-serving）的方式重新解读他们所受的损失，从而合理化自己继续赌博的行为（Gilovich，1983）；具体来说，玩体育博彩的人会强调，球队之所以输球，是因为运气不好或裁判的判罚有问题，这次其实"几乎要赢了"，从而维持他们明智而又有能力的赌徒形象："我本来赌对了，只是最后他们失误了／被判罚了／乐极生悲了。"诚然，运气是体育运动的一部分，哪怕自己赌赢了，无情而诚实的赌徒也可能以同样的逻辑说："如果不是撞到大运，我押的球队本来会输的。"但人们对成功的审视远不及对失败的审视（Gilovich，1983）。赌徒会认为，赢就是赢，但是有些失败与赢已经非常接近，所以即使他们输了，也理应因下注时的明智而得到赞扬。这在一定程度上解释了这个悖论为何能够成立：尽管越来越多的证据表明，赌博会一步步掏空赌徒的净资产，但他们仍然认为赌博会给自己带来更多钱。

自我挫败行为的教训

自我的反应有两种模式，它们都会给自我带来问题。自我对行为的控制首先会因极度消极的情绪（或仅仅是可能陷入消极情绪），其次因受威胁的自我主义而崩溃。也就是说，当一个人对自己的积极看法，特别是对自己声望的积极看法有可能变得消极时，他很容易做出仅关注当前的（忽视未来的）非理性行为。

记住，人们身上似乎存在一个普遍的趋势——寻求、培养和接受更积极的自我看法，也就是自我提升动机。当它受到阻碍时，自我的行动将不那么令人满意。你以为人们会变得谦逊，会进行建设性的自我批评，会制订改变的计划，但恰恰相反，他们往往会心怀怨恨和抗拒，经常做出非理性，甚至自我挫败和自毁的行动。显然，他们的意图是好的：若能为自己建立和维持极佳的声望，必然大有益处。成功实现了这一目标，自我就能过上舒适、快乐的生活，也可以认为自己很成功。但是，很多在朝这个目标努力时受了挫的人，会变得很惹人厌。

我们能从自我挫败的诸多模式中得到的最后一个教训是自我调节的重要性。自我调节失败包含两种情况。低调节指的是调节程度还不够。以长期代价换取短期收益的权衡，就是低调节的一个突出的例子。正常情况下，自我调节能帮助人们为实现长期收益而抵抗短暂的冲动，如吃不健康食品，摄入过量酒精，做出攻击性行为，与错误的人发生性关系等冲动。

相比之下，错误调节与虽然成功实现但未能达成预期结果的自我控制行为有关，之所以会这样，是因为指导这些行为的计划是有缺陷的，例如没有明确的目标，或错误地判断了怎么做更有用。错误调节于"在压力下窒息"（关注没有帮助的东西）、代价高昂的坚持（认为继续努力或继续投入资源就能获得原本难以企及的成功）、失调的速度－准确性权衡，以及误导性的目标设定中都有体现。

总的来说，自我挫败的权衡模式是由低调节引起的，而逆火模式则与错误调节有关。

本章要点

- 执行自我通常希望得到好的结果，即使有时它会导致不好的结果发生。它不会让自己的痛苦成为目的。
- 自我挫败行为往往表现为权衡形式，短期收益与姗姗来迟的长期代价相伴而行。权衡的例子包括自我设限和拖延。
- 自我挫败行为的另一种形式是逆火。一个人试图做一件好事，但是常规的做法行不通，或者以他的方式做的话，会得到相反的结果。逆火的例子包括"花钱去填无底洞"和"在压力下窒息"。

- 情绪困扰和情绪的脆弱性往往会使人更容易做出自我挫败的行为。怕自己看起来很糟糕，会导致自我设限；焦虑会导致害羞。

- 受威胁的自我主义也会引发自我挫败行为。它正是自我设限的核心。人们之所以会"在压力下窒息"，通常是因为渴望成功，渴望成为他人眼中的成功者。

- 自我的反应有两种模式，都会给自我带来问题：自我对行为的控制会因高情绪（high emotion）而崩溃，而受威胁的自我主义可能会使人做出非理性的行为。

The
S ELF
EXPLAINED

第 28 章

自我信念的组织方式

————

　　没有哪两个自我会完全一样，但本书试图解读自我的共同特征。自我在某些维度上各具特点，本章就着眼于其中一个维度——自我的组织。正如我们在第 26 章中看到的，自我的组织有时会引发问题。

　　自我知识是由许多特定的信息组成的。大多数研究人员专注于自我的特定信念，但也有少数雄心勃勃的研究人员关注这些信息在大脑中组织起来的方式。哪些信息与哪些信息有关？思想的基本单位是一种联系，它将一个概念与另一个概念关联起来。大脑在记忆中储存的信息由许多特定的概念和想法组成，这些概念和想法在信息簇中一对一地联系在一起。自我依靠记忆储存的信息来进行行为选择。每个人组织自我知识的方式存在差异。即使那些有着大致相同的部分的自我，组织方式也可能非常不同。

记忆中的信息：从孤立到相连

　　压抑者通常声称自己的生活一帆风顺。因此，他们极少报告自己陷入焦虑和其他不快乐的情绪。他们几乎从不会感到不悦，也或许他们只是嘴上说说。诚然，真正快乐的人也会这么说。但是，另一个调查暴露了他们与压抑者的不同，这个调查旨在捕捉防御性吹嘘（defensive boasting）的迹象，比如，人们会说自己上车前"真的"会仔细检查汽车安全性能（Crowne & Marlowe，1964；Weinberger et al.，1979），但几乎没有人真的做到了（也许一些高度焦虑的控制狂可以）。有的人非常想给他人留下好印象，他们会说自己"真的"检查了，而非如实以告。他们会歪曲事实，让自己显得更好。由此可以推知，压抑者声称自己永远不会产生负面的感受，同样是对真实情况的扭曲，因为他们希望自己看上去更好。

　　起初，研究人员认为，这些人是不记得自己任何不愉快的经历了，因为他们已经设法将这些经历彻底埋葬。压抑的概念本身就暗示着在心理上清除糟糕的经历。

　　然而，进一步的研究对这一观点提出了质疑（Hansen & Hansen，1988）。压抑者和其他人一样，有很多负面的记忆。不同之处在于，对压抑者而言，这些糟糕的经历与其他想法和记忆没有心理联系。这与弗洛伊德所说的"隔离"的防御机制相似：某个想法留在了记忆中，但它不会与其他想法接触。它与联想的网络并不相连，几乎不会出现在大脑的活跃区域。当思维在联想的通路上徘徊时，也不会被负面记忆绊倒，因为这些记忆并不在这里。的确，如果有必要，他们是能记住那些糟糕经历的，但实际上他们很少想起这些事。很少有什么东西能让压抑者想起糟糕的经历。

　　相比之下，对抑郁者的研究表明，其思维方式恰好相反（Wenzlaff et al.，1988）（难怪他们会抑郁）。他们的糟糕经历不见得就比其他人多——但他们认为这些糟糕的经历彼此相关，构成了一个链条。一个负面想法会唤起他们心中别的负面想法和不愉快的记忆，继而激起更多类似的想法。因此，如果让一个压抑者和一个抑郁者思考一些不好的事，他们都能记住这件事，而且心里都清楚那不是什么好事。对压抑者来说，这些事不会引发什么问题，接下来涌现在他心头的想法可能与此毫无关系，甚至可能十分令人愉悦。抑郁者则会踏上漫长而曲折的旅程，从一个痛苦的想法转向另一个痛苦的想法。

自我复杂性

在此基础上，帕特里夏·林维尔（Patricia Linville；1985，1987）引入"自我复杂性"，作为自我概念的一个维度。复杂自我有着许多不同的维度和方面，可以依此对自我的相关信息进行分类。就好像有很多道栅栏，把有关自我的不同信息分成了好多块。相反，简单自我会"把所有鸡蛋放在一个篮子里"。对它而言，每个事物都与其他事物有关联——商店经理、父亲、丈夫、纳税人、选民、圣徒队球迷、保龄球队队长。这些有关自我的信息，是相互独立的，还是全部彼此关联？这依然是一个关于在连续谱上的位置的问题。

毋庸置疑，长期以来，小说作者们一直对那些在不同自我信息之间建立起心理壁垒的人很感兴趣。查尔斯·狄更斯（Charles Dickens）的经典小说《远大前程》（*Great Expectations*）中有一个令人难忘的小角色——维米克，他能清楚地将自己的家庭和工作区别开来。在办公室，他总是一心扑在工作上。后来，他邀请小说主人公皮普到他在沃尔沃思的家里做客，皮普发现，维米克是一个有趣的人，极富创造力，他以积极的心态照顾着残疾的父亲，还将自己朴素的家装饰成了一座城堡。皮普问维米克老板怎么样，维米克说："在办公室是一回事，私人生活是另一回事。当我走进办公室时，我会把我的'城堡'抛在脑后；当我走进'城堡'时，我又会把办公室抛在脑后。"第二天早上，他们一起走向办公室，皮普亲眼观察到维米克是如何逐渐转变的："我们边往前走，维米克边收敛起所有表情，面色严肃起来，嘴巴也越来越紧。"

起初，林维尔的理论之所以激动人心，是因为它提出了这样一个观点：复杂自我可以保护自己，使自己免受压力和负面感觉的困扰。在生活中遭遇某种挫折（比如离婚或职业上的失败），对复杂自我没有对简单自我来说那么令人沮丧，因为挫折只会对自我的一个方面产生影响。离婚可能会影响你作为一个好爱人的自我概念，但是你工作方面的自我概念不会受到影响。

林维尔评估自我复杂性的方法首先要用到一堆卡片，每张卡片上都写着一个自我可能具备的属性。接受评估的人要依照指示将这些卡片分成好几堆，"每一组属性都能用来描述你或你生活的一个方面"（Linville，1987，p. 666）。他用一个模糊的统计公式来计算自我复杂性，这个公式考虑到了卡片共分成了多少堆以及每堆卡片的数量。然而批评者认为，这个公式具有误导性，不能衡量自我概念的复杂性（综述见 Rafaeli-Mor & Steinberg，2002）。虽然基于我在数学上的直觉，我也比较怀疑他的做法，但我还不够专业，无法做判断。

无论如何，研究结果并不是很有说服力，前后也不太一致。回顾几十年的研究，我们可以得出结论：复杂的自我概念并没有实现预期的好处（Rafaeli-Mor & Steinberg，2002），包括缓冲压力。总的来说，结论令人沮丧——自我复杂性与较低的整体幸福感有关，所以其净效应是负面而非正面的。但即使是这种影响，也相当微弱且多变。

神奇的自我复杂性与自我组织方式有关。人们十分关注高度区隔化、包含许多独立区域的自我，希望这样的自我拥有激动人心的优势。然而，这种自我总体上看有点儿糟糕。这些发现显然反过来证明了自我统一性工程的重要性。自我越是整合成一个整体，就越有好处。

卡洛琳·肖沃斯（Carolin Showers；1992）赋予了"复杂、多面的自我概念会带来优势"这一观点以新的生机。她采用了林维尔的思路，将自我好的方面与坏的方面分开。这也解决了林维尔测量中的数学问题。她比喻说，要"把坏苹果扔出桶外"，因为褐色斑点（腐烂）会从一个苹果向另一个苹果蔓延。她认为，持续区分自我中积极与消极的方面，人们就能享受积极的一面，不会再受负面思想的不利影响。你会因升职、买新车、在网球比赛中得胜或过生日而快乐万分，而不会因没及时付账单或被甩而困扰。

可随着相关数据越来越多，人们发现，区隔化的复杂自我并不具备他们期望的优势。对少数幸运的人来说，把自己消极的一面单独存储在记忆的一个角落，似乎确实能够提高自尊水平，尤其是当他们专注于积极的一面时（请记住，这就是压抑者使用的策略）。但是那些严格将自我中积极和消极的方面区分开的人，处境往往更糟。事实上，后来，肖沃斯研究发现，区隔化的自我更容易做不道德的事，比如欺骗他人（Showers et al., 2017；Thomas, Showers, & Leister, 2018）。把自我信念划分成好坏两种的做法，和双相障碍等精神疾病的患者有些相似。

区隔化的自我有用吗

还有一个理论更加细致，认为压力大时，区隔化很有用。问题在于，人们受到的某个领域的挫折是会影响整个自我，还是只影响其中的一部分。将痛苦划分成多个不同的部分可能会减少它总体的负面影响。如果一个科学家或艺术家最近工作做得很差，他会感觉很糟糕，但只要他的自我是区隔化的，那么在家和家人在一起时，他仍会感觉良好。相比之下，自我非区隔化的人在家也会感到沮丧。相反，当工作进展顺利时，非区隔化的自我会高兴很久，而区隔化的自我只会在那个领域感觉良好。因此，如果一个拥有区隔化自我的科学家的项目取得了巨大成功，他的积极体验并不会延续到他回到家和家人在一起的时候。若我们假设大多数人大部分时间都过得不错，那么上面描述的规律可以作为对这个普遍现象的解释：分裂的自我出现的问题或患上的疾病会比整合的自我更多。

糟糕的感觉比快乐的感觉更强大（Baumeister et al., 2001）。然而，快乐的感觉往往比糟糕的感觉出现得频繁得多，这就是为什么尽管后者影响力巨大，但生活大部分时候都还不错。也就是说，大多数时候，拥有非区隔化自我的人会从积极感受的蔓延中受益，而不是因负面感受的蔓延而饱尝痛苦。

　　一些实验室研究探究了那些不得不保守自我关键部分的秘密的人（Sedlovskaya et al.，2013），结果表明，他们已成功将自己的身份分成了多个部分。在世俗化大学就读的虔诚的宗教信徒也是如此，他们的信仰是必须保守的秘密。这些人在生活中显然承受了巨大的压力，小心维持多个版本的自我是其重要的应对策略。然而即使如此，研究依然发现，不同"版本"自我的分化程度越深，个体承受的痛苦可能就越大。也许在某些情况下，将自我知识划分为不同的部分是有用且具有适应性的，也许人们这样做是为了应对艰难的生活环境，所以这种做法确实能帮上忙——但这种应对方式代价高昂。目前最有说服力的结论似乎是，整合的自我知识是健康的，而区隔化或以其他方式分割的自我知识与人们的不快乐和产生的问题有关——最好的情况下，它是对麻烦事的一种反应；最坏的情况下，就是它造成了麻烦。

　　对混乱的自我知识的另一种理解是"缺乏清晰的自我知识"。从本质上讲，混乱和清晰的自我知识的区别在于，后者意味着人们对自我抱有坚定、清晰和稳定的感觉，而不是不确定和波动的感觉。自我概念清晰是高自尊而非低自尊的一个特征（Campbell，1990）。如测量结果显示，自我概念清晰度低表现为以下几种形式：自我评价自相矛盾；表示自己不知道或不确定自己是否具备特定特质；今天对自己的评价和下周对自己的评价不同。自我概念清晰度低的人的自我知识是混乱、无组织的，充满差异和矛盾。同样，自我概念模糊的人比其他人表现得更差。特别是，他们会经历更多情绪波动，似乎对事件反应过度。他们的自尊水平也会降低。我们马上会回顾这一点，这一观点为自尊心理学做出了重大贡献。

　　这些观点显示，关于自我的复杂、区隔化的知识造成的坏处大于好处。另一个观点与之一拍即合：这类人的自我统一性工程不如其他人成功。这一切都印证了本书的一个主题——每个自我都会参与统一性工程，试图将各种感觉、冲动、思想和行动融合为一个连贯、连续的整体。区隔化会使这些东西无法统一。区隔化的自我能在统一性工程中"作弊"，例如，它与自我的道德方面目前并不相连，它可以轻松地告诉自己，自己的行动务实且合乎规范（"其他人都会做的事"），并没有违反道德原则。但是正如我们会一遍又一遍看到的那样，维持自我多重、独立或不一致的不同版本是件麻烦事。它会削弱自我运作的有效性。

自我概念的分化

艾琳·多纳休（Eileen Donahue；1993）领导的一个由顶尖人格研究者组成的杰出团队针对他们口中的"自我概念的分化"展开了一项雄心勃勃的研究。他们是这样介绍这个概念的："一个女人可能会认为，自己和朋友在一起时有趣又随和，但和父母在一起时就很严肃、很有责任感"（p. 834），另一个女人则会认为，自己同朋友、父母在一起时都十分有趣和随和。她们谁过得更好呢？与第一个女人相似的大学生在不同的人际关系和情境中拥有更多不同版本的自我，这些学生往往比类似第二个女人的学生更沮丧、神经质，自尊水平更低。拥有多重"量身定制"的自我的人更焦虑，自我控制能力也更差。他们适应能力差，社交能力差，还有其他各种各样的问题。他们和其他人相处不好。总的来说，他们不太快乐。

研究人员提出了一个吸引人的理论，即拥有不同版本的自我，每个版本的自我适配不同的角色或关系，可能具有适应性。但他们收集的数据说明，这一观点并不正确。作为对第一个研究的延续，研究人员深入展开了一些长期研究，曾从1959年开始，追踪调查了100名女性几十年。直到20世纪90年代，人们才开始使用自我概念的分化这个概念，那时，接受其调查的女性大多50岁出头，与学生大为不同。这些中年晚期女性的生活经历或许比青少年丰富，包括婚姻、孩子、慢性病、离婚等。但是，分裂自我的做法并不具备适应性。这些女性持有的针对不同人际关系和角色的自我概念越多，她们在神经质和焦虑方面的得分就越高，在自我实现和幸福感方面的得分就越低。她们的自我控制分数更低，而自我控制是在生活中取得各种成功的有力预测指标。

多纳休及其同伴的发现揭示了事情是怎么变成这样的。经历的生活变化更多，比如结过婚、离了婚、频繁换工作的女性，拥有的不同自我概念就会比生活中角色变换较少的女性更多。然而，尽管经历了各种各样的事，但这些经历并未使自我变得明显更健康、更快乐——显然还恰恰相反。

　　这些都不能证明分化或区隔化的自我知识本身对你有害。这些发现只体现了相关性。我认为最有可能成立的猜测是，区隔化的确有害，但它是对有问题的经历的一种反应。或许正是负面结果导致了区隔化的发生。也就是说，不健康和不快乐的女性对自己的不同角色有不同的看法。也有可能是第三个变量独立造成了这两种影响，换句话说，某种东西（也许是一种变异基因）会使女性身陷艰难生活，缔造出分化、区隔化的自我概念。

　　尽管如此，研究人员已经充分展示了区隔化自我信念的益处，而且得出这样的结论不是因为尝试得太少。

研究对我们的启发

　　自我知识不仅仅是一系列特质和属性，或一堆乱七八糟的故事。你知道关于自己很多具体的事，足以列一张长长的清单。但是在你的脑海里，它们不仅仅是一张清单。从某种程度上说，这些信息是有组织的，所以某些自我信念会比其他信念联系得更紧密。更重要的是，并不是所有人都以相同的方式组织自我信念。研究人员已经用创造性的方法探索了人们在这些方面的差异。

　　到目前为止，我们所知的大部分理论都牵涉这样一个争论：应该把所有自我信念联系在一起，还是假定它们属于不同的分区。本章反复提到，研究人员开始探讨这个问题时，通常会假设区隔化有好处——但研究后，很少有人还会完全相信这一点。从这些理论中，我们主要能得到两点启发。

　　第一，"彼此独立的自我信念是有益的"这一观点再度流行，显然吸引了很多人。区隔化的自我看上去确实能更好地将信息组织起来，而不是简单地将信息与一个大的自我联系在一起。理想的情况可能是每个人都拥有几套不同的自我信念，它们彼此间只有疏离或松散的联系，但每套自我信念本身组织得都很好。这种观点走到极端，就是认为每个人都有多重自我。

　　然而，一个又一个研究都未能证实区隔化的自我知识能带来极大的好处。

也许最终人们会发现，将自我信念区隔化具有一定的适应性优势。但是，大多数情况下，它是遭遇麻烦的信号，还可能本身就是我们遇到的难题的源泉。

一般来说，如在大型组织、社群或其他团体中，团体分为多个各自独立的部分运作，灵活性大大提升，但它也相当复杂，集中管理投入大。自我知识也是这样。仅仅是记住哪个版本的自我适用于哪种情况，就需要付出额外的脑力劳动。不同版本的自我差异越大，我们为记住在不同的时间和地点该使用哪个版本而付出的脑力劳动就越多。

因此，区隔化的自我知识会给人们带来负担。不过，它大概至少具备足以抵消这份负担的优势。我不得不假定它起码存在某些优势，否则，为什么有人会把自我知识区隔成多个部分呢？糟糕的状况会引发一般性消极情绪，而区隔化也许是处理糟糕情况的一种不那么糟糕的方式。不过，几乎没有证据证明，从多重自我到自我复杂性，再到自我区隔化，是有益的。

相关研究给我们带来的第二大启发是我们可以肯定统一性工程的作用。当动物大脑试图将所有不同的思想、感觉和经历整合成一个整体，以便更好地适应社会的时候，自我就出现了。每个人的统一性工程都进行得尚不完全，只不过某些人尤其不完全。我们可以认为，将自我信念划分成彼此独立的多个不同结构，是整合失败的表现。之所以会失败，可能是内在人格问题的缘故，也可能这种失败的做法是对外部威胁和需求的反应。但无论如何，这都是一种失败。一般来说，某人的自我知识整合得越好，他就越健康。

本章要点

- 每个人组织自我知识的方式存在差异。
- 对压抑者来说，糟糕的记忆并不会结成一张相互连接的网，而对抑郁者而言，糟糕的记忆彼此相连，形成了一个链条。
- 复杂且区隔化的自我知识带来的负面影响大于正面影响。
- 某人的自我知识整合得越好，他就越健康。

The
SELF
EXPLAINED

结　语

自我之概要

————

本章将回顾本书谈到的多个关键主题，以将所有部分连在一起。让我们从进化说起。

进化的根源

人类自我是通过文化解决自然问题——如何生存和繁衍的一个方案。人类凭借一种非同寻常的策略——文化，在这两方面都取得了成功。

自我是每个作为动物的人参与文化的重要工具。没有自我，你就无法获得文化给人类带来的全部好处。这反过来又要求人类具备一个能理解社会系统，并在系统中发挥作用的大脑——换句话说，就是一个能创造自我的大脑。它使人类能够创造文化并从中获益，这里的益处包括更好地生存和繁衍。

自我这个工具使文化社会的出现成为可能，因为有了它，社会能创造更多资源，生存和繁衍的状况都能得到改善。猿类和许多较简单的动物也有社会，但是人类社会因其更为丰富的文化而存在质的不同。人类社会拥有先进的组织系统，以及一个世世代代积累而成的大规模的信息共享和理解体系。人类可以在对现实的共同看法的基础上相互交流。

在人类的体育比赛中，参赛者对规则有着共同的理解，并且都接受裁判的裁定。很难想象哪种动物的竞争会有裁判。裁判代表的是认同规则、崇尚公正的文化。重要的不是球员的信念，而是他们知道自己接受规则，且服从裁判的安排。这种共同性（sharedness）至关重要。人类天生具备这种共同性——"我知道你知道我知道某事，并且我们达成了共识"。

自我的塑造是为了使群体取得成功

群体要取得成功，需要满足一定要求，这些要求塑造了人类自我的形式和特征。自我就是造就最佳群体的方式。当人类个体通过帮助其所在群体取得成功时，他也就成功了。这与群体选择观念并不冲突，因为它强调的是经由群体调节的个体选择。如果你所属的群体被另一个群体打败，你们全被屠杀或奴役，那么成为极具天赋和成功的个体也毫无用处。我们都是成功的群体中那些成功的群体成员的后代。个人特质必须适合帮助群体蓬勃发展。因此，当大脑学会在社会中扮演一个角色时，人类自我就形成了。自我不孤独。相反，它们在社会系统中——在其他自我间与其他自我一起运作，从而生产出更多资源，并与彼此分享。这样一来，群体就会受益。大多数成员都因系统内的合作和共享的理念而实现了更好的生活。人类借助这个方法更好地生存和繁衍，人口数量大大增长。

自我在群体中的角色

人们总会努力使自己归属于某个群体。人们的生存和繁衍能有多顺利，既取决于其个人表现，也取决于群体。群体成员的相同点和不同点都很重要。成员的相似性是群体本质的一部分。它指的不仅是表面上的相似，还意味着群体成员拥有共同的理解、知识和系统。正如对过度模仿的研究所显示的那样，人类孩子不仅能从他人那里学到世界是如何运作的，而且能从群体中学到**我们该怎么做事**。人类自我的目的是将身体融入群体。这需要的不仅仅是获得接受和认可，每个自我都还要发挥自己的作用，帮助群体取得成功。

群体利用个体的天赋和倾向实现了发展，在这个过程中，个体差异是很重要的。我们知道，人们强烈认同自己所拥有的与众不同的特质和能力。这正是社会所乐见的，这样，人们就能找到自己在社会系统中的位置，使系统得以不断发展。简而言之，人类自我的进化让人们能在社会中扮演某种角色，无论是自愿的还是被安排的。而且，自我对此知情，某种程度上还是自主这样做的。自我完全有能力放弃扮演这个角色，转而去选择那个角色。从本质上看，进化造就了一种擅长在先进的社会系统中扮演角色的人类自我。

人类群体中的交流

正如我在其他地方详细讨论过的，交流是人类一个原始且基本的特质（如Baumeister & Masicampo, 2010）。这种观点与将我们的物种命名为"智人"的逻辑是冲突的，后者高度赞扬智力，认为智力是人类的本质。而我认为，是先进的交流能力使我们成为人类。

从生物学意义上讲，供养大脑消耗很大——它们需要大量的能量（如Dunbar, 1998, 2009)。只有在需要处理大量信息时，供养大脑才是值得的。这些信息最好能直接或间接帮助人们获得更多食物。生存需要热量。

这时，交流就变得重要了。交流能带来更多的信息。每个已知的人类社会都发展出了语言。即使以最严格的标准来衡量，语言也绝对是普遍存在的（见Norenzayan & Heine, 2005）。因此，语言是用以定义人类的最重要的特征之一。交流能将生物个体的经验或观察转化为其他生物大脑中的信息。交流还促成了共享知识的形成。自我不但要以共同的理解为基础来运作，而且要在集体共享的信息库中维持自己的位置（社会身份和声望）。

合　　作

沟通有利于（大量）合作。当一个群体中的所有个体突然具备了分享有关环境信息的能力后，他们获得的食物就会变多，他们的人口会增长，并扩散到更远的地方。

声望和自我呈现

声望对社会成功来说至关重要，因此得到了自我的持续关注。自我呈现研究给我们的一大启发是，大多数人更关心他人是如何看待他们的，而不是他们私下里对自我的看法。要树立和维持良好的声望，自我呈现是要完成的一项重要任务，它是人类行为的一大驱力，起到的作用比自尊还要大。声望是你与你的听众、你的听众之间（讨论他们对你的印象和你的八卦）用语言交谈并形成共识，进而建立起来的。

建立良好声望的一个重要目的是促成合作。只有拥有良好的声望，他人才会为实现共同利益而与你合作。用杰出思想家乔纳森·海特（2012）的话来说，与其他物种相比，人类是合作领域的世界冠军。人们甚至能和自己不认识的人合作。例如，一个大公司本质上是一项需要成千上万的人进行合作的资源生产事业，这些人中有许多人从来没有碰过面，甚至从未见过对方的脸，却能为他们的共同利益一起工作。此外，企业只有通过提供消费者想用（因此愿意为之付钱）的商品和服务，在造福自身的同时造福社会，才能取得成功。

跨时间的自我

实现合作需要依靠极重视声望的跨时间的自我，以及一些高级的心理过程：你必须将自己投射到未来，从他人的角度看待自己，并在此基础上改变你现在的行为。强壮的人可以霸占和他人一起狩猎的收获，但是这么做，他很快就会失去合作伙伴，未来将无法与他人一起狩猎。人类意识到了这一点，因此学会了分享共同行动的收获。这是建立自我的一个重要步骤。分享本质上是人类才会采取的做法，它需要人们对此刻的行为进行自我调节。

人类自我是为交流和合作"量身打造"的。理解他人、关心声望、交换信息、调节自身行为，这些都是人类自我的基本能力。

能量是自我的一部分

所有大脑活动都会消耗能量，而大脑创造了自我。此外，根据某个组织系统采取行动来塑造自我需要消耗的能量恐怕会比简单的反应方式更多。当自我不得不压制某种强烈的自然冲动，才能迫使自己做社会认可的事时，尤其如此。关于自我损耗的数百个发现及其他许多发现都符合能量是自我的一部分这个观点。

身体的能量会被引流到创造自我的大脑活动中。这样的活动包括克服那些追求即时快感的强烈冲动，从而做出长远来看最好的选择。有效的自我能防止自己留下遗憾。后悔正是显示自己做出了糟糕选择的一种信号。这里所说的糟糕就是不符合长期自我利益。有效的自我能少做这样的选择。后悔会促使大脑（此刻）分析自己过去做错了什么，避免未来重蹈覆辙。

科学界仍在就大脑活动是否真的会因能量不足而严重受损而激烈争论。大量证据表明大脑活动会受损，但是缺乏能量是问题的根本原因吗？尽管争论不休，但是大脑的表现显然说明，能量好像确实很有限。

自我调节是人类自我的一个重要任务。不管你是否认同自我损耗理论，这一点都毋庸置疑。人类自我总在不断调节自己和自己的反应。为此，它需要消耗能量。身体的能量是够用的，但也是有限的。

强行采纳一个系统来实现统一

如果自我是一些系统，那么统一性工程的目标就是将身体的所有行动归在同一个系统之下。一时受不道德的冲动驱使，做了不该做的事，未来很多年依然会感到痛苦，会为社会所不齿。这涉及自我一个核心的基本功能——形成统一的自我。统一是自我意义的一部分。它的发展源自自我（内在）和世界（外在）之间的界限。人类的大脑总在努力满足统一性的要求：一致性、责任感、所有权、声望等。

学习就是了解如何在给定的情况下行动，从而获得好的结果。在心理学中，学习指在刺激和反应之间建立一种心理联系，基于这种联系来做出反应，就能实现积极的结果。刺激与反应建立联系的过程发生在大脑中。人们学习时，神经系统需要完成两项工作。首先，它将关于当前情况的信息（刺激）传递给大脑，然后选择要做什么事并去做（反应）。随后，它将再次利用感官，向大脑传送有关这种反应是好是坏的信息，自我会记下这一教训，以便将来遇到类似情况时拿来参考。心理自我（psychological self）正是在这样的刺激 - 反应过程中构建起来的。这是作为一个整体的自我，是此时此刻的自我，会根据它对刺激的了解和感受来执行反应。这也是中枢神经系统存在一个中心的原因。

言语是统一性的又一种体现。人类是信息主体，他们每天大部分时间都在交换信息，信息交换主要靠交谈。一个人只有一张嘴，所以你一次只能说一件事。说话让你看起来像一个完整的人。（而且人们真的会说很多话。）事实上，有些话语不仅在提供信息，本身也是重要的社会行为，比如承诺、命令、警告、赠予。在做这些事时，自我就是一个整体，一个统一体。为了实现这一点，大脑利用系统将一切组织起来，从而创造了自我。

跨时间的自我的统一

人类自我与过去和未来有重要的联系。统一性工程通过跨时间的整合来构建自我。存在于此刻的自我，与过去和未来的自我有所关联，前后具有一致性，后者为前者提供信息，前者对后者负责。正如每个人理解的那样，自我具有潜在的连续性。例如，某人可能会换工作或换地方住，但是在关键的方面，这个人还是原来的那个人。

此时此刻的自我能使用简单的决策规则来决定要做什么。然而，当自我跨时间存在时，这些规则就不见得会起作用了。你不能简单地依据此刻最强烈的感觉行事。跨时间的自我需要一个比此时此刻的自我更复杂的监督性的构造。执行自我的内在部分必须能根据即时效应和延迟效应对彼此竞争的冲动进行分类，从而选择最合适的冲动，然后执行它。这全都需要一个比动物自我涉及的时间范围更广的组织系统。大脑创造了这样的系统，它是自我很大的一个部分。

自我的 3 个主要方面都会随时间的推移而发生变化。

- 自我知识（本书第三部分，第 11～16 章）会随时间推移而极大地扩展。叙述性的自我理解起到了基础性作用，使人们能够思考他们当下的自我，以及在过去和未来，它会面临怎样的处境。因此，当下是一个正在进行的故事的一部分，当下的自我被理解为这个故事中的一个角色。你被过去所束缚（正是过去使你走到了现在），而你能决定如何行动，以塑造未来。

- 随着时间的推移，执行自我（本书第四部分，第17～19章）的运作会变得更为复杂（好的一面是，它能做到的事也更多了）。人类的自我控制大多意味着为未来牺牲现在的某些东西。外面阳光明媚，你很想出去玩，或者放松放松，但你放弃享受这种乐趣，选择工作，因为从长远来看，这样更有益处。在自我控制机制运转的过程中，脑海里会模拟未来可能发生的事，然后借助预测的结果来改变现在的行为。计划是一种常见的人类活动，它在当下发挥作用，将未来的行动联系在一起，从而争取实现好的结果。执行自我也是道德和经济主体，跨时间的连续性对这两个身份都至关重要。

- 关系自我（本书第五部分，第20～23章）也会随时间流逝而变得更加深刻和复杂。我在前面强调过，考虑到为了实现互利，人类甚至能与非亲属合作，可见合作是人类进化过程中的一个重大进步。承诺、债务和义务，以及人类社会生活的其他特征，能够跨时间存在，并改善人际关系。

道德准则

自我的道德基础也与我在这里所讲的内容相关。个体愿意习得和认同道德，是因为道德是一种有助于吸引合作伙伴的策略。大多数社会的道德准则基本相同，促使人们做出同样的行为，帮助社会走向繁荣。

个体有习得和遵守道德的动机，因为这么做能让他人接受自己，与自己合作，从而获得回报。

人们做出符合道德的行为，主要是为了维护自己的声望。建立道德声望往往需要花费数月乃至数年的时间，对声望受损的恐惧促使人们在与彼此相处时遵循道德要求——这有助于系统更好地发挥作用，为人们活得更久、过上更美好的生活提供资源。道德准则会告诉执行自我怎样选择和行动是最好的，从而帮个体维护良好的人际关系。经济贸易系统要求自我经受住时间的考验。拥有金融知识，执行自我就知道如何做规划、决定和行动最有好处，好在社会中实现自我的发展。跨时间的自我是统一性工程的最高成就。

最后的话

我们之所以是我们现在的样子，都是文化的功劳。我不只是在说，人的一些特质和态度会受社会影响。我们之所以是我们，是因为大自然选择了能够在复杂、高生产力的社会系统中持续发挥作用的大脑。文化使无数人有机会过上美好的生活。人类文化很好地发挥了自己的作用，让更多人得以存活，也使人们的生活质量得到了提升。但是，功能强大的文化要发挥作用，也需要功能强大的自我参与其中。

人类自我不是物质性的存在，而是由表现、有组织的系统和共享理念结合而形成的。人类大脑充分利用了先进的社会系统，而这些系统要求个体自我跨时间存在、遵守规则、做出负责任的选择、展开合作和交流。为了创造自我，大脑推行组织系统，努力实现统一。当下的统一性首先要求身体各部分得协调，这样才能移动整个身体。为实现跨时间的连续性，人类自我需要变得更加复杂，不过这样做的回报也是巨大的。自我的统一性工程很大程度上成功了，但还不完全成功。同人类自我的其他特征一样，正是那些使文化系统蓬勃发展起来的因素，塑造了人们对统一性的追求，这样，文化系统就能产生更多资源，养活不断增长的人口。每个人的自我都十分关心自身的不同之处，以及它能为社会提供什么。自我会搞清楚他人是如何看待自己的，并调整自己的种种行为和模式，从而在其他目标等约束条件下尽可能地将自己的声望维护好。

自我是一种社会现实。事实上，它是一个最基本的社会现实，没有它，人们生活的其他许多方面（婚姻、公民权、法律和道德、所有权和市场）几乎不可能存在。

The
S ELF
EXPLAINED

致　谢

很多人阅读过本书的全部或部分手稿，并提供了有益的意见。当然，书中出现的所有错误和问题都是我的责任，而非他们的责任。我非常感谢他们的建议。

我要特别感谢 Bill von Hippel，Eli Finkel，Nathalie André，他们为整部手稿提供了大量好建议。此外，JongHee Kim，Evan Anderson，Jenn Veilleux 也提出了他们的宝贵意见，给了我极大的帮助。JohnTierney 阅读了本书的其中几章，他关于如何组织内容并写得更好的建议，使我受益颇多。

我也要特别感谢参与我的"4881"心理学研讨会的学生，他们阅读了本书的手稿，给了我许多珍贵的建议和支持。下面按姓氏字母顺序列出：Debbie Chow, Nicole Delmo, Tallara Drew-Hazou, Chloe-Emily Eather, Rhiarna Harris, Morgan Hodgson, Cassandra James, Bryan Lee, Tao Li, Weiwei Liang, Nigel Lim, Kevin Lin, Caitlin McClure-Thomas, Shane McKenzie, Madison Neve, Hannah Newsome, Yu Wen Ong, Ayu Namira Paramecwari, Megan Puckering, Yingying Tang, Manh Quan Tran, Karen Nicole Urivna Castellanos, Harriet Wilson, Joanna Wilson。尤其要感谢 YingyingTang，学期结束后，她重新阅读了整

本书，给出了新的建议。

Kayne Lim 与我合作多年，是一位非常出色的帮手。他在其他事情上也做出了难以估量的贡献，比如帮忙组织研讨会等。第一周之后，研讨会就不得不改为在线上举行了。

在我埋头书稿的过程中，一系列围绕本书展开的研讨会也极大程度地帮助了我。每两周，Amber Price，Rebecca Clarke，Meg Jankowski 都会和 Dianne Tice 与我会一次面，告诉我们书稿给他们的印象，以及他们阅读后的反应。

Jayson Brady 是我的研究助理，他非常出色，为本书的关键观点寻找到了有价值的资料。同时，感谢我之前的研究助理梅凌婕，当我试图认真推进本书的写作，写出完整的初稿时，她为我提供了很大帮助。

本书成稿亦是吉尔福德出版社杰出的策划编辑 Barbara Watkins 的创意结晶。感谢她调整了本书的理论结构、组织架构和写作思路，删除了大量内容，并纠正了一些错误。书中出现其他任何错误或愚蠢的观点，都是我的责任，因为本书初稿的作者是我；如果本书有出彩之处，那么很大程度上是她的功劳。

最后，非常感激我的妻子兼研究伙伴 Dianne Tice，她不仅阅读了整部手稿，提出了有益的意见，还为我提供了宝贵的支持。

The
S<small>ELF</small>
EXPLAINED

关于资料来源的说明

首先，我要向所有为我们理解人类自我做出了贡献，但本书未能予以引用的杰出研究人员致歉。研究文献浩如烟海，难以管理，且仍在不断增加。我尽力汇集了很多资料，但没有人比我更清楚，有很多有价值的内容被遗漏了。此外，编辑过程中，手稿约 20％ 的内容被删去了，包括正文的部分内容和参考文献，我决定信任编辑的处理方式，对几乎所有的删减意见我都欣然接受。很多人的成果我都想引用，但是被否决了。

没有大量引用相关文献，也有体裁上的考虑。如今，作者发表在专业心理学期刊中的文章已经到了几乎每句话都要引用文献的地步。我自己往往也会这么做。但是对大多数读者来说，研究人员的名字就像无意义的音节，我不想让本书读起来那么晦涩难懂。因此，我努力平衡了援引特定研究成果的学术责任和创作一本好读的书的愿望。特别是，很多时候，我更常参考综述文章，而不是具体的原始研究。我希望这能帮想了解更多信息或质证某些结论的学者找到他们想要的证据，同时使文本更加"用户友好"。

另外，合作研究越来越普遍，许多文章都有六七位作者，有时甚至更多。为了避免使正文中的引用过于混乱，我通常只引用第一作者的名字，而后会在参考文献中适当呈现其他作者的名字。不过事有例外，我曾与多位合作者共同发表一些论文，有时我是这些文章的第一作者。出于对合作者的感激和欣赏，为小小地表达我的感激之意，引用这些论文时，我写上了所有人的名字。

参考文献

Abbott, R. (2018). Meaning, autonomy, symbolic causality, and free will. *Review of General Psychology, 22,* 85–94.

Acemoglu, R., & Robinson, J. (2012). *Why nations fail.* New York: Crown.

Ahern, C., & Kyrios, M. (2016). Self processes in obsessive-compulsive disorder. In M. Kyrios, R. Moulding, G. Doron, S. S. Bhar, M. Nedeljkovic, & M. Mikulincer (Eds), *The self in understanding and treating psychological disorders* (pp. 112–122). Cambridge, UK: Cambridge University Press.

Ainslie, G. (2001). *Breakdown of will.* New York: Cambridge University Press.

Alloy, L. B., & Abramson, L. Y. (1979). Judgment of contingency in depressed and nondepressed students: Sadder but wiser? *Journal of Experimental Psychology: General, 108,* 441–485.

Allport, G. A. (1954). *The nature of prejudice.* Reading, MA: Addison-Wesley.

Allport, G. A. (1958). The functional autonomy of motives. In C. Stacey & M DeMartino (Eds.), *Understanding human motivation* (pp. 69–81). New York: Howard Allen Publishers.

Altick, R. (1965). *Lives and letters: A history of literary biography in England and America.* New York: Knopf.

Aman, M. (2020, September 24). Dolly Parton once entered a Dolly look-alike contest and lost—to a man. *Woman's World.*

Amsterdam, B. (1972). Mirror self-image reactions before age two. *Developmental Psychobiology, 5,* 297–205.

Andersen, S. M. (1984). Self-knowledge and social inference: The diagnosticity of cognitive/affective and behavioral data. *Journal of Personality and Social Psychology, 46,* 294–307.

Andersen, S. M., & Ross, L. (1984). Self-knowledge and social inference: The impact of cognitive/affective and behavioral data. *Journal of Personality and Social Psychology, 46,* 280–293.

Andersen, S. M., & Williams, M. (1985). Cognitive/affective reactions in the improvement of self-esteem: When thoughts and feelings make a difference. *Journal of Personality and Social Psychology, 49*, 1086–1097.

Ansell, N. (2011a). *Deep country.* London: Hamish Hamilton.

Ansell, N. (2011b, March 27). My life as a hermit. *The Guardian.*

Aries, P. (1962). *Centuries of childhood: A social history of family life* (R. Baldick, Trans.). New York: Random House.

Aries, P. (1981). *The hour of our death* (H. Weaver, Trans.). New York: Knopf.

Aron, A., McLaughlin-Vope, T., Mashek, D., Lewandowski, G., Wright, S. C., & Aron, E. N. (2004). Including others in the self. *European Review of Social Psychology, 15*, 101–132.

Aronson, E., & Mettee, D. (1968). Dishonest behavior as a function of differential levels of induced self-esteem. *Journal of Personality and Social Psychology, 9*, 121–127.

Arrow, K. J. (1974) *The limits of organization.* New York: Norton.

Asch, S. E. (1955, November). Opinions and social pressure. *Scientific American,* 31–35.

Asch, S. E. (1956). Studies of independence and conformity: A minority of one against a unanimous majority. *Psychological Monographs, 70*(No. 417).

Baars, B. J. (1997). *In the theater of consciousness: The workspace of the mind.* New York: Oxford University Press.

Bachman, J. G., & O'Malley, P. M. (1977). Self-esteem in young men: A longitudinal analysis of the impact of educational and occupational attainment. *Journal of Personality and Social Psychology, 35*, 365–380.

Bachman, J. G., & O'Malley, P. M. (1986). Self-concepts, self-esteem, and educational experiences: The frog pond revisited (again). *Journal of Personality and Social Psychology, 50*, 35–46.

Bard, K. A., Todd, B. K., Bernier, C., Lover, J., & Leavens, D. A. (2006). Self-awareness in human and chimpanzee infants: What is measured and what is meant by the mark and mirror test. *Infancy, 9*, 191–219.

Barkley, R. A. (1997). *ADHD and the nature of self-control.* New York: Guilford Press.

Batson, D. (2008). Moral masquerades: Experimental exploration of the nature of moral motivations. *Phenomenology and the Cognitive Sciences, 7*, 51–66.

Baumeister, R. F. (1982). A self-presentational view of social phenomena. *Psychological Bulletin, 91*, 3–26.

Baumeister, R. F. (1984). Choking under pressure: Self-consciousness and paradoxical effects of incentives on skillful performance. *Journal of Personality and Social Psychology, 46*, 610–620.

Baumeister, R. F. (1986). *Identity: Cultural change and the struggle for self.* New York: Oxford University Press.

Baumeister, R. F. (1987). How the self became a problem: A psychological review of historical research. *Journal of Personality and Social Psychology, 52*, 163–176.

Baumeister, R. F. (1988). Masochism as escape from self. *Journal of Sex Research, 25*, 28–59.

Baumeister, R. F. (1989a). *Masochism and the self.* Hillsdale, NJ: Erlbaum.

Baumeister, R. F. (1989b). The optimal margin of illusion. *Journal of Social and Clinical Psychology, 8,* 176–189.

Baumeister, R. F. (1990). Suicide as escape from self. *Psychological Review, 97,* 90–113.

Baumeister, R. F. (1991a). *Escaping the self: Alcoholism, spirituality, masochism, and other flights from the burden of selfhood.* New York: Basic Books.

Baumeister, R. F. (1991b). *Meanings of life.* New York: Guilford Press.

Baumeister, R. F. (Ed.). (1993). *Self-esteem: The puzzle of low self-regard.* New York: Plenum.

Baumeister, R. F. (1996). *Evil: Inside human cruelty and violence.* New York: Freeman/Times Books/Henry Holt.

Baumeister, R. F. (1997). Esteem threat, self-regulatory breakdown, and emotional distress as factors in self-defeating behavior. *Review of General Psychology, 1,* 145–174.

Baumeister, R. F. (1998). The self. In D. T. Gilbert, S. T. Fiske, & G. Lindzey (Eds.), *Handbook of social psychology* (4th ed., pp. 680–740). New York: McGraw-Hill.

Baumeister, R. F. (2005). *The cultural animal: Human nature, meaning, and social life.* New York: Oxford University Press.

Baumeister, R. F. (2017). Addiction, cigarette smoking, and voluntary control of action: Do cigarette smokers lose their free will? *Addictive Behaviors Reports, 5,* 67–84.

Baumeister, R. F. (2019). Stalking the true self through the jungles of authenticity: Problems, contradictions, inconsistencies, disturbing findings—and a possible way forward. *Review of General Psychology, 23,* 143–154.

Baumeister, R. F., Ainsworth, S. E., & Vohs, K. D. (2016). Are groups more or less than the sum of their members?: The moderating role of individual identification. *Behavioral and Brain Sciences, 39,* e137.

Baumeister, R. F., Bratslavsky, E., Finkenauer, C., & Vohs, K. D. (2001). Bad is stronger than good. *Review of General Psychology, 5,* 323–370.

Baumeister, R. F., Bushman, B. J., & Campbell, W. K. (2000). Self-esteem, narcissism, and aggression: Does violence result from low self-esteem or from threatened egotism? *Current Directions in Psychological Science, 9,* 26–29.

Baumeister, R. F., Bushman, B. J., & Tice, D. M. (2021). *A narrative review of multi-site replication studies in social psychology: Methodological utopia or social psychology's self-destruct mechanism?* Manuscript in preparation.

Baumeister, R. F., & Cairns, K. J. (1992). Repression and self-presentation: When audiences interfere with self-deceptive strategies. *Journal of Personality and Social Psychology, 62,* 851–862.

Baumeister, R. F., Campbell, J. D., Krueger, J. I., & Vohs, K. D. (2003). Does high self-esteem cause better performance interpersonal success, happiness, or healthier lifestyles? *Psychological Science in the Public Interest, 4,* 1–44.

Baumeister, R. F., Campbell, J. D., Krueger, J. I., & Vohs, K. D. (2005, January). Exploding the self-esteem myth. *Scientific American, 292,* 84–91.

Baumeister, R. F., Dale, K., & Sommer, K. L. (1998). Freudian defense mechanisms and empirical findings in modern social psychology: Reaction formation, projection, displacement, undoing, isolation, sublimation, and denial. *Journal of Personality, 66,* 181–1124.

Baumeister, R. F., Gailliot, M., deWall, C. N., & Oaten, M. (2006). Self-regulation and personality: How interventions increase regulatory success, and how depletion moderates the effects of traits on behavior. *Journal of Personality, 74*, 1773–1801.

Baumeister, R. F., & Jones, E. E. (1978). When self-presentation is constrained by the target's knowledge: Consistency and compensation. *Journal of Personality and Social Psychology, 36*, 608–618.

Baumeister, R. F., & Leary, M. R. (1995). The need to belong: Desire for interpersonal attachments as a fundamental human motivation. *Psychological Bulletin, 117*, 497–529.

Baumeister, R. F., Maranges, H. M., & Vohs, K. D. (2018). Human self as information agent: Functioning in a social environment based on shared meanings. *Review of General Psychology, 22*, 36–47.

Baumeister, R. F., & Masicampo, E. J. (2010). Conscious thought is for facilitating social and cultural interactions: How mental simulations serve the animal–culture interface. *Psychological Review, 117*, 945–971.

Baumeister, R. F., Masicampo, E. J., & Vohs, K. D. (2011). Do conscious thoughts cause behavior? *Annual Review of Psychology, 62*, 331–361.

Baumeister, R. F., & Monroe, A. E. (2014). Recent research on free will: Conceptualizations, beliefs, and processes. *Advances in Experimental Social Psychology, 50*, 1–52.

Baumeister, R. F., & Newman, L. S. (1994). Self-regulation of cognitive inference and decision processes. *Personality and Social Psychology Bulletin, 20*, 3–19.

Baumeister, R. F., & Scher, S. J. (1988). Self-defeating behavior patterns among normal individuals: Review and analysis of common self-destructive tendencies. *Psychological Bulletin, 104*, 3–22.

Baumeister, R. F., & Senders, P. S. (1989). Identity development and the role structure of children's games. *Journal of Genetic Psychology: Research and Theory on Human Development, 150*, 19–37.

Baumeister, R. F., Shapiro, J. P., & Tice, D. M. (1985). Two kinds of identity crisis. *Journal of Personality, 53*, 407–424.

Baumeister, R. F., Smart, L., & Boden, J. M. (1996). Relation of threatened egotism to violence and aggression: The dark side of high self-esteem. *Psychological Review, 103*, 5–33.

Baumeister, R. F., & Sommer, K. L. (1997). What do men want?: Gender differences and two spheres of belongingness: Comment on Cross and Madson (1997). *Psychological Bulletin, 122*, 38–44.

Baumeister, R. F., Stillwell, A., & Wotman, S. R. (1990). Victim and perpetrator accounts of interpersonal conflict: Autobiographical narratives about anger. *Journal of Personality and Social Psychology, 59*, 994–1005.

Baumeister, R. F., & Tice, D. M. (1984). Role of self-presentation and choice in cognitive dissonance under forced compliance: Necessary or sufficient causes? *Journal of Personality and Social Psychology, 46*, 5–13.

Baumeister, R. F., Tice, D. M., & Hutton, D. G. (1989). Self-presentational motivations and personality differences in self-esteem. *Journal of Personality, 57*, 547–579.

Baumeister, R. F., & Tierney, J. (2011). *Willpower: Rediscovering the greatest human strength*. New York: Penguin Press.

Baumeister, R. F., & Vohs, K. D. (2016). Strength model of self-regulation as limited resource: Assessment, controversies, update. *Advances in Experimental Social Psychology, 54,* 67–127.

Baumeister, R. F., Vohs, K. D., deWall, C. N., & Zhang, L. (2007). How emotion shapes behavior: Feedback, anticipation, and reflection, rather than direct causation. *Personality and Social Psychology Review, 11,* 167–203

Baumeister, R. F., Vohs, K. D., & Funder, D. C. (2007). Psychology as the science of self-reports and finger movements: Whatever happened to actual behavior? *Perspectives on Psychological Science, 2,* 396–403.

Baumeister, R. F., Vohs, K. D., & Oettingen, G. (2016). Pragmatic prospection: How and why people think about the future. *Review of General Psychology, 20,* 3–16.

Baumeister, R. F., Vohs, K. D., & Tice, D. M. (2007). The strength model of self-control. *Current Directions in Psychological Science, 16,* 351–355.

Baumeister, R. F., Wright, B. R. E., & Carreon, D. (2019). Self-control "in the wild": Experience sampling study of trait and state self-regulation. *Self & Identity, 18,* 494–528.

Beaman, A. L., Klentz, B., Diener, E., & Svanum, S. (1979). Self-awareness and transgression in children: Two field studies. *Journal of Personality and Social Psychology, 37,* 1835–1846.

Becker, E. (1973). *The denial of death.* New York: Academic Press.

Beckley, M. (2010). Economic development and military effectiveness. *Journal of Strategic Studies, 33,* 43–79.

Beedie, C. J., & Lane, A. M. (2012). The role of glucose in self-control: Another look at the evidence and an alternative conceptualization. *Personality and Social Psychology Review, 16,* 143–153.

Beggan, J. K. (1992). On the social nature of nonsocial perception: The mere ownership effect. *Journal of Personality and Social Psychology, 62,* 229–237.

Belk, R. W. (1988). Possessions and the extended self. *Journal of Consumer Research, 15,* 139–168.

Bem, D. J. (1965). An experimental analysis of self-persuasion. *Journal of Experimental Social Psychology, 1,* 199–218.

Bem, D. J. (1972). Self-perception theory. In L Berkowitz (Ed.), *Advances in experimental social psychology* (Vol. 6, pp. 1–62). New York: Academic Press.

Berglas, S., & Jones, E. E. (1978). Drug choice as a self-handicapping strategy in response to non-contingent success. *Journal of Personality and Social Psychology, 36,* 405–417.

Berglas, S. C., & Baumeister, R. F. (1993). *Your own worst enemy: Understanding the paradox of self-defeating behavior.* New York: Basic Books.

Bernstein, W. J. (2004). *The birth of plenty: How the prosperity of the modern world was created.* Camden, ME: International Marine.

Blakemore, S.-J., Frith, C. D., & Wolpert, D. M. (1999). Spatio-temporal prediction modulates the perception of self-produced stimuli. *Journal of Cognitive Neuroscience, 11,* 551–559.

Blakemore, S.-J., Smith, J., Steel, R., Johnstone, E. C., & Frith, C. D. (2000). The perception of self-produced sensory stimuli in patients with auditory hallucinations and passivity experiences: Evidence for a breakdown in self-monitoring. *Psychological Medicine, 30,* 1131–1139.

Blasi, A. (1980). Bridging moral cognition and moral action: A critical review of the literature. *Psychological Bulletin, 88,* 1–45.

Bloom, P. (2008). First person plural. *The Atlantic Online.*

Bosson, J., Swann, W. B., & Pennebaker, J. W. (2000). Stalking the perfect measure of implicit self-esteem: The blind men and the elephant revisited? *Journal of Personality and Social Psychology, 79,* 631–643.

Brady, J. V. (1958). Ulcers in "executive" monkeys. *Scientific American, 199,* 95–100.

Branden, N. (1969). *The psychology of self-esteem.* New York and San Francisco: Nash/Jossey-Bass/Wiley.

Brockner, J., Davy, J., & Carter, C. (1985). Low self-esteem and survivor guilt: Motivational, affective, and attitudinal consequences. *Organizational Behavior and Human Decision Processes, 36,* 229–244.

Brown, B. R. (1968). The effects of need to maintain face on interpersonal bargaining. *Journal of Experimental Social Psychology, 4,* 107–122.

Brummelman, E., Thomaes, S., Nelemans, S. A., Orobio de Castro, B., Overbeek, G., & Bushman, B. J. (2015). Origins of narcissism in children. *Proceedings of the National Aacademy of Sciences of the USA, 112,* 3659–3662.

Buehler, R., Griffin, D., & Peetz, J. (2010). The planning fallacy: Cognitive, motivational, and social origins. In M. Zanna & J. Olson (Eds.), *Advances in experimental social psychology* (Vol. 43, pp. 1–62). San Diego, CA: Academic Press.

Buehler, R., Griffin, D., & Ross, M. (1994). Exploring the "planning fallacy": Why people underestimate their task completion times. *Journal of Personality and Social Psychology, 67,* 366–381.

Buhrmester, D., Furman, W., Wittenberg, M. T., & Reis, H. T. (1988). Five domains of interpersonal competence in peer relationships. *Journal of Personality and Social Psychology, 55,* 991–1008.

Bushman, B. J., & Baumeister, R. F. (1998). Threatened egotism, narcissism, self-esteem, and direct and displaced aggression: Does self-love or self-hate lead to violence? *Journal of Personality and Social Psychology, 75,* 219–229.

Bushman, B. J., & Baumeister, R. F. (2002). Does self-love or self-hate lead to violence? *Journal of Research in Personality, 36,* 543–545.

Bushman, B. J., Baumeister, R. F., Thomaes, S., Ryu, E., Begeer, S., & West, S. G. (2009). Looking again, and harder, for a link between low self-esteem and aggression. *Journal of Personality, 77,* 427–446.

Butler, J. L., & Baumeister, R. F. (1998). The trouble with friendly faces: Skilled performance with a supportive audience. *Journal of Personality and Social Psychology, 75,* 1213–1230.

Buunk, B. P., Kuyper, H., & van der Zee, Y. G. (2005). Affective responses to social comparison in the classroom. *Basic and Applied Social Psychology, 27,* 229–237.

Calhoun, L. G., & Tedeschi, R. G. (2013). *Posttraumatic growth in clinical practice.* New York: Routledge.

California Task Force to Promote Self-Esteem and Personal and Social Responsibility. (1990). *Toward a state of self-esteem.* Sacramento: California State Department of Education.

Cameron, J. J., & Granger, S. (2019). Does self-esteem have an interpersonal imprint beyond self-reports?: A meta-analysis of self-esteem and objective interpersonal indicators. *Personality and Social Psychology Review, 23,* 73–102.

Campbell, A. (1981). *A sense of well-being in America.* New York: McGraw-Hill.

Campbell, J. D. (1990). Self-esteem and clarity of the self-concept. *Journal of Personality and Social Psychology, 59,* 538–549.

Campbell, W. K. (2005). *When you love a man who loves himself.* Naperville, IL: Sourcebooks.

Campbell, W. K., & Crist, C. (2020). *The new science of narcissism.* Boulder, CO: Sounds True.

Caruso, E. M. (2010). When the future feels worse than the past: A temporal inconsistency in moral judgment. *Journal of Experimental Psychology: General, 139,* 610–624.

Carver, C. S., & Scheier, M. F. (1990). Origins and functions of positive and negative affect: A control-process view. *Psychological Review, 97,* 19–35.

Carver, C. S., & Scheier, M. F. (1981). *Attention and self-regulation: A control theory approach to human behavior.* New York: Springer-Verlag.

Carver, C. S., & Scheier, M. F. (1982). Control theory: A useful conceptual framework for personality-social, clinical and health psychology. *Psychological Bulletin, 92,* 111–135.

Carver, C. S., & Scheier, M. F. (1998). *On the self-regulation of behavior.* New York: Cambridge University Press.

Chen, S. (2019). Authenticity in context: Being true to working selves. *Review of General Psychology, 23,* 60–72.

Cheskin, L. J., Hess, J. M., Henningfield, J., & Gorelick, D. A. (2005). Calorie restriction increases cigarette use in adult smokers. *Psychopharmacology, 179*(2), 430–436.

Cheung, W., Wildschut, T., Sedikides, C., & Pinter, B. (2014). Uncovering the multifaceted self in the domain of negative traits: On the muted expression of negative self-knowledge. *Personality and Social Psychology Bulletin, 40,* 513–525.

Chiu, C., Tollenaar, M. S., Yang, C., Elzinga, B. M., Zhang, T., & Ho, H. L. (2019). The loss of self in memory: Self-referential memory, childhood relational trauma, and dissociation. *Clinical Psychological Science, 7,* 265–282.

Church, A. T., Katigbak, M. S., Arias, R. M., Rincon, B. C., Vargas-Flores, J., Ibanez-Reyes, J., . . . Ortiz, F. A. (2014). A four-culture study of self-enhancement and adjustment using the social relations model: Do alternative conceptualizations and indices make a difference? *Journal of Personality and Social Psychology, 106,* 997–1014.

Cohen, G. L., & Sherman, D. K. (2014). The psychology of change: Self-affirmation and social psychological intervention. *Annual Review of Psychology, 65,* 333–371.

College Board. (1976–1977). *Student descriptive questionnaire.* Princeton, NJ: Educational Testing Service.

Cooley, C. H. (1902). *Human nature and the social order.* New York: Scribner's.

Cooper, J., & Fazio, R. H. (1984). A new look at dissonance theory. In L. Berkowitz (Ed.), *Advances in experimental social psychology* (Vol. 17, pp. 229–266). New York: Academic Press.

Coué, E. (1922). *Self-mastery through conscious autosuggestion* (A. Orden, Trans.). New York: Malkan.

Crocker, J., & Major, B. (1989). Social stigma and self-esteem: The self-protective properties of stigma. *Psychological Review, 96*, 608–630.

Crocker, J., & Park, L. E. (2004). The costly pursuit of self-esteem. *Psychological Bulletin, 130*, 392–414.

Crocker, J., Voelkl, K., Testa, M., & Major, B. (1991). Social stigma: The affective consequences of attributional ambiguity. *Journal of Personality and Social Psychology, 60*, 218–228.

Cross, P. (1977, Spring). Not can but will college teaching be improved? *New Directions for Higher Education*, No. 17, 1–15. Reported in D. G. Myers (1990), *Social psychology* (3rd ed.), New York: McGraw-Hill.

Cross, S. E., & Madson, L. (1997). Models of the self: Self-construals and gender. *Psychological Bulletin, 122*, 5–37.

Crowne, D. P., & Marlowe, D. (1964). *The approval motive.* New York: Wiley.

Cunningham, S. J., Turk, D. J., Macdonald, L. M., & Macrae, C. N. (2008). Yours or mine?: Ownership and memory. *Consciousness and Cognition, 17*, 312–318.

Curry, O. S. (2016). Morality as cooperation: A problem-centred approach. In T. Shackelford & R. D. Hansen (Eds.), *The evolution of morality* (pp. 27–51). Cham, Switzerland: Springer.

Curry, O. S., Mullins, D. A., & Whitehouse, H. (2019). Is it good to cooperate: Testing the theory of morality-as-cooperation in 60 societies. *Current Anthropology, 60*, 47–69.

Daly, M., Delaney, L., Egan, M., & Baumeister, R. F. (2015). Childhood self-control and unemployment throughout the lifespan: Evidence from two British cohort studies. *Psychological Science, 26*, 709–723.

Daly, M., Egan, M., Quigley, J., Delaney, L., & Baumeister, R. F. (2016). Childhood self- control predicts smoking throughout life: Evidence from 21,000 cohort study participants. *Health Psychology, 35*, 1254–1263.

Damasio, A. (1994). *Descartes' error: Emotion, reason, and the human brain.* New York: Grosset/Putnam.

Damon, W., & Hart, D. (1982). The development of self-understanding from infancy through adolescence. *Child Development, 53*, 841–864.

Damon, W., & Hart, D. (1988). *Self-understanding in childhood and adolescence.* Cambridge, UK: Cambridge University Press.

Dang, J., Barker, P., Baumert, A., Bentvelzen, M., Berkman, E., Buchholz, N., . . . Zinkernagel, A. (2021). A multilab replication of the ego depletion effect. *Social Psychological and Personality Science, 12*, 14–24.

de Ridder, D., Lensvelt-Mulders, G., Finkenauer, C., Stok, F. M., & Baumeister, R. F. (2012). Taking stock of self-control: A meta-analysis of how trait self-control relates to a wide range of behaviors. *Personality and Social Psychology Review, 16*, 76–99.

de Soto, H. (2000). *The mystery of capital.* New York: Civitas Books.

de Waal, F. (2001). *The ape and the sushi master: Cultural reflections of a primatologist.* New York: Basic Books.

DePaulo, B. M., & Kashy, D. A. (1998). Everyday lies in close and casual relationships. *Journal of Personality and Social Psychology, 74*, 63–79.

Devine, P. G. (1989). Stereotypes and prejudice: Their automatic and controlled components. *Journal of Personality and Social Psychology, 56,* 5–18.

Diener, E., Fraser, S. C., Beaman, A. L., & Kelem, R. T. (1976). Effects of deindividuation variables on stealing among Halloween trick-or-treaters. *Journal of Personality and Social Psychology, 33,* 178–183.

Diener, E., Wolsic, B., & Fujita, F. (1995). Physical attractiveness and subjective well-being. *Journal of Personality and Social Psychology, 69,* 120–129.

Ditto, P. H., & Lopez, D. F. (1992). Motivated skepticism: Use of differential decision criteria for preferred and nonpreferred conclusions. *Journal of Personality and Social Psychology, 63,* 568–584.

Dixon, J. A., Durrheim, K., & Tredoux, C. (2005). Beyond the optimal contact strategy: A reality check for the contact hypothesis. *American Psychologist, 60,* 697–711.

Donahue, E. M., Robins, R. W., Roberts, B. W., & John, O. P. (1993). The divided self: Concurdinal and longitudinal effects of psychological adjustment and social roles on self-concept differentiation. *Journal of Personality and Social Psychology, 64,* 834–846.

Donnellan, M. B., Trzesniwski, K. H., Robins, R. W., Moffitt, T. E., & Caspi, A. (2005). Low-self-esteem is related to aggression, antisocial behavior, and delinquency. *Psychological Science, 16,* 328–335.

Donnelly, G. E., Ksendzova, M., Howell, R. T., Vohs, K. D., & Baumeister, R. F. (2016). Buying to blunt negative feelings: Materialistic escape from the self. *Review of General Psychology, 20,* 272–316.

Druckman, D. E., & Swets J. A. (1988). *Enhancing human performance: Issues, theories, and techniques.* Washington, DC: National Academy Press.

Dufner, M., Gebauer, J. E., Sedikides, C., & Denissen, J. J. A. (2019). Self-enhancement and psychological adjustment: A meta-analytic review. *Personality and Social Psychology Review, 23,* 48–72.

Dunbar, J. M., & Stunkard, A. J. (1979). Adherence to diet and drug regimen. In R. Levy, B. Rifkind, B. Dennis, & N. Ernst (Eds.), *Nutrition, lipids, and coronary heart disease* (pp. 391–423). New York: Raven Press.

Dunbar, R. I. M. (1998). The social brain hypothesis. *Evolutionary Anthropology, 6,* 178–190.

Dunbar, R. I. M. (2009). The social brain hypothesis and its implications for social evolution. *Annals of Human Biology, 36,* 562–572.

Dunning, D., Meyerowitz, J. A., & Holzberg, A. D. (1989). Ambiguity and self-evaluation: The role of idiosyncratic trait definitions in self-serving assessments of ability. *Journal of Personality and Social Psychology, 57,* 1082–1090.

Duval, S., & Wicklund, R. A. (1972). *A theory of objective self-awareness.* New York: Academic Press.

Engelmann, J. M., Herrmann, E., & Tomasello, M. (2012). Five-year-olds, but not chimpanzees, attempt to manage their reputations. *PLOS One, 7,* e48433 (1–7).

Epstein, S. (1998). Cognitive-experiential self-theory. In D. Barone, M. Hersen, & V. Van Hasselt (Eds.), *Advanced personality* (pp. 211–238). New York: Springer.

Erikson, E. H. (1950). *Childhood and society.* New York: Norton.

Erikson, E. H. (1968). *Identity: Youth and crisis*. New York: Norton.

Evans, D., Boggero, I., & Segerstrom, S. (2016). The nature of self-regulatory fatigue and "ego depletion": Lessons from physical fatigue. *Personality and Social Psychology Review, 20*, 143–153.

Farrelly, D., Clemson, P., & Guthrie, M. (2016). Are women's mate preferences for altruism also influenced by physical attractiveness? *Evolutionary Psychology, 14*(1), 1–6.

Fazio, R. H., Effrein, E. A., & Falender, V. J. (1981). Self-perceptions following social interactions. *Journal of Personality and Social Psychology, 41*, 232–242.

Felson, R. B. (1981). Self and reflected appraisal among football players: A test of the Meadian hypothesis. *Social Psychology Quarterly, 44*, 116–126.

Felson, R. B. (1989). Parents and the reflected appraisal process: A longitudinal analysis. *Journal of Personality and Social Psychology, 56*, 965–971.

Fenigstein, A. (1984). Self-consciousness and the overperception of self as a target. *Journal of Personality and Social Psychology, 47*, 860–870.

Ferrari, J. R., Johnson, J. L., & McCown, W. G. (1995). *Procrastination and task avoidance: Theory, research, and treatment*. New York: Plenum.

Festinger, L. (1957). *A theory of cognitive dissonance*. Stanford, CA: Stanford University Press.

Festinger, L., & Carlsmith, J. M. (1959). Cognitive consequences of forced compliance. *Journal of Abnormal and Social Psychology, 58*, 203–210.

Fincher, C. L., Thornhill, R., Murray, D. B., & Schaller, M. (2008). Pathogen prevalence predicts human cross-cultural variability in individualism/collectivism. *Proceedings of the Royal Society B, 275*, 1279–1285.

Finkel, E. J. (2017). *The all-or-nothing marriage: How the best marriages work*. New York: Penguin/Random House.

Finkel, E. J. (2019). Complementing the sculpting metaphor: Reflections on how relationship partners elicit the best or the worst in each other. *Review of General Psychology, 23*, 127–132.

Finkel, E. J., Slotter, E. B., Luchies, L. B., Walton, G. M., & Gross, J. J. (2013). A brief intervention to promote conflict-reappraisal preserves marital quality over time. *Psychological Science, 24*, 1595–1601.

Fleeson, W., & Wilt, J. (2010). The relevance of Big Five trait content in behavior to subjective authenticity: Do high levels of within person behavioral variability undermine or enable authenticity achievement? *Journal of Personality, 78*, 1353–1387.

Forsyth, D. R., Kerr, N. A., Burnette, J. L., & Baumeister, R. F. (2007). Attempting to improve the academic performance of struggling college students by bolstering their self-esteem: An intervention that backfired. *Journal of Social and Clinical Psychology, 26*, 447–459.

Fox, F. V., & Staw, B. M. (1979). The trapped administrator: Effects of insecurity and policy resistance upon commitment to a course of action. *Administrative Sciences Quarterly, 24*, 449–471.

Frankfurt, H. G. (1971). Freedom of the will and the concept of a person. *Journal of Philosophy, 68*(1), 127–144.

Fridlund, A. J. (1991). The sociality of solitary smiles: Effects of an implicit audience. *Journal of Personality and Social Psychology, 60*, 229–240.

Friese, M., Frankenbach, J., Job, V., & Loschelder, D. D. (2017). Does self-control training improve self-control?: A meta-analysis. *Perspectives on Psychological Science, 12*, 1077–1099.

Frimer, J. A., Schaefer, N. K., & Oakes, H. (2014). Moral actor, selfish agent. *Journal of Personality and Social Psychology, 106*, 790–802.

Fukuyama, F. (1995). *Trust: The social virtues & the creation of prosperity.* New York: Free Press.

Fukuyama, F. (2011). *The origins of political order: From prehuman times to the French Revolution.* New York: Farrar, Straus & Giroux.

Fukuyama, F. (2018). *Identity: The demand for dignity and the politics of resentment.* New York: Farrar, Straus & Giroux.

Gabriel, M. T., Critelli, J. W., & Ee, J. S. (1994). Narcissistic illusions in self-evaluations of intelligence and attractiveness. *Journal of Personality, 62*, 143–155.

Gabriel, S., & Gardner, W. L. (1999). Are there "his" and "her" types of interdependence?: The implications of gender differences in collective and relational interdependence for affect, behavior, and cognition. *Journal of Personality and Social Psychology, 75*, 642–655.

Gabriel, S., Valenti, J., & Young, A. F. (2016). Social surrogates, social motivations, and everyday activities: The case for a strong, subtle, and sneaky social self. *Advances in Experimental Social Psychology, 53*, 189–243.

Gadamer, H.-G. (1975). *Truth and method* (J. Weinsheimer & G. Marshall, Trans.). New York: Continuum.

Gailliot, M. T., & Baumeister, R. F. (2007). The physiology of willpower: Linking blood glucose to self-control. *Personality and Social Psychology Review, 11*, 303–327.

Gailliot, M. T., Baumeister, R. F., deWall, C. N., Maner, J. K., Plant, E. A., Tice, D. M., . . . Schmeichel, B. J. (2007). Self-control relies on glucose as a limited energy source: Willpower is more than a metaphor. *Journal of Personality and Social Psychology, 92*, 325–336.

Gailliot, M. T., Hildebrandt, B., Eckel, L. A., & Baumeister, R. F. (2010). A theory of limited metabolic energy and premenstrual syndrome symptoms: Increased metabolic demands during the luteal phase divert metabolic resources from and impair self-control. *Review of General Psychology, 14*, 269–282.

Gallagher, S. (2000). Philosophical conceptions of the self: Implications for cognitive science. *Trends in Cognitive Sciences, 4*, 14–21.

Gallup, G. G. (1970). Chimpanzees: Self recognition. *Science, 167*, 86–87.

Gallup, G. G. (1982). Self-awareness and the emergence of mind in primates. *American Journal of Primatology, 2*(3), 237–248.

Garrison, K. E., Finley, A. J., & Schmeichel, B. J. (2019). Ego depletion reduces attention control: Evidence from two high-powered preregistered experiments. *Personality and Social Psychology Bulletin, 45*, 728–739.

Gebauer, J. E., Nehrlich, A. D., Stahlberg, D., Sedikides, C., Hackenschmidt, A., Schick, D., . . . Mander, J. (2018). Mind–body practices and the self: Yoga and meditation do not quiet the ego but instead boost self-enhancement. *Psychological Science, 29*, 1299–1308.

Gilovich, T. (1983). Biased evaluation and persistence in gambling. *Journal of Personality and Social Psychology, 44*, 1110–1126.

Gilovich, T. (1991). *How we know what isn't so*. New York: Free Press.

Gino, F., Sharek, Z., & Moore, D. A. (2011). Keeping the illusion of control under control: Ceilings, floors, and imperfect calibration. *Organizational Behavior and Human Decision Processes, 114*, 104–114.

Glass, D. C., Singer, J. E., & Friedman, L. N. (1969). Psychic cost of adaptation to an environmental stressor. *Journal of Personality and Social Psychology, 12*, 200–210.

Goffman, E. (1959). *The presentation of self in everyday life*. New York: Anchor Books.

Golubickis, M., Falben, J. K., Cunningham, W. A., & Macrae, C. N. (2018). Exploring the self-ownership effect: Separating stimulus and response biases. *Journal of Experimental Psychology: Learning, Memory, and Cognition, 44*, 295–306.

Goodwin, G. P., Piazza, J., & Rozin, P. (2014). Moral character predominates in person perception and evaluation. *Journal of Personality and Social Psychology, 106*(1), 148–168.

Gottfredson, M. R., & Hirschi, T. (1990). *A general theory of crime*. Stanford, CA: Stanford University Press.

Green, J. D., Sedikides, C., Pinter, B., & Van Tongeren, D. R. (2009). Two sides to self-protection: Self-improvement strivings and feedback from close relationships eliminate mnemic neglect. *Self and Identity, 8*, 233–250.

Greenberg, J., Solomon, S., Pyszczynski, T., Rosenblatt, A., Burling, J., Lyon, D., . . . Pinel, E. (1992). Why do people need self-esteem?: Converging evidence that self-esteem serves an anxiety-buffering function. *Journal of Personality and Social Psychology, 63*, 913–922.

Greenwald, A. G. (1980). The totalitarian ego: Fabrication and revision of personal history. *American Psychologist, 35*, 603–618.

Greenwald, A. G., & Banaji, M. R. (1989). The self as a memory system: Powerful, but ordinary. *Journal of Personality and Social Psychology, 57*, 41–54.

Greenwald, A. G., & Banaji, M. R. (1995). Implicit social cognition: Attitudes, self-esteem, and stereotypes. *Psychological Review, 102*, 4–27.

Greenwald, A. G., McGhee, D. E., & Schwartz, J. K. L. (1998). Measuring individual differences in implicit cognition: The Implicit Association Test. *Journal of Personality and Social Psychology, 74*, 1464–1480.

Gregory, B., Peters, L., & Rapee, R. M. (2016). The self in social anxiety. In M. Kyrios, R. Moulding, G. Doron, S. S. Bhar, M. Nedeljkovic, & M. Mikulincer (Eds), *The self in understanding and treating psychological disorders* (pp. 91–101). Cambridge, UK: Cambridge University Press.

Greven, P. (1977). *The Protestant temperament*. New York: Knopf.

Gur, R. C., & Sackeim, H. A. (1979). Self-deception: A concept in search of a phenomenon. *Journal of Personality and Social Psychology, 37*, 147–169.

Gwynne, S. C. (2010). *Empire of the summer moon: Quanah Parker and the rise and fall of the Comanches, the most powerful Indian tribe in American history*. New York: Scribner.

Haidt, J. (2012). *The righteous mind: Why good people are divided by politics and religion*. New York: Pantheon.

Hansen, R. D., & Hansen, C. H. (1988). Repression of emotionally tagged memories: The architecture of less complex emotions. *Journal of Personality and Social Psychology, 55*, 811–818.

Hardin, G. (1968). The tragedy of the commons. *Science, 162*, 1243–1248.

Hardy, C. L., & van Vugt, M. (2006). Nice guys finish first: The competitive altruism hypothesis. *Personality and Social Psychology Bulletin, 32*, 1402–1413.

Hardy, S. A., & Carlo, G. (2011). Moral identity: What is it, how does it develop, and is it linked to moral action? *Child Development Perspectives, 5*, 212–218.

Harris, M. (1974). *Cows, pigs, wars, and witches: The riddles of culture.* New York: Random House.

Harris, M. (1997). *Culture, people, nature.* Boston: Addison-Wesley.

Harris, M. A., & Orth, U. (2020). The link between self-esteem and social relationships: A meta-analysis of longitudinal studies. *Journal of Personality and Social Psychology, 119*, 1459–1477.

Harter, S. (1993). Causes and consequences of low self-esteem in children and adolescents. In R. F. Baumeister (Ed.), *Self-esteem: The puzzle of low self-regard* (pp. 87–116). New York: Plenum Press.

Harter, S. (2012). *The construction of the self: Developmental and sociocultural foundations.* (2nd ed.). New York: Guilford Press.

Haslam, C., Jetten, J., Cruwys, T., Dingle, G., & Haslam, S. A. (Eds.). (2018). *The new psychology of health: Unlocking the social cure.* London: Routledge.

Haslam, S. A., Reicher, S. D., & Platow, M. J. (2010). *The new psychology of leadership: Identity, influence, and power.* London: Psychology Press.

Heatherton, T. F., & Baumeister, R. F. (1991). Binge eating as escape from self-awareness. *Psychological Bulletin, 110*, 86–108.

Heidegger, M. (1927). *Sein und Zeit* [Being and time]. Tubingen, Germany: Max Niemeyer Verlag.

Heine, S. J., Lehman, D. R., Markus, H. R., & Kitayama, S. (1999). Is there a universal need for positive self-regard? *Psychological Review, 106*, 766–794.

Henrich, J. (2018). *The secret of our success.* Princeton, NJ: Princeton University Press.

Henrich, J. (2020). *The WEIRDest people in the world.* New York: Farrar, Straus & Giroux.

Higgins, E. T. (2019). *Shared reality: What makes us strong and tears us apart.* New York: Oxford University Press.

Higgins, E. T., & Rholes, W. S. (1978). "Saying is believing": Effects of message modification on memory and liking for the person described. *Journal of Experimental Social Psychology, 14*, 363–378.

Hofmann, W., Luhmann, M., Fisher, R. R., Vohs, K. D., & Baumeister, R. F. (2014). Yes, but are they happy?: Effects of trait self-control on affective well-being and life satisfaction. *Journal of Personality, 82*, 265–277.

Hofmann, W., Rauch, W., & Gawronski, B. (2007). And deplete us not into temptation: Automatic attitudes, dietary restraint, and self-regulatory resources as determinants of eating behavior. *Journal of Experimental Social Psychology, 43*, 497–504.

Hogan, R. (1973). Moral conduct and moral character: A psychological perspective. *Psychological Bulletin, 79*, 217–232.

Hood, B. (2012). *The self illusion: How the brain creates the self.* Edinburgh, UK: Constable.

Horan, R. D., Bulte, E., & Shogren, J. F (2005). How trade saved humanity from biological exclusion: An economic theory of Neanderthal extinction. *Journal of Economic Behavior and Organization, 58,* 1–29.

Hornsey, M. J. (2008). Social identity theory and self-categorization theory: A historical overview. *Social and Personality Psychology Compass, 2,* 204–222.

Horowitz, M. J., & Sicilia, M. A. (2016). The self in posttraumatic stress disorder. In M. Kyrios, R. Moulding, G. Doron, S. S. Bhar, M. Nedeljkovic, & M. Mikulincer (Eds.), *The self in understanding and treating psychological disorders* (pp. 102–111). Cambridge, UK: Cambridge University Press.

Hull, J. G. (1981). A self-awareness model of the causes and effects of alcohol consumption. *Journal of Abnormal Psychology, 90,* 586–600.

Hume, D. (1739). *A treatise of human nature.* Project Gutenberg.

Humphrey, N. (1986). *The inner eye.* London: Faber & Faber.

Ingram, R. E. (1990). Self-focused attention in clinical disorders: Review and a conceptual model. *Psychological Bulletin, 107,* 156–176.

Ingram, R. E. (1991). Tilting at windmills: A response to Psyzczynski, Greenberg, Hamilton, and Nix. *Psychological Bulletin, 110,* 544–550.

Inzlicht, M., & Schmeichel, B. J. (2012). What is ego depletion?: Toward a mechanistic revision of the resource model of self-control. *Perspectives on Psychological Science, 7,* 450–463.

James, W. (1892/1948). *Psychology: Briefer course.* Cleveland, OH: World.

Janis, I. L. (1972). *Victims of groupthink.* New York: Houghton Mifflin.

Jankowski, M. S. (1991). *Islands in the street: Gangs and American urban society.* Berkeley: University of California Press.

Janoff-Bulman, R. (1989). Assumptive worlds and the stress of traumatic events: Applications of the schema construct. *Social Cognition, 7,* 113–136.

Janoff-Bulman, R. (1992). *Shattered assumptions.* New York: Free Press.

Janus, S., Bess, B., & Saltus, C. (1977) *A sexual profile of men in power.* Englewood Cliffs, NJ: Prentice-Hall.

Jecker, N. S., & Ko, A. L. (2017) Is that the same person?: Case studies in neurosurgery. *American Journal of Bioethics—Neuroscience, 8,* 160–170.

Joiner, T. E., Metalsky, G. I., Katz, J., & Beach, S. R. (1999). Depression and excessive reassurance-seeking. *Psychological Inquiry, 10,* 269–278.

Jones, E. E. (1964). *Ingratiation: A social-psychological analysis.* New York: Appleton-Century-Crofts

Jones, E. E., & Berglas, S. (1978). Control of attributions about the self through self-handicapping strategies: The appeal of alcohol and underachievement. *Personality and Social Psychology Bulletin, 4,* 200–206.

Jones, E. E., & Nisbett, R. E. (1971). *The actor and the observer: Divergent perceptions of the causes of behavior.* Morristown, NJ: General Learning Press.

Jones, E. E., & Wortman, C. (1973). *Ingratiation: An attributional approach.* Morristown, NJ: General Learning Press.

Jones, W. H., Cheek, J. M., & Briggs, S. R. (Eds.). (1986). *Shyness: Perspectives on research and treatment.* New York: Plenum Press.

Jongman-Sereno, K. P., & Leary, M. R. (2019). The enigma of being yourself: A critical examination of the concept of authenticity. *Review of General Psychology, 23*, 133–142.

Kagan, J. (1981). *The second year: The emergence of self-awareness.* Cambridge, MA: Harvard University Press.

Kahneman, D. (2011). *Thinking, fast and slow.* New York: Farrar, Straus & Giroux.

Kahneman, D., Knetsch, J. L., & Thaler, R. H. (1990). Experimental tests of the endowment effect and the Coase theorem. *Journal of Political Economy, 98*, 1325–1348.

Kalm, L. M., & Semba, R. D. (2005). They starved so that others be better fed: Remembering Ancel Keys and the Minnesota experiment. *Journal of Nutrition, 135*, 1347–1352.

Kant, I. (1797/1967) *Kritik der praktischen Vernunft* [Critique of practical reason]. Hamburg, Germany: Felix Meiner Verlag.

Karau, S. J., & Williams, K. D. (1995). Social loafing: Research findings, implications, and future directions. *Current Directions in Psychological Science, 4*, 134–140.

Karlsson, N., Loewenstein, G., & Seppi, D. (2009). The ostrich effect: Selective attention to information. *Journal of Risk and Uncertainty, 38*, 96–115.

Keltner, D., Capps, L., Kring, A. M., Young, R. C., & Heerey, E. A. (2001). Just teasing: A conceptual analysis and empirical review. *Psychological Bulletin, 127*, 229–248.

Kim, Y., & Cohen D. (2010). Information, perspective, and judgments about the self in face and dignity cultures. *Personality and Social Psychology Bulletin, 36*, 537–550.

Kling, K. C., Hyde, J. S., Showers, C. J., & Buswell, B. N. (1999). Gender differences in self-esteem: A meta-analysis. *Psychological Bulletin, 125*, 420–500.

Koltko-Rivera, M. E. (2006). Rediscovering the later version of Maslow's hierarchy of needs: Self-transcendence and opportunities for theory, research, and unification. *Review of General Psychology, 10*, 302–317.

Kross, E. (2009). When the self becomes other: Toward an integrative understanding of the processes distinguishing adaptive self-reflection from rumination. *Values, Empathy and Fairness Across Social Barriers, 1167*, 35–40.

Kross, E., & Ayduk, O. (2011). Making meaning out of negative experiences by self-distancing. *Current Directions in Psychological Science, 20*, 187–191.

Kuhn, M. H., & McPartland, T. (1954). An empirical investigation of self-attitudes. *American Sociological Review, 19*, 68–76.

Kyrios, M., Moulding, R., Doron, G., Bhar, S. S., Nedeljkovic, M., & Mikulincer, M. (Eds.). (2016). *The self in understanding and treating psychological disorders.* Cambridge, UK: Cambridge University Press.

Langer, E. J. (1975). The illusion of control. *Journal of Personality and Social Psychology, 32*, 311–328.

Lasch, C. (1978). *The culture of narcissism: American life in an age of diminishing expectations.* New York: Norton.

Latané, B., Williams, K., & Harkins, S. (1979). Many hands make light the work: The causes and consequences of social loafing. *Journal of Personality and Social Psychology, 37*, 822–832.

Lau, S., Hiemisch, A., & Baumeister, R. F. (2015). The experience of freedom in decisions—Questioning philosophical belief in favor of psychological determinants. *Consciousness and Cognition, 33*, 30–46.

Leary, M. R. (2002). The interpersonal basis of self-esteem. Death, devaluation, or deference? In J. Forgas & K. Williams (Eds.), *The social self* (pp. 143–159). New York: Psychology Press.

Leary, M. R. (2004a). *The curse of the self.* New York: Oxford University Press.

Leary, M. R. (2004b). The function of self-esteem in terror management theory and sociometer theory: Comment on Pyszczynski et al. (2004). *Psychological Bulletin, 130*, 478–482.

Leary, M. R. (2004c). Sociometer theory and the pursuit of relational value: Getting to the root of self-esteem. *European Review of Social Psychology, 16*, 75–111.

Leary, M. R. (2012). *Sociometer theory.* In P. A. M. Van Lange, A. W. Kruglanski, & E. T. Higgins (Eds.), *Handbook of theories of social psychology* (pp. 151–159). London: SAGE.

Leary, M. R., & Kowalski, R. (1995). *Social anxiety.* New York: Guilford Press.

Leary, M. R., Tambor, E. S., Terdal, S. K., & Downs, D. L. (1995). Self-esteem as an interpersonal monitor: The sociometer hypothesis. *Journal of Personality and Social Psychology, 68*, 518–530.

Leary, M. R., Tchividjian, L. R., & Kraxberger, B. E. (1994). Self-presentation can be hazardous to your health: Impression management and health risk. *Health Psychology, 13*, 461–470.

Leimgruber, K. L., Shaw, A., Santos, L. R., & Olson, K. R. (2012). Young children are more generous when others are aware of their actions. *PLoS ONE, 7*, 1–8.

Leitan, N. D. (2016). The self in bipolar disorder. In M. Kyrios, R. Moulding, G. Doron, S. S. Bhar, M. Nedeljkovic, & M. Mikulincer (Eds), *The self in understanding and treating psychological disorders* (pp. 82–90). Cambridge, UK: Cambridge University Press.

Lerner, J. S., & Tetlock, P. E. (1999). Accounting for the effects of accountability. *Psychological Bulletin, 125*, 255–275.

Lerner, J. S., & Tetlock, P. E. (2003) Bridging individual, interpersonal, and institutional approaches to judgment and decision making: The impact of accountability on cognitive bias. In J. Lerner & P. Tetlock (Eds.), *Emerging perspectives on judgment and decision research* (pp. 431–457). New York: Cambridge University Press.

Lester, D. (2015). *On multiple selves.* Rutgers, NJ: Transaction.

Levine, J. M., & Moreland, R. L. (1990) Progress in small group research. *Annual Review of Psychology, 41*, 585–634.

Levinson, D. J. (1978). *The seasons of a man's life.* New York: Ballantine.

Lifton, R. J. (1967). *Death in life.* New York: Simon & Schuster.

Linder, D. E., Cooper, J., & Jones, E. E. (1967). Decision freedom as a determinant of the role of incentive magnitude in attitude change. *Journal of Personality and Social Psychology, 6*, 245–254.

Linville, P. W. (1985). Self-complexity and affective extremity: Don't put all your eggs in one cognitive basket. *Social Cognition, 3*, 94–120.

Linville, P. W. (1987). Self-complexity as a cognitive buffer against stress-related illness and depression. *Journal of Personality and Social Psychology, 52*, 663–676.

Linville, P. W., & Jones, E. E. (1980). Polarized appraisals of out-group members. *Journal of Personality and Social Psychology, 38,* 689–703.

Liotti, G., & Farina, B. (2016). Painful incoherence: The self in borderline personality disorder. In M. Kyrios, R. Moulding, G. Doron, S. S. Bhar, M. Nedeljkovic, & M. Mikulincer (Eds.), *The self in understanding and treating psychological disorders* (pp.169–178). Cambridge, UK: Cambridge University Press.

"Look out, Vegas." (2000, July 15). *The Economist,* pp. 30–31.

Lord, C. G., & Saenz, D. S. (1985). Memory deficits and memory surfeits: Differential cognitive consequences of tokenism for tokens and observers. *Journal of Personality and Social Psychology, 49,* 918–926.

Luyten, P., & Fonagy, P. (2016). The self in depression. In M. Kyrios, R. Moulding, G. Doron, S. S. Bhar, M. Nedeljkovic, & M. Mikulincer (Eds.), *The self in understanding and treating psychological disorders* (pp. 71–81). Cambridge, UK: Cambridge University Press.

MacIntyre, A. (1981). *After virtue.* Notre Dame, IN: University of Notre Dame Press.

Mahadevan, N., Gregg, A. P., & Sedikides, C. (2019). Is self-regard a sociometer or a hierometer?: Self-esteem tracks status and inclusion, narcissism tracks status. *Journal of Personality and Social Psychology, 116,* 444–466.

Malle, B. F. (2006). The actor–observer asymmetry in attribution: A (surprising) meta-analysis. *Psychological Bulletin, 132,* 895–919.

Malouf, E. T., Schaefer, K. E., Witt, E. A., Moore, K. E., Stuewig, J., & Tangney, J. P. (2014). The Brief Self-Control Scale predicts jail inmates' recidivism, substance dependence, and post-release adjustment. *Personality and Social Psychology Bulletin, 40,* 334–347.

Marcus-Newhall, A., Pedersen, W. C., Carlson, M., & Miller, N. (2000). Displaced aggression is alive and well: A meta-analytic review. *Journal of Personality and Social Psychology, 78,* 670–689.

Markus, H. R. (1977). Self-schemata and processing information about the self. *Journal of Personality and Social Psychology, 35,* 63–78.

Markus, H. R., & Kitayama, S. (1991). Culture and the self: Implications for cognition, emotion, and motivation. *Psychological Review, 98,* 224–253.

Marsh, H. W. (2006). *Self-concept theory, measurement and research into practice: The role of self-concept in educational psychology.* Leicester, UK: British Psychological Society.

Marsh, H. W. (2016) Cross-cultural generalizability of year in school effects: Negative effects of acceleration and positive effects of retention on academic self-concept. *Journal of Educational Psychology, 108,* 256–273.

Marsh, H. W., & Craven, R. G. (2006). Reciprocal effects of self-concept and performance from a multidimensional perspective: Beyond seductive pleasure and unidimensional perspectives. *Perspeectives on Psychological Science, 1,* 133–163.

Marsh, H. W., Pekrun, R., Parker, P. D., Murayama, K., Guo, J., Dicke, T., & Lichtenfeld, S. (2017). Long-term positive effects of repeating a year in school: Six-year longitudinal study of self-beliefs, anxiety, social relations, school grades, and test scores. *Journal of Educational Psychology, 109,* 425–438.

Marsh, H. W., Trautwein, U., Lüdtke, O., Köller, O., & Baumert, J. (2006).

Integration of multidimensional self-concept and core personality constructs: Construct validation and relations to well-being and achievement. *Journal of Personality, 74,* 403–455.

Martin, A. S., Sinacuer, M., Madi, A., Tompson, S., Maddux, W. M., & Kitayama, S. (2018). Self-assertive interdependence in Arab culture. *Nature Human Behavior, 2,* 830–837.

Maslow, A. H. (1968). *Toward a psychology of being.* New York: Wiley.

Mazar, N., Amir, O., & Ariely, D. (2008). The dishonesty of honest people: A theory of self-concept maintenance. *Journal of Marketing Research, 45,* 633–644.

McAdams, D. P. (2001). The psychology of life stories. *Review of General Psychology, 5,* 100–122.

McAdams, D. P. (2013). The psychological self as actor, agent, and author. *Perspectives on Psychological Science, 8,* 272–295.

McAdams, D. P. (2019). "First we invented stories, then they changed us": The evolution of narrative identity. *Evolutionary Studies in Imaginative Culture, 3,* 1–18.

McArdle, M. (2011, August 9). British looters are still "queuing up" as they wait their turn to rob abandoned stores. *Business Insider.*

McGuigan, N., Whiten, A., Flynn, E., & Horner, V. (2007) Imitation of causally opaque versus causally transparent tool use by 3- and 5-year-old children. *Cognitive Development, 22,* 353–364.

McGuire, W. J., McGuire, C. V., Child, P., & Fujioka, T. (1978). Salience of ethnicity in the spontaneous self-concept as a function of one's ethnic distinctiveness in the social environment. *Journal of Personality and Social Psychology, 36,* 511–520.

McGuire, W. J., McGuire, C. V., & Winton, W. (1979). Effects of household sex composition on the salience of one's gender in the spontaneous self-concept. *Journal of Experimental Social Psychology, 15,* 77–90.

McNulty, J. K. (2011). The dark side of forgiveness: The tendency to forgive predicts continued psychological and physical aggression in marriage. *Personality and Social Psychology Bulletin, 37,* 770–783.

Mead, G. H. (1934). *Mind, self, and society.* Chicago: University of Chicago Press.

Meehl, P. E. (1956). Wanted—a good cookbook. *American Psychologist, 11,* 263–272.

Mezulis, A. H., Abramson, L. Y., Hyde, J. S., & Hanking, B. L. (2004). Is there a universal positivity bias in attributions?: A meta-analytic review of individual, developmental, and cultural differences in the self-serving attributional bias. *Psychological Bulletin, 130,* 711–747.

Miller, D. T., Turnbull, W., & McFarland, C. (1988). Particularistic and universalistic evaluation in the social comparison process. *Journal of Personality and Social Psychology, 55,* 908–917.

Mintz, S. (2004). *Huck's raft: A history of American childhood.* Cambridge, MA: Harvard University Press.

Mischel, W. (1968/1996). *Personality and assessment.* Hillsdale, NJ: Erlbaum.

Mischel, W., Shoda, Y., & Peake, P. K. (1988). The nature of adolescent competencies predicted by preschool delay of gratification. *Journal of Personality and Social Psychology, 54*, 687–696.

Moffett, M. W. (2019). *The human swarm: How our societies arise, thrive, and fall*. New York: Basic Books.

Moffitt, T. E., Arseneault, L., Belsky, D., Dickson, N., Hancox, R. J., Harrington, H., . . . Caspi, A. (2011). A gradient of childhood self-control predicts health, wealth, and public safety. *Proceedings of the National Academy of Sciences USA, 108*, 2693–2698.

Molnar-Szakacs, I., & Uddin, L. Q. (2016). The self in autism. In M. Kyrios, R. Moulding, G. Doron, S. S. Bhar, M. Nedeljkovic, & M. Mikulincer (Eds.), *The self in understanding and treating psychological disorders* (pp. 144–157). Cambridge, UK: Cambridge University Press.

Monroe, A. E., & Malle, B. F. (2010). From uncaused will to conscious choice: The need to study, not speculate about people's folk concept of free will. *Review of Philosophy and Psychology, 1*, 211–224.

Monroe, A. E., & Malle, B. F. (2014). Free will without metaphysics. In A. Mele (Ed.), *Surrounding free will: Philosophy, psychology, neuroscience* (pp. 25–48). New York: Oxford University Press.

Monson, T., Tanke, E., & Lund, J. (1980). Determinants of social perception in a naturalistic setting. *Journal of Research in Personality, 14*, 104–120.

Moore, B. (1984) *Privacy: Studies in social and cultural history*. New York: Routledge.

Moore, K. E., Christian, M. A., Boren, E. A., & Tangney, J. P. (2017). A clinical psychological perspective on hyper- and hypo-egoicism: Symptoms, treatment, and therapist characteristics. In K. W. Brown & M. Leary (Eds.), *Oxford handbook of hypo-egoic phenomena* (pp. 95–105). New York: Oxford University Press.

Morf, C. C., & Rhodewalt, F. (2001). Unraveling the paradoxes of narcissism: A dynamic self-regulatory processing model. *Psychological Inquiry, 12*, 177–196.

Morling, B., & Epstein, S. (1997). Compromises produced by the dialectic between self-verification and self-enhancement. *Journal of Personality and Social Psychology, 73*, 1268–1283.

Moss, S. (2016). *Self-affirmation theory*. SICO Tests.

Moulding, R., Mancuso, S. G., Rehm, I., & Nedeljkovic, M. (2016). The self in the obsessive-compulsive-related disorders: Hoarding disorder, body dysmorphic disorder, and trichotillomania. In M. Kyrios, R. Moulding, G. Doron, S. S. Bhar, M. Nedeljkovic, & M. Mikulincer (Eds.), *The self in understanding and treating psychological disorders* (pp. 123–133). Cambridge, UK: Cambridge University Press.

Mullen, B., Johnson, C., & Salas, E. (1991). Productivity loss in brainstorming groups: A meta-analytic integration. *Basic and Applied Social Psychology, 12*, 3–23.

Mullen, E., & Monin, B. (2016). Consistency versus licensing effects of past moral behavior. *Annual Review of Psychology, 67*, 363–385.

Muraven, M., Shmueli, D., & Burkley, E. (2006). Conserving self-control strength. *Journal of Personality and Social Psychology, 91*, 524–537.

Muraven, M., & Slessareva, E. (2003). Mechanism of self-control failure: Motivation and limited resources. *Personality and Social Psychology Bulletin, 29*, 894–906.

Murphy, J. M., Wehler, C. A., Pagano, M. E., Little, M., Kleinman, R. F., & Jellinek, M. S. (1998). Relationship between hunger and psychosocial functioning in low-income American children. *Journal of the American Academy of Child & Adolescent Psychiatry, 37*, 163–170.

Murray, S. L., Derrick, J. L., Leder, S., & Holmes, J. G. (2008). Balancing connectedness and self-protection goals in close relationships: A levels-of-processing perspective on risk regulation. *Journal of Personality and Social Psychology, 94*, 429–459.

Murray, S. L., & Holmes, J. G. (1997). A leap of faith?: Positive illusions in romantic relationships. *Personality and Social Psychology Bulletin, 23*, 586–604.

Murray, S. L., Holmes, J. G., & Collins, N. L. (2006). Optimizing assurance: The risk regulation system in relationships. *Psychological Bulletin, 132*, 641–666.

Murray, S. L., Holmes, J. G., & Griffin, D. W. (1996a). The benefits of positive illusions: Idealization and the construction of satisfaction in close relationships. *Journal of Personality and Social Psychology, 70*, 79–98.

Murray, S. L., Holmes, J. G., & Griffin, D. W. (1996b). The self-fulfilling nature of positive illusions in romantic relationships: Love is not blind, but prescient. *Journal of Personality and Social Psychology, 71*, 1155–1180.

Murray, S. L., Rose, P., Bellavia, G. M., Holmes, J. G., & Kusche, A. G. (2002). When rejection stings: How self-esteem constrains relationship, enhancement processes. *Journal of Personality and Social Psychology, 83*, 556–573.

Nagell, K., Olguin, R. S., & Tomasello, M. (1993). Processes of social learning in the tool use of chimpanzees *(Pan troglodytes)* and human children *(Homo sapiens)*. *Journal of Comparative Psychology, 107*, 174–186.

Neal, D. T., Wood, W., & Drolet, A. (2013). How do people adhere to goals when willpower is low?: The profits (and pitfalls) of strong habits. *Journal of Personality and Social Psychology, 104*, 959–975.

Nelson, B., Sass, L. A., & Parnas, J. (2016). Basic self disturbances in the schizophrenia spectrum: A review and future directions. In M. Kyrios, R. Moulding, G. Doron, S. S. Bhar, M. Nedeljkovic, & M. Mikulincer (Eds.), *The self in understanding and treating psychological disorders* (pp. 158–168). Cambridge, UK: Cambridge University Press.

Newman, L. S., & Baumeister, R. F. (1996). Toward an explanation of the UFO abduction phenomenon: Hypnotic elaboration, extraterrestrial sadomasochism, and spurious memories. *Psychological Inquiry, 7*, 99–126.

Newman, L. S., Duff, K. J., & Baumeister, R. F. (1997). A new look at defensive projection: Thought suppression, accessibility, and biased person perception. *Journal of Personality and Social Psychology, 72*, 980–1001.

Nichols, S., Strohminger, N., Rai, A., & Garfield, J. (2018). Death and the self. *Cognitive Science, 42*, 1–19.

Nielsen, M., Mushin, I., Tomaselli, K., & Whiten, A. (2014). Where culture takes hold: "Overimitation" and its flexible deployment in Western, Aboriginal, and Bushmen children. *Child Development, 85*, 2169–2184.

Nielsen, M., & Tomaselli, K. (2010). Overimitation in Kalahari Bushman children and the origins of human cultural cognition. *Psychological Science, 21*, 729–736.

Nisbet, R. (1973). *The social philosophers: Community and conflict in Western thought.* New York: Crowell.

Nisbett, R. E., & Wilson, T. D. (1977). Telling more than we can know: Verbal reports on mental processes. *Psychological Review, 84*, 231–259.

Norenzayan, A. (2013). *Big gods: How religion transformed cooperation and conflict.* Princeton, NJ: Princeton University Press.

Norenzayan, A., & Heine, S. J. (2005). Psychological universals: What are they and how can we know? *Psychological Bulletin, 131*, 763–784.

Norenzayan, A., Shariff, A. F., Gervais, W. M., Willard, A. K., McNamara, R. A., Slingerland, E., & Henrich, J. (2016). The cultural evolution of prosocial religions. *Behavioral and Brain Sciences, 39*, e1.

Olson, M. A., Fazio, R. H., & Hermann, A. D. (2007). Reporting tendencies underlie discrepancies between implicit and explicit measures of self-esteem. *Psychological Science, 18*, 287–291.

Olweus, D. (1994). Bullying at school: Long-term outcomes for the victims and an effective school-based intervention program. In L. R. Huesmann (Ed.), *Aggressive behavior: Current perspectives* (pp. 97–130). New York: Plenum Press.

O'Mara, E. M., Gaertner, L., Sedikides, C., Zhou, X., & Liu, Y. (2012). A longitudinal- experimental test of the panculturality of self-enhancement: Self-enhancement promotes psychological well-being both in the West and the East. *Journal of Research in Personality, 46*, 157–163.

Orth, U., Robins, R. W., & Widaman, K. F. (2012). Life-span development of self-esteem and its effects on important life outcomes. *Journal of Personality and Social Psychology, 102*, 1271–1288.

Oyegbile, T. O., & Marler, C. A. (2005). Winning fights elevates testosterone levels in California mice and enhances future ability to win fights. *Hormones and Behavior, 48*, 259–267.

Paolini, S., Harwood, J., & Rubin, M. (2010). Negative intergroup contact makes group memberships salient: Explaining why intergroup conflict endures. *Personality and Social Psychology Bulletin, 36*, 1723–1738.

Park, J. H., & Schaller, M. (2009). Parasites, minds and cultures. *The Psychologist, 22*, 942–945.

Paulhus, D. L. (1998). Interpersonal and intrapsychic adaptiveness of trait self-enhancement: A mixed blessing? *Journal of Personality and Social Psychology, 74*, 1197–1208.

Paulson, S., Flanagan, O., Bloom, P., & Baumeister, R. F. (2011). Quid pro quo: The ecology of the self. *Annals of the New York Academy of Sciences, 1234*, 29–43.

Peale, N. V. (1952). *The power of positive thinking.* New York Prentice-Hall.

Pettigrew, T. F., & Tropp, L. R. (2006). A meta-analytic test of intergroup contact theory. *Journal of Personality and Social Psychology, 90*, 751–783.

Phillips, J., & Cushman, F. (2017). Morality constrains the default representation of what is possible. *Proceedings of the National Academy of Sciences, 114*, 4649–4654.

Pinker, S. (1997). *How the mind works.* New York: Norton.

Pipher, M. (1994). *Reviving Ophelia: Saving the selves of adolescent girls.* New York: Riverhead.

Pocheptsova, A., Amir, O., Dhar, R., & Baumeister, R. (2009). Deciding without resources: Resource depletion and choice in context. *Journal of Marketing Research, 46,* 344–355.

Povinelli, D. J., & Cant, J. G. H. (1995). Arboreal clambering and the evolution of self-conception. *Quarterly Review of Biology, 70,* 393–421.

Pratt, T. C., & Cullen, F. T. (2000). The empirical status of Gottfredson and Hirschi's general theory of crime: A meta-analysis. *Criminology, 38,* 931–964.

Pryor, J. B., Gibbons, F. X., Wicklund, R. A., Fazio, R. H., & Hood, R. (1977). Self-focused attention and self-report validity. *Journal of Personality, 45,* 514–527.

Pyszczynski, T., Greenberg, J., Hamilton, J., & Nix, G. (1991). On the relationship between self-focused attention and psychological disorder: A critical reappraisal. *Psychological Bulletin, 110,* 538–543.

Pyszczynski, T., Greenberg, J., & Solomon, S. (1997). Why do we need what we need?: A terror management perspective on the roots of human social motivation. *Psychological Inquiry, 8,* 1–20.

Quattrone, G. (1976). *They look alike, they act alike, they think alike—we don't.* Unpublished master's thesis, Duke University.

Rafaeli-Mor, E., & Steinberg, J. (2002). Self-complexity and well-being: A review and research synthesis. *Personality and Social Psychology Review, 6,* 31–58.

Redshaw, J., & Suddendorf, T. (2016). Children's and apes' preparatory responses to two mutually exclusive possibilities. *Current Biology, 26,* 1758–1762.

Ridley, M. (2020) *How innovation works.* New York: HarperCollins.

Righetti, F., & Finkenauer, C. (2011). If you are able to control yourself, I will trust you: The role of perceived self-control in interpersonal trust. *Journal of Personality and Social Psychology, 100,* 874–886.

Ritter, M. (1995, August 27). Psychology: Small study of college students finds a paucity of veracity: And they lie even more to strangers than to friends and family. *Los Angeles Times.*

Rivera, G. N., Christy, A. G., Kim, J., Vess, M., Hicks, J. A., & Schlegel, R. J. (2019). Understanding the relationship between perceived authenticity and well-being. *Review of General Psychology, 23,* 113–126.

Robertson, I. (2013). *The winner effect: How power affects your brain.* New York: Bloomsbury.

Robins, R., & Trzesniewski, K. (2005). Self-esteem development across the lifespan. *Current Directions in Psychological Science, 14,* 158–162.

Robson, D. A., Allen, M. S., & Howard, S. J. (2020). Self-regulation in childhood as predictor of future outcomes: A meta-analytic review. *Psychological Bulletin, 146,* 324–354.

Rogers, T. B., Kuiper, N. A., & Kirker, W. S. (1977). Self-reference and the encoding of personal information. *Journal of Personality and Social Psychology, 35,* 677–688.

Ronay, R., & von Hippel, W. (2010). The presence of an attractive woman elevates testosterone and physical risk taking in young men. *Social Psychological and Personality Science, 1,* 57–64.

Röseler, L., Ebert, J., Schütz, A., & Baumeister, R. F. (2021). The upsides and downsides of high self-control: Evidence for effects of similarity and situation dependency. *Europe's Journal of Psychology, 17,* 1–15.

Rosenberg, M. (1979). *Conceiving the self.* New York: Basic Books.

Rothbaum, F., Weisz, J. R., & Snyder, S. S. (1982). Changing the world and changing the self: A two-process model of perceived control. *Journal of Personality and Social Psychology, 42,* 5–37.

Rounds, J., & Su, R. (2014). The nature and power of interests. *Current Directions in Psychological Science, 23,* 98–103.

Rusbult, C. E., Finkel, E. J., & Kumashiro, M. (2009). The Michelangelo phenomenon. *Current Directions in Psychological Science, 18,* 305–308.

Ryan, R. M., & Deci, E. L. (2017). *Self-determination theory.* New York: Guilford Press.

Ryan, W. S., & Ryan, R. M. (2019). Toward a social psychology of authenticity: Exploring within-person variation in autonomy, congruence, and genuineness using self-determination theory. *Review of General Psychology, 23,* 99–112.

Sackeim, H. A., & Gur, R. C. (1979). Self-deception, other-deception, and self-reported psychopathology. *Journal of Consulting and Clinical Psychology, 47,* 213–215.

Sackett, D. L., & Snow, J. C. (1979). The magnitude of compliance and noncompliance. In R. Haynes, D. Taylor, & D. Sackett (Eds.), *Compliance in health care* (pp. 11–22). Baltimore: Johns Hopkins University Press.

Sande, G. N., Goethals, G. R., & Radloff, C. E. (1988). Perceiving one's own traits and others': The multifaceted self. *Journal of Personality and Social Psychology, 54,* 13–20.

Santos, H. C., Varnum, M. E. W., & Grossman, I. (2017). Global increases in individualism. *Psychological Science, 28,* 1228–1239.

Sartre, J.-P. (1953). *The existential psychoanalysis* (H. E. Barnes, Trans.). New York: Philosophical Library.

Sartre, J.-P. (1974). *Being and nothingness.* Secaucus, NJ: Citadel. (Original work published 1943)

Scarry, E. (1985). *The body in pain: The making and unmaking of the world.* New York: Oxford University Press.

Schäfer, M., Haun, D. B., & Tomasello, M. (2015). Fair is not fair everywhere. *Psychological Science, 26,* 1252–1260.

Scheirer, M. A., & Kraut, R. E. (1979). Increased educational achievement via self-concept change. *Review of Educational Research, 49,* 131–150.

Schlegel, R. J., Hicks, J. A., Davis, W. E., Hirsch, K. A., & Smith, C. M. (2013). The dynamic interplay between perceived true self-knowledge and decision satisfaction. *Journal of Personality and Social Psychology, 104,* 542–558.

Schlenker, B. R. (1975). Self-presentation: Managing the impression of consistency when reality interferes with self-enhancement. *Journal of Personality and Social Psychology, 32,* 1030–1037.

Schlenker, B. R. (1980). *Impression management: The self-concept, social identity, and interpersonal relations.* Monterey, CA: Brooks/Cole.

Schlenker, B. R. (1982). Translating actions into attitudes: An identity-analytic approach to the explanation of social conduct. *Advances in Experimental Social Psychology, 15,* 193–247.

Schmeichel, B. J., Garrison, K. E., Baldwin, C., & Baumeister, R. F. (in press). Making memorable choices: The self-choice effect in memory and the role of executive control. *Self and Identity.*

Schmeichel, B. J., Vohs, K. D., & Baumeister, R. F. (2003). Intellectual performance and ego depletion: Role of the self in logical reasoning and other information processing. *Journal of Personality and Social Psychology, 85*, 33–46.

Scully, D. (1990). *Understanding sexual violence.* London: HarperCollins Academic.

Searle, J. R. (2001). *Rationality in action.* Cambridge, MA: MIT Press.

Sedikides, C. (1993). Assessment, enhancement, and verification determinants of the self-evaluation process. *Journal of Personality and Social Psychology, 65*, 317–338.

Sedikides, C., Gaertner, L., & Toguchi, Y. (2003). Pancultural self-enhancement. *Journal of Personality and Social Psychology, 84*(1), 60–70.

Sedikides, C., Gaertner, L., & Vevea, J. L. (2005). Pancultural self-enhancement reloaded: A meta-analytic reply to Heine (2005). *Journal of Personality and Social Psychology, 89*(4), 539–551.

Sedikides, C., & Gregg, A. P. (2008). Self-enhancement: Food for thought. *Perspectives on Psychologcal Science, 3*, 102–116.

Sedikides, C., Lenton, A. P., Slabu, L., & Thomaes, S. (2019). Sketching the contours of state authenticity. *Review of General Psychology, 23*, 73–88.

Sedikides, C., Meek, R., Alicke, M. D., & Taylor, S. (2014). Behind bars but above the bar: Prisoners consider themselves more prosocial than non-prisoners. *British Journal of Social Psychology, 53*, 396–403.

Sedlovskaya, A., Purdie-Vaughns, V., Eibach, R. P., LaFrance M., Romero-Canyas, R., & Camp, N. P. (2013). Internalizing the closet: Concealment heightens the cognitive distinction between public and private selves. *Journal of Personality and Social Psychology, 104*, 695–715.

Seligman, M. E. P. (1995). *What you can change . . . and what you can't.* New York: Knopf.

Sennett, R. (1974). *The fall of public man.* New York: Random House.

Shapiro, J. P., Baumeister, R. F., & Kessler, J. W. (1991). A three-component model of children's teasing: Aggression, humor, and ambiguity. *Journal of Social and Clinical Psychology, 10*, 459–472.

Shaw, A., DeScioli, P., & Olson, K. R. (2012). Fairness versus favoritism in children. *Evolution and Human Behavior, 33*, 736–745.

Shaw, A., Montinari, N., Piovesan, M., Olson, K. R., Gino, F., & Norton, M. I. (2014). Children develop a veil of fairness. *Journal of Experimental Psychology: General, 143*, 363–375.

Sherman, D. K. (2013). Self-affirmation: Understanding the effects. *Social and Personality Psychology Compass, 7*, 834–845.

Sherman, D. K., & Cohen, G. L. (2006). The psychology of self-defense: Self-affirmation theory. *Advances in Experimental Social Psychology, 38*, 183–242.

Shmueli, D., & Prochaska, J. J. (2009). Resisting tempting food and smoking behavior: Implications from a self-control theory perspective. *Health Psychology, 28*, 300–306.

Shoda, Y., Mischel, W., & Peake, P. K. (1990). Predicting adolescent cognitive and self-regulatory competencies from preschool delay of gratification: Identifying diagnostic conditions. *Developmental Psychology, 26*, 978–986.

Showers, C. J. (1992). Compartmentalization of positive and negative self-knowledge: Keeping bad apples out of the bunch. *Journal of Personality and Social Psychology, 62*, 1036–1049.

Showers, C. J., Thomas, J. S., & Grundy, C. S. (2017). Defensive self-structure predicts unethical behavior. Unpublished manuscript, University of Oklahoma.

Shrauger, J. S. (1975). Responses to evaluation as a function of initial self-perceptions. *Psychological Bulletin, 82*, 581–596.

Shrauger, J. S., & Schoeneman, T. J. (1979). Symbolic interactionist view of self-concept: Through the looking glass darkly. *Psychological Bulletin, 86*, 549–573.

Shteynberg, G. (2015). Shared attention. *Perspectives on Psychological Science, 10*, 579–590.

Sicherman, N., Loewenstein, G., Seppi, D. J., & Utkus, S. P. (2015). Financial attention. *Review of Financial Studies, 29*, 863–897.

Simonson, I. (1989). Choice based on reasons: The case of attraction and compromise effects. *Journal of Consumer Research, 16*, 158–174.

Sjåstad, H., & Baumeister, R. F. (2018). The future and the will: Planning requires self-control, and ego depletion leads to planning aversion. *Journal of Experimental Social Psychology, 76*, 127–141.

Sjåstad, H., & Baumeister, R. F. (2019). Moral self-judgment is stronger for future than past actions. *Motivation and Emotion, 43*, 662–680.

Smith, A. (1776/1991). *The wealth of nations.* New York: Knopf.

Snyder, C. R., & Fromkin, H. L. (1977). Abnormality as a positive characteristic: The development and validation of a scale measuring need for uniqueness. *Journal of Abnormal Psychology, 86*, 518–527.

Sparks, S., Cunningham, S. J., & Kritikos, A. (2016). Culture modulates implicit ownership-induced self-bias in memory. *Cognition, 153*, 89–98.

Sprecher, S. (1999). "I love you more today than yesterday": Romantic partners' perceptions of changes in love and related affect over time. *Journal of Personality and Social Psychology, 76*, 46–53.

Staras, S. A. S., Livingston, M. D., & Wagenaar, A. C. (2016). Maryland alcohol sales tax and sexually transmitted diseases. *American Journal of Preventive Medicine, 50*, E73–E80.

Stasser, G. (1999). The uncertain role of unshared information in collective choice. In J. M. Levine, L. L. Thompson, & D. M. Messick (Eds.), *Shared cognition in organizations: The management of knowledge* (pp. 49–69). Mahwah, NJ: Erlbaum.

Stasser, G., & Titus, W. (1985). Pooling of unshared information in group decision making: Biased information sampling during discussion. *Journal of Personality and Social Psychology, 48*, 1467–1478.

Staw, B. M. (1976). Knee-deep in the big muddy: A study of escalating commitment to a chosen course of action. *Organizational Behavior and Human Performance, 16*, 27–44.

Steele, C. M. (1988). The psychology of self-affirmation: Sustaining the integrity of the self. In L. Berkowitz (Ed.), *Advances in experimental social psychology* (Vol. 21, pp. 261–302). New York: Academic Press.

Stillman, T. F., Baumeister, R. F., & Mele, A. R. (2011). Free will in everyday life: Autobiographical accounts of free and unfree actions. *Philosophical Psychology, 24*, 381–394.

Stinson, D. A., Logel, C., Zanna, M. P., Holmes, J. G., Cameron, J. J., Wood, J. V., & Spencer, S. J. (2008). The cost of lower self-esteem: Testing a self- and social-bonds model of health. *Journal of Personality and Social Psychology, 94*, 412–428.

Stipek, D., Recchia, S., McClintic, S., & Lewis, M. (1992). Self-evaluation in young children. *Monographs of the Society for Research in Child Development, 57*(1), 1–95.

Strohminger, N., & Nichols, S. (2014). The essential moral self. *Cognition, 131*, 159–171.

Strohminger, N., & Nichols, S. (2015). Neurodegeneration and identity. *Psychological Science, 26*, 1469–1479.

Su, R., Rounds, J., & Armstrong, P. I. (2009). Men and things, women and people: A meta-analysis of sex differences in interests. *Psychological Bulletin, 135*, 859–884.

Suddendorf, T. (2013). *The gap: What separates us from other animals.* New York: Basic Books.

Suddendorf, T., & Collier-Baker, E. (2009). The evolution of primate visual self-recognition: evidence of absence in lesser apes. *Proceedings of the Royal Society, 276*, 1671–1677.

Sugiyama, L. S. (2004). Illness, injury, and disability among Shiwiar forager-horticulturalists: Implications of health-risk buffering for the evolution of human life history. *American Journal of Physical Anthropology, 123*, 371–389.

Sullivan, H. S. (1955). *The interpersonal theory of psychiatry.* New York: Tavistock.

Surowiecki, J. (2004). *The wisdom of crowds.* New York: Anchor.

Svenson, O. (1981). Are we all less risky and more skillful than our fellow drivers? *Acta Psychologica, 47*, 143–148.

Swann, W. B. (1985). The self as architect of social reality. In B. R. Schlenker (Ed.), *The self and social life* (pp. 100–125). New York: McGraw-Hill.

Swann, W. B. (1987). Identity negotiation: Where two roads meet. *Journal of Personality and Social Psychology, 53*, 1038–1051.

Swann, W. B., Griffin, J. J., Predmore, S. C., & Gaines, B. (1987). The cognitive-affective crossfire: When self-consistency confronts self-enhancement. *Journal of Personality and Social Psychology, 52*, 881–889.

Swann, W. B., Hixon, J. G., Stein-Seroussi, A., & Gilbert, D. T. (1990). The fleeting gleam of praise: Cognitive processes underlying behavioral reactions to self-relevant feedback. *Journal of Personality and Social Psychology, 59*, 17–26.

Swartz, K. B., Sara, D., & Evans, S. (1999). Comparative aspects of mirror self-recognition in great apes. In S. T. Parker, R. W. Mitchell, & M. L. Boccia (Eds.), *The mentalities of gorillas and orangutans* (pp. 283–294). Cambridge, UK: Cambridge University Press.

Sweeny, K., & Krizan, Z. (2013). Sobering up: A quantitative review of temporal declines in expectations. *Psychological Bulletin, 139*, 702–724.

Tajfel, H. (Ed.). (1978). *Differentiation between social groups: Studies in the social psychology of intergroup relations.* London: Academic Press.

Tajfel, H., & Turner, J. C. (1979). An integrative theory of intergroup conflict. In W. G. Austin & S. Worchel (Eds.), *The social psychology of intergroup relations* (pp. 33–47). Monterey, CA: Brooks/Cole.

Tamir, D. I., & Mitchell, J. P. (2012). Disclosing information about the self is intrinsically rewarding. *PNAS, 109*, 8038–8043.

Tangney, J. P., Baumeister, R. F., & Boone, A. L. (2004). High self-control predicts good adjustment, less pathology, better grades, and interpersonal success. *Journal of Personality, 72,* 271–322.

Taylor, K. M., & Shepperd, J. A. (1998). Bracing for the worst: Severity, testing, and feedback timing as moderators of optimistic bias. *Personality and Social Psychology Bulletin, 24,* 915–926.

Taylor, S. E. (1983). Adjustment to threatening events: A theory of cognitive adaptation. *American Psychologist, 38,* 1161–1173.

Taylor, S. E., & Brown, J. D. (1988). Illusion and well-being: A social psychological perspective on mental health. *Psychological Bulletin, 103,* 193–210.

Taylor, S. E., Neter, E., & Wayment, H. A. (1995). Self-evaluation processes. *Personality and Social Psychology Bulletin, 21,* 1278–1287.

Tedeschi, J. T., Schlenker, B. R., & Bonoma, T. V. (1971). Cognitive dissonance: Private ratiocination or public spectacle? *American Psychologist, 26,* 685–695.

Tenney, E. R., Logg, J. M., & Moore, D. A. (2015). (Too) optimistic about optimism: The belief that optimism improves performance. *Journal of Personality and Social Psychology, 108,* 377–399.

Tesser, A., & Moore, J. (1986). On the convergence of public and private aspects of self. In R. Baumeister (Ed.), *Public self and private self* (pp. 99–116). New York: Springer-Verlag.

Thunstrom, L., Norström, J., Shogren, J. F., Ehmke, M., & van't Veld K. (2016). Strategic self-ignorance. *Journal of Risk and Uncertainty, 52,* 117–136.

Tice, D. M. (1992). Self-presentation and self-concept change: The looking glass self as magnifying glass. *Journal of Personality and Social Psychology, 63,* 435–451.

Tice, D. M., & Baumeister, R. F. (1997). Longitudinal study of procrastination, performance, stress, and health: The costs and benefits of dawdling. *Psychological Science, 8,* 454–458.

Tice, D. M., Bratslavsky, E., & Baumeister, R. F. (2001). Emotional distress regulation takes precedence over impulse control: If you feel bad, do it! *Journal of Personality and Social Psychology, 80,* 53–67.

Tice, D. M., Butler, J. L., Muraven, M. B., & Stillwell, A. M. (1995). When modesty prevails: Differential favorability of self-presentation to friends and strangers. *Journal of Personality and Social Psychology, 69,* 1120–1138.

Tierney, J., & Baumeister, R. F. (2019). *The power of bad.* New York: Penguin/Random House.

Tomasello, M. (2014). *A natural history of human thinking.* Cambridge, MA: Harvard University Press.

Tomasello, M. (2016). *A natural history of human morality.* Cambridge, MA: Harvard University Press.

Tomasello, M. (2018). *Becoming human: A theory of ontogeny.* Cambridge, MA: Harvard University Press.

Tomasello, M., Melis, A. P., Tennie, C., Wyman, E., & Herrmann, E. (2012). Two key steps in the evolution of human cooperation: The interdependence hypothesis. *Current Anthropology, 53,* 673–692.

Trilling, L. (1971). *Sincerity and authenticity.* Cambridge, MA: Harvard University Press.

Trinh, P., Hoover, D. R., & Sonnenberg, F. A. (2021). Time-of-day changes in physician clinical decision making: A retrospective study. *PLOS One, 16*(9), e0257500.

Turner, R. H. (1976). The real self: From institution to impulse. *American Journal of Sociology, 81,* 989–1016.

Twenge, J. M. (2006). *Generation me.* New York: Free Press.

Twenge, J. M. (2017). *iGen: Why today's super-connected kids are growing up less rebellious, more tolerant, less happy—and completely unprepared for adulthood.* New York: Atria Books.

Twenge, J. M., & Campbell, W. K. (2009). *The narcissism epidemic: Living in the age of entitlement.* New York: Simon & Schuster.

Twenge, J. M., & Foster, J. D. (2010). Birth cohort increases in narcissistic personality traits among American college students, 1982–2009. *Social Psychological and Personality Science, 1,* 99–106.

Uhlmann, E. L., Pizarro, D. A., & Diermeier, D. (2015). A person-centered approach to moral judgment. *Perspectives on Psychological Science, 10,* 72–81.

Van Damme, C., Deschrijver, E., Van Geert, E., & Hoorens, V. (2017). When praising yourself insults others: Self-superiority claims provoke aggression. *Personality and Social Psychology Bulletin, 43,* 1008–1019.

Van Damme, C., Hoorens, V., & Sedikides, C. (2016). Why self-enhancement provokes dislike: The hubris hypothesis and the aversiveness of explicit self-superiority claims. *Self and Identity, 15*(2), 173–190.

van der Weiden, A., Prikken, M., & van Haren, N. E. M. (2015). Self-other integration and distinction in schizophrenia: A theoretical analysis and a review of the evidence. *Neuroscience and Biobehavioral Reviews, 57,* 220–237.

VanLaningham, J., Johnson, D. R., & Amato, P. (2001). Marital happiness, marital duration, and the U-shaped curve: Evidence from a five-wave panel study. *Social Forces, 79,* 1313–1341.

Vohs, K. D., Baumeister, R. F., Schmeichel, B. J., Twenge, J. M., Nelson, N. M., & Tice, D. M. (2008). Making choices impairs subsequent self-control: A limited-resource account of decision making, self-regulation, and active initiative. *Journal of Personality and Social Psychology, 94,* 883–898.

Vohs, K. D., Finkenauer, C., & Baumeister, R. F. (2011). The sum of friends' and lovers' self-control scores predicts relationship quality. *Social Psychological and Personality Science, 2,* 138–145.

Vohs, K. D., Schmeichel, B. J., Lohmann, S., Gronau, Q., Finley, A. J., Wagenmakers, E. J., . . . Albarracín, D. (2021). A multi-site preregistered paradigmatic test of the ego depletion effect. *Psychological Science.*

Volkow, N. (2015, June 12). *Addiction is a disease of free will* [Web blog post]. National Institute on Drug Abuse.

von Hippel, W. (2018). *The social leap.* New York: HarperCollins.

von Hippel, W., Hawkins, C., & Schooler, J. W. (2001). Stereotype distinctiveness: How counterstereotypic behavior shapes the self-concept. *Journal of Personality and Social Psychology, 81,* 193–205.

von Hippel, W., & Trivers, R. (2011). The evolution and psychology of self-deception. *Behavioral and Brain Sciences, 34*, 1–56.

Vonasch, A. J., Reynolds, T., Winegard, B., & Baumeister, R. F. (2018). Death before dishonor: Incurring costs to protect moral reputation. *Social Psychological and Personality Science, 9*(5), 604–613.

Vonasch, A. J., & Sjåstad, H. (2020). Future-orientation (as trait and state) promotes reputation-protective choice in moral dilemmas. *Social Psychological and Personality Science, 12*(3), 194855061989925.

Vonasch, A. J., Vohs, K. D., Ghosh, A. P., & Baumeister, R. F. (2017). Ego depletion induces mental passivity: Behavioral effects beyond impulse control. *Motivation Science, 3*, 321–336.

Weatherford, J. (1997). *The history of money.* New York: Three Rivers Press.

Webb, T., & Sheeran, P. (2003). Can implementation intentions help to overcome ego-depletion? *Journal of Experimental Social Psychology, 39*, 279–286.

Weinberger, D. A., Schwartz, G. E., & Davidson, R. J. (1979). Low-anxious, high-anxious, and repressive coping styles: Psychometric patterns and behavioral and physiological responses to stress. *Journal of Abnormal Psychology, 88*, 369–380.

Weinstein, N. D. (1980). Unrealistic optimism about future life events. *Journal of Personality and Social Psychology, 39*, 806–820.

Weintraub, K. J. (1978). *The value of the individual: Self and circumstance in autobiography.* Chicago: University of Chicago Press.

Weiskrantz, L., Elliott, J., & Darlington, C. (1971). Preliminary observations on tickling oneself. *Nature, 230*, 598–599.

Weiss, J. M. (1971a). Effects of coping behavior in different warning signal conditions on stress pathology in rats. *Journal of Comparative and Physiological Psychology, 77*, 1–13.

Weiss, J. M. (1971b). Effects of coping behavior with and without a feedback signal on stress pathology in rats. *Journal of Comparative and Physiological Psychology, 77*, 22–30.

Weiss, J. M. (1971c). Effects of punishing the coping response (conflict) on stress pathology in rats. *Journal of Comparative and Physiological Psychology, 77*, 14–21.

Wenzlaff, R. M., Wegner, D. M., & Roper, D. W. (1988). Depression and mental control: The resurgence of unwanted negative thoughts. *Journal of Personality and Social Psychology, 55*, 882–892.

Wesnes, K. A., Pincock, C., Richardson, D., Helm, O., & Hails, S. (2003). Breakfast reduces declines in attention and memory over the morning in schoolchildren. *Appetite, 41*, 329–331.

West, A. (1999). The flute factory: An empirical measurement of the effect of division of labor on productivity and production. *American Economist, 43*, 82–87.

Whitman, W. (2013). *Leaves of grass.* New York: Penguin Random House. (Original work published 1855)

Wicklund, R., & Duval, S. (1971). Opinion change and performance facilitation as a result of objective self-awareness. *Journal of Experimental Social Psychology, 7*, 319–342.

Wicklund, R. A. (1975). Objective self-awareness. In L. Berkowitz (Ed.), *Advances in experimental social psychology* (Vol. 8, pp. 233–275). New York: Academic Press.

Wicklund, R. A., & Gollwitzer, P. M. (1982). *Symbolic self-completion.* Hillsdale, NJ: Erlbaum.

Wiese, C., Tay, L., Duckworth, A., D'Mello, S., Kuykendall, L., Hofmann, W., . . . Vohs, K. (2018). Too much of a good thing?: Exploring the inverted-U relationship between self-control and happiness. *Journal of Personality, 86*(3), 380–396.

Wildschut, T., Pinter, B., Vevea, J. L., Insko, C. A., & Schopler, J. (2003). Beyond the group mind: A quantitative review of the interindividual-intergroup discontinuity effect. *Psychological Bulletin, 129,* 698–722.

Wilson, P. N., & Kennedy, A. M. (1995). Trustworthiness as an economic asset. *International Food and Agribusiness Management Review, 2,* 179–193.

Wilson, T. D. (2002). *Strangers to ourselves: Discovering the adaptive unconscious.* Cambridge, MA: Harvard University Press.

Winegar, K. (1990, November 27). Self-esteem is healthy for society. *Star Tribune,* Minneapolis, MN, pp. 1E–2E.

Wood, W., & Neal, D. (2007). A new look at habits and the habit-goal interface. *Psychological Review, 114,* 843–863.

Woolfolk, R. L., Parrish, M. W., & Murphy, S. M. (1985). The effects of positive and negative imagery on motor skill performance. *Cognitive Therapy and Research, 9,* 335–341.

Zimbardo, P. G. (1977). *Shyness: What it is, what to do about it.* New York: Jove.

Zuckerman, M. (1979). Attribution of success and failure revisited or: The motivational bias is alive and well in attribution theory. *Journal of Personality, 47,* 245–287.

Zullow, H. M., Oettingen, G., Peterson, C., & Seligman, M. E. P. (1988). Pessimistic explanatory style in the historical record: CAVing LBJ, presidential candidates, and East versus West Berlin. *American Psychologist, 43,* 673–682.

心理学大师经典作品

红书
原著：[瑞士] 荣格

寻找内在的自我：马斯洛谈幸福
作者：[美] 亚伯拉罕·马斯洛

抑郁症（原书第2版）
作者：[美] 阿伦·贝克

理性生活指南（原书第3版）
作者：[美] 阿尔伯特·埃利斯 罗伯特·A.哈珀

当尼采哭泣
作者：[美] 欧文·D.亚隆

多舛的生命：
正念疗愈帮你抚平压力、疼痛和创伤（原书第2版）
作者：[美] 乔恩·卡巴金

身体从未忘记：
心理创伤疗愈中的大脑、心智和身体
作者：[美] 巴塞尔·范德考克

部分心理学（原书第2版）
作者：[美] 理查德·C.施瓦茨 玛莎·斯威齐

风格感觉：21世纪写作指南
作者：[美] 史蒂芬·平克